Piété baroque et déchristianisation en Provence au XVIIIᵉ siècle

Ouvrages de
Michel Vovelle

Marat
textes choisis
Éditions sociales, 1963

La Chute de la monarchie (1787-1792)
Éd. du Seuil, 1972
coll. « *Nouvelle histoire de la France contemporaine* »

Piété baroque et Déchristianisation
Les attitudes devant la mort en Provence au XVIIIe siècle
Plon, 1973

Mourir autrefois
Gallimard, coll. « Archives », 1974

L'Irrésistible Ascension de Joseph Sec, bourgeois d'Aix
Édisud, 1975

Les Métamorphoses de la fête en Provence (1750-1820)
Flammarion, 1976

Religion et Révolution, la déchristianisation de l'an II
Hachette, 1976

EN COLLABORATION AVEC GABY VOVELLE

Vision de la mort et de l'au-delà en Provence
du XVe au XXe siècle, d'après les autels des âmes du Purgatoire
Colin, Cahiers des Annales, *1970*

PARTICIPATION A

Histoire de la Provence, *Privat, 1969*; Atlas historique de Provence, *Colin, 1969*; Histoire de la France (dirigée par G. Duby), *Larousse, 1971*; Documents d'histoire de la Provence, *Privat, 1971*; Histoire de Marseille, *Privat, 1973*; Histoire du diocèse d'Aix, *Beauchesne, 1975*; Communautés du Sud, *10/18, 1975*; Histoire d'Aix-en-Provence, *Édisud, 1977.*

Michel Vovelle

Piété baroque et déchristianisation en Provence au XVIIIe siècle

Éditions du Seuil

La présente édition est une version abrégée de l'ouvrage
publié sous le même titre à la Librairie Plon en 1973 dans
la collection "Civilisations et mentalités" dirigée par
Philippe Ariès et Robert Mandrou.

En couverture :

Michel Serre, *Vue du Cours pendant la Peste
de Marseille en 1720*. Détail.
Musée des Beaux-Arts, Marseille.

ISBN 2-02-004885-x

A Gaby,
toujours présente,
cette recherche que
j'ai menée pour elle.

Avant-propos

L'étude proposée aujourd'hui sous une forme abrégée a été présentée en 1971 sous forme de thèse devant l'université de Lyon, publiée peu après (en 1973) dans la collection « Sociétés et mentalités » dirigée par P. Ariès et R. Mandrou. Aujourd'hui épuisé, cet ouvrage manquait, m'a-t-on dit, comme un instrument de travail utile sur ce thème des attitudes devant la mort, qui est plus que jamais au cœur de la problématique actuelle de l'histoire des mentalités.

En présentant une réédition partielle, allégée de l'appareil critique d'une thèse, comme de sa présentation académique, je ne veux pas oublier pour autant ceux que j'ai voulu remercier naguère, les miens et les autres : car le temps n'efface rien. Je tiens aujourd'hui à associer dans ma reconnaissance, à André Latreille qui fut mon directeur, Philippe Ariès et Robert Mandrou qui ont été mes premiers éditeurs. Puis il me faut, quand même, si peu que ce soit, me justifier à la fois de cette réédition et de la forme qu'elle prend.

Si ce travail a connu un succès que l'austérité d'un thème, que l'on disait alors dissuasif, ne laissait pas plus présager que la méthode d'enquête suivie sans complaisance — un travail de fourmi sur plus de 20 000 testaments —, c'est peut-être parce qu'il venait à son heure. Entendons qu'il exprimait le tournant actuel de l'histoire des mentalités ; qui l'a fait passer en quelques années d'une approche qui restait, pour bonne part, celle des cultures, à celle des attitudes collectives. Attitudes devant la vie, attitudes devant la mort : des travaux pionniers avaient préparé ces découvertes, mais les chantiers restaient à ouvrir, les sources à trouver.

L'une des chances de cet essai a peut-être été d'avoir répondu à un besoin, en même temps qu'il expérimentait — on n'ose dire, découvrait — une source : le testament, cette confession d'autrefois ; pour nous, moyen de tricher avec le silence de ceux qui ne se sont point exprimés par eux-mêmes.

La récompense d'un auteur, c'est d'être suivi : aujourd'hui les

techniques d'enquête risquées en Provence sont appliquées en tous
lieux, les chantiers se sont multipliés : sous la direction de Pierre
Chaunu, les testaments parisiens ont été dépouillés, les résultats
de Mourir à Paris donnent à l'étude provençale la caution d'une
confirmation, en même temps qu'ils apportent des éléments de
comparaison essentiels. Est-il besoin de dire qu'entre-temps les
sites méditerranéens ont continué d'être prospectés sans relâche ?

Mais fallait-il, dès lors, considérer l'expérimentation d'hier
comme une étape révolue et historiquement datée ? C'est au lecteur de dire ce qu'il en pense. Nous n'en sommes pas encore, toutefois, me semble-t-il, au stade de la grande synthèse comparative
qui permettra d'utiliser la marqueterie des sondages, en faisant
du testament l'indicateur nuancé des attitudes collectives devant
la mort. Dans ce contexte, cette recherche garde peut-être valeur
expérimentale, et, si peu que ce soit, exemplaire.

C'est dans cet esprit que l'adaptation actuelle a été conçue. Le
texte initial, dans la massivité qui s'impose à ce genre d'exercice,
comportait deux volets. Sur un échantillon restreint, mais « enri-
chi », pourrait-on dire, de testaments de notables provençaux, une
première partie présentait les mécanismes de la recherche, mettait
en place les procédures d'analyse et proposait déjà l'ensemble des
hypothèses de travail. Plus lourde, une seconde partie mettait à
l'épreuve sur une douzaine de sites monographiques les hypothèses
retenues. Il se trouve — ce qui n'était pas donné à l'avance — que
la vérification s'est avérée concluante, au-delà même des espoirs
initiaux ; comme il se trouve que les recherches menées sur d'autres
chantiers ont conforté ces certitudes.

On peut donc, sans dommage pour la validité de la démonstration, se permettre d'alléger : faire l'économie des illustrations
monographiques, que les plus curieux sauront bien retrouver dans
l'édition initiale. Qu'on n'oublie pas, toutefois, en considérant la
partie émergée de l'iceberg — l'échantillon présenté ici —, les
18 000 testaments (en chiffres ronds) qui en forment la partie
cachée, mais cautionnent l'ensemble de la recherche. La conclusion finale de l'ouvrage, qui clôt la présentation d'aujourd'hui,
rappelle que la procédure d'enquête n'a pas été risquée sans une
vérification poussée.

Tout serait-il dit, alors, et les enquêtes actuelles ou à venir ne
seraient-elles que variations sur un thème désormais banalisé ? Je
n'en crois rien, et je m'en garderai d'autant plus que j'espère que
cet essai conserve aujourd'hui l'indispensable caractère d'imprudence nécessaire à toute bonne recherche pour ouvrir une voie.

J'ai risqué des conclusions, et tout particulièrement cette hypothèse d'une déchristianisation déjà commencée au XVIIIe siècle dans le secret des consciences, qui ne m'ont point valu (fort heureusement) l'approbation unanime qui salue les entreprises sans danger.

Passant depuis lors, dans un récent ouvrage (Religion et Révolution, la déchristianisation de l'an II, *1976), de la déchristianisation spontanée du temps long à la déchristianisation explosive — active et subie tout à la fois — de l'époque révolutionnaire, j'ai développé à un autre niveau cette problématique, dont on voit qu'elle demeure pour moi bien vivante et porteuse d'interrogations renouvelées.*

Puisse-t-elle paraître telle à ceux qui retrouveront ici l'essentiel de l'argument de Piété baroque et Déchristianisation... *Qu'ils en retiennent les conclusions ou simplement la méthode, cet ouvrage, s'il provoque, et invite à chercher, n'aura pas manqué son but.*

M. Vovelle

Introduction générale

D'une déchristianisation à l'autre.

On a toujours quelque scrupule à expliquer par les cheminements d'une recherche personnelle la position d'un problème général. On doit dire cependant que l'étude qui se présente ici sous une forme, sinon achevée, du moins élaborée, est née d'une interrogation initiale sur la déchristianisation révolutionnaire de l'an II. L'étude de ce phénomène si précisément limité dans le temps, dans un cadre géographique assez large (le quart Sud-Est de la France), nous avait permis de cartographier, en instantané quasi photographique, les succès, les échecs, en un mot les contrastes de ce flux déchristianisateur, et par là même de formuler des hypothèses sur ses causes et son déroulement (1). L'approche descriptive purement morphologique ouvrait ainsi une double voie de recherches dans laquelle nous nous sommes engagé. D'une part, en nous plaçant résolument dans le temps court, nous avons rêvé d'aborder dans une optique moderne l'étude de cette « onde » déchristianisatrice de l'an II, et des attitudes collectives qu'elle révèle (2), nous avons risqué, usant d'une comparaison qui fut depuis reprise (3), l'idée de traiter de ce « flux » comme G. Lefebvre l'avait fait de la Grande Peur : ce qui suppose une recherche où la cartographie, de technique auxiliaire, se hausse au rang d'une méthode d'investigation essentielle : nous espérons fournir sous

(1) Michel VOVELLE : *Prêtres abdicataires et déchristianisation en Provence* (*op. cit.*, n° 29). On tient à préciser, d'entrée, que le principe d'une bibliographie ordonnée suivant une numérotation continue a été adopté : les numéros des notes infra-paginales renvoient aux articles de cette bibliographie, à la fin du volume.
    Michel VOVELLE : *Essai de cartographie de la déchristianisation révolutionnaire* (*op. cit.*, n° 28).
    (2) Michel VOVELLE : *Déchristianisation provoquée et déchristianisation spontanée dans le Sud-Est* (*op. cit.*, n° 27).
    (3) Bernard PLONGERON : *Conscience religieuse en Révolution* (*op. cit.*, n° 26), p. 134.

peu les résultats de cette enquête dans le Sud-Est de la France. Mais certaines données ont déjà été établies, et divulguées : ainsi la carte des abdications de prêtrise dans ses contrastes suggestifs. L' « événementiel révolutionnaire » étant impuissant à rendre compte de ces contrastes dans leur totalité, la tentation était forte, et nous y avons cédé, de passer du « temps court » au « temps long » pour nous demander dans quelle mesure l'instantané ne fige pas, dans un contexte de crise, les résultats d'évolutions différenciées. Glissement qui peut paraître imprudent puisque le terme de « déchristianisation », dans son ambiguïté fondamentale, risque de donner, si l'on passe hâtivement du mouvement déchristianisateur à la déchristianisation comme état déjà effectif à la fin du xviiie siècle, un support ambigu à une recherche complexe (1).

Mais si l'entreprise est dangereuse, le risque vaut peut-être d'être couru : et tout un ensemble de recherches convergentes prouvent que cette curiosité, loin d'être déplacée, s'intègre dans le cadre d'une interrogation à ce jour générale.

Il y a d'abord, tout naïvement, la valeur d'exemple des recherches en histoire contemporaine : avec G. Lebras, la sociologie religieuse de l'époque contemporaine s'est depuis quarante ans érigée en science, avec ses méthodes et ses techniques, à ce jour éprouvées (2). Le lien fréquent avec le souci pastoral, loin d'en inhiber le développement, lui a permis de disposer d'une masse d'enquêtes et de dépouillements convergents : la tentation d'une approche régressive remontant au xviiie siècle et au-delà est dans l'ordre des choses, et nous ne sommes pas le premier à y avoir cédé (3). On ne s'étonne pas que cette volonté d'une histoire religieuse « sérielle » pour l'Ancien Régime ait récemment été formulée dans une étude pionnière (4), dans laquelle Pierre Chaunu trace le programme et formule les exigences de cette voie nouvelle de la recherche historique.

La sociologie religieuse contemporaine a été amenée à s'interroger sur la valeur des mots et des notions qu'elle manie, et tout particulièrement le terme clé de « déchristianisation », originalité

(1) Sur cette distinction essentielle voir *Colloque d'histoire religieuse de Lyon*, octobre 1963 (*op. cit.*, nº 23), notamment le rapport de R. Rémond.
(2) Pour ne citer que les synthèses les plus importantes présentées par G. Lebras, on rappellera bien sûr l'*Introduction à l'histoire de la pratique religieuse en France* (*op. cit.*, nº 23) et les *Études de sociologie religieuse* (*op. cit.* nº 13).
(3) Voir dans notre bibliographie générale, les articles 93 à 112, qui ne présentent pas un décompte exhaustif, mais du moins l'ensemble des ouvrages qui ont fourni références et comparaisons.
(4) P. Chaunu : *Une histoire religieuse sérielle* (*op. cit.*, nº 72).

semble-t-il du vocabulaire français, et sans doute plus que du vocabulaire. En plaçant actuellement la déchristianisation à l'ordre du jour, de récentes rencontres ont permis d'en préciser les contours, tout en mettant en garde contre les abus d'un vocabulaire imprudemment manié (1). Querelle de vocabulaire qui va bien au-delà de son objet strict, puisqu'elle entraîne à reposer au fond le problème d'une connaissance sur traces des phénomènes spirituels et de leur développement dans le temps. On comprendra sans peine combien nous sommes redevables dans le cadre de la problématique précise de cette recherche à ces efforts de mise en forme et d'approfondissement conceptuel. Ceci d'autant plus que ces études remettent en question, ou permettent de nuancer sensiblement les schémas trop simples derrière lesquels on s'est longtemps abrité : déchristianisation fille d'industrialisation, fruit de l'essor urbain et du brassage des populations ? Toutes vérités un peu trop massives, qui laissent place dans les interrogations actuelles à la possibilité d'autres voies et d'autres cheminements.

De ces invitations et de ces approches souvent stimulantes, on retire cependant une appréciation des difficultés qu'une étude régressive appliquée aux derniers siècles de l'Ancien Régime doit s'attendre à rencontrer. Les premiers « blocages » sont d'ordre idéologique, ce ne sont pas les plus lourds, encore qu'on ne puisse les minimiser. On a trop longtemps cru que l'histoire de la pratique religieuse ne pouvait commencer qu'aux lendemains de la Révolution française, pour qu'il n'en reste pas quelque chose. L'idée reçue avait la caution de toute une tradition d'historiographie ecclésiastique, au fil du XIXe et même du XXe siècle : la France toute chrétienne en 1789, au moins dans ses profondeurs, dans ses masses les plus saines : le stéréotype cohabitait sans trop de peine avec l'idée partiellement contraire du détachement d'une partie de la société sous l'influence des Lumières. Entre « la France était toute chrétienne en 1789... » et « c'est la faute à Voltaire... », on naviguait au moins mal, en évitant les interrogations gênantes. Sans doute la part de l'historiographie ecclésiastique du siècle

(1) *Colloque d'histoire religieuse de Lyon*, octobre 1963 (*op. cit.*, no 23), voir notamment le rapport de René Rémond et la note de G. Lebras : *Déchristianisation, mot fallacieux*. La problématique a été reprise par C. Marcilhacy : *Recherche d'une méthode d'étude historique de la déchristianisation* (*op. cit.*, no 24) et par B. Plongeron : *Regards sur l'historiographie religieuse de la R. F.*, II : *La Déchristianisation* (*op. cit.*, no 25). Le rapport de A. Latreille au colloque d'histoire ecclésiastique de Cambridge présente la mise au point la plus récente sur la question (*op. cit.*, no 22).

passé est-elle grande dans la mise en forme de ce qui est apparu comme l'attitude quasi officielle d'un catholicisme attentif avant tout aux aspects institutionnels, et pour lequel la désacralisation de l'État par la Révolution française avait été le traumatisme déterminant dans le déclenchement de toute déchristianisation ultérieure (1). Explicite ou non, cette conception héritée est loin d'avoir rendu l'âme : on rappelait récemment encore que G. Lebras, qui avait cependant le premier insisté sur l'intérêt de remonter aux siècles de l'Ancien Régime, attribuait un caractère déterminant à la « subversion révolutionnaire », tournant majeur de l'histoire religieuse (2). Des secours parfois inattendus renforcent cette thèse : ainsi des historiens de la Révolution française pour lesquels la dynamique révolutionnaire provoque « à chaud » une déchristianisation brutale en forme de dégradation de la religiosité populaire (3). Explication d'ailleurs qui n'est point à rejeter mais à insérer, à notre avis, dans le contexte plus général d'un terrain préparé.

Au-delà de ces traditions, on comprend sans peine que pour des raisons « techniques » la tentation ait parfois été forte de faire de la Révolution française une sorte de point origine, au-delà duquel il n'est pas indispensable de remonter : les urgences d'une sociologie religieuse contemporaine liée à la pastorale, et qui ne s'engage que prudemment dans sa marche régressive l'expliquent suffisamment. On est d'autant plus heureusement surpris de voir que la nécessité de remonter dans le temps s'impose de plus en plus à une sociologie religieuse historique à laquelle le temps court du sociologue n'offre pas d'explications satisfaisantes pour rendre compte de tempéraments collectifs séculairement enracinés (4). Sans doute cette enquête régressive se limite-t-elle encore dans ses résultats à la reconnaissance de l'ancienneté de tempéraments, de

(1) Et qui se retrouvent un peu chez S. Acquaviva : *L'Éclipse du sacré dans la civilisation industrielle* (*op. cit.*, n° 1) et S. Burgalassi : *Il comportamento religioso degli italiani* (*op. cit.*, n° 5), voire chez J. Chelini dans sa contribution au numéro spécial de la Chronique Sociale de France de février 1955 (*op. cit.* n° 8).

(2) Cf. M. Hilaire : *La pratique religieuse en France de* 1815 à 1878 (*op. cit.*, n° 42), p. 57.

(3) A. Soboul, Intervention à la suite de la communication de M. Vovelle : *Déchristianisation provoquée et déchristianisation spontanée* (*op. cit.*, n° 27), mais aussi, du même, *Mystique révolutionnaire et saintes patriotes* (A. H. R. F., 1957).

(4) F. Boulard : *Pratique religieuse urbaine et régions culturelles* (*op. cit.* n° 4), notamment chap. v. « Origines et stabilité religieuses des régions socio-culturelles ».

contrastes séculaires beaucoup plus profonds qu'on ne croyait : les hypothèses explicatives restent souvent fragiles. Mais peut-être cela tient-il en partie à ces autres « blocages » non plus idéologiques, mais techniques, que nous avons annoncés.

Il faut avoir le courage de la simplicité, voire de la naïveté. Il ne semble pas qu'on ait à ce jour réussi à trouver, pour les siècles antérieurs à la Révolution, l'équivalent de l'information massive qu'offre ensuite la dualité des statistiques religieuses et de l'état civil laïcisé pour l'étude des gestes de la pratique. Le traitement quantitatif d'informations massives, condition sinon nécessaire, du moins importante dans la perspective d'une histoire véritablement sérielle, s'en trouve rendu pratiquement impossible, et jusqu'alors seuls des palliatifs ont pu être trouvés.

Suggestions et comparaisons : la difficile histoire de la pratique au XVIIIᵉ siècle.

On sait, dans cette recherche de sources de remplacement, ou de substitution, la place que G. Lebras attribuait aux enquêtes et visites pastorales de l'âge classique : prêchant lui-même d'exemple en certains sites (Châlons-sur-Marne) il a défini des perspectives et des normes d'exploitation (1), que quelques thèses récentes ont mises à profit (2), qu'une enquête en cours va permettre de valoriser systématiquement (3). On sait aussi les limites d'une source que nous nous permettrons de dire « semi-qualitative » : l'indice de subjectivité non négligeable de celui qui répond à l'enquête (« le curé tant mieux et le curé tant pis »), même si la cartographie révèle finalement le caractère second de cette variable (4); plus grave, la discontinuité chronologique et géogra-

---

(1) G. Lebras : *État religieux et moral du diocèse de Châlons* (op. cit., nᵒ 101), article repris dans ses *Études de Sociologie religieuse*, t. I (op. cit., nᵒ 13).

(2) Notamment J. Ferté : *La vie religieuse dans les campagnes parisiennes* (op. cit., nᵒ 96); L. Pérouas : *Le diocèse de la Rochelle* (op. cit., nᵒ 107); T. J. Schmitt : *L'organisation ecclésiastique et la pratique religieuse dans l'archidiaconé d'Autun* (op. cit., nᵒ 109), pour ne citer que les plus notables.

(3) *Travaux et enquêtes pour un répertoire des visites pastorales*, note par Julia, Vénard, Pérouas (op. cit., nᵒ 87).

(4) L'homogénéité et aussi les contrastes tranchés d'une région à l'autre, lorsque la cartographie synthétise le résultat des réponses individuelles à l'enquête, montre bien que cet indice de subjectivité est finalement second (voir les exemples fournis par Boulard pour l'Anjou dans *Pratique religieuse urbaine et régions culturelles* (op. cit., nᵒ 4).

phique de séries où le XVIIIe siècle est souvent beaucoup moins
représenté que le XVIIe, surtout la difficulté d'une approche véritable des croyances en période de pratique quasi unanime. On
reste sur sa faim à consulter la liste des non-conformistes que Lebras (et tous ceux qui l'ont répété) a dressée, des cabaretiers
aux forestiers, soldats et voyageurs (1), et l'on a l'impression de
ne faire qu'effleurer marginalement par ses réprouvés une réalité
sans doute beaucoup plus multiforme que ne le laisse soupçonner
l'unanimité de façade. Plus importants parce que moins contes-
tables, les éléments que fournissent ces enquêtes sur l'équipement
spirituel des paroisses : et l'on songe au parti qu'on a pu tirer
de la statistique des confréries dans plusieurs sites (2). Il serait
finalement injuste, à notre avis, de reprocher à certains des travaux qui ont exploité les visites pastorales, le caractère décevant
d'une description qui reste qualitative et souvent superficielle; la
source qui les porte ne permettant parfois guère mieux.

On s'explique toutefois aisément que, de plus en plus, les chercheurs d'Histoire religieuse qui s'attaquent à l'âge classique
tentent de retrouver, tant bien que mal, des éléments d'appréciation *directe* de la ferveur et du sentiment religieux, même si ces
éléments restent inévitablement détournés, en l'absence des moyens
de comptage massif qu'offre la période contemporaine. Parmi ces
moyens de « prendre sur le fait » dans son évolution séculaire la
sensibilité collective, la courbe des vocations ecclésiastiques est
sans doute celle dont l'exploitation a été, à ce jour, la plus poussée :
de Lisieux à Coutances, à Autun, à Besançon, à Reims, aux Ar-
dennes... et à la Provence (3) on possède des séries, des éléments
d'approche sociologique et géographique. Des évidences apparaissent, des idées reçues ont été détruites, telle celle qui, par abusive
extrapolation régressive, faisait du clerc un rural plus qu'un ur-

(1) Dans ses *Études de sociologie religieuse* (*op. cit.*, n° 13), vol. I, p. 205-
220. Repris dans L. TRÉNARD et Y. HILAIRE : *Idées, croyances et sensibilité religieuse du XVIIIe au XIXe siècles* (*op. cit.*, n° 88).

(2) Notamment L. PÉROUAS : *Le diocèse de la Rochelle de 1648 à 1724* (*op.
cit.*, n° 107), qui donne des confréries du Rosaire une cartographie suggestive,
mais aussi C. BACCRABÈRE : *La pratique religieuse dans le diocèse de Toulouse
aux XVIe et XVIIe siècles* (*op. cit.*, n° 95).

(3) M. JOUIN-LAMBERT : *La pratique religieuse dans le diocèse de Rouen*
(*op. cit.*, n° 99); D. JULIA : *Le clergé paroissial dans le diocèse de Reims à la fin
du XVIIIe siècle* (*op. cit.*, n° 100); Y. NEDELEC : *Aperçus de sociologie religieuse du XVIIIe siècle* (*op. cit.*, n° 105); A. VIALA : *Suggestions nouvelles pour
une histoire sociale du Clergé aux temps modernes* (*op. cit.*, n° 90) et pour une
approche plus générale, les travaux de G. BERTHELOT DU CHESNAY (*op. cit.*,
n° 69 et 70) sur le clergé français et les registres d'insinuations ecclésiastiques.

bain, voire celle qui, sur la base d'une déchristianisation bourgeoise supposée, ignorait le caractère généralement élevé du recrutement sacerdotal à la fin du XVIIIe siècle. Ce sont là données importantes, mais le recrutement ecclésiastique reflète-t-il, dans un monde donné, l'intensité et la vitalité de la pratique collective? La question a pu être posée à bon droit (1) et l'on ne s'étonne pas que la réponse soit nécessairement nuancée : si le déficit parfois criant et ancien du recrutement sacerdotal dans certaines régions peut valablement passer pour un critère de détachement collectif déjà avancé, on n'est pas en peine de trouver, inversement, des marges armoricaines à la zone alpine (2) des réservoirs pléthoriques de vocations, sur une base qui est pour le moins autant socio-économique que religieuse : le test positif n'est pas forcément probant.

D'autres ont tenté de forcer l'apparent mutisme des registres paroissiaux, en dépistant, derrière l'unanimité des gestes, l'inégal empressement ou l'inégale docilité des peuples chrétiens : c'est le cas pour ceux qui mesurent l'empressement au baptême par le délai écoulé entre la naissance et la réception du sacrement, comme c'est le cas pour ceux qui suivent dans les actes de mariage le respect des temps interdits, Carême et Avent. Des études suggestives et riches d'apports méthodologiques ont mis en place ces techniques d'approche, en les appliquant parfois d'ailleurs à l'époque contemporaine : ainsi pour le geste du baptême, suivi à Marseille dans son évolution aux XIXe et XXe siècles par F. Charpin (3). La levée des interdits canoniques par la Révolution française offre également l'occasion de mesurer, par différence entre le respect des temps interdits « avant » et « après », le poids de la pression sociale, et par suite du détachement réel : ce sont autant d'approches que nous avons nous-même pratiquées (4) et qui seront évoquées en cours d'étude : qu'il soit permis de dire qu'à

(1) L. PÉROUAS : *Le nombre des vocations sacerdotales est-il un critère valable en sociologie religieuse historique?* (*op. cit.*, n° 84).

(2) Sur le rôle des marges armoricaines dans le recrutement ecclésiastique voir B. PLONGERON : *Les abdicataires parisiens*, dans Actes du 89e Congrès des Sociétés Savantes de Lyon, (1964 p. 27-62 du t. I). Sur le phénomène très comparable de descente des prêtres de Haute Provence vers la Basse Provence urbaine, voir VOVELLE : *Les abdicataires en Provence*, dans le même ouvrage (*op. cit.*, n° 29).

(3) F. CHARPIN : *Pratique religieuse et formation d'une grande ville, le geste du baptême et sa signification en sociologie religieuse* (*op. cit.*, n° 204).

(4) Nous en avons dit quelques mots dans *Déchristianisation provoquée et Déchristianisation spontanée dans le Sud-Est* (*op. cit.*, n° 27).

notre avis, ces techniques restent assez « lourdes » exigeant, pour
être exploitables, des dépouillements massifs pour une rentabilité
relativement faible : ce qui ne veut pas dire qu'elles ne doivent
pas être insérées dans un système d'approches convergentes. Elles
ne peuvent cependant offrir, prises isolément, les bases d'une
hiérarchisation des attitudes comparable à celle que Lebras a pu
établir à partir de la pratique dominicale et de la fréquentation
des sacrements à l'époque contemporaine.

La tentative que représente notre recherche s'inscrit donc dans
un contexte très précis : nécessité communément ressentie de faire
remonter l'étude de la pratique au-delà de la barrière qu'a représentée la Révolution française, dans le cadre d'une histoire sérielle pluri-séculaire, mais aussi recherche des moyens et des sources
adaptés aux siècles de l'Ancien Régime. Mais sur fond de cette
problématique générale, l'étude se présente comme la rencontre
d'un site : la Provence, entre 1680 et 1789, et d'une source : les
testaments.

Source nouvelle ou source ancienne : les testaments.

Dans les voies nouvelles qui ont été ouvertes, voici quinze ans,
à l'histoire des bourgeoisies occidentales, l'exploitation des richesses notariales figurait en bonne place (1) et parmi ceux qui
ont entrepris de les prospecter, plusieurs ont tenté de rechercher
le document, ou les documents, susceptibles de toucher la partie
la plus importante de la population, en donnant de sa fortune
l'image la plus fidèle ou la moins déformée. Ainsi le travail de
F. Furet et A. Daumard a-t-il fait œuvre pionnière en montrant
tout le parti que l'on peut tirer de la source massive des contrats
de mariage dans une recherche quantifiée (2). Ceux-ci saisissent les
fortunes au mariage : d'autres les recensent au décès, soit chez les
notaires, soit à l'Enregistrement : A. Daumard (3), d'autres aussi,

(1) Xe Congrès des Sciences Historiques, Rome, 1955, Relazioni t. IV,
C. E. LABROUSSE : *Voies nouvelles vers une histoire de la bourgeoisie occidentale.*
(2) A. DAUMARD-F. FURET : *Structures et relations sociales à Paris au XVIIIe
siècle* (Cahier des Annales n° 18-1961). Exploitation confirmée dans sa richesse
par J. SENTOU : *Fortunes et groupes sociaux à Toulouse sous la Révolution,
essai d'histoire statistique,* Toulouse, 1969.
(3) Outre la thèse d'A. DAUMARD, on rappelle son article « Une source d'histoire sociale : l'enregistrement des mutations par décès » (Rev. Hist. Éco. et
Soc. 1958).

et nous-même autrefois (1). A qui a été formé à cette discipline de l'histoire quantifiée, le besoin se fait vite ressentir, lorsqu'il aborde l'histoire des mentalités, ce périlleux « troisième niveau » où l'on ne compte plus les fortunes mais où l'on analyse les attitudes vitales, de trouver une source autant que possible équivalente au contrat de mariage, par sa représentativité sociale, susceptible aussi d'une exploitation riche et nuancée. Nous avons cru trouver cette source dans les testaments : après l'avoir annoncé, peut-être un peu prématurément (2), nous apportons aujourd'hui les preuves de nos dires.

En fait, il pourra sembler prétentieux de présenter cette recherche en termes de découverte : le testament dans ses divers aspects (sociaux, religieux, et surtout institutionnels) n'a-t-il pas été étudié de longue date ? La bibliographie que nous donnons de ces recherches, le plus souvent monographiques, n'est pas indigente, et il n'est guère de région qu'elle ne touche. Mais cette production, dont on aurait tort de médire, présente des traits spécifiques qui en situent les limites : point d'historiens ou presque parmi les auteurs, ce sont des juristes en très grande majorité, et secondairement des chartistes érudits qui ont prospecté l'essentiel des sources. Qu'on ne voie point dans cette constatation ombre de sectarisme historien, mais les caractères et les apports de ces études s'en trouvent infléchis : réservons pour l'instant le cas de la Provence, secteur privilégié ; sur plus de 20 monographies recensées dans les autres régions, trois seulement qui soient consacrées au XVIIIe siècle, le Moyen Age, avec une concentration aisément explicable du XIIIe au XVe siècle, est largement prédominant (3). A mesure que les documents se multiplient, et que leur déchiffrement devient plus aisé, l'intérêt se relâche pour une source qu'on n'a plus, semble-t-il, de mérite à prospecter. Le mode de traitement de ces données se ressent de l'optique de la prospection et des servitudes qu'impose l'époque choisie : bases statistiques très étroites (de 100 à 400 testaments, dans les cas les plus favorables) (4)

---

(1) M. VOVELLE : *Problèmes méthodologiques posés par l'utilisation des sources de l'enregistrement dans une étude d'histoire sociale* (*op. cit.*, n° 184).

(2) M. VOVELLE : *Déchristianisation provoquée et déchristianisation spontanée*, communication présentée en 1964 à la Société d'Histoire Moderne (*op. cit.*, n° 27).

(3) Voir bibliographie générale, de l'article 156 à 184, et pour la Provence, de 252 à 262.

(4) De l'ordre d'une bonne centaine dans les récents travaux de M. GONON sur le Forez et le Lyonnais (*op. cit.*, art. 171-172), moins de 400 chez TUETEY (*op. cit.*, art. 183), qui permettent le plus aisément de quantifier puisqu'ils

interdisant, quand bien même on en aurait envie, le traitement statistique du document, a fortiori une étude évolutive étayée sur des bases sûres. Les données recueillies ne peuvent être que descriptives, encore que l'importance du testament spirituel dans ses clauses religieuses n'ait échappé à personne : mais sur ce point même, le progrès de la recherche n'est pas toujours favorable à l'histoire des mentalités telle que nous la pratiquons, et l'exploitation des testaments dans une optique d'histoire socio-économique amène parfois dans les travaux les plus récents à négliger ou sacrifier le testament spirituel et les legs pies considérés comme non susceptibles d'exploitation : des cierges on ne retient que la production de cire, de l'habit des pauvres que la nature du drap (1).

Il faut faire une place à part cependant, parmi ces productions, aux travaux d'une école actuelle de juristes provençaux qui poursuivent la ligne tracée, voici plus de quarante ans, par la thèse de R. Aubenas : dans ses recherches sur le testament, les formulaires, le notariat provençal (2) celui-ci, sans entrer dans les voies d'une histoire sérielle quantifiée, n'en a pas moins fourni une description précise, institutionnelle et sociale, parfois éclairante sur les tournants majeurs des mentalités collectives (ainsi telle étude apparemment très délimitée sur le testament « loco defuncti » (3) au Moyen Age, et sa disparition au XVIe siècle qui fait soupçonner, à l'âge de l'humanisme, une mutation psychologique aussi importante que celle que nous mesurerons au siècle des Lumières). Dans le cadre de thèses de droit monographiques consacrées à la Provence et au pays niçois, les élèves du professeur Aubenas (4), tout en restant fidèles à l'étude complète du testament dans tous ses

---

publient leurs sources. Les thèses de droit, pour autant qu'on puisse apprécier d'après la bibliographie manuscrite, restent limitées à moins d'un millier. Une exception pour ABOUCAYA : *Le testament Lyonnais* (*op. cit.*, no 156), dont les dépouillements sont sensiblement plus amples.

(1) Le trait est particulièrement net chez M. GONON : *La vie quotidienne en Lyonnais* (*op. cit.*, no 171).

(2) Voir bibliographie générale, nos 252 à 258.

(3) R. AUBENAS : *Autour du testament loco defuncti* (*op. cit.*, no 255).

(4) J. CURTI pour Grasse et Saint Paul, A. M. DREVET pour Draguignan, M. J. GOLÉ à Nice (*op. cit.*, nos 260-261-262). Récemment parue dans *Provence Historique* (Juillet-Septembre 1970), une chronique de R. AUBENAS et F. P. BLANC signale nombre de DES de droit inédits sur les testaments au XVIIIe siècle, notamment dans le pays niçois : La Brigue (J. P. DRAGHI, 1963), Hyères (thèse de R. VENTURINO, 1969), Fréjus (A. MABILAT, 1963), Biot et Antibes (R. JARDILLIER, 1968), Sospel (Mme BOBOLI, 1968), Utelle (J. B. ROSSI, 1968), Cannes (M. BENATHAR), Massoins (Mme BOREL, 1969), Vence (AIGUILLON, 1969). Nous avons eu connaissance de ces travaux trop tard pour en faire usage.

aspects socio-économiques et idéologiques, sur une base statistique limitée, apportent cependant des éléments précieux : par leur implantation d'abord, par la période aussi dont ils traitent, puisqu'ils portent généralement sur le XVIIIe siècle et la Révolution française. Nous en avons fait notre profit.

Exercices de style de juristes, curiosités d'érudits locaux, savantes publications de chartistes : en nous laissant souvent sur notre faim, ne fût-ce qu'en fonction de la période dont ils traitent, tous ces travaux confirment la richesse du testament comme source massive de l'histoire des mentalités. Ne pêchons pas par enthousiasme excessif : ce fut le privilège et aussi l'excusable naïveté de ceux qui les premiers découvrirent et lurent quelques « beaux testaments » : ainsi Charles de Ribbe (1) qui y trouvait à la fin du siècle dernier confirmation de sa vision idéale de l'ancienne famille provençale. Plus on confronte ces études, maintenant nombreuses, et plus on lit soi-même de testaments, plus on se persuade du caractère stéréotypé et de l'extraordinaire force d'inertie séculaire de cette forme juridique. Résignons-nous : nous savons aujourd'hui que le testament spirituel au sens moderne du terme est une invention tardive de la Contre-Réforme, et nous ne rencontrerons que rarement (parfois cependant) les confessions d'une âme qui s'épanche en toute liberté. Le testament reste une approche sur traces de la sensibilité collective, d'après des manifestations qui se coulent dans un système de formules et de pratiques très codifiées. Il semble que le système, élaboré surtout à partir du XIIIe siècle pour recevoir à la fin du Moyen Age ses formes quasi définitives, s'applique, avec des variantes, à l'ensemble du royaume. On objectera la variété des pratiques testamentaires : testament olographe et testament solennel des pays de droit coutumier, testament nuncupatif et testament mystique des pays méridionaux de droit écrit : enchevêtrement de l'un et l'autre système, avec parfois contraste ville-plat pays, au contact du droit écrit et du droit coutumier (Lyonnais) (2). L'optique institutionnelle a parfois accentué cette impression de confusion en plaçant sur le même plan dans des descriptions analytiques à la manière des vieux jurisconsultes telles rarissimes curio-

(1) Deux ouvrages majeurs, historiquement très datés : *Les familles et la société en France avant la Révolution Française (op. cit.*, n° 232) et *La société provençale à la fin du Moyen Age d'après des documents inédits (op.cit.* n° 233*)*, ce dernier consacrant un chapitre entier à la présentation du testament provençal.

(2) C. ABOUCAYA : *Le testament lyonnais de la fin du XVe au milieu du XVIIIe siècle (op. cit.*, n° 156).

sités comme le testament militaire ou le testament « en temps de peste » (1), à côté des grandes séries massives qui fournissent, chacune dans sa région, 80 voire 95 % des testaments : l'olographe dans la France du Nord, semble-t-il, le nuncupatif dans celle du Midi à coup sûr. Mais ce dépouillement et la confrontation des formules comme des clauses pies dans différents sites et à différentes époques révèlent au contraire, non point l'immobilité d'une convention fossilisée (cette étude en ce cas n'aurait point de sens), mais du moins une stabilité qui ne tolère que des évolutions progressives et généralement synchrones, une homogénéité géographique également : entre testaments olographes, nuncupatifs, mystiques et solennels, formules et pratiques sont, à la même époque, remarquablement comparables malgré leur diversité de détail. Ou plutôt, il existe des nuances régionales certaines : les pauvres du cortège pour ne prendre qu'un exemple sont tantôt 12 et tantôt 13 suivant les lieux... mais sont partout présents, et point du tout « une originalité rémoise » comme le dit un savant champenois qui ne voit midi qu'à sa porte mais qui n'est pas le seul de son espèce (2). Ces nuances sont parfois beaucoup plus qu'anecdotiques et révèlent des tempéraments, ou des sociétés, voire des économies différentes (ainsi l'inégale importance des « donnes » en nature aux pauvres, suivant la richesse du pays), elles pourraient être cartographiées à l'instar des faits de folklore ou de langage : mais elles se détachent sur un fond commun qui fait du testament, comme l'est le contrat de mariage à la même époque, une grande source utilisable à l'échelon national. Resterait, sans doute, à savoir si sa représentativité sociale est identique suivant les lieux : et c'est peut-être sur ce plan que la diversité des « coutumes » et des pratiques testamentaires risquerait de peser le plus lourdement : le contraste qui est apparu aux chercheurs d'histoire sociale dans la pratique du contrat de mariage, très répandu à Paris (plus de 50 % des mariages) alors que la coutume de Normandie lui retire presque tout intérêt (3), pourrait bien se retrouver en matière de testament : les études quantifiées sont trop rares pour qu'on dispose de beaucoup

---

(1) On trouve chez R. AUBENAS : _Le testament en Provence (op. cit._, nº 253), un exemple d'ailleurs fort utile de cette présentation analytique précise des formes du testament provençal.

(2) Paul PELLOT : _Étude sur le testament dans l'ancienne coutume de Reims (op. cit._, nº 176).

(3) F. FURET et A. DAUMARD : _Structures et relations sociales à Paris au XVIIIᵉ siècle_. Voir en particulier « in fine » la note de J. Cl. PERROT sur le contrat de mariage et la coutume normande.

d'exemples, mais l'arrière-pays lyonnais (l'Arbresle) qui privilégie le testament olographe ne dépasse guère semble-t-il une représentativité de 20 % (1), alors que la Provence rurale avec des taux masculins de 60 à 70 % et féminins de 40 à 50 % classe le testament parmi les meilleures sources d'histoire sociale par sa représentativité (2).

Cette importante réserve faite, reste, sans anticiper sur une présentation approfondie qui reste à faire, l'extrême richesse des apports du testament pour l'histoire des mentalités. Par référence au contrat de mariage, dont l'apport se réduit sans trop de peine à une donnée chiffrée, ou sur un autre plan, par référence à tel geste de pratique religieuse comme l'empressement au baptême, dont le trait commun est d'être des données univoques, le testament apparaît comme une mine de renseignements multiples, utilisables par l'histoire religieuse et, plus largement, des mentalités. Du préambule à l'invocation, dont les formules sont susceptibles d'analyse thématique, aux clauses pies dans leur matérialité (demandes de messes, fondations, œuvres charitables, legs et appartenance à confréries, etc.) tout un réseau se dessine d'éléments exploitables, soit isolément, soit dans leur corrélation. La profusion même de ces données pose un problème de traitement statistique qui n'est point toujours simple, mais dont l'historien serait mal venu de se plaindre.

De l'étude des testaments à l'histoire des attitudes devant la mort.

Elle permet en effet de rassembler, dans le cadre d'une analyse globale des attitudes collectives, les données que les méthodes d'inventaire direct offrent plus exhaustives parfois, mais en ordre dispersé : ainsi pour les confréries, ainsi pour les œuvres de miséricorde, ainsi pour les fondations de messes. Le testament spirituel

---

(1) Ordre de grandeur tiré de Abouyaca (*op. cit.*, n° 156), qui confronte la statistique des testaments à celle des déclarations successorales enregistrées (qu'il s'agisse de succession intestat ou avec testament). Dans la quasi-totalité des approches, pour des raisons d'ailleurs d'autant plus compréhensibles que l'on remonte dans le temps, cette confrontation n'est pas faite, et l'intérêt de ce qu'on peut tirer du testament se trouve réduit du fait qu'on ignore si la pincée de testaments présentés ou publiés représentent l'exception, ou comme n'hésitent pas à le dire d'aucuns, une pratique très générale.

(2) Ces ordres de grandeur ont été établis pour des localités dont on a dépouillé tous les minutiers notariaux en confrontant la moyenne décennale des testaments à la moyenne décennale de la mortalité adulte : seul report véritablement satisfaisant, mais qui ne peut se pratiquer que dans des localités médiocres.

des individus permet de hiérarchiser ces éléments dans leur convergence, leur importance relative, et de les insérer dans l'approche
d'une vision globale, où les gestes de la pratique deviennent des
aspects de l'attitude devant la mort.

Les démarches analytiques de la sociologie religieuse demandent
dès lors à être dépassées par une vision plus large, qui est plus proprement du domaine de l'anthropologie historique. Dans ce
domaine, ce ne sont point, d'évidence, les approches institutionnelles de la coutume testamentaire qui, en général, pourront être
d'un grand secours. On craint d'être taxé d'injustice en ajoutant
que les travaux d'histoire religieuse proprement dite ne sont, sauf
exception, guère plus enrichissants; mais une vision parfois encore
étroite, qui place le comble de son audace à découvrir la sociologie
de la pratique, ne permet pas à beaucoup d'auteurs, enfermés dans
une vision très orthodoxe, de se placer dans cette optique (1). On
paie ainsi d'une certaine façon la démarche régressive qui a présidé
à la mise en place de ces recherches à partir des préoccupations
d'une pastorale toute contemporaine (2). Ce n'est pas le moindre
intérêt des testaments que de contraindre, en révélant dans leur
complexité les systèmes de pensée d'un monde qui organise sa vie
dans la pensée de la mort, à se tourner vers d'autres suggestions
méthodologiques que celles dont nous étions parti : c'est le grand
mérite de l'essai d'Edgar Morin sur « L'homme et la mort dans
l'histoire » (3) que d'avoir tenté de donner une reconstruction
d'ensemble des attitudes humaines devant la mort dans leur diversité, comme dans leur succession temporelle, même si l'histoire
proprement dite n'y retrouve pas toujours son compte : de telles
« passerelles » entre ethnographie et histoire sont trop rares à l'heure
où l'essor de l'histoire des mentalités en impose impérieusement le
besoin, pour qu'on en sous-estime l'importance. Déjà des historiens
se sont engagés dans cette voie pour l'époque médiévale : et tout particulièrement A. Tenenti qui a décrit, au tournant du Moyen Age

---

(1) En 1964 encore, Trénard et Hilaire établissant un programme de recherches sur la sensibilité religieuse au xviiie, n'attribuent aux testaments que l'intérêt de nous renseigner sur la fortune du clergé (*op. cit.*, n° 88).

(2) Un ouvrage par ailleurs de grand intérêt : *Le mystère de la mort et sa
célébration* (collectif, *op. cit.*, n° 34), révèle ainsi, tant dans la discussion des
rapports que dans les contributions qui le composent, le souci de ce qui apparaît comme une redécouverte, parfois aussi de surprenantes ignorances du
culte des morts dans une époque moderne... beaucoup moins connue que le
Moyen Age ou l'antiquité.

(3) E. Morin : *L'homme et la mort dans l'histoire* (*op. cit.*, n° 36).

déclinant et de l'humanisme, le sentiment de la mort qui prend alors une toute particulière importance (1). L'époque moderne manquait jusqu'à présent de l'équivalent de ces approches : les travaux de Philippe Ariès, annonçant les thèmes d'une synthèse à venir, apportent déjà, du XVIIIe siècle à nos jours, une moisson fort riche d'hypothèses de travail, sur les mutations de la sensibilité collective (2). A travers les avatars des pratiques funéraires, on s'aperçoit grâce à lui que c'est toute une vision de la mort et du mort qui s'est modifiée, des ostentations de l'âge baroque au moderne « culte des morts » qu'ont développé les cimetières du XIXe siècle. Mais au-delà du culte des morts, c'est aussi toute une conception de la famille qui apparaît renouvelée dans l'image que s'en font, et qu'en présentent les hommes au moment de la quitter.

Ces très riches suggestions rencontrent les découvertes que de récentes recherches en forme de monographies approfondies ont pu faire pour leur part : Maurice Agulhon dans l'étude qu'il a consacrée aux « confréries et associations en Provence » (3) a fortement insisté sur le rôle qu'ont tenu à l'âge baroque les pompes et pratiques funéraires, et qui dépasse très largement l'apparente étroitesse de leur objet, en leur donnant l'importance de véritables révélateurs des attitudes collectives : au détour d'une page des chapitres de *l'Histoire de Provence*, consacrés au XIXe siècle (4), il suggère que cette importance ne se limite pas à l'âge baroque (5). Nous nous permettrons de rappeler que nous avons pour notre part contribué à ces recherches par une approche des conceptions de la mort et de l'au-delà en Provence du XVe au XXe siècle, d'après

---

(1) A. Tenenti : *La vie et la mort à travers l'art du XVe siècle* (*op. cit.*, n° 37), et *Il senso della morte e l'amore della vita nel Rinascimento* (*op. cit.*, n° 38).

(2) P. Ariès : *Attitudes devant la vie et devant la mort du XVIIe au XIXe siècle* (*op. cit.*, n° 30), *Contribution à l'étude du culte des morts à l'époque contemporaine* (*op. cit.*, n° 31), *La mort inversée : le changement des attitudes devant la mort dans les sociétés occidentales* (*op. cit.*, n° 32), *L'apparition du sentiment moderne de la famille dans les testaments et les tombeaux* (*op. cit.*, n° 33).

(3) M. Agulhon : *La sociabilité méridionale : confréries et associations dans la vie collective en Provence orientale à la fin du XVIIIe siècle* (*op. cit.*, n° 219).

(4) *Histoire de Provence* (*op. cit.*, n° 187), p. 448. On peut tenir pour significatif que ces premiers symptômes publics d'une déchristianisation encore inconsciente d'elle-même soient nés, dans le petit peuple provençal, autour des rites de la mort.

(5) Certaines études encore pour une part inédites confirment cette vue des choses : ainsi l'approche très suggestive réalisée dans le cadre d'un mémoire de maîtrise effectué sous la direction de M. Guiral par Régis Bertrand : *Une contribution à l'histoire du sentiment : cimetières et pratiques funéraires à Marseille, du milieu du XVIIIe à la fin du XIXe* (*op. cit.*, n° 222).

la source iconographique des autels, tableaux et retables des âmes du Purgatoire (1).

Le recours à l'iconographie n'est point curiosité fortuite : il témoigne de la nécessité qu'impose une histoire des mentalités largement conçue de rassembler en un faisceau d'investigations convergentes les apports de sources aussi diverses que testaments, livres de piété, des plus savants aux plus vulgarisés, images populaires, traces multiples et multiformes des anciennes dévotions.

On peut, à partir du test particulièrement sensible des attitudes devant la mort, espérer serrer de plus près les étapes de la sensibilité collective, et tout particulièrement la définition de cet « âge baroque » dont on s'accorde bien aujourd'hui pour faire beaucoup plus qu'une époque de l'histoire de l'art, mais dont il reste à approfondir les caractères de mentalité collective. Sur ce plan encore, les travaux d'Agulhon sur les confréries provençales ont fait avancer une problématique qui n'avait été formulée jusqu'alors qu'en termes généraux (2).

On se trouve dès lors ramené à justifier l'initiale affirmation dont nous sommes parti : rencontre d'un problème et d'un site, en posant la question : pourquoi la Provence?

Pourquoi la Provence?

L'implantation géographique de l'auteur y est pour quelque chose, et cette explication pourrait, à la rigueur, suffire, mais il a paru que cette région offrait à une telle recherche un site particulièrement favorable, tant pour la mise à l'épreuve de la source choisie que pour l'approfondissement de la problématique d'ensemble qui a été définie plus haut.

L'histoire religieuse provençale est connue dans ses grands traits: plus encore, on commence, grâce à des travaux récents, à mieux connaître le tempérament collectif de cette province au dernier siècle de l'Ancien Régime : si notre étude a été entreprise avant

(1) Gaby et Michel VOVELLE : *La mort et l'au-delà en Provence*, d'après les autels des âmes du Purgatoire (*op. cit.*, n° 210).

(2) Ce qui n'est point minimiser l'importance d'ouvrages tels que : V. L. TAPIÉ : *Baroque et classicisme* (*op. cit.*, n° 133), ou Jean ROUSSET : *La littérature à l'âge baroque en France, Circé et le paon* (*op. cit.*, n° 32), et d'articles éclairants dans leur souci d'élargir le baroque aux dimensions d'un ensemble d'attitudes devant la vie, ainsi André CHASTEL : *Le baroque et la mort* (*op. cit.*, n° 130) ou R. MANDROU : *Mentalité pathétique et révolution sociale* (Annales E. S. C. 1961).

l'achèvement des travaux de Maurice Agulhon, nous ne saurions cacher combien l'approche de la « Sociabilité méridionale au XVIIIᵉ siècle » (1) d'après la vie de ses confréries et associations nous a apporté par la richesse comme par la nouveauté de ses perspectives. Même si M. Agulhon s'est défendu de faire œuvre d'histoire religieuse, l'originalité d'un comportement collectif marqué du sceau de cette sensibilité qu'il faut bien appeler « baroque » quitte à s'interroger avec l'auteur sur le contenu du terme, fait de la Provence un site d'étude choisi. En outre Agulhon, en découvrant dans la Provence du XVIIIᵉ siècle les indices d'une mutation profonde de sensibilité collective — qu'on lui chicane ou non le terme de « laïcisation » qu'il a cru pouvoir employer pour la définir (2) —, confirme l'importance du siècle des Lumières dans l'évolution collective de la province.

Soyons moins prudent que lui, en nous risquant dans le domaine de la pratique religieuse : il est évident, d'après même ce que nous connaissons déjà, que nous avons affaire à l'un des sites les plus bouleversés, de l'âge classique au XIXᵉ siècle. Si peu renseignés que nous soyons sur la pratique en Provence à la fin du XVIIᵉ siècle, nous la connaissons comme une contrée de dévotions multiples et extériorisées : les voyageurs le notent, que le XVIIIᵉ siècle va rendre sensibles à « l'exotisme » provençal (3), les indigènes le sentent eux aussi qui dissertent sur les « Mœurs et usages des Marseillais », ce pourrait être un indice ambigu, et beaucoup l'ont senti comme tel, des prélats de l'âge classique à l'abbé Grégoire... Mais il est des preuves moins équivoques, dans la multiplication des fondations de couvents à l'âge de la reconquête catholique, dont la cartographie a récemment livré la traduction visuelle (4). Plus encore, si l'on suit des phases de « christianisation » et de « déchristianisation », la définition qu'a récemment donnée A. Latreille en parlant de christianisation là où est attestée la présence d'une élite missionnaire soucieuse de repenser sa foi et de la répandre (5), on ne saurait nier que la Provence réunisse ces conditions à l'apogée du

(1) M. AGULHON : *La sociabilité méridionale* (*op. cit.*, nº 219).

(2) Voir sur ce point les comptes rendus de la thèse de M. AGULHON, notamment celui de B. PLONGERON dans la Revue d'Histoire Moderne et contemporaine de 1969, et M. VOVELLE : *Vue nouvelle sur l'histoire des mentalités* (R. H.-E. F., 1967, *op. cit.*, nº 91).

(3) Relire pour s'en convaincre la description que fait le Président de Brosses de la vie en Avignon dans ses *Lettres familières* (lettre II).

(4) *Atlas Historique de Provence* (*op. cit.*, nº 185), planches 115-116.

(5) Rapport de A. LATREILLE sur la déchristianisation au colloque d'Histoire ecclésiastique de Cambridge (*op. cit.*, nº 22).

XVIIᵉ siècle : n'est-ce point à Marseille que l'activité de la Compagnie du Saint Sacrement a pu être étudiée dans ses formes multiples (1), n'est-ce point en Provence que H. Brémond a pu retracer le cheminement exemplaire du père Yvan dans sa « Provence mystique au XVIIᵉ siècle » (2), et qu'on peut suivre jusqu'aux années 1730 la continuité d'une fibre mystique incarnée dans des individualités (l'abbé Arnaud, curé de Tholonet) (3) ou des Cénacles (la Visitation d'Apt, ou, chez les Jansénistes, Notre Dame des Anges, véritable « Port-Royal Marseillais ») (4)? L'âpreté des luttes religieuses au XVIIIᵉ siècle dans un Midi profondément divisé ne ferait que refléter l'intensité de l'engagement des élites.

Sautons un siècle : au milieu du XIXᵉ siècle, la Provence ne peut plus passer pour un « bon pays » au regard de la pratique religieuse. Sans doute y retrouve-t-on, enracinées, et de plus en plus complaisamment décrites, les traditions de dévotions extériorisées que la renaissance culturelle provençale à l'âge du félibrige va contribuer à perpétuer, qu'auparavant réaniment certains chocs collectifs : on a pu ainsi analyser l'impact du choléra de 1834 sur les dévotions populaires marseillaises, à l'ombre de la Bonne Mère... (5). Sans doute aussi l'épisode de la Provence « blanche » sous la monarchie censitaire, le souvenir d'une activité missionnaire qui fut très développée et parfois indiscrète, contribuent-ils à embellir le tableau de la Provence religieuse au milieu du XIXᵉ (6) : mais la statistique est déjà là. L'enquête menée en 1848 à l'échelon national sur le respect de la religion situe déjà les Bouches-du-Rhône au rang des départements médiocres, le Vaucluse parmi les plus mauvais (7).

---

(1) R. ALLIER : *La Compagnie du Très Saint Sacrement de l'Autel à Marseille* (*op. cit.*, nº 242).

(2) H. BRÉMOND : *La Provence mystique au XVIIᵉ siècle* (*op. cit.*, nº 206).

(3) J. BRÉMOND : *L'Ascension mystique d'un curé provençal* (*op. cit.*, nº 208).

(4) J. BRÉMOND : *Le courant mystique au XVIIIᵉ siècle :* l'abandon dans les lettres du P. Milley (*op. cit.*, nº 207).

(5) P. GUIRAL : « Le choléra à Marseille en 1834 » dans *Recueil collectif sur le choléra de 1831*, sous la direction de L. CHEVALIER.

(6) Sur les formes de la reconquête religieuse dans la première moitié du XIXᵉ siècle voir notamment LEFLON : *Eugène de Mazenod, évêque de Marseille 1782-1861* (Paris, 3 vol., 1965). Nous partageons pour notre part l'appréciation nuancée de M. AGULHON dans les pages de l'*Histoire de la Provence* sur le bilan, somme toute ambigu, de cette phase de l'histoire religieuse provençale.

(7) Voir données convergentes de Y. H. HILAIRE : *La pratique religieuse en France de 1815 à 1878* (I. H., 1963), *op. cit.*, nº 42, et M. VINCIENNE et H. COURTOIS : *Notes sur la situation religieuse de la France en 1848* (A. S. R., 1958), *op. cit.*, nº 48.

L'indice du nombre des ordinations pour 100 000 habitants dont Boulard a suivi l'évolution échelonnée au fil du siècle (1) classe déjà, encore qu'avec des équivoques et quelques repentirs, les départements provençaux parmi les médiocres. Dans ces conditions il est difficile de souscrire sans nuances à l'explication comme à la périodisation que propose le récent historien de la pratique religieuse à Marseille, l'abbé Charpin (2), qui a suivi, on le sait, le geste de l'empressement au baptême, et qui date du dernier quart du XIXe siècle le grand fléchissement de la pratique. Ce serait là traduction sans ambage du déracinement des ruraux drainés par l'essor urbain, coupés de leurs traditions comme de leur environnement séculaire. Il n'est pas question ici de contester la réalité de ce que nous nous permettrons néanmoins d'appeler la seconde déchristianisation, celle de l'essor urbain, de la révolution industrielle et du grand remue-ménage des populations. Mais malgré Mazenod et la Bonne Mère, le mal était pour nous virtuellement fait au milieu du siècle, avant l'explosion marseillaise.

Si nous esquissons un retour en arrière, vers nos bases de départ, l'âpreté des luttes religieuses, et notamment de la déchristianisation révolutionnaire de l'An II en Provence (3) sont là pour témoigner, non pas d'un état de déchristianisation de type moderne, mais du malaise d'une sensibilité collective en mutation.

Entre la déchristianisation du XXe siècle, qui atteint parfois dans le Midi méditerranéen ses taux les plus prononcés (voir notamment le test des ordinations) (4), et l'apogée religieuse du XVIIe siècle, il nous semble plus légitime d'estimer que la dernière vague déchristianisatrice, celle de la fin du XIXe siècle, ne fait que succéder à une évolution qui se situe dans une longue durée séculaire : et nous nous rapprocherons plus facilement de Boulard pour lequel les tempéraments collectifs qui caractérisent les régions culturelles sont le fruit d'évolutions longuement mûries (5). Mais à le lire on ne sait trop parfois quand elles commencent : et l'on craint un peu de se perdre, en remontant de proche en proche, dans le calcaire ou le

---

(1) F. BOULARD : *Premiers itinéraires en sociologie religieuse* (*op. cit.*, n° 3), p. 46.

(2) F. CHARPIN : *Pratique religieuse et formation d'une grande ville* (*op. cit.*, n° 204).

(3) M. VOVELLE : *Prêtres abdicataires et déchristianisation en Provence* (*op. cit.*, n° 29).

(4) Cartes suggestives dans l'ouvrage de Julien POTEL : *Le clergé français* (*op. cit.*, n° 18).

(5) F. BOULARD : *Pratique religieuse urbaine et régions culturelles* (*op. cit.*, n° 4).

granit de certaines théories explicatives par le milieu. Reste à savoir quels sont les véritables cheminements : c'est à cette inquiétude que répond l'enquête en cours, la Provence offrant le site d'une évolution sinon spectaculaire, du moins particulièrement profonde. A mi-chemin entre la fatalité des tempéraments multiséculaires et la brutalité des explications sociologiques trop simples, sans épaisseur temporelle, elle offre la possibilité de chercher une voie moyenne, qui est peut-être celle de l'histoire.

Cheminements d'une étude.

La présentation, que l'on a voulue systématique d'une problématique d'ensemble, ne prétendait pas cacher les cheminements réels par lesquels s'est faite l'approche sur le terrain. La source choisie pour son intérêt, les testaments, a été imposée par les résultats inespérés, et à première vue inattendus, fournis par un site privilégié.

C'est dans une Étude notariale marseillaise (le fonds Laget-Maria, la plus importante sans doute au XVIIIᵉ siècle,) qu'ont été menés les premiers sondages sous forme de coupes annuelles exhaustives mais au début très échelonnées (début, milieu, fin du siècle). La découverte d'une tendance indiscutable, par convergence de l'évolution des clauses religieuses, a amené à multiplier les coupes intermédiaires, puis à élaborer, par tâtonnements successifs, une procédure d'approche applicable à d'autres sites. C'est à ce stade de la recherche qu'ont été présentés, pour la première fois, prématurément sans doute, les premiers résultats. Les critiques qui nous ont été adressées nous ont amené à préciser la méthode.

On nous a dit, et à juste titre, que Marseille n'est pas la France : pas même la Provence, ajouterons-nous. La tentation fut alors de multiplier les sondages comparatifs destinés à confronter aux données de la grande ville celles de milieux urbains plus étriqués, voire de microcosmes villageois : ainsi, a-t-on sélectionné Salon comme exemple de la petite ville de Provence occidentale, Roquevaire comme bourg représentatif dans la proximité marseillaise. Parallèlement, de nouveaux sondages dans les Études marseillaises, choisies sur la base d'une clientèle présumée différente, confirmaient et diversifiaient à la fois les données de la prospection initiale.

Puis on s'efforça d'orienter le choix et l'implantation des sondages provençaux en fonction non pas de préalables abstraits (tel la « petite ville »...) mais des présomptions d'attitude religieuse que pouvaient fournir d'autres approches bénéficiant de la continuité géographique : ainsi avons-nous utilisé la carte que nous avions dressée des succès et des échecs de la déchristianisation de l'an II dans le Sud-Est d'après les abdications de prêtrise (1). Partant de la cartographie, cette méthode régressive a permis de sélectionner certains sites : tels les pays de la moyenne Durance, entre Durance et Lubéron. Ce site de contact entre catholiques et réformés entraînait lui-même à formuler des interrogations sur les phénomènes de déchristianisation « par contact », par voie de monographies parallèles de communautés catholiques (Cucuron) ou réformées (Lourmarin, Mérindol, la vallée d'Aigues). L'apport d'une historiographie religieuse plus traditionnelle, parfois estimable (2), en mettant en évidence certains points névralgiques de la Provence du XVIIIᵉ siècle, offrait aussi des pistes à suivre : ainsi avons-nous prospecté (Senez et Blieux, Cotignac...) ou fait prospecter (Castellane, Pignans) les hauts lieux — on aurait dit les repaires, au XVIIIᵉ siècle — de la Provence rurale janséniste du siècle des Lumières... Par là nous avons cru pouvoir répondre à cette problématique nouvelle, formulée souvent en termes d'hypothèses de travail, qui d'Orcibal à Chaunu invite à prospecter les sites de jansénisme mort ou de protestantisme mal déraciné.

On verra en seconde partie comment nous avons répondu à ces invitations, ou à ces tentations : mais si elles furent premières, elles ne nous en laissaient pas moins, partiellement, sur notre faim : telles données, manquant de la continuité géographique, pouvaient aboutir au tableau pointilliste et aux suggestions impressionnistes d'une série de monographies, défaut auquel leur multiplication même rendait plus sensible en révélant des tempéraments locaux très contrastés.

Une autre tentation se présentait alors, à laquelle de précédentes recherches en histoire sociale nous prédisposaient à céder (3). Nous avions rencontré dans les « Registres des insinuations suivant le tarif » du bureau de Chartres au XVIIIᵉ siècle, la transcription intégrale des testaments locaux (4). En retrouver l'équivalent en Provence, c'était, avec l'avantage de la présentation relativement synthétique et ramassée des sources de l'enregistrement, la possibilité de transposer les dimensions d'un sondage, d'un minutier

(1) M. Vovelle : *Essai de cartographie de la déchristianisation révolutionnaire* (*op. cit.*, nº 28).
(2) P. Ardoin : *Le Jansénisme en Basse-Provence* (*op. cit.*, nº 194).
(3) M. Vovelle : *Problèmes méthodologiques posés par l'utilisation des sources de l'Enregistrement* (Bull. Sect. Hist. Mod., 1961), *op. cit.*, nº 184.
(4) En voir photocopie à la planche V du travail cité *supra*.

notarial aux frontières d'un bureau d'insinuations. Force nous est
d'avouer que cette piste virtuelle ne s'est pas révélée rentable dans
le Midi provençal : les prospections menées, en basse comme en
haute Provence (Insinuations suivant le tarif... bureau d'Arles, et
différents bureaux de l'actuel département des Basses-Alpes)
nous ont révélé une pratique fort différente de celle de la France
septentrionale. Il faut réviser nos stéréotypes : dans ce cas précis
du moins, la Provence, terre de civilisation écrite, laisse beaucoup
moins de traces que les Généralités du Nord. Des testaments,
insinués en abondance, ne figurent que les clauses qui peuvent donner lieu à perception d'un droit : l'optique exclusivement fiscale des
documents en fait de secs résumés, où les clauses de dévotion sont
bien entendu omises.

On s'est alors tourné vers une autre forme d'insinuations, non
plus fiscales, mais judiciaires, et qui figurent à ce titre dans la série B
des Archives départementales, au lieu de la série II C. La différence
est plus qu'administrative : ne sont astreints à insinuation judiciaire par devant les sénéchaussées que certains testaments, et tout
précisément deux catégories : les testaments « mystiques et solennels », rédigés par le testateur lui-même avec ou sans l'assistance
d'un notaire, et déposés scellés et cachetés à l'Étude, où ils font
l'objet d'un procès-verbal d'ouverture, lors du décès. Par ailleurs
dans la catégorie, de loin la plus fournie en Provence, des testaments « nuncupatifs », passés devant témoins à l'Étude ou au domicile du testateur et transcrits par le notaire, ne sont soumis à enregistrement judiciaire que les testaments qui comportent des clauses
de substitution, en faveur d'un ou plusieurs, en cas de mort de l'héritier désigné (1). Entre ces deux catégories de testaments, dont le
rapprochement sur ces registres peut sembler purement formel,
un puissant dénominateur commun : les uns et les autres sont des
testaments de notables : cela va de soi pour les testaments mystiques et solennels, habitude de riche, et localement même, tout
spécialement d'aristocratie nobiliaire. On verra, en retournant aux
minutes notariales dans le cadre de prospections limitées, que c'est,
en basse Provence occidentale, un sondage virtuellement du 1/100ᵉ
de l'ensemble des testaments, qui est ainsi possible. Moins strictement limités à certains milieux sociaux, les testaments nuncupatifs
comportant des clauses de substitution n'en supposent pas moins
un avoir important, un souci élaboré de disposer de ses biens par

_____

(1) Cf. Aubenas : *Le testament en Provence* (*op. cit.*, nº 253).

écrit : tous éléments qui en font également une pratique de gens aisés.

Telle se présente, abstraitement définie, la source vers laquelle nous nous sommes tourné. L'échantillon qu'elle a fourni — 2 000 testaments, en gros — pourra paraître étroit, ne fût-ce que par référence à l'ensemble de la prospection, près de 20 000 actes en tout ; ou même de certains sondages limités (plus de 3 000 à Marseille). Mais par son caractère socialement très sélectif, comme inversement par sa répartition géographique homogène, cet échantillon a paru propre à autoriser une présentation analytique des différentes approches que permet la source testamentaire suivant les données multiples qu'on peut en extraire, et une première formulation des problèmes, introduisant à des sondages précis dans les minutiers notariaux.

Le plan d'exposition qui a été finalement retenu, en gommant les incertitudes d'une découverte qui fut loin d'être linéaire et sans problèmes, présente en forme de diptyque une première partie qui se veut expérimentation des possibilités d'exploitation sur un échantillon privilégié, et en même temps mise en contexte géographique et chronologique ; et un second mouvement d'approfondissement des problèmes formulés, de diversification aussi dans le cadre de sondages ponctuels en sites représentatifs.

C'est dans le cours même de ces développements et tout particulièrement du premier, que l'on a préféré insérer les discussions d'une méthodologie plus technique : s'agissant d'une source d'exploitation nouvelle, dont le traitement fait intervenir le droit, l'ethnographie historique, l'histoire sociale quantifiée, et bien évidemment la statistique, l'on concevra sans peine qu'il ait semblé souhaitable d'éviter l'abstraction, pour découvrir d'entrée les testaments dans le foisonnement des apports qu'ils fournissent.

Découverte et expérimentation d'une source

1

De la forme au contenu :
les testaments insinués dans
les sénéchaussées provençales

Limites d'un échantillon.

La cinquantaine de registres qui a été dépouillée pour fournir la base de cette étude figure dans la série B, judiciaire, des fonds d'archives des départements provençaux : Bouches-du-Rhône, Vaucluse, Var et Alpes-Maritimes (1). C'est un privilège non négligeable par le regroupement relatif qui s'effectue ainsi, en contraste avec la dispersion des sites de prospection dont l'enquête directe dans les minutiers notariaux fournira l'illustration.

Mais en pratique, tout n'est évidemment pas si simple. C'est dans les premières années du XVIIIᵉ siècle que les règlements imposent l'insinuation par voie judiciaire de certaines catégories de testaments en pays de droit écrit, testaments mystiques en règle générale, et parmi les testaments nuncupatifs, ceux qui comportent des clauses de substitution. La mise en pratique des édits et règlements semble s'être faite progressivement et inégalement suivant les lieux. Elle nous vaut l'insertion, étalée sur des années, et même des décennies, de testaments anciens (les plus précoces remontant au milieu du XVIIᵉ siècle) à mesure de leur ouverture, en suite de la mort des testateurs et plus largement du règlement successoral. Le flux se normalise vers 1720, encore qu'il demeure toujours, naturellement, un écart chronologique entre la date du testament et son enregistrement. Mais on s'explique sans peine la courbe d'un stock qui, pour l'ensemble de la Provence, débute assez modestement entre 100 et 150 testaments par décennie, pour se stabiliser au milieu du siècle autour de 250 testaments, quitte à

(1) Voir bibliographie des sources manuscrites *in fine*.

PLANCHE 1.

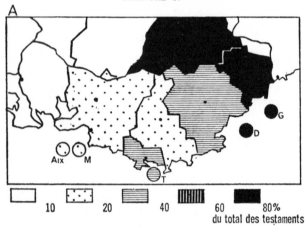

*Forme juridique des testaments insinués par voie judiciaire
dans les sénéchaussées provençales.*

(Le pourcentage est celui des testaments « mystiques et solennels ».)

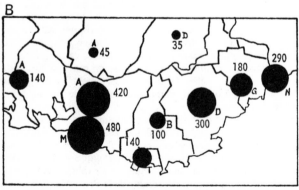

*Répartition et volume comparé des testaments insinués
dans les différentes sénéchaussées.*

(Cercles proportionnels au volume des testaments insinués.)
(Cartographie S. Bonin; Labor. E. P. H. E.)

retomber en fin de siècle à un chiffre plus modeste : on mesure ainsi la difficile adaptation d'une pratique cependant réglementaire, mais qui semble bien loin d'être intégralement suivie. Il n'apparaît pas, par exemple, que le total des testaments mystiques dépouillés (autour de 600) et qui devrait théoriquement répondre à toute la production provençale du siècle, fasse véritablement « le compte ». Les sondages en minutier notarial permettant d'apprécier, en moyenne, à 1 % de l'ensemble la part du testament mystique, les 600 testaments effectivement enregistrés renverraient, à supposer que le travail ait été bien fait, à un total de 60 000 testaments pour toute la Provence du xviiie : c'est-à-dire moins sans doute que ce qu'un dépouillement exhaustif du minutier notarial marseillais peut permettre d'escompter! La tenue des registres a donc, c'est

PLANCHE 2.

LOCALITÉS TOUCHÉES
PAR LE DÉPOUILLEMENT DES TESTAMENTS INSINUÉS
AU GREFFE DES SÉNÉCHAUSSÉES

	Localités représentées	Sur un total de	%
Sénéchaussée d'Aix	38	110	34
Sénéchaussée d'Arles	15	37	40
Sénéchaussée d'Apt-Forcal-quier	28	82	34
Sénéchaussée de Toulon ..	12	18	66
Sénéchaussée de Brignoles.	18	42	42
Sénéchaussée de Dragui-gnan	36	63	57
Sénéchaussée de Grasse ..	25	59	42
Sénéchaussée de Castellane-Digne	14	91	15

Le terme de « Sénéchaussée » est employé ici avec quelque approximation. Si les registres d'insinuations sont tenus au greffe des principales sénéchaussées, les limites de leur rayon d'influence sont en effet très variables et les chevauchements multiples. Ainsi nombre de testaments de la rive droite de la Durance ont été retrouvés dans les registres d'Aix, qui rayonnent aussi sur l'étendue du bureau de Brignoles... La ventilation définitive des fiches doit se faire au niveau d'un fichier global.

le moins qu'on puisse dire, laissé à désirer : le volume d'ensemble de l'échantillon s'en ressent, et plus encore, il apparaît que l'insinuation a été très inégalement et très diversement menée d'un lieu à l'autre.

On vient à bout allègrement des testaments marseillais, qui fournissent plus du quart de l'ensemble : l'abondance même, ici, des testaments insinués les a fait enregistrer à la suite sur des registres spéciaux de la sénéchaussée. Mais ce privilège est rare : dans le cas le plus général, les testaments se rencontrent au fil des insinuations faites au greffe de la sénéchaussée, entre un édit royal, des lettres de rémission, ou des déclarations de défrichement. Pittoresque et passionnant fourre-tout, mais où le dépouillement s'alourdit. Pis encore : plus on s'éloigne d'un épicentre, dont Aix et Marseille seraient le lieu bipolaire, pour pénétrer la Provence orientale et la haute Provence, et plus la tenue des registres laisse à désirer : discontinuité (ainsi Arles cesse à partir de 1770 de livrer des renseignements, Grasse tarit son apport vers la même date), tenue incomplète : Digne ne livre, en place de registres d'insinuations, que les procès-verbaux d'ouverture des testaments mystiques et solennels, en une moisson à la fois maigre et incomplète.

Aussi le bilan global, dans son inégalité, reflète-t-il des réalités complexes, mais finalement convergentes. Près de 500 testaments marseillais (487), un peu moins pour la sénéchaussée d'Aix (424 dont 246 pour la ville elle-même), et celle de Draguignan (290), sensiblement moins pour Arles (140), Toulon (143), ou en Provence orientale, Brignoles (87) et Grasse (193). C'est d'une pincée seulement que l'on dispose pour les sénéchaussées de Provence intérieure (Apt et Forcalquier 42 en tout, Digne et Castellane 49) (1). Si l'on considère que ces testaments permettent de toucher la catégorie supérieure des notables provençaux, c'est d'une certaine façon toute l'inégalité de la répartition de la richesse provençale au XVIIIe qui se trouve ainsi matérialisée (2). Accentuée aussi, sans doute, si l'on considère que l'inégale tenue des registres exprime d'une certaine façon ce que l'on pourrait appeler le « rayon de service » de la capitale administrative aixoise, dont les sénéchaussées éloignées ressentent visiblement l'influence de façon lointaine. D'autres éléments interfèrent sans doute, dont la représentation inégale du testament « mystique et solennel », suivant les régions : ainsi la

(1) Planche 1.
(2) Que l'on confronte la carte que nous dressons de cette inégale moisson aux cartes démographiques que donne BARATIER : *La Démographie provençale du XIIIe au XVIe siècle*, p. 270 (*op. cit.*, n° 188).

Carte de localisation des communautés
provençales représentées dans l'échantillon étudié.

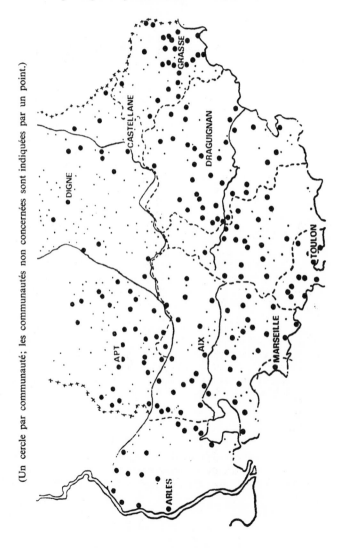

(Un cercle par communauté; les communautés non concernées sont indiquées par un point.)

moisson grassoise, dans sa relative importance, est-elle sans doute révélatrice d'une originalité des coutumes successorales de Provence orientale, mais nous y reviendrons.

Par ce moyen du moins, touche-t-on cette continuité géographique dans la prospection, que nous avons cherché à atteindre. Sans doute quelques villes (Marseille, Aix, Toulon, Draguignan, Arles) avec près d'un millier de testaments sur 1860, monopolisent-elles une part importante des données : mais toute la Provence est peu ou prou concernée : 190 localités ont fourni quelques testaments (parfois un ou deux...) (1). C'est relativement à la province un chiffre appréciable qui situe, dans la plupart des circonscriptions, entre 30 et 40 % des communautés (Aix, Arles, Forcalquier, Apt, Brignoles, Grasse), pour quelques-unes plus encore (Toulon 66 %, Draguignan 57 %), le nombre des localités qui ont pu être visitées si peu que ce soit. Seule la haute Provence orientale, pour les raisons que nous avons dites, est beaucoup moins représentée (15 % des localités entre Digne et Castellane...).

Reste à ajouter, en complément de cette présentation de source, le sondage niçois dont on a cru devoir compléter la prospection provençale, en dépouillant pour le XVIIIᵉ siècle la source particulière des « Testaments remis au Sénat ». Originalité niçoise, que cette précaution de notable de déposer par devant le Sénat un exemplaire de ses dernières volontés. Mais dans son ampleur (268 testaments) par rapport à la population urbaine, comme par le recrutement social des testateurs, c'est une tranche somme toute comparable du groupe des notables qui se trouve révélée, ici par les testaments déposés au Sénat, et là par ceux qui sont insinués judiciairement. Malgré la diversité apparente des sources, l'homogénéité se retrouve au niveau du groupe prospecté.

Reste à se demander dans quelle mesure cet « écrémage » socialement si sélectif, statistiquement réduit (un peu plus de 2 000 testaments) peut introduire à la connaissance de l'ensemble : ce que seule l'analyse précise des apports révélera.

Quels testaments ?

Nous avons annoncé la règle du jeu sans trop encore nous attarder sur les formes juridiques du testament qu'il convient maintenant de préciser, d'autant qu'elles vont peser d'un poids certain sur ce

_____

(1) Planches 1 et 2.

qu'on est en droit d'escompter de l'expression, voire de l'épanchement par voie de dernières volontés.

Nous savons que la pratique fait coexister en Provence, comme dans tous les pays de droit écrit, deux grandes catégories de testaments : nuncupatifs et mystiques, les autres n'étant que curiosités (testaments en temps de peste ou testaments militaires) ou importations fortuites (testaments olographes passés au Châtelet de Paris par des nobles ou parlementaires provençaux).

Le testament nuncupatif est établi par le notaire, soit en son étude, soit au domicile des personnes d'un rang social élevé, ou pour les plus modestes « gisant au lit ». Transcrit en présence d'un groupe de témoins déterminé, il est rédigé suivant une formulation que les petits clercs apprennent dans ces cahiers manuscrits bien souvent en forme de cahiers de brouillon, et que l'on retrouve dans certains fonds notariaux.

Le testament mystique est dit souvent aussi « solennel », dénomination que nous écarterons pour éviter toute confusion avec le testament solennel des pays de droit coutumier de la France du Nord, qui est différent; au reste l'appellation première dit bien ce qu'elle veut dire, qui rappelle que c'est un document clos, enfermé dans une enveloppe faufilée d'un ruban cacheté. Cette pratique permet au testateur de garder le secret sur des intentions de dernière volonté, qu'il rédige personnellement (encore qu'il se fasse visiblement aider parfois), en différence avec le testament olographe du Nord. C'est dire que le testament mystique est privilège de gens cultivés, ayant des soucis un peu en dehors du commun, les moyens et le désir aussi de se plier à une procédure un peu plus compliquée que pour le testament nuncupatif. Le document scellé doit être remis en l'étude du notaire en présence de témoins qui attestent son authenticité ou du moins son origine, il reposera ensuite dans le minutier jusqu'à ce que la mort du *de cujus* fasse procéder à son ouverture, qui fait l'objet d'un procès-verbal en présence des témoins et héritiers. Certains, et c'est souvent le cas en pays réformé à la fin du XVIIe siècle, ne seront jamais ouverts, leur auteur ayant quitté la région sans retour.

Cette présentation formelle, dont les juristes voudront bien pardonner la simplicité voulue, n'entend ici que rappeler des données très connues par les études multiples et précises des historiens du droit (1), en n'insistant que sur ce qui est de nature à infléchir ou modifier le contenu de ce qui va être analysé. D'entrée, mais

(1) Notamment Aubenas : *Le Testament en Provence* (*op. cit.*, no 253).

nous verrons si c'est illusion ou présomption légitime, on peut attendre du testament mystique plus d'épanchement direct que du testament nuncupatif figé dans une formulation notariale stéréotypée.

Telle introduction vaudrait et vaut, aussi bien pour les documents que l'on ira en seconde partie chercher directement dans les minutiers notariaux, que pour ceux dont nous relevons la transcription dans les registres d'insinuations judiciaires. A part une mise en contexte différente : les uns noyés dans le flux des inventaires, partages, contrats et reconnaissances, les autres rompant la transcription journalière des actes de la sénéchaussée, il n'est de différence formelle importante que pour les signatures auxquelles les testaments insinués ne permettent point de se reporter. Mais sur le fond les deux stocks diffèrent, et en tout premier lieu par le dosage différent, entre types de testaments, qu'introduit la pratique sélective de l'insinuation par voie judiciaire. Dans les minutiers notariaux, ce n'est pas anticiper beaucoup que d'indiquer une proportion de testaments mystiques constamment faible, variable suivant les lieux entre 1 et 5 % : c'est dire le primat incontesté et presque absolu du testament nuncupatif. Dans les registres des sénéchaussées, cet équilibre se modifie : ne sont astreints à enregistrement que les testaments nuncupatifs qui comportent des clauses de substitution, c'est-à-dire de report, parfois en « cascade », au cas où le ou les héritiers désignés en premier ou second rang viendraient à être défaillants par décès, refus, ou pour toute autre raison. La proportion des testaments insinués suivant leur catégorie va s'en trouver modifiée, et la place des testaments mystiques sensiblement gonflée, bien que, nous l'avons dit, ils n'aient certainement pas (il s'en faut de beaucoup) été tous enregistrés. L'enveloppe formelle est loin d'être indifférente pour qui analyse et rend compte du contenu : il faut nous expliquer sur ce point, et ne fût-ce qu'en quelques mots, peser la part respective, dans les testaments insinués, du nuncupatif et du testament mystique ou solennel.

Dans l'ensemble la première catégorie l'emporte sensiblement : sur 1 820 testaments analysés, 513 testaments solennels seulement, soit 27 %. Il est vrai que géographiquement, ce rapport est loin d'être égal d'une sénéchaussée à l'autre, s'il varie très peu en un même lieu au fil du siècle. De la Provence orientale à la Provence occidentale, une pratique différente se révèle, que la cartographie suggère nettement (1) : à Grasse, à Castellane, à Draguignan même, le

(1) Planche 1.

testament solennel jouit chez les notables d'une faveur qu'il est
très loin d'avoir en Provence occidentale, même à Marseille, même
à Aix. De 60 à 70 % des testaments solennels (sur le total des
testaments insinués) en Provence orientale, la proportion tombe aux
environs de 1ʳ à 20 % en Provence occidentale, moins même en pays
d'Arles ou dans la région d'Apt. Que l'inégale tenue des registres
puisse y être pour quelque chose est certain : il reste frappant de
voir que Draguignan insinue autant de testaments solennels que
Marseille ; Grasse, sensiblement plus au fil du xviiie siècle : et l'on
ne peut que songer à une contamination par contact avec le pays
niçois, où le testament solennel est, nous le savons, beaucoup plus
répandu (15 à 20 % (1) contre 1 à 3 % en Provence occidentale,
ces rapports relatifs cette fois à l'ensemble des testaments, et non
seulement à ceux qui sont insinués par voie judiciaire).

Des différents comportements régionaux, concluons pour ce qui
nous intéresse directement, au primat du testament nuncupatif (près
des 3/4), donc de la forme qui semblerait à première vue devoir être la
plus rigide, et la plus propre à pérenniser la convention notariale.

Contours sociologiques.

Échantillon socialement sélectif, a-t-on dit : dans l'approche ici
tentée du mental collectif, il importe de mesurer les limites et les
formes du gauchissement qui se trouve ainsi imposé à une image au
vrai de la société provençale dans ses attitudes devant la mort. Au
prix de cette mise au point initiale, il sera possible de prendre la
source pour ce qu'elle apporte, hypertrophiant certains groupes,
négligeant, voire ignorant les autres.

Le premier déséquilibre apparent touche la répartition suivant
le sexe, l'inégalité s'y révèle flagrante dans les testaments insinués.
Elle ne leur est pas d'ailleurs originale, car on la retrouvera à peu
près identique dans les minutiers notariaux, parfois même accentuée
dans les testaments plus populaires auxquels ils donnent un accès
moins chiche.

Mais même dans la société des notables provençaux, le déséquilibre suivant le sexe est fort net, et révèle ainsi, les femmes comme
les hommes disposant d'un avoir transmissible, le caractère inégali-
taire d'une société trahie par ses attitudes collectives. Les testaments
masculins représentent, au début du xviiie siècle, à peu près les

(1) Voir M. J. Golé : *Le Testament à Nice au XVIIIe siècle* (*op. cit.*, n° 262).

4/5 soit 80 % de l'ensemble de l'échantillon. Une évolution sensible, mais somme toute limitée tend au fil du siècle à réduire quelque peu cet écart : la moyenne mobile exprime le caractère linéaire d'une évolution qui réduit à 70 % à la veille de la Révolution la part des hommes, suprématie masculine à peine ébréchée. Sans vouloir anticiper sur l'étude au fond, à venir, la différence des comportements religieux des hommes et des femmes va apparaître assez accentuée, pour que les deux données structurelle et évolutive, ainsi mises en valeur d'entrée, doivent nous rester présentes : dans les courbes générales il faudra tenir compte de l'hypertrophie des attitudes masculines qui accroîtra sans doute l'impression de mobilité, l'inertie relative des femmes étant minimisée. Aussi la distinction suivant le sexe s'imposera-t-elle chaque fois que possible. Du moins la quasi-constance de l'inégalité de représentation, malgré l'évolution timidement amorcée, assure-t-elle, au fil du siècle, un stock pratiquement homogène, sur ce plan du moins, dans sa définition.

Toutefois, la *sex ratio* des testateurs établie au niveau de chaque sénéchaussée indique-t-elle que, pour être grossièrement comparable d'un lieu à l'autre, le déséquilibre n'en trahit pas moins des variations géographiques qui ne semblent pas fortuites. Elles semblent répondre à plusieurs évidences : l'inégalité est moindre dans les milieux urbains qu'à la campagne : le taux de masculinité est le plus bas (autour de 65 %) dans les villes, notamment en Provence occidentale (Marseille, Toulon, Arles, mais même Nice, quoique plus modestement, entrent dans cette catégorie). Confirmation : là où nous avons pu, grâce à une base statistique suffisante, distinguer dans le cadre d'une sénéchaussée la ville et la campagne (Aix et Draguignan) la supériorité masculine est un peu moindre à la ville que dans son terroir. Il y a, malgré tout, mimétisme général entre ville et campagne, dans le cadre d'unités géographiques (ou de régions culturelles) qui semblent se dessiner : d'évidence l'inégale représentation suivant le sexe est moindre en basse Provence occidentale qu'en Provence orientale ou en haute Provence. Si l'on ose, ce qui est peut-être imprudent, faire de ces comportements un test de plus ou moins grande ouverture sur la nouveauté de sociétés encore très patriarcales, on peut déjà soupçonner par ce biais des tempéraments collectifs différents.

La représentation des groupes sociaux n'est évidemment pas le reflet de l'importance numérique réelle des catégories dans la Provence du XVIIIe siècle. Nous nous y attendons, puisque cette population « saisie » au décès (ou à la veille) par les testaments est

Sociologie des testaments insinués dans les sénéchaussées provençales au XVIIIe siècle.

(Graphique général et ventilation régionale, traitement graphique S. Bonin, labo. E. P. H. E.)

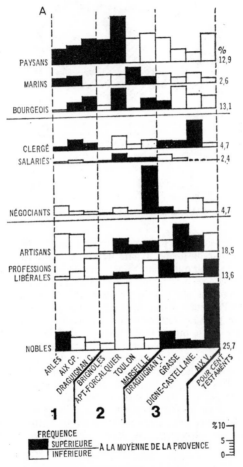

Répartition des testaments provençaux
par catégories socio-professionnelles (1700-1789).

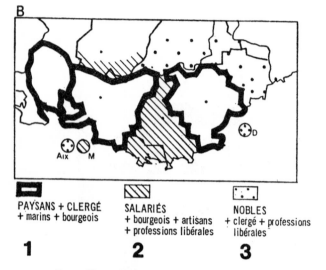

B

PAYSANS + CLERGÉ
+ marins + bourgeois

1

SALARIÉS
+ bourgeois + artisans
+ professions libérales

2

NOBLES
+ clergé + professions
libérales

3

Types d'échantillons traités suivant leur sociologie,

passée successivement par deux filtres ou prismes déformants. Le testament, par lui-même, rejette déjà tout le groupe de ceux qui n'ont aucun avoir qui vaille. Nous en mesurerons l'ampleur dans le cadre de sondages précis, mais si le testament apparaît, nous l'avons annoncé, comme une source d'histoire sociale de haute représentativité en Provence, il n'en reste pas moins qu'un premier tri a été fait par la pratique testamentaire. Le second barrage est encore plus sévère. Cette pincée (volumineuse!) de 2 000 testaments insinués représente une sélection sociale impitoyable.

Qu'on en juge d'après les graphiques (1) : la noblesse provençale qui représente, selon Viala, à peu près 1 % de la population provençale (2) (ordre de grandeur que confirment des sondages urbains précis, Aix, avec plus de 5 % de nobles, étant l'exception), offre le groupe le plus important de testaments insinués avec 29% en Provence pour l'ensemble du siècle. Cette représentation hypertrophiée caractérise les autres groupes des « notables »

(1) Planche 4.
(2) A. VIALA : *Suggestions nouvelles* (op. cit., nº 218).

urbains ou ruraux, encore qu'elle soit peut-être moins prononcée, sauf dans le clergé (5 % des testaments) qui voit, comme la noblesse, décupler son importance numérique réelle. Mais si l'on estime, en appréciation évidemment sommaire, de 3 à 5 % la part de la population que représentent, chacun en ce qui les concerne, les « bourgeois » vivant noblement, et le groupe des « officiers » de judicature et membres des professions libérales, on voit que notre échantillon, avec 13 et 14 % des fiches, leur donne également une importance disproportionnée à leur nombre. Il en va de même, évidemment, pour les négociants (près de 10 % de l'ensemble) : ici la place des testaments marseillais dans l'échantillon global est la cause évidente de cette sur-représentation.

La petite bourgeoisie productrice, monde de l'échoppe et de la boutique, marchands et artisans, n'occupe pas une place médiocre avec un peu moins du 1/5ᵉ (19 %) de l'ensemble des testaments. A ce titre, si l'on s'en tient à la détestable méthode des pourcentages, qui en l'occurrence ne signifie pas grand-chose, elle aurait dans notre échantillon une place, somme toute, comparable à son importance numérique réelle : mais par référence aux notables dont nous venons de parler, c'est sur la base d'une sélection beaucoup plus sévère, qui ne laisse filtrer qu'une sorte d'aristocratie boutiquière sélectionnée. On peut en dire autant du monde de la mer — marins et pêcheurs — qui fournit 3 % des fiches.

Les sacrifiés sont, d'évidence, les salariés urbains, presque inexistants avec 2 % des testaments, et le monde paysan qui ne représente qu'un dixième de l'ensemble : ce n'est pas infime, mais c'est, on s'en doute, tout à fait inférieur à la place numérique réelle du monde rural en Provence.

Les groupes que nous avons constitués pour présenter cette approche sociologique paraîtront simples, peut-être exagérément, et sans doute constitués sur des principes insuffisamment stricts, puisqu'on y rencontre des groupes sélectionnés sur la base d'un rapport de classes (salariés), d'une appartenance d'ordre (noblesse), d'un statut économique (paysans ou gens de mer)... pour avoir nous-même longuement travaillé sur le problème de la codification professionnelle au XVIIIᵉ siècle nous sommes très conscient de ces approximations accumulées : mais les données statistiques que l'on vient de présenter fournissent une réponse qui apparaîtra peut-être suffisante : la représentation, inégale à l'extrême, des groupes sociaux imposant un regroupement empirique du type de celui auquel nous nous sommes livré.

La ventilation sociologique globale introduit à des nuances

à la fois chronologiques et géographiques dont toute l'analyse ultérieure devra tenir compte. Traduite graphiquement, la composition locale des apports de chaque sénéchaussée révèle des physionomies originales, au demeurant pour l'ensemble sans surprise. On ne s'étonne pas de la représentation paysanne moins chichement répartie dans la partie rurale des sénéchaussées d'Aix et Draguignan, comme à Brignoles ou Forcalquier-Apt, en pays d'Arles même. Les milieux urbains présentent des visages spécifiques, parmi lesquels on peut cependant distinguer des familles : oligarchies urbaines dominées par la noblesse : c'est le cas à Aix, comme en Provence orientale, de Draguignan, à Grasse ou à Nice. Officiers et « bourgeois » vivant noblement s'associent dans ce type de sociétés citadines en une sorte de symbiose parfois entretenue par la vocation fonctionnelle de la ville (Aix), à cette noblesse prédominante. Marseille présente une physionomie évidemment originale : le trait le plus remarquable étant ici la relative modestie de la présence nobiliaire, compensée par une représentation importante de la petite bourgeoisie boutiquière, et par un fort groupe de négociants.

Visages contrastés d'une Provence, urbaine et rurale, multiple : il incombera de nuancer les appréciations ultérieures de ces variables socio-géographiques. Mais il est plus important peut-être, pour la suite de l'enquête, de se demander jusqu'à quel point l'échantillon provençal analysé présente cette sorte de continuité séculaire dans ses composantes sociologiques, que l'on a, peu ou prou, rencontrée en ce qui concerne la répartition suivant le sexe. Il semble difficile d'adopter ici la même conclusion : une ventilation simple par tranches trentenaires (1700-1730, 1730-1760, 1760-1790) laisse au contraire deviner un processus de « démocratisation » relative des testaments insinués dans les sénéchaussées provençales. La part de la noblesse, particulièrement, voisine du tiers au début du siècle, se réduit à un cinquième à la fin de la période ; au contraire le groupe paysan, avec continuité, renforce sa participation au fil du siècle, de même, dans les rangs de la richesse roturière, que les négociants, dont l'ascension est fort nette. Ce sont là données qui ne sont pas mineures, affectant des groupes sociaux dont les attitudes collectives sont, on s'en doute déjà, bien différentes : le recul numérique de la noblesse, élément de relative stabilité dans ses comportements, le progrès au contraire des négociants, groupe de novation : autant de traits qui peuvent contribuer à accentuer l'impression de mobilité de la courbe provençale dans son ensemble.

Pour sensibles qu'ils soient, ces facteurs d'évolution n'altèrent pas profondément, cependant, le profil d'ensemble d'un échantillon qui conserve, malgré tout, à la fin du siècle les caractéristiques générales du début, et où le primat des notables demeure incontesté. C'est sans doute la limite essentielle de cette prospection, que de laisser pratiquement de côté les attitudes collectives des milieux populaires, tant urbains que ruraux : par compensation, il est vrai, l'éclairage est porté sur l'élite de la fortune et de la culture, richement représentée par ses éléments triés.

Mais si la structure propre de l'échantillon, tant par la forme même des actes que par l'origine sociale des apports, semble devoir permettre une étude approfondie des comportements dans le groupe des notables, il reste auparavant à lever quelques préalables sur la valeur et l'authenticité des éléments dont ces testaments nous font confidence : on a trop longtemps vu dans les clauses du testament spirituel actes de pure convention, pour qu'il ne soit pas nécessaire de s'interroger sur la part, dans leur élaboration, de la convention notariale, de la pression sociale, et pourquoi pas, de ce que nous appellerons la sollicitation dévote.

La convention notariale.

Entre l'excès de confiance, qui fait présenter à tel illustre auteur contemporain comme exemple d'épanchement personnel (et qui plus est, spécifiquement réformé) une formule que nous avons rencontrée à des centaines d'exemplaires (1) et l'excès de scepticisme qui fait croire à beaucoup d'autres que les formules définitives de la *nuncupatio* se sont trouvées figées à la fin du Moyen Age, pour ne plus changer ensuite, la première prospection à travers les testaments insinués dans les sénéchaussées va peut-être permettre de trancher. Elle permet du moins d'aller

(1) E. G. LÉONARD dans sa monographie sur Aubais. Cet excès de confiance est faute mineure, à côté du parti que certains auteurs, suivant d'ailleurs toute une tradition de jurisconsultes provençaux, tirent du *beau testament* dont ils citent les formules. Voyez Charles de RIBBE : *les familles et la société en France avant la Révolution Française* (in-8°, Tours, 1878), t. II, p. 259 : « Un jurisconsulte provençal caractérisait l'esprit religieux qui présidait à l'acte testamentaire quand il disait « La loi, comme si elle voulait lutter avec la nature, consoler l'homme de sa tyrannie et le dédommager de la terrible et humiliante catastrophe qu'elle lui prépare, a choisi pour l'élever au plus haut point de la puissance et de la grandeur le moment où celle-ci l'abaisse le plus. Elle en fait un législateur souverain et immortel à l'époque où il va cesser d'être un homme ».

au-delà de ce que peuvent livrer formulaires, manuscrits et imprimés, modèles dont on ne connaît trop la diffusion réelle (1), elle autorise même à aller au-delà des impressions que laisse un sondage direct dans un minutier précis : il est rare qu'un notaire change en cours d'exercice les formules qu'il emploie, l'évolution s'en trouve coulée dans les cadres de chronologies individuelles (la carrière d'un notaire) et par là même partiellement masquée.

Nous avons au contraire ici la grande chance de pouvoir disposer, à la fois d'une proportion relativement importante de testaments mystiques et solennels où l'on peut supposer que l'épanchement personnel l'emporte, et pour les testaments nuncupatifs, d'une multitude de contributions notariales. 198 localités touchées, certaines par de nombreux testaments (Marseille, Aix...), les plus médiocres, en vertu de l'échelonnement séculaire des apports, représentées par plusieurs notaires : c'est, si l'on peut risquer une approximation, autour de 600 notaires qui nous ont livré leurs formulaires au fil du XVIIIe siècle. On est dès lors en mesure, légitimement, de trancher le débat : la formule notariale, stéréotype figé et massif... ou indice sensible des mutations mentales tant du notaire que de ses clients : répondre à la question sera plus que lever un préalable, si la seconde hypothèse se vérifie, une première approche se dessinera peut-être d'une évolution qui n'est point uniquement formelle.

Mais, dira-t-on, les testaments nuncupatifs ne sont pas tout : et l'originalité du sondage ici entrepris est pour une part dans la proportion exceptionnelle — plus du quart — des testaments mystiques qui sont rédigés par le testateur lui-même : n'y a-t-il point là le moyen de saisir à la source la naissance des formules s'il est vrai, comme le disent certains auteurs, que les notaires se sont inspirés des trouvailles spontanées de quelques « beaux testaments »? A défaut n'y a-t-il pas ainsi moyen de saisir au niveau des individualités une certaine spontanéité créatrice?

Réglons, pour ne point rester sur une arrière-pensée, le cas de ces testaments mystiques et solennels, puisque leur importance est localement prépondérante. La constatation globale que livre le stock, malgré tout estimable, de plus de 500 testaments solennels, c'est l'extrême rareté de l'épanchement personnel. Résignons-nous : Nous n'avons pratiquement pas rencontré de véritable « testament spirituel », au sens moderne du terme. Cela arrive : et il est tel

_____

(1) Voir note et inventaire en fin de l'ouvrage, relativement à ce problème des formulaires notariaux.

bourgeois de Draguignan prieur des pénitents noirs, ou tel homme de loi janséniste (et bavard) de Marseille, dont nous utiliserons, à bon escient, les précises confessions. Mais ce sont des exceptions qui confirment la règle : qu'il soit rédigé avec l'assistance d'un notaire, ou dans le silence du cabinet, le testament mystique reprend très généralement des formules de testaments nuncupatifs en vigueur. On y rencontre, certes, par rapport à la pratique courante chez les notaires contemporains deux types de variantes aisément compréhensibles : variante archaïsante ou à l'inverse simplification extrême (voire abandon des formules de dévotion) d'un particulier qui va droit au fait. Mais ces deux types de variantes contradictoires s'annulent, et la différence n'est finalement pas grande à ce niveau entre testaments nuncupatifs et mystiques.

Si l'on tire de l'ample moisson d'un millier de formules de notaires ou de particuliers, l'impression d'ensemble qu'elles nous laissent, on n'est plus tenté de parler en termes de stéréotypes massifs, mais plutôt d'extrême foisonnement.

Il y a presque autant de formules que de notaires : dans une même sénéchaussée, pour la même décennie, nous avons dénombré jusqu'à 12 formules, sans compter les variantes. A l'inverse de ce qu'on escomptait, c'est donc plutôt la nécessité d'une classification par familles qui s'impose, au risque d'appauvrir la richesse du matériel analysé.

Classification des formules.

La diversité peut être infinie, la complication extrême. Dans le cas le plus complexe de ce que nous appellerons par commodité le testament « baroque » quitte à nous interroger ensuite sur la légitimité du terme, tel qu'on le rencontre à Nice par exemple, l'imprégnation religieuse (formelle du moins) baigne toute la première partie du document.

C'est en constatant la nécessité de la mort et « l'incertitude de l'heure d'icelle » que le testateur se résout à procéder..., formule déjà réduite par rapport aux anciens textes qui rappelaient la faute de notre père Adam d'où vient cette sanction.

Sur ce, comme « chrétien et catholique » — et parfois « apostolique et romain » — « préférant l'âme au corps », on se munit du signe de la croix. Il est rare qu'on explicite « en déclarant *in nomine patri...* », encore plus qu'on transcrive le texte du credo.

Commencent les invocations, par lesquelles le suppliant s'a-
dresse à Dieu, son créateur, en explicitant parfois les personnes
de la Trinité (Père, Fils et Saint-Esprit), et plus souvent encore
« par les mérites de la mort et passion de Notre Seigneur Jésus-
Christ ».

Si les mérites du rachat par le Christ sont primordiaux, les intercesseurs sont multiples : en tout premier lieu la Vierge, que le
pays niçois dit « gloriosissima » ou plus souvent encore « beata,
immacolata, sempre vergine... ». Plus discrète la Provence s'a-
dresse à la « Très Glorieuse Vierge Marie », ou plus simplement
« Très Sainte ». Viennent ensuite les saints patrons : unique patron patronymique, mais parfois encore, et ce serait bien aussi
originalité niçoise, patrons multiples d'élection, de dévotion
privée : dans leur groupe les saints modernes de la Contre-Réforme
se rencontrent avec les intercesseurs de tradition, parmi lesquels
saint Michel et saint Joseph, patron de la bonne mort, tiennent
une place éminente. Dans les mêmes limites géographiques le
Bon Ange, l' « angelus custos », figure aussi dans la nébuleuse des
intercesseurs. Elle se prolonge d'ailleurs par le groupe anonyme
des « bienheureux » de la « Cour Céleste » qui tantôt sont invoqués comme intercesseurs, tantôt comme ceux dont on voudrait
partager le séjour «... le suppliant par sa divine miséricorde... le
vouloir colloquer au nombre des élus ». Élus, bienheureux, Cour
Céleste : termes dont le choix, et la répartition dans le temps sont
loin d'être indifférents.

On ne saurait réduire, d'ailleurs, l'analyse de cette invocation,
à ceux auxquels elle s'adresse : toute une hiérarchie d'attitudes
s'esquisse, qui va de l'abandon confiant (« le vouloir faire participer à la gloire des Élus... ») à la résignation tremblante (« lui vouloir faire miséricorde... ») qui s'inquiète parfois du moment
décisif de l'heure de la mort (« le vouloir assister à l'heure de la
mort »).

C'est à partir de ce développement complet, que l'on peut parvenir à hiérarchiser, en termes de simplification progressive, les
différents types de testaments, et à les classer en familles. Le prototype — l'étalon — étant ce que nous avons appelé le testament
« baroque niçois », la Provence qui n'en ignore pas l'équivalent
français dans ses franges orientales du moins (fût-il allégé de l'invocation au saint patron ou au Bon Ange) présente au début du
siècle un schéma somme toute comparable, où l'invocation à
Dieu, par les mérites de la mort et passion du Christ, s'associe
le recours à la glorieuse Vierge Marie, et aux saints et saintes de la

Cour Céleste. Ce type de formule, le plus fréquent en Provence au début du siècle, constituerait, par rapport au type « 1 » du pays niçois, ce que nous appellerons le type « 2 ».

Il s'allège lui-même au fil du siècle, en certains lieux, de manière fort révélatrice. Au début du préambule, le rappel du signe de la croix disparaît à peu près, en même temps que la précision « chrétien catholique apostolique et romain » triomphante au lendemain de la révocation de l'édit de Nantes et au début du XVIIIᵉ s'allège progressivement. Si l'invocation à la divinité reste omniprésente, la cour céleste est parfois oubliée... parfois au contraire, et il y a plus ici que l'indice d'une négligence, c'est l'invocation mariale qui se trouve omise : et si l'on ne s'étonne guère de cette pratique dans des régions ci-devant réformées, ou à leur contact ; l'identité d'autres sites d'abandon avec les zones connues comme jansénistes ne laisse pas d'être assez troublante. Mais on va au-delà de ce type intermédiaire (type « 3 ») de testament qui reste malgré tout en continuité avec tout le poids de la formulation séculaire dans sa structure générale.

Dans le type suivant de cette hiérarchie, à la fois analytique et chronologique, les formules de dévotion, pour n'être pas inexistantes, n'en sont pas moins réduites à l'extrême : « comme chrétien et catholique il recommande son âme à Dieu » devient bientôt « et premièrement après avoir recommandé son âme à Dieu » (ou « à la Divine Providence »). Mais on se hâte de courir à l'essentiel... « Et comme le chef et principal but de tout testament est de disposer de ses biens pour éviter toute contestation... »; la mort inévitable n'est plus que rarement évoquée : elle devient (deux bourgeois d'Aups dans les années 70) « le tribut indispensable que nous devons à la Nature »: le vieil Adam est bien oublié, dans cette formulation où la référence à Dieu semble devenir plus lointaine et apparemment plus formelle. Aussi ce « type 4 » nous apparaît-il comme la première étape vers une laïcisation des formules testamentaires.

L'évolution va jusqu'à son terme : l'absence totale de toute formule pieuse n'était pas inconnue au début du siècle : mais elle n'était pas alors significative. En effet, elle se rencontrait soit dans les testaments lestement rédigés de très pauvres gens... soit, inversement, dans des testaments de prêtres, dans lesquels on concevait que cette référence fut tellement implicite qu'on pouvait l'omettre sans peine. La multiplication de ces cas, au-delà de la proportion faible et constante à laquelle ils s'étaient jusqu'alors tenus, en fait, à partir d'une certaine date, un indice cette fois

PLANCHE 5.

Laïcisation du testament dans la Provence du XVIIIe siècle.

(Traitement graphique S. Bonin, Labor. E. P. H. E.)

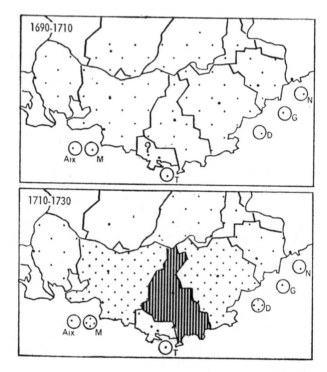

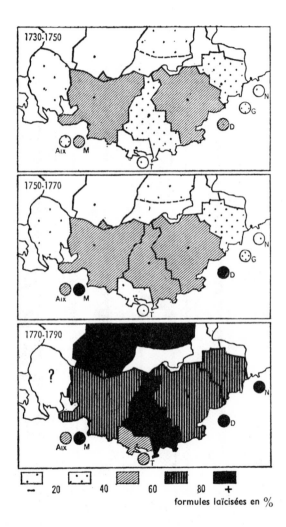

1730-1750

1750-1770

1770-1790

formules laïcisées en %

*Évolution des formules de dévotion
dans les testaments provençaux du XVIIIe siècle.*

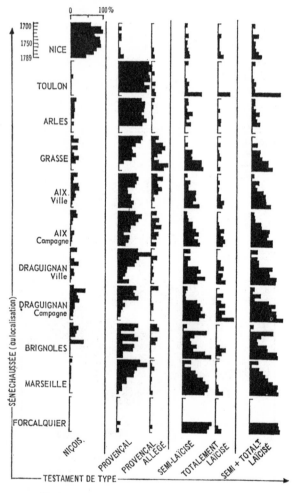

(Traitement graphique S. Bonin, Labor. E. P. H. E.)

non équivoque d'une laïcisation achevée des formules testamentaires (type 5).

Dans sa simplicité peut-être excessive (et qui nécessitera des approches plus fines) la hiérarchisation des familles de formules testamentaires permet déjà une approche chronologique qui se prête à traduction graphique, et plus encore, à représentation cartographique de réalités locales contrastées.

Graphiques et cartes : la laïcisation prise sur le fait.

On propose du phénomène deux traductions graphiques : l'une sous forme d'un graphique, qui met l'accent sur les réalités dynamiques révélées par les courbes de sénéchaussées, l'autre en forme de cartes cinématiques, qui, en cinq étapes d'une durée de vingt ans chacune, permettent de cerner mieux les données géographiques du problème (1).

Regroupant les données des tableaux numériques, le graphique résulte de l'agencement de graphiques en colonnes, correspondant à des tranches décennales, et dont le point d'origine — ou point neutre — a été placé entre la formulation traditionnelle (même allégée) du testament provençal, et ce tournant, dont on a dit l'importance, où l'invocation à la divinité, réduite à sa plus simple expression, semble devenir formelle. Ce n'est point, dira-t-on, totale « laïcisation » : mais la catégorie des testaments sans aucune référence religieuse reste, sauf exception, relativement limitée encore à la fin de l'Ancien Régime, et lui réserver l'exclusive de trahir l'amorce d'une laïcisation eût été sans doute placer la barre trop haut... et méconnaître l'évolution que l'importance croissante des formules indifférentes révèle sans ambiguïté.

A quelques exceptions près, la convergence de l'évolution attestée par les différents graphiques est manifeste. Au fil du XVIIIe siècle, en tous lieux, ou presque, les formules testamentaires évoluent constamment, et pratiquement sans retour, dans le sens d'un allègement, voire d'une disparition progressive des termes de dévotion. Le fait est d'autant plus frappant que les testaments de la fin du XVIIe siècle — insinués au XVIIIe — qui ouvrent la série sont assez fréquemment (7 cas sur 10) en retrait sur ce qu'offre le début du XVIIIe, indication dont on trouvera confirmation dans les sondages plus précis remontant au siècle précédent. D'évi-

(1) Planches 5 et 6.

dence, donc, au début du XVIIIᵉ, les formules de dévotion des formulaires notariaux atteignent une sorte d'achèvement, ou de per-
fection selon que l'on voudra, mais dont elles vont très vite rétrograder. Il est bien sûr des exceptions : le testament niçois, qui apparaît, lui, comme le test comparatif d'une sensibilité baroque
étale tout au long du siècle, garde sa richesse et sa profusion d'un
bout à l'autre... et ne recommence à se modifier (bien faiblement)
qu'après 1760. A l'autre extrémité de la Provence, la sénéchaussée
d'Arles livre une courbe étale jusqu'en 1770... mais garde le
mystère, faute d'éléments fin de siècle, d'une éventuelle évolution
in extremis qui se rencontre dans le cas, fort comparable, de
Toulon, où la mutation pour être tardive n'en est que plus brutale
dans la dernière décennie de l'Ancien Régime.

Mais dans la grande majorité des cas, 7 sites sur 10 séries conti-
nues, la courbe est sans ambiguïté : Marseille, apport le plus
massif, et démonstration la plus probante, en fournit le cas
type : dans la première décennie la formule provençale traditionnelle (la profusion à la Niçoise n'y a jamais été vraiment implantée)
représente 90 % du total, l'invocation simplifiée à Dieu 5 %...
quatre-vingts ans plus tard, à la veille de la Révolution, le rapport
est strictement inversé : près du quart (22 %) des testaments sont
complètement laïcisés, 2/3 (66 %) ne comportent qu'une simple
invocation à la divinité. L'ancienne formule provençale ne représente même plus 5 % de l'ensemble. Entre ces deux extrêmes, une
courbe qui frappe par une continuité linéaire : à Marseille, la
laïcisation des formules testamentaires se présente comme un phénomène séculaire, et sans à-coups. La courbe de Marseille est-elle
une exception, dans une Provence que l'on imaginerait moins
mobile, plus fermée sur ses traditions ? Le cas d'Aix le suggère : tant
dans la ville, ville de tradition il est vrai, que dans la partie « rurale »
de la sénéchaussée, l'évolution, pour être nette, reste plus limitée
que dans la cité phocéenne. Mais on s'étonne d'autant plus, dans les
sénéchaussées de Provence orientale, de trouver une évolution
aussi rapide, et aussi complète qu'à Marseille. Nous avons cependant, là où la base statistique le permettait, distingué apports
urbains et apports ruraux (sénéchaussée de Draguignan). Dans cette
Provence orientale des confréries, tout imprégnée de baroquisme
au début du siècle (on en juge par la place non négligeable qu'y
tient, par contact, le testament niçois), l'évolution est non seulement complète, mais affecte aussi largement le monde rural
(Draguignan-campagne, ou Brignoles) que celui des villes. La
sénéchaussée de Grasse présente, entre l'immobilisme niçois et la

mobilité provençale une transition, dans un milieu urbain qui n'est point sans rappeler Aix par son quant-à-soi. Les données possédées pour la haute Provence sont à la fois convergentes, et trop clairsemées pour se prêter à une exploitation plus approfondie ; on regrette du moins que la série des testaments des greffes de Forcalquier et d'Apt, plus fournie, ne révèle que si tardivement une évolution particulièrement avancée en pays à dominante rurale, et ce, dans une zone dont des sondages plus approfondis confirment l'originalité.

L'évolution est sûre, il reste à en saisir les rythmes, pour autant que faire se peut. L'apparente continuité de la courbe marseillaise ne doit pas tromper : à seconde vue, ce n'est point une droite qu'elle dessine, mais plutôt deux étapes qu'elle suggère, dont on craindrait de calculer trop strictement la pente, mais qui n'en sont pas moins bien décelables. D'évidence, c'est la première moitié du siècle qui manifeste les décrochements les plus brutaux et qui révèle l'évolution la plus nette. L'impression se confirme à scruter les autres courbes, du moins la majorité d'entre elles : Aix urbain ou rural, Draguignan aussi, tant entre ses murs que sur son terroir. Brignoles mis à part, où la faible base statistique ne permet guère de tirer argument des détails d'une courbe un peu déconcertante, seules échappent au schéma ainsi suggéré la courbe arlésienne, celle de Toulon... mais quelle conversion massive ! Grasse reste, en contact avec Nice, tardivement touchée. Pour grossière que soit cette constatation, elle amène d'entrée à formuler des questions voire des hypothèses de travail. De l'ample moisson des données multiples qu'apportent les testaments nous allons dresser la courbe évolutive. Et voici que la première, portant cependant sur des données toutes formelles, arrête déjà par son non-conformisme. Point ici du mouvement séculaire accéléré dans la seconde moitié du siècle que nous faisaient attendre les stéréotypes reçus. Les décrochements les plus brutaux se matérialisent au contraire entre 1710 et 1740 dans la majeure partie des cas : mais cette phase a un nom dans l'histoire religieuse de la Provence du XVIIIe : c'est le jansénisme. Nous y reviendrons, à plus ample informé.

Du graphique à la carte.

Reprenons ces données : peut-être n'ont-elles pas livré tout ce dont elles étaient susceptibles, si du moins on les traite en termes de géographie et de contrastes sur le terrain, plus qu'en termes de flux chronologique. En conservant la barre où nous l'avons placée au moment où la formulation traditionnelle fait place à une formulation allégée, et sinon totalement, du moins semi-laïcisée, mesurons la part des testaments qui, dans chaque sénéchaussée, se trouvent au-dessus et au-dessous.

Le regroupement en cinq cartes « cinématiques » échelonnées par tranches de vingt ans répond plus qu'au souci d'obtenir pour chaque étape une base statistique suffisante : disons sans trop anticiper qu'il respecte une périodisation que nous serons amené à reprendre à plus d'une reprise, dans la mesure où elle s'ajuste dans l'ensemble aux phases d'une sensibilité collective modifiée (1).

Au début du siècle (1690-1710), une unanimité frappante. Dans l'ensemble des sénéchaussées comme dans des milieux urbains traités en particulier, la formulation traditionnelle l'emporte dans plus de 80 % des testaments. Nous savons déjà que cette unanimité n'est pas totale, et que le formulaire de Provence occidentale n'est pas tout à fait celui du pays niçois, allégé de certaines richesses, telles les clauses relatives au saint patron ou à l'Ange Gardien. Nous savons aussi que la pratique niçoise se retrouve plus importante qu'ailleurs dans les sénéchaussées de Provence orientale au contact de cette sensibilité différente (Grasse ou Draguignan) : l'homogénéité de la carte ne doit sans doute pas tromper.

Mais l'unanimité, fût-elle d'approximation, se rompt dès la période suivante : n'attribuons pas aux chiffres de Brignoles, trop faibles pour être significatifs, plus d'importance qu'ils n'en ont. Il reste qu'une évolution s'esquisse, qui oppose la stabilité des confins : à l'est, Nice, Grasse, Castellane, à l'ouest le pays d'Arles, aux évolutions déjà amorcées et dont Marseille et la basse Provence intérieure du pays d'Aix à Draguignan donnent la preuve. Aix se tient bien, on ne s'en étonne pas, Toulon non plus ne bouge guère. Le contraste s'accentue, mais en respectant finalement les données initiales, dans les deux phases suivantes, de 1730 à 1750 puis à 1770. Marseille et d'autres villes plus médiocres (Draguignan) donnent le ton avec un temps d'avance. L'opposition est nette entre les changements de la Provence centrale et la stabilité des frontières. Une relative unité se retrouve à la fin de la période, mais c'est celle qui résulte d'une évolution presque achevée : à part Nice conservatoire des traditions séculaires, la Provence tout entière a renoncé dans 60 % des cas, et parfois même 80 % à l'ancienne formulation des préambules testamentaires.

(1) Planche 5.

D'une pratique à l'autre, la figuration cartographique met en valeur le rôle moteur des villes, de certaines villes du moins (Marseille), certaines autres (type Aix) assument finalement plutôt un rôle de frein. Elle révèle également, sur fond de mobilité générale, l'existence de « butoirs » où l'innovation s'arrête : le monde niçois et ses approches en serait bien, là encore, le prototype.

Nécessité d'une analyse plus fine.

Il s'agissait ici de défricher, en courant le risque d'appauvrir. Nous partions d'un préalable — l'enjeu étant de taille — : est-ce le notaire qui fait le testament ? De la réponse dépendait, on s'en doute, pour bonne part, la valeur que nous pouvions attribuer à la source qui nous porte.

Le poids de la convention notariale a été mesuré, quantifié là où il risquait de peser le plus lourdement : dans les formules. La réponse est nette : contre toutes apparences, les formules notariales, loin d'être inertes, se révèlent mobiles, aptes à traduire un mouvement et par là même à refléter les mutations de sensibilité collective de la clientèle notariale.

De ces mutations, la plus massive apparaît sans ambiguïté. On croyait que la Révolution française avait laïcisé le testament : la Provence prouve qu'il n'en est rien. Il l'est plus qu'à moitié lorsqu'elle éclate, et elle ne fera que parachever une évolution en cours. La géographie suggère les pôles du changement, et par là peut-être permet d'en soupçonner les agents. En tous cas une courbe s'esquisse, où le premier XVIIIe siècle tient une place inattendue. De ces données par elles-mêmes importantes, n'allons point conclure hâtivement à une déchristianisation : tout au plus que le testament devient, semble-t-il, un acte de plus en plus profane, ce qui n'est pas préjuger des attitudes religieuses profondes de ceux qui le passent.

La pression sociale.

D'un exorcisme à l'autre : notre approche ne serait pas complète si nous ne nous attachions à l'autre argument que l'on oppose généralement, et non sans vraisemblance, aux clauses religieuses des testaments. A défaut d'être soufflées par le notaire, elles sont imposées par le milieu, reflet d'une convention et plus encore d'une pression sociale qui enlève bien de la valeur aux attitudes exprimées.

L'argument est de poids; et l'on constatera, au fil des études menées, de flagrantes inégalités suivant les groupes sociaux, où la cohésion des attitudes des notables répond sans doute au quant-à-soi de groupes structurés : mais n'anticipons pas sur les résul-

PLANCHE 7.

LE PAYS NIÇOIS

	Sec° stato e condizione	condizione	Grado e condizione	Grado	Grado e qualità	Qualità	Total	%
Avant 1700	—	1	1	2	6	1	11/34	32
1700-1709	—	—	—	2	—	—	2/14	14
1710-1719	—	—	1	—	2	—	3/6	50
1720-1729	—	—	1	1	5	—	7/22	31
1730-1739	—	—	3	2	3	—	8/27	29
1740-1749	—	1	3	1	3	1	9/34	26
1750-1759	—	—	3	1	2	—	6/27	22
1760-1769	1		1	3	2	—	7/36	19
1770-1779	—	—	2	1	1	—	4/32	13
1780-1789	—	1	2	2	4	—	9/34	26
	1	3	17	15	28	2	66	—
	1 Stato	21 condizione		60 Grado		30 Qualità		

tats d'une approche sociologique qui devra se faire pas à pas, au fil des attitudes analysées.

Il s'agit ici simplement de commencer à cerner, à partir des testaments de notables insinués dans les sénéchaussées, la cohésion réelle de ces groupes. Et pourquoi pas, en laissant aux hommes du XVIIIe siècle la parole, à travers le vocabulaire de leurs testaments?

Au début du siècle, si nous en croyons les formules, les pompes funèbres restent codifiées, hiérarchisées, en reflet de la hiérarchie des honneurs d'une société d'ordres qui se fige — non sans ostentation — à la porte du tombeau. Les hommes le disent, qui désirent des obsèques qui « suivant sa qualité », qui « selon son état » et témoignent, remarquons-le, pour ceux qui ne le disent pas, dans la mesure où ils font allusion à une hiérarchie implicite, et supposée connue. Ce sont ces formules, dans leur évolution comme dans leur répartition, qui vont guider ici nos pas.

Partons de l'exemple niçois, où nous nous accoutumons à voir un point de repère commode pour les attitudes provençales (1) : dans les testaments à l'italienne de cette ville d'aristocratie, obsèques et sépultures se règlent dans le quart des testaments (le tiers au début du siècle) *secondo grado*, ou *secondo grado e qualità*, *secondo grado e condizione* : ces deux derniers termes se rencontrant aussi mais plus rarement, isolément; plus rarement encore on rencontre *secondo stato* ou *stato e condizione*. *Grado, qualità, condizione, stato* : autant en l'occurence de quasi-synonymes pour exprimer les hiérarchies d'une société d'ordres, où chacun a les obsèques qui lui reviennent de droit. Au fil du siècle, cependant, ces notations deviennent moins nombreuses : de 32 % des testaments avant 1730, elles tombent par une chute continue à 26 % entre 1730 et 1760, à 20 % dans les 30 années qui précèdent la Révolution. Nous n'aurons pas la naïveté d'inférer de ce fléchissement que les hiérarchies s'estompent, ou que les cloisons sociales disparaissent, mais il n'y a pas de fumée sans feu.

Par rapport au monde niçois, la Provence offre, on s'y attend, continuités et contrastes (2). Continuité dans les formules elles-mêmes, où français et italien se répondent; on demande à être enseveli suivant sa « qualité », son « état » (ou « avec les cérémonies ordinaires aux gens de son état »), sa « condition ». Parfois un adverbe remplace l'affirmation explicite de la hiérarchie des ordres : on demande à être enseveli « honorablement », « honnêtement », « avec honneur » ou « dignement ». Dans d'autres cas cette notion de l'honnête fait place à des expressions où s'exprime l'allusive référence à une codification des attitudes : « décemment », « convenablement » ou « comme il convient ». Cette codification est héritage d'histoire et dans de nombreux cas, l'expression « selon la coutume » ou « selon l'usage » remplace toutes les autres.

(1) Planche 7.
(2) Planches 8 et 9.

*La clause : « être enseveli suivant son état et sa condition »
dans les testaments insinués devant les sénéchaussées provençales.*

(Trait discontinu : moyenne mobile pour 3 décennies.)

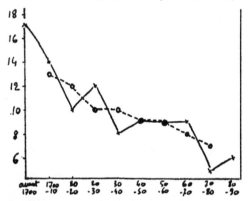

(Verticalement : pourcentage de mention de cette clause.)

L'implantation de ces clauses de style, qui vont bien au-delà de leur valeur formelle, est fort inégale, comme on peut en juger par les trois cartes cinématiques que nous avons dressées de trente en trente ans. Dès le début du siècle, le contraste éclate entre Provence occidentale et orientale : Grasse, Castellane, Draguignan dans la partie rurale de la sénéchaussée offrent alors des pourcentages très comparables à ceux du pays niçois, généralement voisins du tiers du total. La Provence occidentale oppose le contraste de ses villes : Marseille qui dès lors n'emploie plus ces formules, Arles qui les ignore, Aix qui ne les pratique guère, non plus que Toulon, sont les pôles de la Provence ouverte... dont l'influence apparemment se fait sentir sur la partie rurale de leurs sénéchaussées, encore que la formulation « à l'ancienne » y soit plus implantée.

Le milieu du siècle assiste à un recul général, le contraste s'accentue entre une Provence occidentale dont les attitudes s'uniformisent, se consolident et gagnent les villes de Provence orientale (Draguignan) et la partie orientale de la province. Enfin le dernier tiers du siècle confirme le repli aux confins orientaux et en haute Provence de formules que toute la basse Provence urbaine ou rurale a pratiquement abandonnées. Traduire en courbe les suggestions des cartes cinématiques, c'est quantifier un déclin constant et marqué au fil du siècle, puisqu'il fait passer du cinquième des testaments (17 %) au début du siècle, à quelque 5 % à la fin de la période.

Dans la querelle qui oppose aujourd'hui tenants de la société d'ordres et d'une société de classes dans le dernier siècle de l'Ancien Régime, peut-être n'est-il point trop prétentieux de penser qu'une telle approche apporte quelque lumière. Au fil de ces testaments de notables provençaux du XVIIIe siècle, c'est l'effritement d'une société d'ordres qui se révèle, dont les pompes funèbres de l'âge baroque, dans leur stricte hiérarchie, avaient figé les degrés. A partir de là débute, et s'affirme, l'individualisation d'attitudes moins strictement codifiées : et sans avoir la naïveté de croire que la loi non écrite de la convention sociale ait cessé de régner, il est légitime peut-être d'attendre de ces testaments du XVIIIe siècle une vision qui ne sera ni monolithique, ni stéréotypée, des attitudes collectives.

La sollicitation dévote?

Outre ces deux individus entre lesquels nous avons circonscrit le débat, le testateur et le notaire, on pourra nous accuser d'avoir

Individualisation des attitudes devant la mort :
recul de la clause « Être enseveli suivant son état et sa condition... »
(Ou : société d'ordres et société de classes).

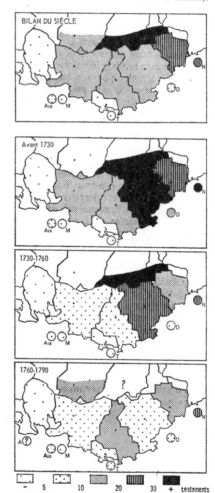

(Pourcentage des testaments comportant cette clause.)
(Traitement graphique S. Bonin, Labor. E. P. H. E.)

oublié un troisième personnage, le confesseur, et ce, au siècle
où le dialogue entre un prêtre et un moribond apparaît dans la
littérature.

C'est pourtant en apparence un troisième préalable, et d'importance, dont il importerait de traiter au même titre que de la littérature notariale et de jurisprudence, que de savoir dans quelle mesure
la littérature de dévotion, sous ses formes même les plus populaires
a pu perpétuer la tradition de l' *ars moriendi* ou du beau testament
de l'âge classique, pour façonner une vision collective du dernier
passage; cette imprégnation livresque ne serait, elle-même, qu'un
élément d'une pastorale de la mort, d'une présence des clercs que
l'on devine presque universelle, à relever la qualité des témoins à
testaments, parmi lesquels, surtout dans le monde rural, la présence
du prêtre est quasi de rigueur.

On ne dispose malheureusement pas, pour mesurer cette présence, des moyens détournés de quantification que l'analyse statistique des formules notariales a fournis pour apprécier convention notariale ou pression sociale. Les quelques indices relevés sont
trop marginaux ou anecdotiques pour fournir plus que des nuances :
on sait ainsi que dans le pays niçois, en fonction d'un privilège accordé
par la papauté dès le xvie siècle, il était imposé aux notaires de
demander aux testateurs s'ils désiraient faire un legs aux hôpitaux
turinois, la Charité et Saint-Maurice. Fidèlement réitérée la formule entraîne dans trois quarts des cas la même réponse négative et
ce, dans des testaments qui ne sont pas chiches par ailleurs en
legs pieux, parfois à profusion. Il doit y avoir là réflexe anti-pié-
montais, d'une hostilité qui n'est point d'ailleurs spécifiquement
niçoise puisque les savoyards, à la même époque, ne se comportent pas, ainsi que nous l'a confirmé M. Guichonnet, autrement que
les Niçois, lorsqu'on les sollicite d'identique façon. Ce détail marginal vaut plus que pour le pittoresque : il démontre ce dont nous
nous doutions, que le testateur doit généralement être sollicité, si ce
n'est par le notaire du moins par le confesseur. Il prouve aussi
que l'acquiescement n'est pas de rigueur, ou plutôt qu'il se plie
en premier lieu à une sorte de pratique sociale collective. Il n'était
pas difficile de soupçonner, même s'il est beaucoup plus difficile
d'en vérifier l'existence, ce niveau véritablement inférieur de la
sollicitation des clercs.

Mais il est encore plus difficile d'établir le lien entre formules,
épanchements semi-personnels et influence soit directe du confesseur,
soit véhiculée par la littérature de dévotion. On sait bien, et nous
l'avons rappelé, la vogue au début du siècle d'ouvrages du type de

« *La douce et sainte Mort* » du père Crasset, ce polygraphe que n'aimait point Brémond. On sait aussi par l'histoire du sentiment religieux le fléchissement au xvIII^e siècle de cette production. En tout cas, on ignore tout de la pénétration éventuelle de ces manuels et de ces exemples dans le monde provençal : seule une prospection directe dans les inventaires de bibliothèques apporterait peut-être quelques lueurs. L'imprimerie avignonnaise du xvIII^e siècle dont on connaît les titres (1) ne fournit en tout cas aucun exemple caractéristique de littérature du type de l' *ars moriendi*. La question nous entraînerait, il est vrai, un peu trop loin des testaments qui forment le cœur de notre recherche.

Après tout, la véritable réponse, ce sont eux qui sont en mesure de nous l'apporter : par leurs clauses dans la richesse desquelles il faut maintenant pénétrer, ils peuvent seuls fournir la mesure et la qualité d'une imprégnation religieuse dont ils témoignent sur traces. Ce que nous avons un peu naïvement, et pour la symétrie, nommé la « sollicitation dévote », loin d'être un préalable, se retrouve au cœur du problème.

A l'issue de ces analyses, dont on comprend peut-être désormais le rapprochement, se révèle la valeur privilégiée du testament comme source d'histoire de la sensibilité religieuse au xvIII^e siècle : il perdra, nous le verrons, sa valeur de témoignage spirituel après 1791 et plus encore après 1800, il l'acquiert pour bonne part à la fin du xvII^e, qui voit se briser, pour nombre de raisons convergentes, les cadres antérieurs d'une dévotion moins individuelle, plus généralement coulée dans les cadres collectifs d'une société d'ordres. On confirme par ce biais, s'il en était encore besoin, le caractère dynamique et évolutif des critères et des tests de la ferveur religieuse. Charpin l'avait senti et exprimé dans son étude sur le geste du baptême au xIX^e siècle (2) : on en trouve ici confirmation dans notre tentative d'établir la validité de ces gestes dans le temps, dans l'espace aussi, car rien ne dit que ce qui vaut pour la Provence serait valable ailleurs : mais ce n'est point une raison, au contraire, pour mépriser de tels indices.

Par degrés, en cernant dans ses aspects les plus formels et apparemment les plus extérieurs, la source qui va nous porter, nous nous trouvons amenés à considérer les clauses précises des testaments.

(1) M. PELLECHET : *Notes sur les imprimeurs du Comtat* (*op. cit.* n° 230).
(2) F. CHARPIN : *Pratique religieuse d'une grande cité : Marseille* (*op. cit.*, n° 204).

2

L'homme
devant sa mort

Le testament provençal du XVIIIe siècle n'est pas toujours rédigé, pour reprendre les termes de l'époque, dans « l'idée » ou dans « la pensée » de la mort : du moins pas dans une attente immédiate. Cette précaution très générale, dont on mesurera plus loin la représentativité exceptionnelle, peut se prendre à tout âge : testament juvénile du soldat de milice, ou du capitaine marin à la veille du départ, testaments adultes de tels maniaques de la prospective posthume, dont on rencontre jusqu'à cinq fois les dernières volontés à peine modifiées d'une version à l'autre, ainsi ce vicaire de Cucuron qui tantôt révoque et tantôt rétablit le legs qu'il fait à ses confrères desservant la cure.

Malgré tout, même si la mort n'est pas toujours proche, la nature même de l'acte la fait regarder en face « considérant la certitude de la mort, et l'incertitude de l'heure d'icelle... » : fort peu de testateurs (quelques-uns cependant) ont su se dégager des clichés que leur fournissaient les formulaires pour confier la façon dont ils concevaient le dernier passage. Mais à défaut de telles confessions, il est possible au moins de suivre les gestes et de décrire les comportements qui accompagnent dans la Provence des Lumières ce pas difficile : une convention, un rituel même se dégagent dont on peut décrire les aspects.

L'homme devant son corps.

La mort est pour beaucoup, comme le dit un prêtre de Grasse dans un testament des années 1720, « le moment terrible dont dépend l'éternité » : la formule qu'il emploie, et qui vient tout droit des manuels de dévotion, se retrouve, encore que rarement, chez d'autres testateurs. Mais d'évidence, pour une sensibilité collective qui reste pour une part attachée à l'idée que tout peut être sauvé, ou perdu à l'ultime instant, l'agonie — et ses conditions — sont d'extrême importance.

Un noble marseillais, dans les années 1740, demande au créateur de lui faire la grâce de lui épargner une mort subite : et cette crainte est révélatrice (1). D'autres plus nombreux sollicitent plus classiquement le privilège d'une bonne mort. Ils restent relativement rares : mais un témoignage indirect de l'importance de la « bonne mort » se retrouvera, on le verra sous peu, dans l'importance des autels, confréries et chapelles dédiées à saint Joseph, qui pour les Provençaux du XVIIIe reste avant tout le protecteur des agonisants.

En constatant combien peu fréquemment le souci de la bonne mort s'exprime, on s'interdit bien sûr de conclure à l'inexistence de cette inquiétude chez les Provençaux du XVIIIe; outre la source iconographique locale, on sait le succès, encore au début du siècle, des livres et livrets de préparation à la mort : l'ouvrage du P. Crasset « *La douce mort* » n'a-t-il pas connu 8 rééditions entre 1680 et 1720? Mais nous n'avons pas d'éléments pour mesurer l'éventuelle pénétration de ce type d'ouvrages en Provence. Par ailleurs les titres de la bibliothèque semi-populaire de dévotion tels qu'on peut les relever dans un récent instrument bibliographique (2) semblent beaucoup plus avares sur ce thème que ne l'avait été le XVIIe siècle, dont on peut suivre la prolixité chez Brémond, ou dans les indications du dictionnaire de spiritualité. Et le XVIIIe siècle réserve, comme le remarque Lestocquoy (3), un étonnant succès à un ouvrage qui peut paraître l'antagoniste de « *La douce mort* » du P. Crasset : les « *Réflexions sur les grands hommes qui sont morts en plaisantant* », également objet de rééditions multiples entre le début du siècle et 1750. Le silence relatif de nos testaments garde ainsi une signification ambiguë : il peut refléter l'inutilité ressentie de réclamer des pratiques qui vont de soi (ainsi le cierge que l'on allume entre les mains du mourant, en symbole d'immortalité, et que les testaments cités par de Ribbe pour le XVe rappellent encore) (4), comme

(1) Et de tradition : « De morte repentina, libera nos domine... »
(2) A. CIORANESCU : *Bibliographie de la littérature française du XVIIIe siècle* (Paris, 1969, 3 vol.).
(3) J. LESTOCQUOY : *La vie religieuse en France du VIIe au XXe siècle* (*op. cit.*, n° 62).
(4) Ch. DE RIBBE : *Les familles et la société en France* (*op. cit.*, n° 232).

il peut attester également un désintérêt relatif, ou, pour s'exprimer plus prudemment, l'idée que le testament n'est point destiné à recueillir de telles confidences.

On se préoccupe parfois de l'agonie à venir : là encore, si les mentions sont rares ceux qui se sont laissés aller à l'épanchement témoignent peut-être pour beaucoup d'autres. Ainsi un bourgeois d'Aix, qui n'est peut-être qu'un maître barrillat, et qui sollicite la grâce d'être assisté dans son agonie par des prêtres qui se relaient constamment. En 1740 un notaire de Cotignac, fief janséniste, demande pour sa part que dès qu'il entrera en agonie les pères de l'oratoire de Notre-Dame-de-Grâces entrent en prières, et l'assistent ainsi de loin jusqu'au bout. Tel désir se rencontre ailleurs qu'en Provence; ainsi dans les testaments de la coutume de Reims qui stipulent parfois bien avant l'âge classique qu'il faudra faire prier au chevet du mourant (1). Ainsi le testateur entend-il se prémunir à l'égard des « surprises de la mort » contre lesquelles, nous dit un conseiller du roi de Draguignan, « Notre Seigneur Jésus-Christ a recommandé d'être toujours en garde ». Avouons toutefois que si l'idée de l'instant décisif se rencontre parfois, les stipulations relatives à l'agonie restent discrètes, devant le luxe des détails qui concernent la dépouille mortelle. C'est que tout n'est pas joué peut-être : dans le jugement individuel qui suit la mort, il importe cependant de faire vite — et nombre de testateurs réclament des messes en abondance sitôt le décès —, le jour même autant que possible : tel notable marseillais met à la tâche les églises conventuelles aussi bien que paroissiales pour célébrer au jour de son décès cinq cents messes *de mortuis*, quitte, ajoute-t-il avec réalisme, à terminer le lendemain si elles n'y peuvent suffire dans la journée. Désormais, cependant, l'âme du défunt ne peut plus être aidée que par les intercessions des vivants : du « cantat » à la neuvaine, au bout de l'an et aux anniversaires, un rituel se déploie, dont nous reparlerons. Mais pour l'heure c'est de la dépouille mortelle que se préoccupe le testateur. Il la considère rarement dans la misère que le sort lui réserve : ce siècle se révèle peu macabre, à ce niveau du moins : peut-être au fond, la nature même du document testamentaire se prête-t-elle trop peu à de telles évocations.

Comme en ce qui concerne l'agonie, l'argument *a silentio* est contestable, et invite surtout à prospecter d'autres sources : on sait grâce à Chastel, ou Rousset, l'importance du macabre dans la

---

(1) P. Pellot : *Étude sur le testament dans l'ancienne coutume de Reims* (*op. cit.*, n° 176).

sensibilité de l'âge baroque (1). Mais point n'est besoin de quitter
la Provence pour trouver confirmation locale de leurs analyses :
nous avons suivi sur les retables noirs des âmes du Purgatoire
dont le xviiiᵉ siècle provençal se dote encore (Salon, Lambesc) (2)
la survie du macabre que les monuments funéraires utilisent également (tel celui que G. Maucord élève en 1709 à Mgr de Sade en la
cathédrale de Cavaillon). Par ailleurs, lorsqu'on surprend en action les prédicateurs provençaux du xviiiᵉ, on découvre que l'appel
à la terreur physique des pénitents ne méprise pas les moyens
simples : ainsi le père Honoré de Cannes, capucin renommé, qui
exhibe en chaire un crâne qu'il affuble successivement d'une fon-
tange, d'une perruque, d'un mortier de parlementaire pour les
besoins de sa démonstration (3). Pour en revenir aux testaments,
seul un peintre de Grasse, J. N. Ricord, déclare en 1743 donner
« son âme à Dieu, son corps aux vers et à la pourriture jusqu'à
ce qu'il plaise à Dieu le faire ressusciter ». Si classique soit-il, le
rappel sonne presque incongru, comme par ailleurs, on note pour
son unicité l'idée de cet autre testateur, Messire André de Chala-
mond, procureur du roi en Arles, qui demande à être exposé chez
les Carmes, où il a élu sépulture, « jusqu'à ce que la puanteur
et la pourriture ne permettent plus qu'il y reste », faisant dire
pendant ce temps nombre de messes corps présent, qu'il offre
de rétribuer à 20 sols en fonction du caractère exceptionnel de sa
demande. On s'étonne moins de cet autre robin arlésien qui demande qu'on creuse dans sa chapelle dédiée à Jésus-Christ et à
tous les saints en l'église saint Julien un trou « de trois pans »
afin que « la puanteur n'incommode personne ».

Mais si l'on passe vite sur la déchéance physique après la mort,
cela ne veut pas dire que ce siècle ignore le corps : il en règle au
contraire les tribulations avec une extrême minutie.

Exceptionnelles chez ces notables ou ces aristocrates de province, sont les allusions à l'intégrité d'une dépouille physique
qui doit attendre intacte le jour de la résurrection : certains nobles, parmi les plus relevés de la province, restent fidèles à la tradition de faire embaumer leur cœur, pour le déposer, qui dans la
chapelle du château de famille, qui dans un établissement religieux dont il est protecteur : on en trouve un exemple à Marseille
dans les années 40, un autre à Aix en 1714 : ce sont là des raretés.

(1) A. Chastel : *Le baroque et la mort* (*op. cit.*, nᵒ 129); J. Rousset : *La
littérature à l'âge baroque en France* (*op. cit.*, nᵒ 132).

(2) G. et M. Vovelle : *La mort et l'au-delà en Provence* (*op. cit.*, nᵒ 210).

(3) P. Dubois : *Les capucins dans le Midi* (*op. cit.*, nᵒ 239).

Rareté aussi, mais intéressante, l'attitude du prêtre marseillais qui en 1709 « prohibe expressément d'ouvrir son corps sous quelque prétexte que ce soit, de quelque maladie qu'il meure ». Messire Nicolas de Bourquier, prêtre docteur en théologie qui prend cette précaution au fil d'un testament d'ailleurs beau dans son austérité, s'oppose à soixante ans de distance à Louis François de Rémuzat, marseillais lui aussi, mais chevalier de saint Louis et brigadier des armées du roi, qui demande pour sa part que son corps soit ouvert en présence d'un médecin et d'un chirurgien ce qui pourra être utile à la science. Il sera ensuite enseveli dans un caveau comblé de chaux, souci d'anéantissement qui complète cette négation, apparemment rationaliste dans son intention, de l'importance donnée au corps. Si l'on évoque le testament par lequel le jeune François de Sales, alors étudiant à Pavie, avait offert sa dépouille mortelle à la dissection, et ce, pour éviter les profanations que les carabins de cette ville, contemporains de Rabelais, commettaient dans les cimetières, on mesure l'ambiguïté d'une telle clause : un geste identique pouvant répondre à deux attitudes contradictoires.

La crainte (ou le souhait) du scalpel restent rarissimes; mais une autre crainte se fait jour, qui matérialise l'importance et sans doute le rôle nouveau que le siècle des Lumières accorde au corps : c'est la peur d'être enterré vif. On sait que cette crainte, où se rencontrent les préoccupations de l'Aufklärung vis-à-vis des mœurs d'antan, et peut-être les premiers cauchemars nés des débuts du roman noir, a connu dans l'Europe des Lumières un succès croissant au fil du siècle, orchestré par les gazettes et une littérature parfois scientifique : une telle psychose a été étudiée dans la crise de la sensibilité collective de la Prusse après Frédéric II (1). La France n'en ignore point l'équivalent : mais quelle France, parisienne ou provinciale? Les notables provençaux nous donnent une réponse, même si la moisson — 11 cas, moins de 1 % de l'échantillon — peut sembler maigre; mais leurs choix sont motivés, et par là même révélateurs. Peut-on mesurer une tendance d'après une dizaine de données? Si nous nous y risquons, ce sera sans surprise, pour constater que plus de la moitié, une demi-douzaine, appartiennent aux trente dernières années de l'Ancien Régime, mais aussi que la fin du XVIIe siècle n'avait point ignoré cette crainte puisqu'on rencontre deux stipulations

(1) H. Brunschwicg : *La crise de l'État prussien à la fin du XVIIIe siècle et la genèse de la mentalité romantique*, Paris 1947.

de cet ordre dans les années 1680. Après tout, le choc visuel dont Chateaubriand a voulu faire naître la conversion de Rancé, pour n'être point une aventure strictement similaire, témoigne bien que l'âge classique n'avait pas ignoré ces peurs. Souci connu de longue date, valorisé à la fin du siècle, telle semble bien être la vérité médiane. La « géographie » du phénomène, mot prétentieux, est elle-même révélatrice : 6 cas sur 10 à Marseille, 3 à Aix, 1 à Arles et à Toulon. Les peurs nouvelles n'ont pas touché la campagne, et restent luxe des notables des grandes villes de Provence occidentale. On ajoutera d'ailleurs que plusieurs de ces cas — ainsi un avocat et deux nobles — sont tirés de testaments olographes insinués au Châtelet de Paris : Versaillais saisonniers ou Parisiens occasionnels ont toutes les apparences d'avoir entendu ces histoires dans la capitale du royaume, et ce pourrait bien être le cas aussi pour tels nobles qui testent en Provence. Car ce souci ne se rencontre pas dans tous les milieux : le cas le moins relevé qui ait été rencontré est celui d'une femme de drapier marseillais, mais il est isolé. Cinq nobles (dont 3 femmes), un échevin de Marseille, un Conseiller Secrétaire du roi, un avocat : c'est dans l'élite éclairée, tant féminine que masculine, que cette peur s'introduit.

Les stipulations sont identiques, avec plus ou moins de précision, l'esprit ne l'est pas, et sur la base d'une demande commune, une mutation de sensibilité se décèle. On demande dans tous les cas que le cercueil ne soit pas cloué, du moins avant un certain temps : plus de 24 heures ou deux fois 24 heures, ou, le plus fréquemment, 36 heures qui semble le délai admis pour que la mort soit avérée ; on précise à l'occasion que les signes de la mort doivent être reconnus. Mais la justification que l'on donne, ou que le lecteur devine, est loin d'être la même : chez ce conseiller royal arlésien qui demande en 1727 à être exposé, nous l'avons vu, jusqu'à ce que la puanteur ne permette plus qu'il reste, il y a sans doute plus que la simple peur d'être enterré vif et le fait qu'il sollicite, dans l'église des Carmes où il donnera ce spectacle, la présence de prêtres qui l'assistent de leurs prières et de leurs messes, montre bien que pour lui ce rituel macabre a un contenu religieux. De même, en 1768, encore, Gabriel Rémuzat, ancien premier échevin de Marseille, demande à être exposé 24 heures, plus discrètement, dans sa maison, mais c'est, dit-il, « pour profiter des prières de tous les bons chrétiens ».

Dans ses motivations, la requête n'est pas différente de celle qu'adressait au temps de la « Provence mystique » du XVIIe siècle la Révérende Mère Madeleine, relativement aux obsèques du Père Yvan, aumônier de la communauté : « le garder deux fois 24 heures sans l'ensevelir, puisque c'est notre trésor et toute notre consolation après votre Révérence... » (la supplique s'adresse à l'archevêque d'Aix) (1). La durée de l'exposition répond donc à l'âge classique, à la limite et dans ce cas précis, à une sorte de « dévotion » envers le corps, bien différente de ce que nous allons trouver ensuite.

Un noble éclairé, au temps des Lumières (vers 1770), Jean Gaspard d'Ailhaud, seigneur de Vitrolles, donne sur un ton très différent des instructions relatives aux heures qui suivront sa mort : puisque son corps devra être gardé dans le lit pendant 48 heures par tous les domestiques à tour de rôle, à raison d'une heure chacun. Il prévoit d'ailleurs la rétribution de cette veille, et précise que s'il revenait à la vie, 300 livres seraient dues aux deux domestiques qui auraient prolongé son existence ne fût-ce que de quelques heures. Le vicaire de la paroisse ne devra le déclarer mort qu'après des signes certains : il sera alors enseveli, et en précise strictement la manière : le corps simplement enveloppé dans les draps du lit, introduit dans le cercueil de plomb qu'il a fait spécialement faire et dont le couvercle sera exactement soudé. Dans cette attention tâtillonne portée au corps même après la mort, on se trouve bien loin de la sensibilité dont témoignait encore en 1743 le peintre grassois Ricord, en abandonnant son corps « aux vers et à la pourriture, jusqu'à ce qu'il plaise à Dieu le faire ressusciter », et qui ne faisait que reprendre, en la développant, telle vieille formule que de Ribbe a rencontrée dans des testaments au XVᵉ siècle : ainsi Jean de Forbin, écrivant : « je laisse mon corps à la terre... (2) » Le retournement d'attitude visant à préserver *post mortem* l'intégrité de la dépouille physique ne saurait être sous-estimé dans la mesure où il préfigure certaines formes du culte des morts du XIXᵉ siècle, notamment l'importance du caveau de famille (3). Mais d'autres indices se rencontrent, d'une sensibilité modifiée. Écartée la crainte d'être enseveli vivant, qui ne touche que peu de monde, le souci de la dépouille mortelle se rencontre plus fréquemment dans les stipulations relatives à la présentation du cadavre. En traiter va au-delà de l'histoire des mœurs anecdotique, ou du folklore, c'est répondre à une inquiétude qui

(1) H. BRÉMOND : *La Provence mystique au XVIIᵉ siècle* (*op. cit.*, nº 206).
(2) C. DE RIBBE : *La société provençale à la fin du Moyen Age* (*op. cit.*, nº 233).
(3) Sur ce problème voir P. ARIÈS, travaux cités, nᵒˢ 30 à 34.

se rencontre fréquemment, et qui traduit les formes changeantes du mental collectif.

Avant de demander à « n'être pas cloué avant 36 heures », ou à être laissés sur leur lit pendant un jour, les testateurs provençaux ont demandé à être ensevelis vêtus, et enfermés dans un cercueil. Cette double exigence s'explique si l'on se réfère à la pratique provençale traditionnelle, telle que nous l'exposent les folkloristes.

Est-elle d'ailleurs spécifiquement provençale? Le *lectus mortuorum*, le lit funéraire, se rencontre partout ou presque, dans la pratique ancienne. Ce lit d'apparat pour les riches, où le défunt était exposé, a constitué un élément non négligeable dans le cérémonial de la mort et on en trouve mention depuis le Moyen Age à Paris, en Bretagne, en Languedoc... en bien d'autres lieux (1). Le fait, sans doute, qu'il ait été longtemps revendiqué au titre de la *pars christi* pour la rétribution du clergé, a sans doute contribué à figer cette pratique, bien qu'on sache que l'évolution des mœurs en avait réduit l'ampleur (2). Du lit mortuaire, on était passé au drap mortuaire et parfois à la robe, ou aux robes que l'on posait sur la dépouille et qui revenaient au clergé lors des obsèques : seules quelques provinces étaient demeurées fidèles au XVIIIe siècle à la pratique ancienne, ainsi l'Anjou et le Dauphiné (où sa survie en forme de droit d'ensevelissement se perpétua jusqu'au début du XXe siècle) (3). En Provence, le lit funèbre attesté au XVe siècle (ainsi le testament de Jean Deydier en 1477, cité par de Ribbe) (4) n'apparaît pratiquement plus au XVIIIe, et il nous semble significatif de ne l'avoir rencontré qu'en des testaments insinués dans la sénéchaussée d'Arles, comme provenant des terres adjacentes : Grignan ou autres communautés frontalières du Dauphiné, où la pratique était beaucoup plus enracinée. Encore le drap mortuaire y apparaît-il dès lors remplacé par une prestation symbolique en argent, qui en tient quitte le défunt. On verra léguer des robes ou pièces de vêtements : ce n'est plus généralement au clergé de la paroisse comme bénéficiaire de droit, mais à telle statue de la Vierge, à tel autel de dévotion particulière. Mais si l'on assiste ainsi à la disparition de la *pars christi* et de toute la tradition de rites millénaires qu'elle avait christianisés, la présentation, ou la

---

(1) Voir : A. Perraud (*op. cit.*, n° 178); P. Tuetey (*op. cit.*, n° 183); G. Penot (*op. cit.*, n° 177).

(2) R. Aubenas : *Autour du testament loco defuncti* (*op. cit.*, n° 255).

(3) Cité par G. Penot (*op. cit.*, n° 177).

(4) C. de Ribbe : *La Société Provençale* (*op. cit.*, n° 233).

toilette du cadavre n'en gardent pas moins une importance considérable pour l'opinion.

Dans la tradition, le défunt est enveloppé simplement d'un drap, d'un suaire qui laisse à nu le visage, les mains et les pieds. C'est en cet équipage, posé sur un cercueil ouvert, ou pour les pauvres sur la bière (qui n'est ici qu'un brancard) qu'il accomplit le dernier voyage en forme de tour de ville, qui permet à tous, voisins et étrangers, de le contempler une dernière fois. C'est contre cette tradition méridionale, que les folkloristes font remonter à l'Antiquité (1), que s'insurge la sensibilité des notables du siècle des Lumières. Du moins dans certains milieux : dans le petit peuple comme à la campagne, il ne semble pas que la tradition se modifie, pour autant que l'on puisse juger d'après des documents ici singulièrement muets : mais le travailleur de terre de Murs, dans la haute Provence occidentale, qui exceptionnellement précise que l'on donnera 3 livres à celui qui mettra le suaire et 3 livres au campanier qui sonnera la cloche témoigne pour bien d'autres que lui. Mieux connu, mais particulier, est le cas des prêtres : la tradition veut qu'ils soient exposés puis portés en terre à découvert, mais revêtus de leurs habits sacerdotaux : tradition qui n'est peut-être pas très ancienne puisque l'évêque de Digne en 1741 demande à être enseveli dans ses habits épiscopaux « suivant l'usage qui est suivi en Italie ». D'ailleurs les pénitentes du père Yvan, par l'intermédiaire de la révérende mère Madeleine en sollicitant de l'archevêque d'Aix le droit d'ensevelir leur confesseur en habits sacerdotaux semblent bien demander une faveur qui n'est point accordée à tous dans la Provence de l'âge classique (2).

Mais contre la marche d'un siècle qui va, nous l'allons voir, répugner à ces spectacles, les prêtres se divisent : certains défendent l'usage qui leur est propre en refusant d'être cloués dans une caisse et en réclamant d'être exposés à visage découvert, en habits sacerdotaux (Aix fin XVIIe, Aix et Grasse 1710-1730), mais apparemment à contre-courant, dans son humilité, un prêtre de Draguignan sollicite après 1770 d'être conduit à sa dernière demeure enveloppé « dans un simple drap sans châsse ni ornements sacerdotaux ».

Chez les nobles, chez les riches plus largement, la réaction individuelle au spectacle macabre des obsèques baroques s'est fait jour de longue date, deux cas s'en trouvent avant la fin du XVIIe (un noble aixois, une dame toulonnaise qui sollicite d'être ense-

---

(1) F. Benoit : *La Provence et le Comtat* (*op. cit.*, n° 221).
(2) H. Brémond : *La Provence mystique au XVIIe* (*op. cit.*, n° 206).

velie « sans toucher ni rien ôter ») : mais la mutation n'est pas encore faite, et en 1720 encore un procureur de Draguignan défend de faire une caisse... alors même que déjà, dans une petite bourgeoisie marseillaise évoluée, une veuve de maçon, et l'épouse d'un écrivain public sollicitent l'une d'être portée couverte, l'autre d'être ensevelie habillée...

On mesure ainsi les étapes d'une évolution collective, qui a progressivement fait passer de la quasi-nudité du suaire (ou de la chemise mortuaire) à l'habitude d'être enseveli vêtu, puis d'être placé dans un cercueil, enfin de clore complètement le cercueil : on sait que le problème, pour prendre dans le contexte du baroquisme provençal des formes spécifiques, n'est pas inconnu ailleurs : et Brémond cite le cas de cette juvénile bienheureuse, qui meurt de la peste en 1633 à Nivelle et qui fait promettre : « qu'ils la mettraient en terre sans la dépouiller de ses habits, si grande était l'affection qu'elle avait pour la pudeur (1)... » D'un réflexe chrétien de simple pudeur on est passé à un refus plus élaboré de l'exhibition de l'âge baroque.

La situation reste suffisamment indécise pour qu'à la veille de la Révolution un négociant de Draguignan se sente encore tenu de préciser « on m'habillera d'un justaucorps... » Au fil du siècle, on garde l'impression que les milieux les plus éclairés ont cessé de comprendre les formes anciennes de l'exposition des morts, qui commencent à leur apparaître comme une curiosité, voire une exhibition incongrue, à laquelle ils répugnent pour leur part (2). On hésite à quantifier des notations qui restent exceptionnelles : sur quinze demandes cependant, onze reviennent à Marseille et à Aix : c'est d'une innovation des grandes villes de Provence occidentale qu'il s'agit, la campagne et les refuges du baroquisme

(1) H. Brémond : *Histoire littéraire du sentiment religieux*, t. IX (*op. cit.*, n° 113).

(2) Par contamination, cette attitude de notables a pu gagner sinon les milieux populaires, du moins la petite ou moyenne bourgeoisie, par des voies qui à première vue peuvent sembler détournées. Mais songeons tout particulièrement à la requête qui n'est point si rare, d'être enterré en habit de pénitent, pour les confrères, en habits de sœur pour les membres des tiers ordres féminins. On sent la parenté, par imitation peut-être, de ce comportement avec l'exposition des prêtres en habits sacerdotaux. Mais si l'on considère (en anticipant quelque peu) la sociologie très précise de ces appartenances, tant aux pénitents qu'aux tiers ordres, qui privilégie chez les hommes le monde de l'échoppe et de la boutique ; chez les femmes, les filles majeures ou veuves d'un niveau équivalent ou un peu plus élevé, on peut conclure que la réévaluation de la dépouille charnelle, dont le port du vêtement est le symbole, gagne par ces voies des milieux urbains sensiblement plus larges.

en Provence orientale restant peu touchés. Les nobles réagissent les premiers : les quelques cas rencontrés dans la moyenne bourgeoisie marseillaise témoignent peut-être d'une progression par contact dans certains milieux urbains. On ne saurait en tous cas souscrire à l'opinion des folkloristes (1) pour lesquels la mutation dans les mœurs provençales serait l'une des séquelles de la Révolution française, ou à tout le moins la conséquence de l'édit royal sur les cimetières (1776) rompant le cycle des habitudes séculaires : sur ce plan comme sur d'autres, le xviiie siècle provençal affirme son importance novatrice.

Pour macabre qu'il soit, et aux limites sans doute du bon goût, un fait divers provençal de la fin de la période illustre l'importance de ce que les données testamentaires ont permis de rassembler en faisceau de notations anonymes. C'est l'histoire du pauvre Anicet Martel, cet élève en chirurgie, qui eut l'idée saugrenue de troubler l'unanimité des fêtes du 14 juillet 1790, en poignardant dans son parc M. d'Albertas, président de la Cour des Comptes. On sait aussi la fin tragique, et que Anicet Martel fut le dernier Provençal à être roué vif, mais dans ce contexte précis, ce ne fut pas sans scandale, et un groupe de ses amis réussit à soustraire son corps aux pénitents bleus d'Aix qui avaient réclamé, comme leur privilège traditionnel, de l'ensevelir. Après dessication dans la térébenthine, la dépouille d'Anicet Martel servit longtemps, dit-on, aux épreuves d'une loge maçonnique. A travers les tribulations du corps d'Anicet Martel, deux mondes s'opposent et deux sensibilités: Ancien Régime et Révolution, roue de supplices et guillotine, pénitents bleus d'Aix et francs-maçons (2).

La préoccupation de la toilette mortuaire fait plus que refléter dans son évolution l'attention que les hommes portent à leur corps et l'idée qu'ils s'en font : elle s'insère dans le système des pompes baroques dont la fin du xviie siècle a vu l'épanouissement dans le monde méridional et dont les cérémonies funèbres par leur profusion donnent une illustration particulièrement riche.

Les obsèques et le problème des pompes baroques.

Descriptions des mœurs provençales, ou manuels de folklore présentent souvent l'ensemble des rites que nous entreprenons

(1) F. BENOIT : *La Provence et le Comtat Venaissin* (*op. cit.*, n° 221).
(2) Le récit s'en trouve chez S. DUCAY : *Les pénitents d'Aix au XVIIIe siècle* (*op. cit.*, n° 226).

de décrire dans une sorte d'intemporalité qui les ferait croire éternels, à tout le moins multiséculaires. Les gens du XVIIIe siècle ne s'y trompaient pas : ainsi cet écuyer marseillais Gabriel Gail, conseiller secrétaire du roi, qui en 1720 déclare refuser tout le faste *que le siècle a introduit...* On dira peut-être que sa conception de l'histoire et de la simplicité des Anciens est elle-même sujette à caution. Mais quelle que soit l'époque véritable à laquelle ces rites ont pris corps, nous les trouvons au début du XVIIIe siècle organisés en un système cohérent.

Il y a des degrés dans la profusion baroque : le premier clivage qui s'offre étant, bien sûr, l'opposition ville-campagne. En fonction d'un équipement beaucoup plus riche, et de la présence des puissants de ce monde, c'est dans les villes que le système se donne les formes les plus complexes, mais le monde rural insère les pompes baroques dans un réseau de traditions anciennes qui leur donnent un cachet particulier.

Marseille offre des obsèques à l'âge baroque le modèle le plus achevé : on peut en faire le point de référence par rapport auquel les autres physionomies urbaines — même Nice! — prennent leur originalité. Mieux encore peut-être que par les descriptions qui furent faites des « mœurs » des Marseillais, et qui pèchent à notre goût par leur intemporalité, les clauses des testaments révèlent les pièces du système ; non point que les testateurs soient prolixes sur des gestes qui semblent le plus souvent aller de soi : mais ce sont les clauses de refus qui permettent, en négatif, de connaître les pratiques du plus grand nombre.

Ce sont elles qui permettent d'abord de mesurer dans sa généralité la coutume du « tour de ville » qui fait accomplir au défunt, visage découvert comme on l'a vu, un circuit obligé dans la cité ; certains ont le souci de le fixer par eux-mêmes de leur vivant : ainsi à Aix, tel archer de la maréchaussée qui indique que l'on devra passer par la rue de M. le président d'Albertas, pour poursuivre ensuite par la place des Trois Ormeaux, mais ce ne sont point les plus apparents, pour lesquels l'ultime tour de ville est une sorte d'obligation sociale. Ils commencent à tenter de s'y soustraire : un noble, un négociant à Marseille précisent qu'on devra se conduire à leur sépulture par le plus court chemin : à Aix, ce sont aussi une demi-douzaine de nobles ou de gens de robe qui se refusent à cette convention, révélant par là même que le tour de ville s'y pratique comme à Marseille... comme il se pratique sans doute ailleurs, bien que l'absence de refus dans les cités de Provence orientale ne nous donne pas d'indices sûrs : du moins retrouvons-nous à Nice l'usage du tour de ville, puisque le même souci se fait jour, du moins à la fin du siècle, chez tel noble (C. Rossetti) qui demande à être porté *a dirittura da casa.*

Pour que nul n'en ignore, le cortège est accompagné de musique, du moins dans les convois des gens importants : on le sait là encore, par le refus qu'opposent quelques-uns, à Marseille ou à Aix. Surtout, il est accompagné des sonneries de cloches de toutes les églises urbaines et conventuelles.

Nous nous garderons de faire de ce trait une originalité de la Provence des campaniles : Huizinga avait déjà insisté dans le contexte du déclin du Moyen Age sur le caractère parfois obsédant de cette sollicitation (1). La stipulation n'est point rare dans les données qu'apportent les monographies inspirées des testaments, ainsi à Nîmes au XVe siècle, ainsi à Saint-Pol-de-Léon en 1555... (2). Presque en tous lieux, donc.

Élément important (qu'on songe à la forêt de clochers que révèlent les vues de ces villes du XVIIIe siècle), auquel les contemporains eux-mêmes sont sensibilisés : une réaction se dessine, particulièrement notable à Aix, où, dans la seconde moitié du XVIIIe, sept testateurs prohibent expressément toute sonnerie de cloches, hormis l'église de la sépulture, et parfois l'exception d'un ou deux couvents : ce sont, dans presque tous les cas, nobles et parlementaires qui ont ces scrupules de discrétion. Tel refus se rencontre dans un cas en Arles : nous ne le retrouvons pas ailleurs, pas même à Marseille, où peut-être l'étendue de la ville, le nombre des églises et chapelles ne permettaient pas ce glas unanime. Sollicitation acoustique : sollicitation visuelle aussi. Le drap mortuaire qui recouvre la bière fait connaître le personnage que l'on porte en terre : il est blasonné, et les armes ou à défaut les initiales du défunt se trouvent reproduites et portées dans le cortège par les pauvres qui l'accompagnent, comme elles figurent à l'église durant le service funèbre et aux messes anniversaires.

Pour avoir connu à l'âge baroque un développement et des formes d'expression remarquables, la pratique n'en est pas moins on le sait bien plus ancienne, et non spécifique des régions de sensibilité méridionale. Les testaments du XVIe siècle enregistrés au Parlement de Paris témoignent du souci de la « tenture funèbre » tant au domicile qu'à l'église (3). A la fin du Moyen Age

(1) J. HUIZINGA : *Le déclin du Moyen Age*, Paris, 1948.

(2) E. BONDURAND : *Deux testaments en langue d'oc* (*op. cit.*, n° 158); Chanoine PEYRON : *Testaments et fondations anciennes* (*op. cit.*, n° 179).

(3) P. TUETEY : *Testaments enregistrés au Parlement de Paris* (*op. cit.*, n° 183).

comme au XVIᵉ siècle, cierges et torches armoriés, écussons figurés sur les tentures et sur la bière se rencontrent, au gré des indications retrouvées, tant dans la région rémoise qu'en Bretagne (1); on précise parfois même (écussons de papier) la technique de fabrication de ces fragiles témoignages d'ostentation posthume.

Après les sonneries de cloches, les armoiries sont les plus fréquemment prohibées par ceux qui aspirent à la simplicité : là encore c'est à Aix et en Arles que se rencontrent ceux, nobles pour la plupart, qui refusent la « vanité mondaine » mais des bourgeois emboîtent le pas dans les petites villes mêmes, ainsi le sieur Laget, bourgeois d'Aubagne, qui dans les années 1770 prohibe expressément toutes armoiries, tant à l'église que sur le cortège. Nice, où ces pratiques s'étalaient, commence à en avoir honte à la fin du siècle, comtes et barons précisent parfois qu'ils entendent être conduits « senza armi gentilizzie... e come si suol dire incognito ».

Les flambeaux, les torches, complètent le spectacle baroque: qu'on n'oublie pas que les obsèques ont souvent lieu encore à la tombée du jour. Et qu'on ne nous accuse pas de compter, ou plutôt de peser les bouts de chandelles, fussent-ils de cire blanche : les contemporains s'en sont chargés pour nous. La précision du nombre et du poids des cierges, à l'autel et sur le cortège, est fréquente : on ne saurait s'en étonner.

A Paris, dès le XIVᵉ, à Reims, en Forez ou en Bretagne dans l'ancienne coutume testamentaire (2), on précise comme en Provence la présence et parfois le poids des torches et cierges funéraires : peut-être le Midi méditerranéen est-il resté, la sensibilité baroque relayant celle du Moyen Age à son déclin, plus longtemps fidèle à ce spectacle de lumières: le manque de précisions de référence pour le XVIIIᵉ siècle en d'autres régions interdit ici de trancher. Elles ne manquent point en Provence où il n'est point besoin d'exploiter les critères de refus à l'instar de telles autres pratiques; ce sont au contraire détails recherchés, l'ostentation baroque dans les milieux les plus modestes commence au poids des cierges, et tel qui ne peut se payer un somptueux cortège a du moins à cœur de régler ce détail. Une centaine de mentions, en majorité marseillaises, suggèrent les hiérarchies de cette forme

---

(1) Paul Pellot : *Le testament dans l'ancienne coutume de Reims (op. cit.,* nᵒ 176); A. Perraud : *Le testament d'après la coutume de Bretagne (op. cit.,* nᵒ 178).

(2) P. Tuetey (*op. cit.,* nᵒ 183), P. Pellot (*op. cit.,* nᵒ 176), M. Gonon (*op. cit.,* nᵒ 172), A. Perraud (*op. cit.,* nᵒ 178).

de générosité (1). Cierges d'autel, moins lourds, cierges des quatre coins de la bière, cierges des pauvres qui accompagnent le cortège — 13 en général — mais parfois 100, cierges des pénitents ou religieux : tout est compté avec précision. A la campagne on se contente d'un quarteron ou quelques onces, rarement d'une livre, à Aix, il n'est point de cas supérieur à deux livres. L'opulence marseillaise aime à s'étaler : jusqu'à 1730, pas d'exemples de cierges de plus d'une livre, mais ensuite deux livres deviennent la norme, trois ou quatre livres ne sont pas rares : un fléchissement toutefois semble se dessiner à partir de 1770. Contrepartie des clauses de refus sur lesquelles nous nous sommes appuyé plus haut, ces clauses d'ostentation révèlent une sensibilité baroque encore massivement implantée, étale pour le moins jusqu'au cœur du XVIIIe siècle.

Il faut peupler ce cortège dont on n'a ici placé que les accessoires. Les contemporains y ont pourvu qui en règlent les moindres détails : pas tous cependant, certaines réalités considérées comme allant de soi n'étant pas évoquées dans les testaments. Ainsi la présence ou l'absence de la famille, ainsi l'exclusion des femmes : autant de traits de mœurs locales et de sensibilité collective pour lesquels nous sommes réduits aux données folkloriques.

Nous n'avons pas trouvé dans les testaments provençaux l'équivalent de ce que certains auteurs ont rencontré ailleurs, relativement à la présence familiale et à la pratique du deuil. Ainsi le noble breton qui précise que le survivant n'assistera point au service du jour ni du lendemain, ceci afin d'éviter plusieurs superfluités, telles que l'ostentation de l'habit de deuil. Le même précisait en dispensant sa veuve de la coutume de ne point quitter la maison pendant quarante jours consécutifs... (2). Ce sont chances exceptionnelles que de rencontrer de tels documents, qui permettent d'enraciner dans une évolution chronologique les détails que les folkloristes livrent sans arrière-plan historique : la Provence n'en a pas fourni l'équivalent.

Il se fait bien d'assez fréquentes mentions de « l'habit de deuil », mais sous la forme d'une prestation ou d'un legs forfaitaire de l'époux à sa future veuve qui serait, sinon, habilitée à le réclamer en fonction de la coutume, et qui devra ainsi se tenir quitte et contente. La pratique notariale stérilise ici dans une clause for-

---

(1) Planche 12.
(2) Chanoine PEYRON : *Les testaments et fondations anciennes* (*op. cit.*, n° 179).

melle les données de la coutume : mais sans doute n'était-elle plus bien vivante au XVIIIᵉ siècle. Quant à la présence des proches, mis à part un oncle à héritage (et digne de Musset, avant la lettre...) qui impose à son neveu d'assister aux services célébrés à sa mémoire s'il veut se faire délivrer par le notaire... les annuités de son héritage, nous n'en avons point trouvé mention, ce qui ne veut pas dire que la pratique n'existe pas, bien sûr.

Pour le reste les détails ne manquent pas : la croix et les prêtres de la paroisse, le chapitre s'il y a lieu, forment les éléments obligés, parfois uniques lorsque le testateur en a voulu ainsi par esprit de pauvreté. Mais dans le cas le plus général, il n'est guère de notables qui ne demandent participation d'un ou plusieurs couvents; requises et rétribuées les gazettes de pénitents s'y joignent, puis les recteurs des confréries « luminaires » qui ont été honorées des générosités du défunt, enfin les recteurs des hôpitaux locaux : ces derniers viennent rarement seuls, on leur demande de faire participer les pauvres de leur établissement, parfois en totalité, parfois en délégation sélective. Dans ce cas, et c'est, dans une ville importante comme Marseille, l'hôpital de la Charité qui les fournit, ce sont le plus souvent des enfants orphelins qui sont choisis : la « famille de la Charité » comme l'on dit, fréquemment réduite elle-même à 13 représentants. Les 13 enfants de la Charité, leur cierge à la main, et sur l'autre bras, souvent, la pièce de drap cadis ou cordeillat qu'ils doivent à la générosité du défunt pour se vêtir : cette image est caractéristique des funérailles urbaines un tant soit peu notables. Elle ne fait d'ailleurs que transposer en milieu urbain, à l'ère du grand « renfermement » des pauvres de l'âge classique, les traditions multiséculaires qui ont encore cours dans la Provence rurale. Ce sont ici des pauvres « en liberté » qui sont requis d'assister, mais ils restent généralement au nombre de 13. On sait pourquoi : ces pauvres représentent les apôtres, le Languedoc voisin en fait figurer 12 (et tel noble languedocien fixé à Marseille reprend ce chiffre pour son compte), la Provence, tolérante, n'a garde d'oublier Judas, qui fait le treizième du groupe (1). Les 13 pauvres « mâles et femelles », parfois 26, parfois plus encore constituent l'accompagnement le plus fréquent dans les bourgs ruraux où l'absence de communautés religieuses, et aussi d'hôpital, en fait avec les pénitents en Provence orientale, les participants les plus constants.

Les 13 pauvres ne sont pas une originalité provençale : on les

(1) Aubenas : *Le testament en Provence* (op. cit., nᵒ 253).

rencontre partout depuis le Moyen Age : à Paris, au XIVᵉ et XVᵉ où la pratique oscille entre 12 et 13 pauvres, en Bretagne, en Champagne, en Forez ou en Languedoc (1) : la dispersion des sites dit assez que le Nord n'ignore pas ce rappel symbolique du groupe des apôtres, même si des nuances régionales du type de celle qui a été relevée en Languedoc apparaissent parfois.

Sur ce schéma général, où se déploie la multitude d'un cortège multiforme, beaucoup de nuances, à la fois dans le temps et l'espace.

Le cortège funèbre, qui va nous apparaître dans sa profusion méridionale, se pratique ailleurs : le Moyen Age finissant, sur ce point encore annonciateur de l'âge baroque, lui avait parfois donné une ampleur remarquable et dont on ne retrouve plus tout à fait l'équivalent : clergé des paroisses porteur des châsses des saints dont il possède les reliques (ainsi à Salins ou Besançon) (2), couvents (« les quatre mendiants » requis très souvent à Paris et dans le Nord de la France (3), aux termes d'une expression que la Provence ne connaît guère). Le baroquisme du XVIIᵉ siècle qui est peut-être moins spécifiquement méridional qu'on ne le croit, offre au fil des testaments la description d'une pratique qui semble presque identique d'une grande ville à l'autre : ainsi à Nantes, au XVIIIᵉ siècle (4), où le clergé de la paroisse est suivi des couvents et des enfants du « Sanitat » que l'on dit ici enfants bleus : ce seront à Aix les enfants rouges, à Marseille les orphelins de la Charité, mais la pratique est bien semblable. Ces sondages comparatifs posent sans doute le délicat problème des traits spécifiques, comme des frontières géographiques et chronologiques de la sensibilité « baroque ». Il nous fallait sans doute les rappeler d'entrée pour n'être point accusé de quelque provincialisme abusif : mais il n'en reste pas moins, à notre avis, que le Midi, en l'espèce la Provence, offre sans doute du phénomène une expression particulièrement développée, et pour autant qu'on puisse quantifier, particulièrement intense. La présence plus fréquente qu'ailleurs des pénitents, que le Moyen Age, et pour cause, avait ignorée (malgré une allusion à des « fratres sacati » dans un testament bisontin de

(1) P. Tuetey (*op. cit.*, nᵒ 183), A. Perraud (*op. cit.*, nᵒ 178), P. Pellot (*op. cit.*, nᵒ 176), M. Gonon (*op. cit.*, nᵒˢ 171 et 172), G. Perrot (*op. cit.*, nᵒ 177).
(2) F. Guignard : *Étude sur le testament au Comté de Bourgogne* (*op. cit.*, nᵒ 173).
(3) P. Tuetey (*op. cit.*, nᵒ 183) et A. Combier : « *Les testaments du XVIIIᵉ siècle dans le bailliage de Vermandois* (*op. cit.*, nᵒ 163).
(4) A. Perraud (*op. cit.*, nᵒ 178).

*Le problème des pompes baroques
d'après les demandes d'accompagnement
à Marseille au XVIIIe siècle.*

I : Legs aux Hôpitaux.

II. : Demandes d'accompagnement par les recteurs et les enfants de la Charité.

II : Refus du faste et de la « Vanité mondaine »,
et demande de funérailles simples.

*(En pourcentage de demandes par rapport aux testateurs.
Moyenne mobile sur 3 décennies.)*

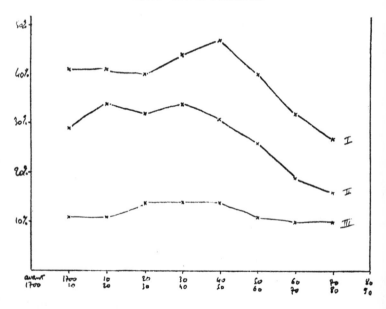

1275, et 8 mentions pour 120 testaments foreziens du xıv^e siècle) (1), contribue à relever le cortège, et lui donne une originalité certaine. Jugeons-en sur pièces, dans les villes provençales.

A Marseille, dans la première moitié du siècle, c'est un tiers des notables qui demandent à être accompagnés « processionnelle- ment » ; couvents, chapitres et secondairement pénitents tiennent une place importante dans le cortège qu'ils composent par avance, mais les recteurs des hôpitaux (Hôtel Dieu, Charité, Miséricorde, Convalescents principalement) sont les plus constamment re- quis (2). Avec leurs « flambeaux », leurs « écussons » et la famille des enfants, ils sont le vivant témoignage des charités posthumes du testateur. Une organisation semblable des pompes baroques se rencontre à Aix, où le pourcentage séculaire des demandes d'accompagnement, oscillant généralement entre 25 et 30 % des testaments notables, est très comparable à celui de Marseille. On s'étonne à première vue de ne pas rencontrer dans d'autres mi- lieux urbains une telle présence : ainsi pour ne pas multiplier les exemples, à Grasse, où une dizaine seulement de demandes repré- sentent moins de 7 %, ainsi à Draguignan où elles sont encore plus rares : il en va de même à Toulon ou en Arles. Plutôt que d'une différence de tempéraments urbains, ce fait nous semble ressortir sans doute, d'une différence de notation : en Provence orientale particulièrement, l'assistance des recteurs de confréries et hôpitaux devant aller à tel point de soi, qu'on ne la note pas. Par référence l'apparente profusion des pompes baroques aixoises ou marseil- laises apparaîtrait au contraire médiocrité relative, caractéris- tique d'un site de frontière de sensibilité. A l'appui de cette thèse quelques notations recueillies en Provence orientale et en haute Provence, chez ceux qui refusent de se plier au conformisme général : ainsi à Digne, Louis de Féraud, ancien major, qui teste à la veille de la Révolution et déclare vouloir être enseveli « le plus simplement, sans que pourtant les corps hospitaliers s'il y a lieu puissent être privés du droit d'assistance des recteurs aux enterrements » ... « ce droit leur sera payé malgré tout attendu qu'il les dispense expressément... »

Même à Aix ou à Marseille, où l'accompagnement paraît être la suite souhaitée d'un geste de dernière volonté, nous savons par ailleurs que l'accompagnement aux obsèques va de soi lorsqu'un legs a été reçu : et l'étude menée sur l'hôpital Saint-Jacques d'Aix

(1) F. Guignard (*op. cit.*, n° 173) et M. Gonon (*op. cit.*, n° 172).
(2) Planche 10.

au XVIIIe siècle en décrit même les modalités : pour trente livres on a droit à la présence des recteurs de l'hôpital, porteurs de leurs torches, aux armes du défunt; pour plus, on mérite l'accompagnement de la « famille » de l'hôpital en délégation plus ou moins nombreuse (1).

A Nice à la même époque, un noble lègue, avec une formule charmante, deux louis aux recteurs de l'hôpital San Rocco « per il caro di suo *non* accompagamento ». On paye toujours les hôpitaux mais c'est désormais pour se débarrasser d'eux, et non pour requérir leur assistance : ainsi se trouve matérialisée cette mutation profonde de sensibilité collective qui est le déclin des pompes baroques. Il y avait toujours eu à Aix, à Marseille, ailleurs aussi, des testateurs pour dispenser expressément les recteurs des hôpitaux et confréries de manifester par leur présence la reconnaissance d'un legs : mais de plus en plus, on motive ce refus. Ainsi l'Aixois J. B. Dadaoust, premier avocat général au bureau des finances de la généralité, qui s'explique : les pauvres des hôpitaux diront un de profundis, avec « défense expresse d'accompagner, car cela ne fait que dissiper et déranger les maisons ». Le testateur égalise ses legs pieux entre les maisons car « il les regarde comme n'en faisant qu'une fondée sur la Charité ».

Si des réticences se font jour vis-à-vis de la présence des pauvres ou des recteurs des hôpitaux, elles sont encore, semble-t-il, plus vives, en Provence occidentale du moins, à l'égard des pénitents : nobles ou robins tiennent en plus d'un cas à préciser qu'ils n'appartiennent à aucune confrérie, et n'ont pas besoin de leur assistance. Peut-on suivre de manière précise et quantifiée les phases de ce détachement des élites provençales vis-à-vis du baroquisme tel qu'il s'exprimait dans les pompes funèbres traditionnelles? Deux moyens s'offrent à l'enquête : suivre les testateurs dans leurs actes, c'est-à-dire dans les demandes d'accompagnement qu'ils formulent à l'égard des confréries ou des pauvres, ou bien les suivre d'après leurs intentions, en relevant la part de ceux qui déclarent refuser toute « pompe » et toute « vanité mondaine ».

Cette seconde approche est apparemment la plus séduisante: dans le nombre de ceux qui refusent de se plier au conformisme ostentatoire, beaucoup de testaments neutres qui stipulent uniquement vouloir des obsèques « sans faste », avec « la plus grande simplicité », « succinctement », « modestement », « sans pompe ni vanité mondaine », mais aussi quelques très beaux testaments qui

(1) N. SABATIER : *L'Hôpital St-Jacques d'Aix-en-Provence* (*op. cit.*, n° 249).

*Le refus du faste et l'aspiration à la simplicité
dans les testaments provençaux du XVIIIe siècle.*

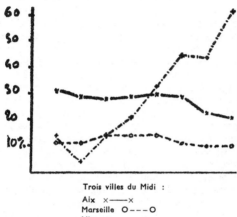

Trois villes du Midi :

Aix x———x
Marseille O – – – O
Nice +—·—·—+

Courbe générale pour la Provence.

s'expliquent au fond d'une attitude personnelle. La tentation est grande de suivre ce courant, pour en voir la destinée ; d'entrée cependant on déchante, surpris par une courbe apparemment déconcertante (1). Comptabilisés pour l'ensemble de la Provence, ces cas — 208 en tout — représentent 10 à 15 % du total des testateurs, ce qui n'est pas médiocre. Mais cette proportion qu'on eût escompté ascendante se révèle quasi constante au fil du siècle des Lumières : la moyenne mobile la stabilise à 13 ou 14 % tout au long de la période, à deux exceptions près, 22 % dans les années 30, au cœur de la bataille janséniste... mais 9 % seulement à la veille de la Révolution. L'explication est peut-être aussi naïve que l'étonnement que l'on peut éprouver : si les élites provençales ne cherchent plus à se démarquer des excès du baroquisme, n'est-ce pas tout simplement, parce que le combat est terminé ? Ostentation baroque, aspiration à la simplicité et au dépouillement loin de se relayer chronologiquement ont coexisté au cœur du XVIIIᵉ siècle provençal, la seconde renforcée au spectacle de la première.

On en prend conscience à la lecture de certains des testaments où l'aspiration à l'austérité se fait jour. On commence par répudier solennellement le faste et la vanité mondaine... et puis on stipule qu'il n'assistera « que » deux chapitres, trois communautés, une gazette de pénitents, et bien entendu les enfants de la Charité. N'essayons pas de prendre en flagrant délit de contradiction des gens pour lesquels elle n'existe pas et, si nous nous résignons à ne les juger que sur leurs intentions, nous pouvons déjà en tirer profit.

Nous en tirons d'abord l'image de physionomies locales bien contrastées : la profusion des pompes baroques apparaît ici naturelle, ailleurs intolérable (ou presque) (2). La Provence orientale ne s'en offusque pas : 4 % de demandes d'obsèques simples dans la sénéchaussée de Draguignan, 6 % dans celle de Grasse. La proportion s'élève visiblement en Provence occidentale, mais suggère un contraste fort net, entre Marseille et Aix. L'élite marseillaise, semble-t-il, s'accommode sans trop de mal des mœurs baroques, le pourcentage séculaire de 12 % reflète la quasi-constance d'une courbe assez basse. La ville d'Aix, au contraire, ne s'y est jamais complètement faite : le quart des testateurs refusent le système de conventions dans lesquelles ils se sentent enfermés. Cette moyenne séculaire, d'ailleurs, uniformise une attitude qui a évolué puisque le pourcentage, voisin du tiers jusqu'à 1750, tombe

(1) et (2) Planche 11.

Un test de l'ostentation baroque :
le poids des cierges à Marseille au XVIIIe siècle.

avant 1700	1700 09	1710 19	1720 29	1730 39	1740 49	1750 59	1760 69	1770 79	1780 89
					●	●	●		●
				●	●		●	●	
●				●●●	●●●	●●●●●	●●●●	●●	●
●	●		●●●	●	●●●	●	●●●	●●	●
		●		●●	●●	●	●		●

(Poids en livres de cire.)

à la fin du siècle au cinquième des testateurs. C'est le cas d'Aix, sans doute, qui vérifie le mieux notre hypothèse d'un combat terminé, faute de combattants.

La géographie, ici, ne fait que refléter une sociologie très contrastée : l'aspiration à la simplicité, le refus des pompes baroques sont privilèges d'élites et plus encore attitudes de groupe. Si l'on tente une ventilation sociologique de ceux qui déclarent refuser le faste et la vanité, on y trouve près de moitié (45 %) de nobles, puis par ordre d'importance, des membres des professions libérales, robins et officiers royaux (18 %), des ecclésiastiques et des négociants (9 % chacun). Les catégories populaires ou semi-populaires de la petite bourgeoisie boutiquière sont représentées de façon négligeable (moins de 5 %), les paysans n'apparaissent pas. Si l'on raisonne non pas en pourcentage dans le groupe de ceux qui partagent la même attitude, mais en ponction relative dans les effectifs de chaque catégorie sociale, ces contrastes se retrouvent plus nettement manifestés encore. Le refus de complaisances mondaines est répandu en premier lieu dans le clergé (21 % de demandes de simplicité), immédiatement après chez les nobles (19 %) et dans l'élite éclairée de la robe ou des professions libérales (16 %). Mais les négociants renoncent plus difficilement aux formes d'ostentation posthume (12 % seulement), les bourgeois vivant noblement pèchent par démesure (4 %), petite bourgeoisie de l'échoppe et de la boutique, salariat aussi n'aspirent guère au dépouillement (mais ils ne participent, il est vrai, que bien médiocrement aux pompes baroques), la paysannerie enfin est en dehors du jeu.

La base statistique non négligeable qui permet en Provence de mesurer l'aspiration à la simplicité, rend inévitablement décevantes les comparaisons dans l'espace ou le temps, auxquelles nous tenons à recourir ne fût-ce que pour serrer de plus près l'originalité authentique du tempérament local : travaux d'érudits ou de juristes relèvent bien, et fort tôt, cette aspiration à l'humilité d'une partie de l'élite chrétienne, mais travaillant sur des testaments choisis et peu nombreux, ils sont souvent amenés à extrapoler de façon dangereuse. On peut retenir de leurs exemples, que cette attitude est fort ancienne, ainsi en 1399 le testament d'Arnaud de Corbie sollicitant d'être enseveli « sans pompe » et « tout simplement » témoigne-t-il en ce sens (1). La fin du Moyen Age, et la première poussée de profusion ostentatoire qui l'a caractérisée avait multiplié par contrecoup, ces gestes de refus : et les testaments

---

(1) P. Tuetey : *Testaments enregistrés au Parlement de Paris* (op. cit., n° 183).

provençaux du XVᵉ que présente de Ribbe ne les ignorent point. Mais c'est l'ostentation quasi généralisée de l'âge baroque, qui provoque, à partir du XVIIIᵉ siècle, les réactions les plus fréquentes : parlementaires montpelliérains dès la fin du XVIIᵉ, comtesse bre-. tonne en 1743, chanoine rémois en 1776, cas « nombreux » chez les notables du Vermandois, dit un auteur, à mesure que le XVIIIᵉ siècle s'avance (1). Ce sont là touches impressionnistes dont on peut relever la convergence sans pouvoir pousser plus loin la comparaison.

Dans la contestation des pompes baroques, élément traditionnel de la civilisation méridionale, l'aristocratie et non la bourgeoisie productrice joue un rôle d'initiatrice : est-ce avec succès, ou doit-on considérer les quelque 15 % d' « opposants » comme le noyau constant de ceux qui rêvent une religion plus épurée, moins complaisante aux vanités du monde?

Il faut revenir des intentions déclarées à la réalité des gestes. La courbe des demandes d'accompagnement formulées a été dressée dans les sites où elle risquait d'être la plus significative (2). C'est à Marseille qu'elle se révèle la plus parlante, le tiers des notables qui passent testament réclamant, jusqu'en 1740 du moins, la présence du cortège accoutumé : cette proportion décroît alors continûment pour se réduire de moitié à la fin de l'Ancien Régime (16 %).

Déclin avéré, sans équivoque, même si le site est exceptionnel. Ce n'est ni la Révolution ni l'Empire, comme certains semblent le penser, qui ont modifié l'ancien style de vivre et de mourir provençal : l'évolution a déjà touché les foyers urbains : en termes de refus aristocratique (et conscient) à Aix, en termes de déclin insidieux et sans doute semi-inconscient à Marseille. Mais le mouvement gagne : l'exemple niçois le prouve, que nous avons gardé, si l'on peut dire, pour la bonne bouche. Là où Marseille n'offre que 10 % de demandes de simplicité, Aix 25 à 30 %, c'est à Nice, haut lieu cependant de l'expressionnisme baroque, que l'on découvre avec le plus de zèle... les mérites de la simplicité. On demande *una decente e non soperchia pompa funebre, tutta la possibile moderatezza*, on veut être enseveli *senza pompa e come si suol dire incognito, come convenie a una povera figliole di San Francesco* ajoute une tertiaire de noble extraction. Réduites jusqu'aux années 1740,

---

(1) G. Perrot (*op. cit.*, nº 177), A. Perraud (*op. cit.*, nº 178), P. Pellot (*op. cit.*, nº 176), A. Combier (*op. cit.*, nº 163).
(2) Planche 10.

ces demandes prennent alors une importance croissante passant
de 21 à 33, 45 puis pour finir à 62 % des testaments suivis. Qu'il
y ait loin des intentions aux gestes, l'exemple niçois le prouve aussi,
où la profusion baroque reste malgré tout la règle jusqu'à la fin
du siècle ; mais on garde l'impression que cette marche de la
civilisation baroque à la porte de la Provence est gagnée à son tour
par une révolution de la sensibilité.

La sépulture.

La sépulture, dernière étape de ce dernier chemin, a posé aux
hommes du temps de multiples problèmes : la marche du siècle est
sanctionnée par l'édit royal de 1776 qui interdisait, pour des raisons sanitaires, d'ensevelir dans les églises et qui imposait l'usage
des cimetières. C'était là imposer une reconversion de sensibilité
dont on a souligné l'importance dans la laïcisation des attitudes
devant la mort comme dans les formes nouvelles que le XIXe siècle
donnera à ce que l'on peut appeler un nouveau culte des morts (1).
Mais inversement, le tournant institutionnel ne doit pas être
surestimé dans son importance, dans la mesure où il ne faisait
qu'officialiser un courant de revendications déjà anciennes, et
que trancher un débat plus que séculaire : la remise en ordre post-
tridentine s'était accompagnée à l'âge classique d'une offensive
contre la pratique devenue très générale d'ensevelir dans les
églises : aux gens d'Eglise qui devaient être aussi encombrés au
XVIIe siècle de l'indiscrète présence des sépultures dans les sanctuaires que le sont leurs successeurs du XXe des retables de l'âge
classique, l'idée de faire place nette s'était imposée très vite, et
pour des raisons plus que matérielles de décence et de pureté du
culte. Cette première offensive pour imposer le cimetière au lieu de
l'église, est relayée au cours du XVIIIe par un nouveau courant qui
aboutit aux mêmes conclusions sur la base d'une analyse différente
où la salubrité, notion laïcisée, l'emporte. Certaines études ont
suivi de façon approfondie localement cette évolution : ainsi en
Bretagne, où des interventions répétées du Parlement et des évêques au XVIIe siècle aboutissent en 1729 aux statuts synodaux nantais qui prohibent expressément la sépulture dans les églises à tous

---

(1) Voir sur tout ce problème les travaux de Philippe ARIÈS (*op. cit.*, nos 30
à 38).

autres que les fondateurs de chapelles et possesseurs d'enfeux seigneuriaux. L'étape suivante s'incarne dans cette région dans les récriminations de la sénéchaussée de Guérande en 1740, dénonçant le péril des « maladies pestilentielles » que la pratique ancienne fait encourir, mais on mesure aussi les limites de cette attitude aux réticences du Parlement de Rennes à enregistrer l'édit royal de 1776, pour préserver les droits à la sépulture des seigneurs (1). On ne serait pas en peine de trouver en d'autres lieux, indices de cette mutation de la pratique collective; mais les toutes récentes études de Philippe Ariès analysent le phénomène dans toute son ampleur et dispensent d'insister sur l'importance du tournant qu'elle représente.

A des analyses qui ont déjà été présentées de façon pénétrante, l'exemple de la Provence peut apporter, peut-être, plus qu'une confirmation anonyme : formes anciennes et formes nouvelles du culte des morts y présentant une originalité certaine. C'est aussi l'un des points sur lesquels notre documentation testamentaire fournit les renseignements les plus précis et les plus nombreux : l'élection de sépulture fait en effet partie intégrante de l'acte, et se trouve très généralement précisée : à plus forte raison lorsqu'on a affaire, comme c'est le cas, à des testaments de notables pour la plupart.

Ce souci de précision n'étonne pas, lorsque l'on sait à quelles rivalités le privilège d'ensevelir un puissant avait, de longue date, entraîné les bénéficiaires virtuels de ses funérailles. Depuis le Moyen Age (Concile de Latran, 1256) la sépulture hors paroisse (conventuelle généralement) entraîne au versement à la paroisse, à titre de dédommagement, de cette « quarte funéraire », que relèvent presque toutes les études anciennes, et qui équivalait forfaitairement au quart de ce que cierges, messes et services auraient pu rapporter au clergé paroissial. La nécessité d'une élection précise de sépulture s'impose donc dans deux cas dont nous allons voir la fréquence : le souci, très général chez les notables, d'éviter le cimetière, et plus encore, mais ceci est peut-être originalité méridionale, le désir de reposer dans une église conventuelle plutôt que dans une église paroissiale. Aussi ne s'étonne-t-on pas du pourcentage élevé de réponses que fournit la statistique (2) : la formule : « s'en remettant pour le choix de sa sépulture à la discrétion de ses héritiers »

---

(1) Ces éléments sont repris de A. Perraud : *Étude sur le testament d'après la coutume de Bretagne* (*op. cit.*, n° 178).
(2) Planches 31, 32, 34, 35.

restant fort rare dans la première moitié du siècle au moins. A Marseille l'indifférence ou l'indétermination ne touche que 20 % des testaments au début du XVIIIᵉ : ce pourcentage s'abaisse à moins de 10 % dans les années 1740. Cet ordre de grandeur se retrouve dans les autres sites prospectés : à cela près sans doute que la précision dans le choix croît à mesure que l'on gagne la Provence orientale, et a fortiori le pays niçois : l'indétermination y tombe à un niveau négligeable (guère plus de 5 %) dans le premier tiers du siècle.

Les testateurs ont donc, jusqu'à une date qu'il faudra préciser, répondu très généralement à la question du notaire. Des éléments qu'ils ont fournis nous conserverons une partie pour un prochain développement, essentiellement la ventilation précise entre les couvents des différents ordres, des élections de sépulture qu'ils reçoivent. Ce test de succès ou de faveur introduit en effet à une problématique différente, qui entraînerait pour l'instant trop loin de notre propos : suivre jusqu'au bout le sort de la dépouille mortelle des notables provençaux.

Inversement et sur ce point certaines données sont chichement mesurées, on sait le lieu de la sépulture, on n'en connaît qu'exceptionnellement les conditions. Exceptions précieuses cependant, puisqu'elles permettent d'entrée un tableau des pratiques funéraires, en cet âge baroque qui leur fait une si grande place.

Jusqu'au milieu du siècle, le cimetière n'apparaît qu'exceptionnellement dans les testaments analysés, en ville du moins. A la campagne il figure concurremment avec l'église paroissiale mais la répartition des deux clientèles se fait suivant un clivage social très strict (notables à l'église, pauvres travailleurs au cimetière) qui explique la faible place qu'il tient même dans nos sondages en milieu rural.

Le primat de l'église sur le cimetière à l'âge classique n'est point, on le sait, une originalité provençale, et là où des comptages directs ont pu être faits, ils privilégient généralement cette forme de sépulture ; ainsi à Pellerin dans le pays nantais où cinquante-trois sépultures sur un sondage de quatre-vingts cas ont lieu dans l'église paroissiale (1).

Si le cimetière n'existe pas — ou si peu —, où se portent les souhaits des testateurs ? On doit d'entrée régler, pour n'y plus revenir, le cas de ceux, bien rares en vérité, qui choisissent d'être ense-

---

(1) A. Perraud : *Étude sur le testament d'après la coutume de Bretagne* (*op. cit.*, nº 178).

velis chez eux. Cela suppose un lieu consacré, c'est donc un privilège de nobles ruraux désireux de se faire ensevelir dans la chapelle seigneuriale du château de famille. Quelques-uns transigent et laissent leur dépouille dans une église ou une chapelle conventuelle, faisant embaumer leur cœur pour la chapelle familiale. Il est très exceptionnel que ce désir d'une sépulture à part se rencontre hors des milieux nobiliaires qui en ont la possibilité, l'exception se trouve cependant dans le testament de Pierre Puget en 1694 — mais n'est-il pas dit « Noble Pierre de Puget, sculpteur et ingénieur du roy »? — qui précise vouloir être enseveli « en la chapelle sous le titre de Sainte Madeleine qu'il fait construire en sa propriété au quartier de Fongate, si elle est alors achevée, sinon en l'église de l'Observance, au tombeau de ses auteurs ».

Ces exceptions mises à part, c'est entre les églises paroissiales et plus encore, nous le verrons, entre les couvents que se partagent les élections de sépulture. Deux catégories y sont d'entrée privilégiées, pour disposer d'emplacements réservés : les seigneurs et les prêtres. En ville, les nobles doivent, comme les autres, rejoindre le tombeau que leur famille possède en quelque église : dans la Provence rurale, s'ils ne préfèrent la chapelle du château, ils disposent dans l'église paroissiale de la chapelle seigneuriale blasonnée généralement à leurs armes. L' « enfeu seigneurial » est une pratique très généralement répandue. Le privilège de caste se superpose ici le plus souvent à celui du fondateur d'une chapelle, qui se réserve le droit d'y être enseveli. Les ecclésiastiques, de leur côté, déclarent très généralement vouloir être ensevelis « au tombeau de Messieurs les prêtres » qui disposent d'un emplacement réservé. On va parfois à plus de précision : un chanoine théologal de Grasse qui teste à la fin du XVIIe siècle précise vouloir être enseveli à la tombe du chanoine théologal qui se trouve près de la chaire à prêcher. Les évêques prévoient un monument, ainsi Louis de Thomassin évêque de Sisteron qui teste en 1705 le souhaite « sans ornement » et n'y veut qu' « une inscription où il n'y ait que simplicité et sans éloges ». Messire Henri de Puget évêque de Digne choisit — est-ce pour l'exemple? — le cimetière paroissial où il demande une simple pierre, surmontée d'une croix de deux pieds de haut pour l'édification des fidèles. Son successeur Antoine Feydeau, qui teste en 1741, est prêt pour sa part à partager la tombe de ses chanoines, et s'en remet, sinon, à la discrétion de ceux qui l'enseveliront.

Dans le cas le plus général, les testateurs déclarent vouloir être ensevelis qui « au tombeau de ses ancêtres », qui au « tombeau de ses auteurs » (ou prédécesseurs). Ils en précisent souvent l'emplacement, la chapelle qui a été fondée parfois par un de leurs ancêtres, ils tentent de la préserver contre les envahisseurs : « prohibant expressément qu'on y installe jamais aucune confrérie ni luminaire ». Ce tombeau de famille, n'y voyons pas généralement, l'équivalent d'un caveau de type moderne, l'ensevelissement à la sépulture des ancêtres se fait à même le sol et les retrouvailles par-delà la mort demeurent approximatives; on découvre ces réalités au hasard d'un testament, tel celui de ce conseiller du roi en Arles (1705) qui fait creuser dans sa « chapelle dédiée à Jésus-Christ et à tous les saints » « un trou de cinq pans afin que la puanteur n'incommode personne ». Certains ne se satisfont pas de cette promiscuité anonyme; ils projettent, qui une pierre tombale, qui un tombeau. Ainsi un noble de Fréjus qui précise désirer une pierre de cinq pieds de long sur un demi de large, portant ses armes, son nom, ses dates. A Marseille deux nobles souhaitent une simple pierre, à la veille de la Révolution un avocat et ci-devant consul sollicite une « pierre froide » avec la seule inscription : *orate pro eo*. Ce dépouillement est loin d'être une règle absolue et certains testateurs sont très inquiets de gloire posthume, ainsi Messire L. G. Doria qui dans un testament de 1757 projette l'aménagement de son tombeau en l'église du quartier Saint-Jérôme au terroir de Marseille, en la chapelle de Saint-Jean-Baptiste qui sera close d'un grillage proprement fait dans le goût de celui que M. de X... fit faire... : le cénotaphe devra bien entendu porter ses armes et l'inscription sans modestie dans sa simplicité : « C'est Jean-Baptiste Doria, des anciens Comtes de Narbonne. »

Et puis, il y a bien sûr la démesure de tel bâtisseur incorrigible qui, tel le Commandeur, rêve d'un mausolée qui sorte de l'ordinaire : c'est le cas pour très haut et très puissant seigneur Joseph de Valbelle d'Oraison, des anciens vicomtes de Marseille, maréchal de camp, baron du Dauphiné, marquis de Tourves : une de ses ancêtres dont nous avons suivi le testament, voulait être ensevelie « au tombeau des pauvres » de la paroisse où elle viendrait à décéder. Tel n'est point le propos de son descendant qui en 1772 laisse 20 000 livres pour ériger un mausolée dans l'église où il reposera, ne limitant pas là, d'ailleurs, ses projets puisqu'il lègue également 30 000 livres à la ville d'Aix pour l'érection d'un obélisque « au milieu du rond point des Minimes par le grand chemin d'Aix à Avignon ». Au milieu des legs multiples d'un philanthrope des Lumières qui répand ses libéralités, des pauvres filles à marier au juriste Siméon, à Ripert de Monclar, à un homme de lettres

« donnant des espérances », à Mlle Clairon enfin (qui n'a pas déçu les siennes?), le mausolée de M. de Valbelle apparaît comme la dernière résurgence — un peu incongrue — d'une démesure toute baroque. Ceux qui peuvent disposer ainsi du tombeau de famille dans l'église où reposent leurs ancêtres restent des privilégiés parmi ceux, nouveaux venus, souvent de statut social plus limité, qui doivent solliciter l'autorisation d'être ensevelis dans telle église de paroisse ou de couvent « au tombeau qui sera avisé » : on comprend que pour beaucoup l'appartenance à une confrérie — pénitents chez les hommes, tiers-ordre chez les femmes — apparaisse dans les testaments comme la garantie d'un lieu d'accueil après la mort, dans la chapelle d'une dévotion familière, et les tertiaires ou les pénitents qui demandent à y être portés revêtus de l'habit de leur confrérie obéissent visiblement pour une part à ce besoin de sécurité.

Il se rencontre avec le dernier type d'élection de sépulture que nous aurons à relever, le seul à vrai dire qui mérite le nom d' « élection » puisque c'est le choix délibéré en fonction d'une dévotion précise. Malgré le poids des traditions familiales, l'attrait des confraternités dévotes, ce choix individuel est moins rare qu'on ne pourrait le penser, dans les milieux mêmes les plus relevés. Il y a, assez souvent, le geste du notable — officier royal, ou même noble — qui pour avoir été recteur d'un hôpital demande qu'on lui fasse place dans le cimetière des pauvres de la Charité, ou du moins dans l'église de l'hôpital, geste d'humilité qui peut prendre d'autres formes. L'une des plus fréquentes est sans doute la demande d'être enterré en travers de la porte d'entrée de l'église, de façon à être foulé aux pieds de la foule des fidèles : geste magique d'humilité après la mort qui se rencontre, là encore, dans les élites aristocratiques. En campagne, c'est à l'entrée du cimetière paroissial que ce geste se pratique, mais sa signification est bien entendu la même.

On le retrouve ailleurs qu'en Provence, avec une signification identique; ainsi ce chanoine rémois testant en 1776, dont on dit qu'il désire être enseveli sous le porche de la cathédrale, entre deux pauvres, dont ses héritiers aumôneront les parents (1).

Une autre forme de choix personnel consiste à demander d'être enseveli à proximité d'un autel ou d'une chapelle à l'égard de laquelle on a une particulière dévotion : Rosaire parfois, ou Corpus Domini, plus souvent encore, autel des âmes du Purgatoire, point

(1) P. Pellot (*op. cit.*, n° 176).

matériellement délimité d'où coule le flot des indulgences : ainsi telle bourgeoise aixoise qui demande — et que l'on imagine avec quelque complaisance — à être ensevelie à proximité de l'autel du purgatoire de l'église des Prêcheurs, aujourd'hui encore illustré par le beau tableau de Daret. Les dévotions personnelles se trouvent ainsi perpétuées au-delà de la mort par la cohabitation physique et par la proximité avec leur lieu d'application.

L'attention portée à la sépulture apparaît ainsi dans l'ancien style de sensibilité collective comme un point d'importance : elle cimente les traditions familiales par la pratique du tombeau de famille, pérennise les fraternités dévotes par-delà la mort par les chapelles de confréries, fige aussi, ce qui est moins noble, la galerie des honneurs par la facture ostentatoire de certains tombeaux nobiliaires, elle laisse enfin une place au geste ultime d'humilité chrétienne de ceux qui acceptent de renoncer après la mort à tout le réseau des réconforts collectifs.

Or il se trouve, et c'est à notre avis l'un des tournants majeurs de cette histoire, que cette familiarité et que cette attention se défont au fil du XVIIIe siècle. D'évidence, l'indifférence croît durant le siècle vis-à-vis d'un geste naguère considéré comme essentiel : la courbe marseillaise, de toutes la plus fournie et la plus représentative, est à cet égard sans ambiguïté : si l'attention à l'élection de sépulture reste constante dans la première moitié du siècle, la formule « remettant le choix de sa sépulture... à la discrétion de ses héritiers » gagne du terrain à partir de 1750 ; les années 60 voient l'indifférence gagner, et lorsque l'édit de 1776 vient brutalement infléchir le tracé de la courbe en rendant sans objet l'élection de sépulture, puisque le cimetière est imposé définitivement, on peut dire qu'il ne fait que hâter une évolution en cours.

La pratique précédant l'officialisation légale : certains auteurs ont aperçu l'importance de ce tournant, parmi d'autres qui n'ont relevé que la généralité séculaire de l'élection de sépulture : ainsi les recherches sur la Bretagne « nantaise » datent-elles de 1750 à 1760, selon les cas, le moment où le cimetière l'emporte sur la sépulture dans l'église (1). Cette convergence avec les comptages provençaux valait d'être relevée.

Sans doute, le tournant institutionnel ne doit-il pas être sous-estimé dans son importance, car il va à son tour, dans un mouvement dialectique, précipiter une évolution spontanée et faire naître ce qu'on a pu appeler le nouveau culte des morts, centré sur les

_____
(1) A. Perraud (*op. cit.*, n° 178).

cimetières et l'importance nouvelle donnée à la dépouille physique, dont le XIXᵉ siècle verra l'épanouissement (1).

Mais, nous l'avons senti, tant en suivant la réévaluation du rôle du corps, qu'en analysant la crise des pompes baroques, ou l'indiffé-rence croissante à la sépulture : ces mutations, chez les notables du moins, sont déjà en cours au siècle des Lumières.

(1) Philippe ARIÈS. Voir aussi Régis BERTRAND : Une contribution à l'histoire du sentiment : *Cimetières et pratiques funéraires à Marseille du milieu du XVIIIᵉ siècle à la fin du XIXᵉ*. (Conférences de l'Institut Historique de Provence, janvier 1970, 48ᵉ année, nᵒ 1), *op. cit.*, nᵒ 222.

3

L'homme
devant son salut

Parler du salut ? Tout naïvement on souhaiterait que les Provençaux qui ont passé testament au XVIIIe siècle nous y aident un peu plus. Mais nous l'avons dit : l'épanchement est bien rare, et cette préoccupation du salut, qu'on sent si proche dans la place même que tiennent les stipulations des dévotions, il faudra bien nous résigner à ne l'approcher, comme le reste, que sur traces.

Sans doute quelques-uns ont parlé, sinon pour les autres, du moins un peu plus que les autres : et l'on relève ces beaux testaments comme les exceptions qui confirment la règle d'un silence quasi général. Voici l'abandon confiant sous la plume de Messire Antoine Espariat, prêtre d'Aix, de la Congrégation de l'Oratoire de Jésus, qui teste en 1775. A-t-il participé aux luttes jansénistes ? Peut-être, puisque, après s'être recommandé à Dieu, à la glorieuse Vierge Marie, il proclame, reprenant la vieille formule qui commence à tomber en désuétude, son attachement à la religion catholique, apostolique et romaine « dans laquelle il a toujours eu le bonheur de vivre et de laquelle rien ne sera jamais capable de le séparer... », supplie Dieu, par les mérites de Notre Seigneur Jésus-Christ, notre Sauveur et médiateur, l'intercession de la Bienheureuse Vierge Marie, des Saints et des Saintes du Paradis « de lui accorder la grâce de vivre de manière qui réponde toujours à la sainteté de son état, lui faire expier, par une sincère pénitence les péchés qu'il a commis et qu'il aura encore le malheur de commettre tant qu'il sera sur cette terre de misère, afin qu'après sa mort il participe à la récompense que le Dieu de bonté et de toute consolation a promis à ceux qui vivront avec confiance dans sa sainte Miséricorde... »

En contrepoint voici, un siècle plus tôt, les angoisses de Messire Guillaume Blanc, avocat en la cour du Parlement de Provence, qui

écrit, en 1664 : « Comme étant que je suis le plus misérable de tous
les pécheurs et que depuis que je me connais je n'ai cessé chaque
jour d'offenser mon Dieu et mon Créateur... », en pleine conscience
de son indignité, le testateur supplie la divine bonté, par les mérites
du sang précieux de Notre Seigneur Jésus-Christ, sauveur et rédempteur, par la glorieuse Vierge Marie et sainte Marie-Madeleine, ses
patronnes, de vouloir bien « pardonner ses péchés, l'assister de
leurs puissances et grâces à l'heure de la mort, appeler son âme à
son saint Paradis pour le louer éternellement... », homme de foi,
qui a une fille ursuline, il demande aux quatre autres de faire profes-
sion religieuse quand le temps en sera venu, et de même, ajoute-t-il
par scrupule, pour la posthume qui pourrait être dans le ventre
de son épouse, au moment de son décès.

Là où Guillaume Blanc, si conscient qu'il soit de son indignité,
attend du moins de cette grâce ultime qui est donnée à l'heure de
la mort, de figurer malgré tout au nombre des élus, François de
Thomassin, abbé, chanoine de Saint-Sauveur d'Aix, exprime en
1721 une angoisse plus radicale : « Au nom de Dieu, Père, Fils et
Saint Esprit qu'il adore et invoque comme un seul Dieu en trois
personnes », il proteste « devant Dieu, Jésus-Christ son Créateur,
la Sainte Vierge sa Bonne Mère, saint Joseph et saint François
d'Assise »... de vouloir « mourir dans la foi et le sentiment de la
religion catholique, apostolique et romaine », « renonce au monde
et à ses pompes, comme il y a renoncé en baptême », et déclarant
vouloir en renouveler les vœux, il adjure Dieu et ses protecteurs de
ne pas le laisser « céder à l'infidélité et au désespoir qui pourraient
lui venir par la malice du démon », « déteste la vie comme pleine
de désordres et de péchés », « demande pardon à ceux qu'il pourrait
avoir escandalisés ou fâchés » (*sic*), accepte la mort « non seulement
pour satisfaire à la loi générale dans les mortels mais parce que Jésus-
Christ est mort pour tous les hommes », acceptant, s'il lui est fait
miséricorde, les flammes du purgatoire... d'un cœur « contrit,
humble, brisé de douleurs... » qu'il remet entre les mains de son
Créateur. C'est d'ailleurs dans la chapelle du purgatoire, tendue de
noir, qu'il demande que sa dépouille soit exposée, et veillée par
quatre prêtres, cependant qu'il sera dit autant de messes de requiem
qu'il se pourra.

Le purgatoire, mot tabou ou presque, seul sur plus de deux mille
notables provençaux, F. de Thomassin en envisage l'éventualité,
et en prononce le nom (si l'on excepte, bien sûr les allusions de
localisation, aux autels ou aux confréries des âmes du purgatoire).
Les autres y pensent, mais n'en parlent pas, même s'ils demandent,

comme telle bourgeoise aixoise, à être ensevelis le plus près possible de l'autel du purgatoire. Ce lieu n'a pas sa place dans les formules générales qui sollicitent miséricorde, intercession, rappellent les mérites de la mort et passion du Christ, mais gardent apparemment au salut son caractère d'instantané.

D'évidence, pour enquêter sur l'au-delà des Provençaux du XVIII\e il faut se tourner vers d'autres sources : c'est ce que nous avons fait par ailleurs (1).

Mais si les Provençaux parlent peu du salut, encore moins de l'au-delà, ils ont trahi quand même massivement l'inquiétude qu'ils ressentent par l'importance accordée dans leurs testaments aux services, messes et fondations qu'ils demandent à leurs héritiers de faire célébrer pour leur assurer, ou du moins faciliter le passage. A tel point que les demandes de messes apparaissent dans la multiplicité des clauses qui ont été suivies comme le test le plus massif et le plus net de la dévotion, ou au contraire du détachement.

Dans ses institutions, la pratique provençale ne se différencie guère de ce qu'on rencontre en d'autres lieux. Les obsèques même du plus pauvre, comportent, si généralement qu'on ne le rappelle plus (sauf exceptions localisées), trois éléments au moins : cantat, neuvaine et bout de l'an. De la messe chantée des funérailles — cantar, ou au XVIII\e siècle, cantat — on parle plus souvent pour en régler les détails, mais la suite va généralement de soi. Les gestes de dernière volonté explicitent ce que l'on demande en plus : un certain nombre de messes, au gré du testateur, encore que certains chiffres soient rituels : le trentain grégorien, que les Provençaux disent et écrivent trentenaire, et au-delà une centaine, ou ses multiples, sans limitation supérieure puisque nous avons rencontré des demandes de cinq mille et même dix mille messes. On demande parfois un « annuel de messes » soit la célébration quotidienne d'une messe dans l'an qui suit le décès, cette pratique se rencontrant électivement dans certaines régions, notamment en pays d'Arles, où elle est de rigueur au début du siècle chez ceux qui sollicitent des services.

Dans le cas le plus fréquent, toutefois, c'est « sitôt qu'il se pourra » que les messes doivent être dites, ou encore « immédiatement après son décès » : et la notation est peut-être plus qu'une clause de style, trahissant l'idée d'une urgence — et par là même ce que dans l'inconscient collectif représente le jugement individuel, et l'expiation *post mortem*. Les cas extrêmes, mais ils éclairent cette

(1) G. et M. VOVELLE : *Vision de la mort (op. cit.*, n° 210).

attitude, étant ceux des testateurs qui sont si pressés, qu'ils sollicitent le jour même du décès la célébration d'un nombre de messes considérable. On songerait à une inconsciente valorisation du moment de la mort, rappel du combat des anges et des démons au chevet du mourant comme dans l'iconographie du xve si, précisément, il n'était si rare de voir solliciter prières et services pendant l'agonie : encore est-ce attitude d'élite éclairée, ainsi chez tel notable visiblement janséniste de Cotignac, dont nous avons déjà parlé.

Parfois, on stipule non pas le nombre de messes demandées, mais la somme que l'on y consacre : tel demandera pour cinquante ou cent livres de messes, ou affectera une somme globale aux funérailles et aux services, précisant que ceux-ci seront célébrés jusqu'à épuisement des fonds. Ces cas permettent d'apprécier le coût habituel d'une messe basse qui ne varie guère, sans qu'on s'en étonne, sachant par ailleurs (et par quelques testaments) que le tarif en est fixé par les statuts synodaux. Au fil du xviiie siècle la messe à cinq sols est la plus fréquemment rencontrée, et le tarif n'en varie pas. Quelques-uns, plus généreux, stipulent six à dix sols, d'autres essaient de s'en tirer à bon marché à quatre sols; mais les clauses dont ils assortissent alors le legs (l'établissement devra accepter les conditions faites, sinon le legs sera reporté sur une autre maison) prouvent qu'ils ont généralement conscience d'être au-dessous du tarif. Il ne nous semble pas qu'en Provence les messes conventuelles soient systématiquement meilleur marché que celles de la paroisse, comme c'est, dit-on, le cas alors en Bretagne (1); en général les messes demandées sont réparties équitablement, et au même tarif entre les uns et les autres. Par référence, les messes provençales à cinq sols semblent bon marché, s'il est vrai qu'en Bretagne à la même époque le tarif soit de dix à quinze sols; on mesure peut-être là, la conséquence d'un marché de l'offre (nombre des couvents) particulièrement important en Provence, encore que la Bretagne ne passe pas pour être sous-équipée. On a quelque scrupule à développer ces données « économiques » qui semblent entraîner bien loin de la préoccupation du salut; mais ce sont les Provençaux eux-mêmes qui nous y engagent par la minutie avec laquelle ils règlent ces détails, si fréquente qu'elle ne peut point ne pas réfléter une vision très particulière du rachat et de l'expiation posthume. Mais ce n'est pas tout.

A côté des messes stipulées dans leur nombre, leur prix, leur date, la tradition maintenait vivantes les messes de fondation, dont

(1) A. Perraud (*op. cit.*, n° 178).

le testateur demande célébration à perpétuité : le cas le plus simple étant celui de l'obit, messe anniversaire perpétuelle en l'honneur du défunt; mais en fonction de leurs moyens comme de leur dévotion particulière, certains font plus : demandant par exemple un service hebdomadaire ou mensuel perpétuel. Dans le cas le plus fréquent de l'obit, la date anniversaire est le plus souvent retenue, encore qu'on trouve aussi solennisée la fête patronymique du défunt, voire une fête (ou les approches d'une fête) du calendrier liturgique. Le jour des morts tient évidemment dans ces demandes une place particulière.

Le financement d'une fondation de messes requiert une mise de fonds non négligeable, plusieurs centaines de livres et c'est ce qui contribue à rendre le geste plus exceptionnel que la prestation de quelques livres d'une demande habituelle. En général, le capital affecté à titre de legs à l'établissement chargé de la célébration des messes de fondation, est stipulé en argent, parfois à recouvrer sur des créances actives. Dans quelques cas nous avons vu léguer une maison ou une partie de maison, mais très généralement c'est un capital mobilier qui est affecté et le legs traditionnel du « bienfonds » a semble-t-il complètement disparu en Provence : constatation qui se rencontre avec ce que l'on sait en d'autres régions, ainsi dans le Languedoc montpelliérain (1).

La crainte majeure du testateur — elle n'est, nous le verrons, que trop justifiée — est de voir tomber dans l'oubli le service perpétuel qu'il fonde. Une pratique médiévale déjà, gravait sur une plaque de cuivre accrochée ou scellée dans l'église, le rappel du legs et de sa contrepartie : nous ne la rencontrons pas en Provence à notre époque. Mais comme en Bretagne, ou ailleurs, on y trouve ces registres et ces tableaux des messes, où les services sont enregistrés : parfois les testateurs stipulent expressément que leur legs et ses dispositions devra y être transcrit, c'est le cas tout particulièrement en pays d'Arles, sans que nous puissions savoir si l'omission ailleurs signifie inexistence, ou reflète l'inutilité de répéter un lieu commun.

Entre les différentes sortes de services *pro remedio animae*, et particulièrement entre les fondations perpétuelles, et les demandes de services en nombre limité, l'équilibre semble avoir considérablement varié : les monographies sur la pratique testamentaire dont on dispose pour les périodes les plus anciennes font du « bout de l'an » une pratique très courante (ainsi en Forez au XIVe siècle, 61 cas

(1) G. Perrot : *Les testaments aux XVIIe et XVIIIe siècles à Montpellier* (*op. cit.*, n° 177).

sur 118 testaments) (1) mais pour le reste donnent aux messes de fondation une place plus importante qu'aux stipulations plus limitées, en trentains, ou centaines de messes. Dans la même monographie sur les testaments en Forez, on trouve des fondations perpétuelles dans près du quart des cas, proportion dont nous apprécierons sous peu l'importance ; à Paris à la même époque on rencontre sept fondations perpétuelles pour une seule mention de trentain dit de Saint-Grégoire (issue, notons-le, d'un marchand italien) (2). Sans doute ces données rétrospectives portent-elles sur de petits échantillons de testaments encore plus triés et sélectionnés que nos testaments de notables provençaux du XVIIIe siècle et ceci explique peut-être cela. Mais d'évidence, un tournant dans la pratique générale se produit au début du XVIIIe siècle, que nous définirons, pour annoncer le thème, comme la mort des messes de fondation, mutation beaucoup trop importante pour que nous ne nous en expliquions d'entrée.

La fin des messes de fondation.

Le phénomène n'est pas spécifiquement provençal : d'autres que nous, sans en quantifier l'ampleur, l'ont relevé dans d'autres régions : ainsi Ferté dans les campagnes parisiennes (3), ainsi Pérouas plus précisément, dans le diocèse de la Rochelle (4): l'auteur relève en effet que vers 1648 une personne à l'article de la mort fonde des messes, ou si elle est riche une chapellenie, mais qu'au début du XVIIIe siècle, la pratique devient rare. Il en cite un exemple précis, Saint-Aubin de Baubigné, où en 1720, cent quatre-vingts messes perpétuelles sur deux cent huit et quarante services sur quarante-quatre ont été fondés au siècle précédent, et la plupart avant 1690. Le tournant semble donc s'être fait dans un laps de temps assez court, les années 1700 ; cette chronologie est pleinement confirmée par ce qu'on rencontre en Provence.

Livrons d'entrée, avec toute la sécheresse d'un bilan séculaire, la courbe générale pour toute la province : à la fin du XVIIe siècle, les fondations de messes perpétuelles occupent une place non négligeable dans les legs des testateurs, puisque plus du dixième recourent à cette pratique : pour autant que nous puissions remon-

(1) M. GONON : *Testaments Foréziens (op. cit.,* n° 172).
(2) P. TUETEY : *Testaments enregistrés au Parlement de Paris (op. cit.,* n° 183).
(3) J. FERTÉ : *La vie religieuse dans les campagnes parisiennes (op. cit.,* n° 96).
(4) L. PÉROUAS : *Le diocèse de La Rochelle (op. cit.,* n° 107).

*Fondations de messes perpétuelles dans les couvents marseillais
(1650 - 1730) d'après Bornträger.*

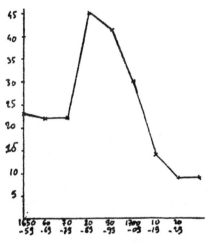

(Verticalement : nombre de fondations par an.)

ter dans le temps, dans le cadre de sondages plus limités, cette proportion est déjà en retrait par rapport à ce que nous eussions trouvé dans les années 1670-1680. Mais elle va se réduire encore, et la courbe générale révélée dans sa tendance séculaire par une moyenne mobile sur trois décennies, décrit une chute continue, quasi linéaire et fort marquée, puisque à la veille de la Révolution ces fondations n'apparaissent que dans moins de 4 % des testaments, rappelons-le de *notables*, ce qui laisse supposer dans l'ensemble de la pratique testamentaire une place très négligeable : fonder un service perpétuel est quasiment devenu une curiosité (1).

Sans doute faut-il nuancer les données brutes de la courbe en y introduisant quelques variables régionales : si l'on distingue suivant les sénéchaussées, le taux des fondations apparaît particulièrement bas (4 % en moyenne *pour tout le siècle*) dans les grandes villes de Provence occidentale, Marseille et Aix, il reste plus élevé (5 à 10 %) ailleurs. Et puis il y a la curiosité : le monde niçois que l'on sait déjà rebelle à nombre des novations provençales va ici carrément à contre-courant, puisque le taux des fondations de messes perpétuelles, peu différent au début du siècle de ce qu'il est en Provence (un peu plus de 10 %) s'élève continuellement au fil du siècle, pour toucher le quart des testateurs à la veille de la Révolution. Mais dans la pépinière de prêtres du pays niçois, peut-être était-il techniquement moins difficile d'assurer les messes de fondations qu'en Provence.

Par voie d'enquête directe dans les fonds des ordres religieux bénéficiaires de ces fondations, certaines études récentes confirment ce qu'annoncent les testaments, et nous aident à en comprendre le sens : c'est le cas pour les recherches du père Bornträger sur les ordres religieux en Provence au XVIIIᵉ siècle. Les résultats qu'il a bien voulu nous communiquer, prouvent sans ambages le déclin des fondations de messes perpétuelles au début du siècle. On en juge d'après le tableau qu'il est possible de tirer des données fournies dans le cadre de l'enquête de 1728 par les couvents marseillais sur les fondations de messes dont ils étaient alors titulaires (2). La courbe dressée par décennies entre 1650 et 1730 est nettement rythmée. Un flux appréciable, mais finalement limité jusqu'aux années 1680, une très forte et très vive poussée jusqu'à 1710, une retombée très nette ensuite, bien au-dessous du niveau

_____

(1) Planche 14.
(2) Arch. Dép. des Bouches-du-Rhône, G. 782-784. Données communiquées par le P. BORNTRÄGER. Voir Planche 13.

PLANCHE 14.

*Pourcentage des fondations de messes perpétuelles
par rapport au total des testaments insinués.*

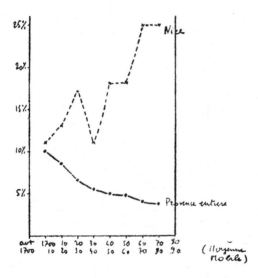

initial. N'approfondissons pas pour l'instant, tout en restant attentif à ses données, l'ascension remarquable de la courbe entre 1650
et 1680, traduction peut-être de ce que nous serons amené à appeler « l'invasion dévote » de la seconde moitié du xvii⁰ siècle.

Mais l'explication d'une retombée brutale, et que les testaments
confirmeront définitive, se découvre sans peine, elle est d'ordre
technique, et les déclarations des religieux qu'a recensées le
père Bornträger dans les réponses aux enquêtes des années 1730
en font foi. Le casuel, disent en 1728 les pères Servites, « est bas
parce que les célébrations de messes ne peuvent être acceptées, à
cause du faible nombre de prêtres, et de l'obligation de célébrer
les messes de fondation ». La solution, on le sait, est d'obtenir
une « réduction de messes » (ainsi les Servites obtiennent une bulle
d'Innocent XIII en 1733) : les fondations qui ne produisent point de
revenus annuels seront regroupées, si l'on peut dire, dans un
chanté collectif, et l'on devra « prendre garde à l'avenir de ne plus
accepter de fondations ». Refus des établissements religieux saturés
de fondations, économiquement dévalorisées, alors que leur cumul
en fait une charge considérable : on peut présumer que leur attitude pouvait trouver sa contrepartie dans la méfiance d'élites
catholiques déçues par ces formes de banqueroute spirituelle. La
pratique n'était pas nouvelle qui accordait à l'évêque et, comme on
le voit pour les Servites, à la papauté, le droit de procéder à des
« réductions » de messes et d'obits : Ferté la signale dans les campagnes parisiennes du xvii⁰ siècle (1). Elle se retrouve ailleurs
qu'en Provence : ainsi la rencontre-t-on dans la Bretagne du
xviii⁰ siècle (2). Elle ne fera d'ailleurs que croître au fil du siècle,
et pour rester en Provence, nous serons amenés à lui faire une place
particulière dans l'étude des hôpitaux, ces organismes auxquels
une gestion plus lourde et plus moderne va faire paraître aberrante
la charge séculaire, et sans cesse accrue des messes de fondations :
pour faire face aux urgences matérielles, on en viendra de plus en
plus à se détacher de ce que Turgot appelle un « respect superstitieux pour les dernières volontés des testateurs », ainsi par exemple
l'hôpital Saint-Jacques d'Aix-en-Provence obtiendra-t-il, nous le
verrons, deux réductions de messes en 1760 et 1781 (3).

Mais si la pratique est suivie, c'est sans doute au tournant de
1700 à 1720 que la grande mutation s'est faite, et que les testateurs

_____

(1) J. Ferté : *La Vie religieuse dans les campagnes parisiennes* (*op. cit.*, n⁰ 96).
(2) A. Perraud : *Le testament d'après la coutume de Bretagne* (*op. cit.*,
n⁰ 178).
(3) N. Sabatier : *L'Hôpital St-Jacques d'Aix-en-Provence* (*op. cit.*, n⁰ 249).

même les plus riches ont préféré monnayer en centaines voire en milliers de messes assurées, l'éternité, virtuelle mais illusoire, des services perpétuels que leurs ancêtres avaient fondés.

Pour nous, cette sorte de mutation qui advient au début du XVIIIᵉ siècle, est proprement providentielle : au lieu d'une ou plusieurs messes annuelles perpétuelles, on demandera de plus en plus généralement un trentenaire, une centaine, voire un millier de messes. Prestation codifiée, monnayée, limitée dans la durée, remplaçant le rêve antérieur d'une prière qui défie le temps : les conséquences en sont essentielles sur la représentativité sociale des données que nous analysons. Les demandes de messes au détail vont toucher des couches beaucoup plus larges de la population, leur dosage, compte tenu même de la dialectique ambiguë des possibilités matérielles et des intentions, se fera selon un éventail beaucoup plus ouvert, et par là même plus nuancé.

Au-delà du gain purement quantitatif, sans doute faudrait-il s'interroger sur ce que cette mutation « technique » peut comporter de modifications dans les attitudes profondes devant l'au-delà. On s'est parfois étonné des interrogations et réponses sur la durée de l'expiation temporaire après la mort, que traités ou petits manuels sur le purgatoire ont vulgarisées jusqu'au XIXᵉ, voire au XXᵉ siècle. La commémoration perpétuelle des obits ne tombait point apparemment dans le travers de réintroduire le temps humain dans un domaine qui y échappe. La quantification des messes, qui peut apparaître comme un recul de la conscience religieuse collective, ne se rencontre sans doute pas fortuitement avec la quantification des peines et des indulgences, que la dévotion vulgarisée au purgatoire, alors en plein essor, admet et encourage.

On parlera donc trentains, centaines ou milliers de messes, parfois sommes d'argent aussi, à investir en services, mais dont il est aisé de calculer l'équivalent-messes, au coût habituel. Quelles données extraire de ce flux des demandes de messes pour lui faire rendre — sans caricature — le témoignage qu'il peut nous apporter ?

On songe d'abord évidemment au geste lui-même de demander des messes, quel qu'en soit le nombre, pour le repos de son âme : premier classement qui dans sa simplicité apparente fait déjà pénétrer au cœur du problème en révélant l'ambiguïté d'une attitude. Le silence peut être d'indifférence, il peut être de confiance faite aux proches, il peut même être d'abandon à Dieu. L'inquiétude inversement apparaît dans toutes ses nuances qui vont de la crainte primaire des flammes du purgatoire à la conception la plus élaborée de la communion des saints. Placet experiri : la courbe

*Pourcentage des demandes de messes
dans les testaments provençaux du XVIIIe siècle :*

étude évolutive.

(Traitement graphique S. Bonin, Labor. E. P. H. E.)

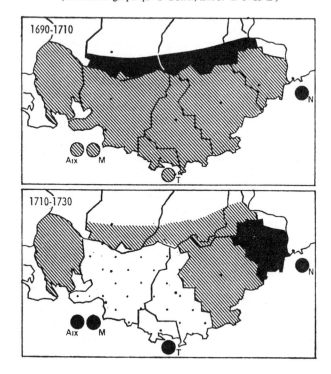

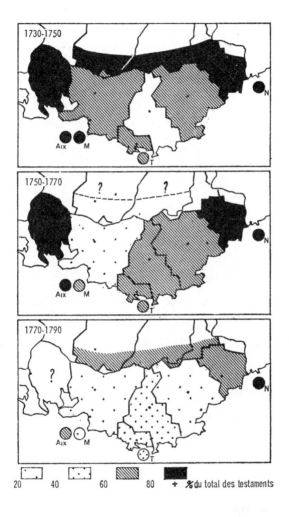

1730-1750

1750-1770

1770-1790

20   40   60   80   **%** du total des testaments

elle-même, par son intelligibilité ou par son indifférence peut seule permettre de trancher.

Des messes, mais combien? Les contemporains y sont très attentifs dans une gradation qui va de très peu de choses (un cantat « corps présent », un service le lendemain, une messe de « bout de l'an »), à la norme qui devient quasi élémentaire chez les notables surtout, du trentain, ou plus précisément du « trente-naire » puisque c'est ainsi que la Provence l'écrit, aux centaines et moins rarement qu'on ne le croirait, aux milliers de messes.

Hiérarchiser a-t-il un sens? C'est révéler sans doute pour une part la foire aux vanités, aux ostentations posthumes, parfois aussi les prestations quasi obligées aux couvents et à la paroisse d'un notable qui veut tenir son rang, jusqu'au bout. Mais tant d'autres éléments entrent en jeu : « sous-équipement » local, élément du contraste ville-campagne, puis encore variété des tempéraments locaux : et ce serait bien là l'un des moyens de préciser le terme « baroque » dont la commodité nous a plus d'une fois imposé l'emploi. Reste enfin le choix personnel, irréductible, même dans la dialectique complexe de la pression sociale et des options individuelles et que nous réussirons peut-être à appréhender dans la résultante séculaire de cette sorte de mouvement brownien dont la matière est faite des gestes humains à l'approche de la mort. On retrouvera d'ailleurs dans ces choix toute l'ambiguïté qu'ils comportent, du dépouillement janséniste, au refus déjà rationaliste, à l'indifférence, opposés à une profusion dont les excès mêmes ne sont point toujours de bon aloi, et qu'il faudra s'abstenir de juger en termes de sensibilité contemporaine. Risquons-nous à parler mode ou moyenne arithmétique, et à compter les messes, si nous devons en tirer quelque lumière sur ces attitudes profondes.

Enfin, au-delà du geste, au-delà du nombre de messes sollicitées, il s'imposera de savoir à qui s'adressent les demandes : au risque d'une coupure inévitablement arbitraire, nous nous permettons de reporter l'analyse des destinataires de messes au chapitre qui suivra, sur les « intercesseurs humains ».

Chronologie : courbe générale.

Les courbes synthétiques, ou semi-synthétiques dont nous allons partir comptabilisent au fil du siècle les apports des 1 800 testaments de notables provençaux dont on dispose: c'est dire que pour n'être point démesurée, leur base statistique n'est pas tout à fait médiocre. La première d'entre elles suit l'évolution du geste proprement dit des demandes de messes, dont elle relève, en pourcentage de testateurs, la fréquence au fil des décennies du xviiie siècle. Pour introduire à une étude plus fine, il a semblé utile de la compléter d'une courbe particulière pour la Provence occidentale et pour la Provence orientale (Nice, on le verra, cas aberrant, reste pour le moment exclu de ces confrontations) (1).

La seconde courbe traite de la moyenne des messes demandées par testateur. Fallait-il calculer cette moyenne — donnée sommaire, et que l'on sait un peu artificielle — par référence au nombre total des testateurs par décennie (qu'ils demandent ou non des messes) ou plus légitimement semble-t-il, par rapport au chiffre de ceux qui réclament la célébration de services? Dans une perspective d'exploitation différente, les deux courbes ont leur sens : il a paru utile de les superposer : au demeurant, elles ne diffèrent point si profondément, et le profil commun qu'elles révèlent demeure fort original.

D'une simplicité quasi linéaire dans les deux étapes qu'elle fait succéder, la première courbe (le geste des demandeurs de messes) offre quelques évidences majeures. On serait tenté, à n'en considérer que les deux premiers tiers, de penser que nos craintes étaient justifiées quant au rôle de la pression sociale, tant le geste apparaît général : de 75 % à 80 % des cas jusqu'à 1720; il se stabilise alors avec constance autour de 80 % jusqu'aux années 60. Stabilité, avec toutefois sensible tendance à la hausse : cette courbe étale combine les apports parfois contradictoires, en gros convergents, de la Provence occidentale et d'une Provence orientale légèrement en retrait, mais où la tendance à l'affermissement d'une attitude n'en est que plus sensible au fil du siècle. Au-delà de l'apparent monolithisme d'un geste de notables quasi général, ce « trend » en hausse confirme, et pour la première fois très massivement, que le xviiie siècle n'est pas un, et qu'il serait abusif de le traiter en termes d'abandon linéaire et continu. Le terme d'« invasion dévote » que nous avons déjà risqué, plagiant médiocrement Brémond, pour caractériser diffusion et progrès continus de ce qui fut dans le premier xviie siècle attitude d'élites, et ce, jusqu'au milieu du xviiie siècle, peut-être faudrait-il ici le reprendre, pour exprimer cette impression de consolidation que laisse la

(1) Planche 16.

Pourcentage des demandes de messes en Provence.

A. Provence occidentale
B. Courbe d'ensemble
C. Provence orientale
D. Nombre moyen de messes
   demandées par testateur.

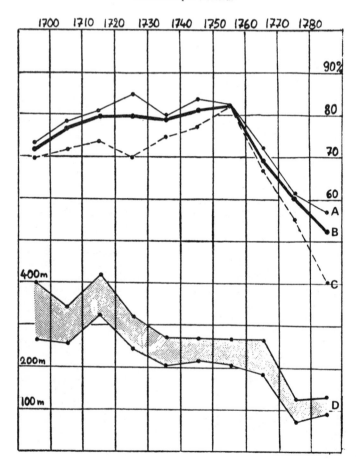

courbe des notables. En tous cas, la chute est brutale : au tournant de 1760, un mouvement d'abandon fort net se dessine, sans plus d'à-coups ni de repentirs que dans la montée de la première partie du siècle. Il affecte aussi bien les deux Provences, particulièrement spectaculaire en Provence orientale, où le pourcentage se réduit de moitié, tombant de plus de 80 à 40 %. Mais la Provence occidentale ne l'ignore pas : finalement à peine plus de la moitié des testateurs provençaux demandent des messes à la veille de la Révolution. Avant que d'interpréter, fût-ce en termes d'hypothèses de travail, il n'est pas inutile sans doute de confronter à cette première courbe celle de la moyenne des messes demandées. Et c'est pour constater qu'elle est bien différente; si le XVIIIe siècle peut y être défini en termes de déclin, celui-ci ne suit pas les mêmes phases, ni les mêmes cheminements. Au début du siècle, jusqu'à 1720, la moyenne des messes demandées par un testament se situe autour de 400; c'est beaucoup si l'on considère que ce chiffre inclut de très maigres prestations... compensées par la démesure d'extraordinaires demandes, où s'investit toute l'ostentation d'une sensibilité baroque. Suit une chute continue, sur trente ans, qui de 1710 à 1740 réduit sensiblement, et en gros de près de moitié, le chiffre moyen des messes demandées. Un palier s'instaure sur la quarantaine d'années d'un milieu de siècle qui s'exprime en termes de stabilité. La fin de la période voit la reprise fort nette du déclin après 1760 : nous y trouvons pour la première fois un synchronisme avec la première courbe analysée, celle du geste des demandes de messes.

Dans leurs divergences comme dans leurs rencontres, les deux évolutions demandent à être interprétées conjointement : peut-être s'éclaireront-elles mutuellement. D'évidence, une mutation profonde a eu lieu après 1750-1760 : elle est inscrite de façon spectaculaire sur les deux courbes analysées; tant dans les demandes des messes, que dans le nombre de celles qu'on demande, un désintérêt se manifeste dans un groupe, les notables, au sein duquel ces gestes avaient jusqu'alors une particulière importance et une diffusion quasi générale. Appellerons-nous ce tournant déchristianisation? Ce serait à coup sûr imprudent, et nous nous en garderons bien. Mais nous constaterons, à tout le moins, que le sens de la pression sociale s'est retourné, que la rupture aussi s'est accentuée avec une ancienne sensibilité collective pour laquelle le salut pouvait d'une certaine façon être lié au nombre des messes demandées. Que ces constatations, qui peuvent s'exprimer en termes d'abandon mais aussi d'épuration des attitudes religieuses, soient ambiguës est évident : elles s'imposent du moins à nous dans leur massivité.

Plus nouvelle, plus inattendue du moins, l'évidence que cette mutation n'est pas la première du siècle : derrière les apparences d'attitudes inaltérées, voire consolidées jusqu'au milieu du siècle (geste des demandes de messes) un premier tournant a déjà eu lieu entre 1710 et 1740 : c'est celui qui a vu le déclin des formes anciennes de la piété baroque d'ancien style, et singulièrement l'ostentation ou du moins — pourquoi être péjoratif ? — la profusion dans les demandes de messes comme dans les pompes funèbres. De ce premier tournant, si net sur notre courbe, non répercuté cependant au niveau du geste lui-même des demandes de messes, on peut tirer quelques conclusions, en forme d'hypothèses de travail. Méthodologiques d'abord : une évolution isolée ne veut rien dire. Et telle chute du nombre moyen des messes que nous nous risquerons à interpréter, à la fin du siècle, par convergence avec d'autres données, en termes d'indifférence ou de détachement, prend ici dans un contexte différent valeur tout autre.

Cette mutation, nous savons trop bien à quoi elle correspond en Provence pour pouvoir tarder plus longtemps à lui donner un nom : 1710-1740, la querelle janséniste bat son plein, la doctrine connaît sa diffusion « populaire » la plus étendue. Par cette courbe, nous prenons le jansénisme sur le fait dans le monde des notables provençaux. Il nous apparaît, avec toute la prudence que requiert une telle affirmation, avoir provoqué la rupture avec l'ancienne sensibilité baroque, triomphante au siècle précédent. Affirmation dont on sent, et dont on mesure immédiatement les limites : ce qui vaut pour les notables vaudrait-il dans les milieux plus populaires ? C'est une nouvelle incitation à chercher qui se trouve ainsi formulée. Surtout, face aux hypothèses de travail qui furent parfois émises sur l'influence de la crise janséniste dans le détachement religieux du XVIIIe, les données que nous apportons pourraient peut-être « innocenter » cette phase de l'histoire des mentalités collectives, puisque c'est plus en termes d'attitudes religieuses épurées qu'en termes de repli que son influence se traduit.

Courbes et cartes : tempéraments régionaux.

Il faut subdiviser la vérité globale que nous commençons à approcher pour en sentir les nuances régionales, et à travers elles,

Demandes de messes

A. Sénéchaussée de Marseille
B. et C. Sénéchaussée d'Aix
   (B ville; C campagne)
D. Sénéchaussée d'Arles
E. Sénéchaussée de Toulon.

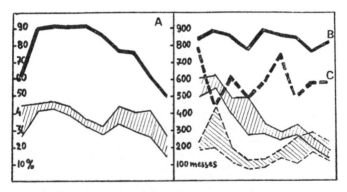

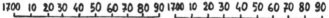

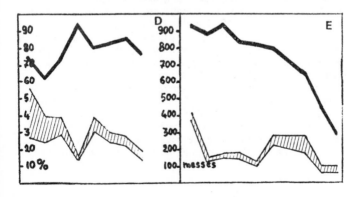

deviner peut-être des tempéraments contrastés. C'est ce qu'on a tenté de faire, tant en établissant par sénéchaussée l'équivalent des courbes générales, qu'en suggérant sous forme de cartes ciné-matiques une approche visuelle du phénomène (1).

Disposant d'une base statistique, par définition, sensiblement plus restreinte que la courbe cumulative, les courbes régionales en présentent parfois moins de simplicité linéaire dans leur déroulement séculaire : et telles irrégularités d'une sénéchaussée peu représentée (Brignoles) s'expliquent sans peine par l'étroitesse de l'échantillon. Mais pour les plus fournies des profils se dessi-nent, à la fois liés par un air de famille, et opposés par d'évidents contrastes.

Nice, dont on introduit ici les courbes, trop originales pour entrer dans le cadre de l'échantillon provençal, servira, comme précédemment, de point de référence en termes de nec plus ultra. Jusqu'à la dernière décennie de l'Ancien Régime, la proportion des testateurs qui demandent des messes est à peu près constam-ment supérieure à 90 %, la moyenne des messes demandées, relati-vement basse à la fin du XVIIe siècle, s'accroît et se stabilise, là encore jusqu'aux années 1780 à un très haut niveau puisqu'elle ne des-cend jamais au-dessous de 300, presque jamais au-dessous de 400, la moyenne séculaire s'établissant autour de 500. D'évidence, Nice présente quasi jusqu'à la fin du siècle, la référence commode d'une sensibilité baroque inaltérée, où les gestes ne se discutent pas, où la profusion est de rigueur.

La Provence offre un tableau sensiblement plus contrasté : des physionomies se distinguent, qu'il est commode de présenter successivement d'après le geste des demandes de messes, et d'après la courbe plus mobile de la moyenne des messes demandées. L'étroitesse relative des échantillons n'a permis que dans un site (Aix) de distinguer « ville » et « campagne »; on peut sans trop extrapoler estimer que le contraste qu'il révèle vaudrait ailleurs : les demandes de messes sont plus fréquentes en ville que dans les bourgs, leur moyenne est plus élevée.

Dans les villes provençales, on rencontre parfois l'équivalent, ou presque, de l'unanimité des notables niçois, en ce qui concerne du moins le nombre des demandes de messes : c'est le cas à Aix, où le pourcentage, très élevé, oscille avec constance entre 80 et 90 % au fil du XVIIIe siècle, ce pourrait être le cas en Arles si la série interrompue dans les années 1760 ne nous laissait sur une

(1) Planches 15, 17, 18.

Planche 18.

A. Sénéchaussée de Brignoles
B. Sénéchaussée de Draguignan
C. Sénéchaussée de Grasse
D. Nice et sa région.

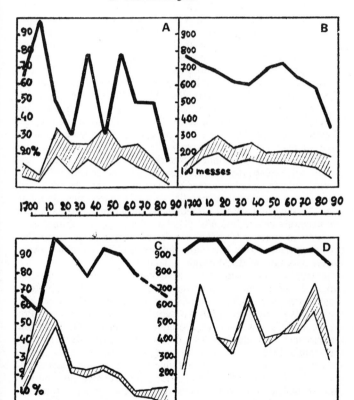

ultime incertitude. On ne s'étonne pas, en y réfléchissant bien, de trouver l'élite aixoise, essentiellement aristocratique, figée dans une stabilité séculaire aussi impressionnante, ou presque, que la tradition niçoise et Arles entrerait sans peine dans la catégorie de ces mondes urbains structurés.

Mais il y a aussi d'étonnants effondrements et ils sont la majorité : Marseille, Draguignan, Toulon ou Brignoles. A Marseille, de tous les échantillons, le plus fourni et représentatif, la pratique des quarante premières années du XVIIIe siècle présente la stabilité étale d'un geste presque unanime (autour de 90 % des cas). A partir du milieu du siècle, la chute se dessine, et s'accentue dans les deux dernières décennies : à la fin de l'Ancien Régime, moitié seulement des testateurs marseillais réclament des messes, et c'est bien l'attitude différente d'une bourgeoisie urbaine originale qui se dessine ici. Mais le cas marseillais n'est point unique : il trouve son pendant dans un autre échantillon essentiellement urbain, Toulon, où l'effondrement des trente dernières années de l'Ancien Régime est encore plus marqué, puisque 30 % à peine des testateurs demandent encore des messes à la veille de la Révolution.

Ce sont là physionomies urbaines, que l'on s'explique sans peine : il reste beaucoup plus mystérieux d'en rencontrer l'équivalent dans des sénéchaussées où le monde rural domine : nous songeons d'évidence à la mobilité de la Provence orientale qu'atteste la sénéchaussée de Draguignan, qu'on retrouve dans celle de Brignoles et à un moindre degré à Grasse, région semi-préservée au contact niçois. Le déclin des secteurs ruraux de basse Provence répond ainsi à celui des milieux urbains les plus ouverts et les plus brassés de Marseille à Toulon.

Les cartes cinématiques (1), échelonnées de vingt en vingt ans au fil du siècle, que nous avons établies pour rendre compte visuellement du phénomène, traduisent géographiquement ces concordances et ces oppositions. Le début du siècle présente une Provence uniformisée dans ses attitudes à un niveau élevé, partout supérieur à 60 % de demandes de messes; à partir de 1710-1730, et jusqu'à 1750, au cœur de la querelle janséniste, les contrastes se dessinent, qui opposent la stabilité des marges (contacts niçois, pays d'Arles, haute Provence) à la basse Provence plus mobile, encore que les notables urbains restent généralement attachés à des gestes et des pratiques qui ont parfois même progressé chez eux depuis la fin du XVIIe siècle. A la fin du siècle, l'abandon,

(1) Planche 15.

sans être général, a gagné la Provence presque tout entière :
monde des cités, Aix excepté qui reste ville de tradition, monde
rural aussi qui oppose le détachement de la basse Provence
à la fidélité de la haute Provence et des franges du pays niçois.

Perçue par le biais du geste des demandes de messes, une
évolution apparaît nettement, bien qu'elle soit tamisée sans
doute par le caractère socialement très sélectif de l'échantillon
analysé.

Les courbes évolutives de la moyenne des messes demandées,
souvent plus mobiles dans les mondes même les plus préservés,
permettent de nuancer sensiblement ce schéma d'évolution. La
courbe synthétique dont nous sommes partis, nettement rythmée —
un palier de 1730 à 1760, entre deux chutes sensibles (1710-1730,
puis 1760-1790) — apparaît par référence comme la résultante assagie d'évolutions plus complexes. Dans nombre de cas, une baisse
initiale, inaugurée dans les années 1720, couvre la première moitié
du siècle, jusqu'en 1740 ou 50. Le cœur du siècle des Lumières
révèle non seulement un palier, mais fréquemment une reprise
momentanée, en termes de hausse du nombre moyen des messes
demandées : dans la plupart des cas, c'est entre 1740 et 1750 ou 60
que se produit cette « reconquête » qui surprend au premier abord.
On eût imaginé l'abandon de la sensibilité baroque comme un
phénomène plus linéaire, irréversible : mais peut-être sommes-
nous victimes de quelque finalisme hérité des Lumières, que les
faits démentent, en imposant l'image assez générale d'une éphémère reconquête dévote après l'épisode janséniste. L'enquête
approfondie dans les « sites » jansénistes confirmera trop souvent
ce schéma pour que nous fassions fi de cet épisode qui nuance
l'histoire religieuse « sérielle » du xviiie siècle provençal. Plus ou
moins précoce suivant les sites, la chute ultime est générale : à
partir de 1750, 1760 plus souvent, la moyenne des messes demandées se réduit en tous lieux.

On pourra contester le recours à la moyenne arithmétique pour
les messes demandées au cours d'une décennie : commode, le
procédé reste grossier, aussi avons-nous eu souci de nuancer les
données qu'il apporte par le recours au « mode », qui suppose
la distribution des éléments dont on dispose en classes hiérarchisées. Pour ne point pulvériser à l'excès l'échantillon, les messes
demandées dans une période donnée (vingt ans) ont été ventilées
en quatre classes, ordonnées suivant une progression géomé-
trique : moins de soixante messes, de 60 à 240, de 240 à 960, plus
de 960 (cette dernière classe incluant les fondations de messes

perpétuelles) (1). Les classes adoptées, outre le mérite d'une progression régulière, présentent l'avantage de séparer les réalités empiriquement perçues au fil du dépouillement et qui correspondent à autant de seuils dans les prestations individuelles. Moins de soixante messes, c'est la prestation populaire, de l'ordre du trentenaire, 60 à 240 c'est le groupe massif de ceux qui, plus ou moins, tournent autour d'une centaine de messes, plus de 960 permet de placer la barre au seuil du millier de messes, critère certain de la profusion posthume à laquelle se reconnaît une certaine dévotion baroque.

Dans ce groupe de notables, la classe inférieure (moins de soixante messes) reste peu représentée : elle n'atteint le $1/5^e$ des demandes qu'à la fin du siècle. Mais entre les autres classes, un balancement, ou mieux, une évolution fort nette se perçoit aisément. Au stade initial, les demandes massives, de services annuels perpétuels, ou de messes en grand nombre (mille... deux ou trois mille...) restent relativement fort nombreuses puisqu'elles représentent près du quart de l'ensemble.

Leur importance reste étale, encore dans le premier tiers du XVIIIe, et leur pourcentage inchangé : d'évidence, une certaine pratique reçoit alors son achèvement, où la multiplicité des services demandés apparaît comme naturelle, souhaitable en fonction des moyens du testateur : il n'est point encore de vergogne devant ce que ces pratiques peuvent avoir d'ostentatoire.

Le tournant se manifeste à partir de 1730 : le déclin des demandes de multiples services ne fait alors que s'accentuer, au profit des exigences plus modestes (60 à 240 messes), et même à la fin du siècle moins de soixante messes, qui deviennent la règle pour l'honnête homme du siècle des Lumières.

On garde de la confrontation de ces courbes avec celles du « geste » des demandes de messes, l'impression qu'elles font accéder à deux niveaux différents de la sensibilité religieuse. Le fait est patent à Marseille, où la « reconquête dévote » des années 50 attestée par la moyenne des messes demandées ne transparaît pas sur la courbe des demandes de messes, qui s'exprime en termes d'abandon continu. Même contraste et mêmes nuances se rencontrent à Toulon ; au contraire, à Aix, le monolithisme du geste des demandes de messes stabilisé à un très haut niveau dans une société structurée, pourrait masquer la mutation profonde de sensibilité religieuse d'une élite aristocratique qui plus nettement

(1) Planche 21.

que partout ailleurs passe du baroquisme ostentatoire de multiples services (plus de six cents messes en moyenne au début du siècle... plus qu'à Nice!) à un dépouillement très marqué (de cent à deux cents messes en moyenne à la fin du siècle). On confirme ainsi, une fois encore, s'il en était besoin, l'impérieuse nécessité de mettre en rapport les différents critères utilisés pour parvenir à une approche valable des réalités humaines que nous cherchons à atteindre. Mais à travers ces physionomies urbaines ou rurales contrastées, ce sont finalement des sociétés différentes qui se révèlent : là encore la géographie conduit à la sociologie.

Contrastes sociaux.

Dans sa mobilité, comme dans sa relative massivité, l'échantillon marseillais va offrir, une fois encore, plus qu'un point de référence, un terrain d'expérimentation. L'évolution perçue plus haut apparaît à seconde approche, bien grossière, si l'on n'y apporte les nuances d'une ventilation sociologique (1).

Avant même que de parler groupes sociaux, un premier tri, suivant le sexe, révèle des attitudes contrastées. A Marseille le pourcentage des demandes apparaît constamment supérieur chez les femmes à ce qu'il est dans le groupe des testateurs masculins. Plus précisément encore, ce dimorphisme semble s'accentuer au fil du XVIIIe : les attitudes sont très voisines dans les deux groupes au début du siècle. L'écart se creuse constamment, surtout dans les trente dernières années de l'Ancien Régime : quatre femmes sur cinq demandent encore des messes, alors que la moitié des hommes ont déjà abandonné ce souci. La courbe générale, dans son mouvement, synthétise donc deux réalités différentes : très lent déclin des demandes féminines, réduction beaucoup plus massive de celles des hommes. D'entrée, au niveau d'un classement préalable, une première réalité se fait jour, que nous pouvons — imprudemment peut-être — définir comme la féminisation des dévotions au XVIIIe siècle. Dans l'équilibre de l'âge classique, le dévot est un homme aussi fréquemment qu'une femme : il n'en est plus de même à la fin du siècle, et ce qui pourrait paraître, à la lumière des études de sociologie religieuse contemporaines, une banalité, ou une quasi-constante, semble bien être une attitude historiquement élaborée, que l'on voit naître alors.

(1) Planche 19.

APPROCHE SOCIOLOGIQUE :

Le geste de demandes de messes à Marseille.

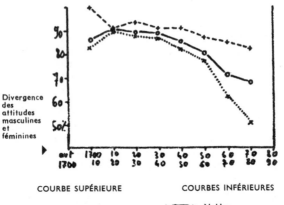

Divergence
des
attitudes
masculines
et
féminines

COURBE SUPÉRIEURE

- ●——● Total
- ✕····✕ Hommes
- ✛—·—✛ Femmes

COURBES INFÉRIEURES

- ✕═══✕ Nobles
- ✛——✛ Bourgeois
- ▢·—·—▢ Officiers et prof. lib.
- ○——○ Négociants
- ······· Artisans et boutiquiers
  (Moyenne mobile)

Sociologie ▼

Hommes seulement ▲

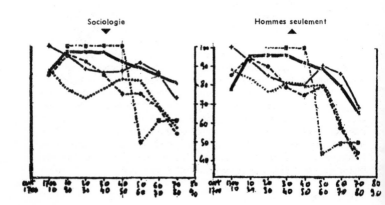

D'autres contrastes apparaissent : le déclin du test est général, mais il n'a pas partout, il s'en faut, la même ampleur, pas plus qu'il ne suit chez tous, les mêmes cheminements. La noblesse offre l'exemple sinon de la stabilité, du moins d'un déclin lent et contrôlé. Jusqu'en 1730, le geste y est quasi unanime : le fléchissement qui se fait alors jour, et qui se poursuit jusqu'à la fin du siècle laisse subsister un très haut niveau (80 % de cas positifs). On rencontre une attitude comparable dans la pseudo-noblesse roturière des « bourgeois » vivant noblement : unanimité au départ, relativement inaltérée à l'arrivée, puisque près des 3/4 des bourgeois demandent encore des messes. Toutefois, on relève dans cette courbe bourgeoise un parcours qui n'est pas linéaire (déclin au début du siècle, stabilisation et remontée au milieu, chute dans les quarante dernières années), il mérite évidemment d'être relevé : il se retrouvera ailleurs comme test de perméabilité à cet événementiel de la sensibilité religieuse qui a nom le jansénisme.

Face à ces cas de stabilité, les milieux qui bougent : voisins au point de départ de l'unanimité bourgeoise ou nobiliaire, ils s'en distinguent à l'arrivée par une mobilité beaucoup plus grande qui fait abandonner à moitié, ou presque, des testateurs les pratiques anciennes. Ce cas se rencontre dans les milieux que, faute de terme plus satisfaisant, nous appelons des « professions libérales » en y incluant les gens de robe, et la moyenne bourgeoisie des offices. Inaltéré jusqu'au milieu du siècle, le geste se défait chez eux d'un coup, avec brutalité. La chute est plus linéaire dans le groupe, très fourni à Marseille, des négociants, mais le point d'arrivée est le même : c'est chez eux que le taux le plus bas est atteint à la fin du siècle. Bourgeoisie de la robe, bourgeoisie du grand commerce apparaissent ainsi comme les plus directement touchées par la mutation que nous avons suivie : on s'étonne un peu plus de voir les artisans et détaillants — « l'échoppe et la boutique » — emboîter le pas; on leur eût supposé peut-être plus d'inertie, or, si l'on retrouve dans ce groupe la perméabilité ou versatilité qui a déjà frappé à propos des bourgeois (une assez nette remontée au milieu du siècle, entre deux phases de déclin), le bilan final reste sans ambiguïté : le taux de la petite bourgeoisie boutiquière est très voisin de celui des négociants ou gens de robe à la fin du xviiie siècle. Ainsi se trouvent posés — ou frôlés — des problèmes aussi complexes que celui de la diffusion populaire, ou semi-populaire des Lumières, de l'unité des attitudes bourgeoises à la fin du xviiie siècle; toutes questions que nous aurons à reprendre.

On attend une objection avant de discuter du caractère exem-

plaire de l'échantillon marseillais : nous avons reconnu la différence du comportement du groupe masculin et du groupe de
femmes. L'équilibre hommes-femmes est-il (et demeure-t-il) le
même dans les différents groupes sociaux dont nous traitons?
Le préalable est d'importance si nous ne voulons prendre pour
évolution contrastée ce qui ne serait peut-être que modification
de l'échantillon dans ses composantes internes. A première vue,
de fait, l'accès féminin à la pratique testamentaire apparaît inégal
suivant le milieu : près de 40 % des nobles marseillais dont nous
parlons sont des femmes, pour 30 % seulement de bourgeoises,
27 % d'épouses de négociants. L'inégalité n'est pas liée mécanique-
ment au niveau social : ainsi la proportion s'établit-elle dans la
petite bourgeoisie boutiquière à 36 %. On peut imaginer en tous
cas que la stabilité nobiliaire se trouve renforcée par l'importance
dans le groupe considéré, de femmes, dont on sait la moindre pro-
pension au changement au fil du XVIIIe siècle.

Il faut trancher le débat : dressées pour les hommes uniquement, les courbes qui ont été présentées plus haut, de l'évolution
du geste des demandes de messes par groupe social, reconduisent
dans l'ensemble les contrastes détectés (1). Les courbes en deviennent simplement plus mobiles, allégées qu'elles sont de l'élément de constance de la stabilité féminine. Nobles et bourgeois
apparaissent bien touchés plus profondément qu'il ne semblait
à première vue : mais leur évolution garde le caractère limité que
nous lui avions reconnu par rapport à celle des groupes les plus
mobiles, où l'évolution du groupe masculin est parfois spectaculaire : de 100 à 50 ou même 45 % chez les négociants ou les
robins, de 85 à 42 % chez les artisans et les boutiquiers, la chute,
dans ces groupes, est de l'ordre de moitié.

Le cas marseillais est-il représentatif de la province tout entière? Nous avons mené pour la Provence, l'enquête dont Marseille nous suggérait l'intérêt (2). Fallait-il subdiviser géographiquement au risque de pulvériser un échantillon que les distinctions
sociologiques morcellent déjà? Nous avons tenu, comme préalable, à vérifier si les groupes se comportent de façon identique en
Provence occidentale ou en Provence orientale, puisque ce clivage géographique a déjà plus d'une fois révélé son importance.
L'expérience est assez concluante : la courbe masculine du geste
des demandes de messes est identique en Provence occidentale

(1) Planche 19.
(2) Planche 20.

PLANCHE 20.

Le geste des demandes de messes dans l'ensemble de la Provence.

(Dimorphisme sexuel et contrastes sociologiques.)

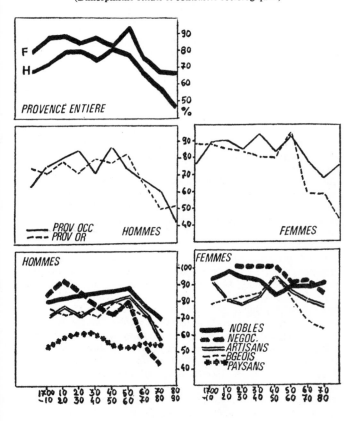

et en Provence orientale, et les données s'en superposent presque parfaitement au fil de l'évolution séculaire. Il n'en va pas tout à fait de même pour les femmes puisqu'il semble qu'une évolution plus nette se dessine chez elles en Provence orientale qu'en Provence occidentale, contrairement sans doute à ce qu'on eût escompté : mais là encore la convergence demeure satisfaisante, hommes et femmes réagissent identiquement, ou plutôt symétriquement dans les deux Provences : pour naïve qu'elle puisse paraître cette constatation se devait d'être faite.

La Provence donnera-t-elle raison à Marseille? L'analyse offre la caution d'un échantillon beaucoup plus large (plus du triple), par là même plus digne de foi. Mais inversement, certains traits de la personnalité marseillaise s'estompent, ainsi pour ce processus de « féminisation » dont l'évidence avait frappé. Que l'on compare les deux courbes des demandes de messes — hommes et femmes — qui ont été dressées, et c'est sans doute plutôt l'impression d'une quasi-constance dans l'inégalité qu'on en retire, surtout lorsque la moyenne mobile en a corrigé les accidents de parcours. Une confirmation demeure du moins évidente : les demandes sont plus fréquentes chez les femmes que chez les hommes; il s'en faut de quelque 10 % d'écart au début du siècle (85 contre 75 %), de près de 15 % à la fin (70 contre 57 %). Mais le dimorphisme des réactions apparaît installé d'entrée, au début du siècle, l'écart qui se creuse reste modéré : on soupçonne du moins dans les dernières décennies que le contraste des attitudes va s'accroissant à un rythme nouveau.

Il est précieux, cependant, de confirmer dans l'analyse des groupes sociaux, les données que l'on a pu apercevoir précédemment. Tenons-nous d'abord aux courbes masculines, appuyées sur la base statistique la plus valable, et par ailleurs les plus caractéristiques. Au début du siècle, la convergence est évidente dans ces attitudes de notables : qu'ils soient nobles, bourgeois, gens de robe ou négociants, qu'ils appartiennent même à l'aristocratie de « l'échoppe et de la boutique » qu'il nous est donné de toucher, les testateurs, dans la proportion de 75 à 85 % formulent des demandes de messes. A cette unanimité quelques exceptions : le taux est beaucoup plus faible chez les paysans (55 %) encore qu'ils appartiennent aussi pour leur part à une minorité aisée, il est également plus faible chez les représentants de groupes plus populaires (salariés ou gens de mer) : cette constatation liminaire pour ne point oublier le poids dont la hiérarchie sociale peut peser dans une attitude où l'économique a aussi sa part. Relative unanimité des notables au départ : dispersion à l'arrivée. Le siècle n'a point marché identiquement pour les uns et pour les autres. Les nobles voient leur attitude confirmée, mieux encore, affermie jusqu'au milieu du siècle, aux années 50 : ensuite seulement, une évolution se dessine qui se traduit, pour eux, comme pour les autres, en termes d'abandon (de 90 % à moins de 70 %). Bourgeois, ou même de façon fort notable, artisans et boutiquiers suivent un chemin identique : stabilité ou progrès jusqu'au milieu du siècle, recul ensuite; à tout le moins faut-il noter combien celui-ci est brutal dans l'artisanat (85 à 57 %), et c'est par cela peut-être, que se traduit le contraste entre les groupes les plus structurés (nobles, « bourgeois »), où la tradition peut servir de frein, et la mobilité plus grande de milieux semi-populaires. Par référence, la courbe de l'élite éclairée des professions libérales, et des gens de robe, et plus encore celle des négociants, attestent une évolution et une mobilité particulières : la chute est quasi continue chez les premiers, elle est beaucoup moins linéaire mais d'autant plus spectaculaire dans le monde des négociants : ceux-ci l'emportaient en zèle au début du siècle sur toutes autres catégories, même sur les nobles : dans les années 50 leur moyenne reste celle des groupes notables les plus structurés. Tout se défait d'un coup, en une quarantaine d'années, et l'unanimité initiale se voit substituer à la fin du siècle un conformisme presque inverse, puisque quatre sur dix seulement des négociants réclament alors des messes. Nous avons certes à nous interroger sur le sens d'un retournement si brusque, mais la réalité de ces évolutions différentes suffit déjà à prouver que l'on n'a pas affaire uniquement à un changement de signe des conventions sociales dans ce qu'elles ont de plus général : le contraste des différentes courbes trahit des évolutions, des prises de conscience différentes : il n'est que de confronter la courbe des négociants à celle de la bourgeoisie paysanne, partie d'un niveau plus bas, mais qui y reste stabilisée avec une constance remarquable, pour s'en convaincre.

Les courbes féminines ne pourront apporter, sur cette trame, que des compléments, rendus parfois fragiles par la relative faiblesse des échantillons analysés, mais on y retrouve du moins, mieux que sur la courbe générale, le contraste entre mobilité des attitudes masculines et inertie, ou fidélité des comportements féminins : le cas est flagrant chez les dames nobles, qui persévèrent avec une constance remarquable dans leurs attitudes séculaires. Mais même là où un déclin se fait jour (milieux de l'artisanat, du négoce ou des offices) l'évolution reste modérée, l'exemple le plus net sous ce rapport étant sans doute celui des mères et épouses de négociants qui ne partagent nullement, pour autant qu'on en puisse juger, les comportements masculins du groupe auquel elles appartiennent. Plusieurs de ces courbes « féminines » traduisent nettement la pression de l'événementiel du siècle : et en particulier de cette reconquête ou de ce retour de zèle qui a paru marquer le milieu de la période : c'est le cas pour les bourgeoises ou les boutiquières : ces éléments aussi méritaient d'être apportés à la synthèse qu'il faut maintenant tenter.

Encore faut-il, auparavant, tenir compte du nombre des messes demandées, critère, on l'a vu, à la fois très sensible et ambigu.

On soupçonne cette ambiguïté au vu de la représentation graphique que nous proposons du phénomène (1), et dont le principe a été défini plus haut ; pour les groupes sociaux les plus fournis il a semblé intéressant de suivre de vingt ans en vingt ans la distribution des demandes de messes suivant l'importance du souhait du testateur (moins de 60, 60 à 240, 240 à 960, plus de 960). Pour chaque catégorie, on présente également un graphique général, identifiant dans sa physionomie séculaire l'attitude d'un groupe donné. On distingue sans peine, d'entrée, plusieurs réponses, en forme de distribution différente des classes de demandes : elles reflètent, mais d'une façon qui n'a rien de mécanique, la hiérarchie sociale.

Ménagers et travailleurs de terre sont les seuls, ou presque, chez qui les demandes médiocres — moins de soixante messes c'est-à-dire bien souvent une douzaine, ou un trentenaire — occupent une place vraiment notable avec plus de 40 % des demandes : inversement, le très « beau » testament chiffrant les messes par centaines est très rare chez eux, comme sont rares les fondations de messes perpétuelles. Cette physionomie dans un peuple rural sélectionné par la nature même des testaments dont on traite doit répondre, soit à un moindre équipement (absence généralement de couvents, l'église paroissiale de village attirant des demandes médiocres), soit à une spécificité des attitudes paysannes : car il n'y a pas, économiquement parlant, de hiatus entre les paysans qui figurent ici et les salariés urbains dont on va mesurer la plus grande générosité. Mais la distribution séculaire gomme les étapes d'une évolution, dont elle ne fait que comptabiliser les résultats. A la fin du XVIIᵉ, le trentenaire est de rigueur à la campagne ou, à l'inverse, la fondation de messes perpétuelles par les plus notables ; les catégories

(1) Planche 21.

PLANCHE 21.

Nombre des messes demandées par testateur (Province entière).

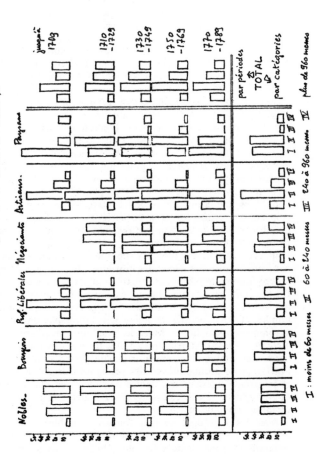

intermédiaires sont très faiblement pourvues. Le flux du XVIIIᵉ siècle voit s'accroître la générosité ou les besoins d'un peuple rural
qui s'habitue progressivement, modestement aussi, à demander
plus de messes : une ou quelques centaines, et qui par là même
semble se mettre à l'école des attitudes de bourgeoises urbaines. La
dernière phase, à la fin du siècle, voit cette conquête attardée de la
profusion baroque stoppée dans son mouvement, et les demandes
les plus médiocres (moins de 60 messes) l'emportent à nouveau,
matérialisant un nouveau tournant.

Second groupe, et en même temps second type de comportement :
artisans, boutiquiers et salariés qui ne se distinguent pas d'eux
par la nature de leurs demandes. L'empreinte urbaine se traduit
ici par la place médiocre (moins du 1/5 des demandes) des demandes de messes inférieures à 60. Inversement, et le statut économique y est, d'évidence, pour quelque chose, les catégories
supérieures (plus de 960 messes, et même plus de 240) sont également maigrement représentées. Dans plus de moitié des cas c'est
donc dans une honnête médiocrité (60 à 240 messes) que se rencontrent les demandes de cette catégorie : à cela près, bien sûr,
qu'elles reflètent également une sensible évolution : si le profil de
la représentation graphique reste égal à lui-même de la fin du
XVIIᵉ siècle aux années 1760, les vingt dernières années voient décliner l'importance des demandes moyennes. La catégorie la plus médiocre (moins de 60 messes) regroupe alors le tiers des suffrages.
On pourrait classer dans ce groupe de la petite bourgeoisie urbaine
qui va du salariat aux boutiquiers, les gens de mer, dont le faible
nombre n'a pas permis de suivre l'évolution par une traduction
graphique cinématique. Mais le graphique synthétique — ou
séculaire — que l'on peut dresser de leurs attitudes révèle le groupe
dans son ambiguïté : hypertrophiant, par comparaison avec
l'artisanat, le groupe moyen des prestations de 240 à 960 messes
et le groupe inférieur des petites demandes, ce qui doit traduire
l'hétérogénéité d'une catégorie où le matelot et le navigant cô-
toient le capitaine marin.

Avec les 4 groupes les plus fournis — nobles, « bourgeois »,
négociants, membres des professions libérales — on atteint les
échantillons généralement les plus étoffés de ce sondage, et en
même temps ceux où une aisance au moins relative peut permettre
aux attitudes individuelles de se faire jour dans leur complexité,
débarrassées de la contrainte matérielle. Aussi est-il particulièrement remarquable d'identifier des physionomies collectives fort
contrastées. Dans tous ces groupes, les prestations médiocres —

moins de 60 messes — tiennent une place négligeable : mais l'équilibre des autres est très différent suivant les cas. C'est dans la
noblesse que se rencontre, de tradition, la plus grande générosité,
ou profusion dans les demandes de messes. Les fondations de
messes perpétuelles y sont plus répandues qu'ailleurs; à défaut,
et surtout chez les femmes, mais plus généralement dans les grandes
familles, on reste fidèle tard dans le siècle à la démesure des milliers
de services après le décès. L'équilibre du graphique séculaire, qui
matérialise la place exceptionnelle de ces traditions, se doit cependant d'être nuancé dans le temps : à la fin du XVIIe siècle, les habitudes sont prises mais la profusion baroque n'atteint pas encore
son point culminant qui se situe dans le premier tiers du XVIIIe siècle, entre 1710 et 1730. C'est alors que les demandes égales ou
supérieures au millier de messes prennent une importance qu'elles
ne retrouvent nulle part ailleurs : près de 50 % du total du groupe.
Point culminant sans doute de ce qu'on peut se risquer à nommer
une sensibilité baroque : dès la phase suivante, une évolution
s'amorce en termes de discrétion croissante et de refus d'ostentation : à la fin du siècle, un dixième seulement des nobles demandent
mille messes ou plus. Un schéma et une évolution très voisins se
retrouvent dans le groupe des ecclésiastiques et religieux, dont
le nombre relativement restreint, sans être infime toutefois, n'a
pas permis de suivre graphiquement les comportements dans leur
évolution : mais l'allure est identique, au point de départ comme
à l'arrivée.

C'est par référence au « nec plus ultra » nobiliaire que les autres
groupes notables révèlent leur originalité... ou leur accord. Les
bourgeois « vivant noblement » répètent en mineur la symphonie
baroque aristocratique : entendons que chez eux les demandes
les plus fournies sont moins nombreuses, et que les catégories
intermédiaires l'emportent. Mais l'évolution est bien identique,
qui met en valeur l'importance de la phase 1710-1730 comme
point culminant de la profusion des demandes, qu'elle fait suivre
d'un déclin continu au fil du siècle.

On reste dans l'incertitude, chez ces démiurges du monde social
que sont avocats, notaires ou officiers royaux, pour savoir si le
profil que présente leur graphique, hypertrophiant la catégorie
moyenne-basse (60 à 240 messes), reflète le statut social ambigu d'un
groupe où le procureur famélique côtoie le plus riche des conseillers
royaux, ou s'il exprime plus profondément une option volontaire,
un dépouillement très tôt assumé, et le refus de l'ostentation que
par tradition ou par imitation pratiquent les autres notables. Au-

delà des convergences confirmées avec le comportement des autres groupes (la poussée 1710-1730, la réduction sensible des demandes dans toute la fin du siècle), ce groupe garde ainsi une originalité pour une part irréductible à l'aide des moyens d'analyse dont nous disposons.

Les négociants (plus des 2/3 sont marseillais) présentent avec le groupe aristocratique des convergences et finalement un contraste très révélateur. Au moment où nous les découvrons, après 1710 (la tranche précédente est trop peu fournie pour donner des indications sûres) ils sont dans leur comportement, très voisins de la noblesse : recherchant comme elle l'abondance des messes et les fondations perpétuelles. Mais le retournement est beaucoup plus brutal : au déclin mesuré de l'ostentation nobiliaire, le groupe des négociants oppose une évolution plus rapide, plus complète aussi : à la fin du xviiie siècle le profil qu'il présente dans sa traduction graphique est très voisin de celui des bourgeois ou des gens de robe : une sorte d'unité bourgeoise roturière où la discrétion l'emporte, semble se réaliser, alors que la noblesse reste plus traditionaliste. Les négociants offrent en tous cas l'exemple le plus achevé d'un retournement d'attitude collective au fil du siècle.

Ils nous conduisent à nous interroger, sans anticiper, sur une mise en question globale qui ne pourra venir qu'en fin d'enquête, toutes pièces du dossier rassemblées, sur la valeur et même sur le sens de ce que l'on peut attendre de ce critère des demandes de messes.

On y a rencontré l'une des demandes les plus généralement et précisément formulées, dont on peut croire, par suite, qu'elle répond à une exigence profonde de l'homme du xviiie siècle à l'approche de la mort.

On a pu analyser la géographie du phénomène, comme son évolution dans le temps, et autant que faire se peut, sa sociologie. De cette recherche nous ne sortons pas les mains vides, et plusieurs thèmes sont revenus trop souvent pour ne point nous rester. La découverte d'un tournant massif, général au milieu du xviiie siècle, amorçant le déclin de cette pratique séculaire. La découverte aussi que ce pivot majeur de l'histoire religieuse sérielle du xviiie ne doit pas masquer l'importance d'autres ondes qui se superposent sans toujours se confondre. La profusion « baroque » qui culmine dans le premier tiers du siècle pour céder ensuite la place, au tournant des années 1730, à une discrétion toute nouvelle. Mais aussi l'idée que cette première mutation n'est point abandon, et que dans bien des cas, elle s'accompagne d'une stabilité, d'une consolidation des attitudes religieuses et des gestes essentiels jusqu'au milieu du siècle. Qu'il y a même parfois, au cœur du siècle des Lumières, comme une dernière flambée, une reconquête dévote mettant un point final à cet épisode janséniste que nous cernons sans trop oser encore le nommer.

De ces certitudes quantifiées dont l'approche sociologique nous a appris à nommer les agents, ou du moins les acteurs, nous retirons surtout des interrogations. Assistons-nous à un déclin véritable de la ferveur religieuse; à une mutation positive en termes d'intériorisation des attitudes religieuses au contraire, ou tout simplement, comme l'a suggéré P. Ariès (1), à un changement des comportements familiaux, la défiance de l'homme de l'époque classique à l'égard d'héritiers à qui il impose de veiller à son salut, faisant place à la confiance de l'homme de l'ère rousseauiste qui s'abandonne de confiance, sûr qu'il est qu'on ne l'oubliera pas? Pour séduisante que soit cette dernière interprétation, elle ne nous semble pas rendre compte dans leur complexité des données, comme des mutations que l'on a pu prendre sur le fait. Il nous semble impossible d'écarter l'idée d'une rupture plus profonde dont la seconde moitié du siècle aurait vu les effets : mais n'anticipons pas sur les développements d'une enquête qui est loin d'être achevée.

(1) P. Ariès : *La mort inversée : le changement des attitudes devant la mort* (*op. cit.*, nº 32).

Répartition géographique de quelques formules de dévotion.

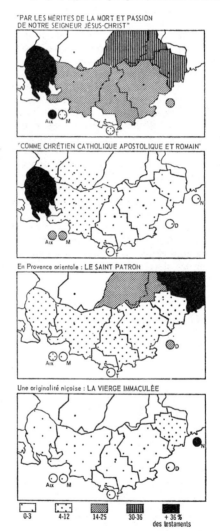

"PAR LES MÉRITES DE LA MORT ET PASSION DE NOTRE SEIGNEUR JÉSUS-CHRIST"

"COMME CHRÉTIEN CATHOLIQUE APOSTOLIQUE ET ROMAIN"

En Provence orientale : LE SAINT PATRON

Une originalité niçoise : LA VIERGE IMMACULÉE

| 0-3 | 4-12 | 14-25 | 30-36 | + 36 % des testaments |

(Traitement graphique S. Bonin; Labor. E. P. H. E.)

4

Intercesseurs célestes

En mesurant à travers les formules notariales de la Provence du XVIIIᵉ siècle le poids de la convention notariale, nous nous sommes volontairement tenus à un classement simple des familles de formules, seul moyen de les aborder dans leur multiplicité apparente. Mais là où l'on s'attendait, sur la base des idées reçues, à découvrir des stéréotypes figés derrière le foisonnement des expressions, c'est au contraire une évolution linéaire qui est apparue, en termes de laïcisation séculaire. Le langage notarial n'est donc pas simple support formel : il reflète, encore qu'indirectement, et avec une inertie certaine, le système des représentations collectives, et en l'occurrence des dévotions qui ont inspiré les formules; son évolution peut en traduire peut-être les mutations.

Dans leur inégale répartition, comme dans l'inégalité de leur flux, certaines clauses de style ne livrent sans doute guère de secrets, restant à la surface des choses. Ainsi cette formule : « comme chrétien, catholique apostolique et romain... » Acte d'allégeance, mais formelle, si l'on se souvient des anciens credos transcrits intégralement sur certains testaments, au XVIIᵉ siècle encore. La phrase est inégalement connue : la carte le révèle, qui la montre implantée essentiellement en Provence occidentale, du pays d'Arles au pays d'Aix (1). Mais la Provence orientale lui fait un très maigre succès : constamment moins de 5 % des testaments, parfois presque aucun et le pays niçois n'y a pas recours. Les courbes qu'on peut dresser révèlent dans leur inégalité les moments de sa diffusion.

En Provence orientale, cette clause, inconnue au début du siècle, connaît quelques succès entre 1710 et 1720, se stabilise et régresse

(1) Planches 22 et 23.

LA CLAUSE : « COMME CHRÉTIEN CATHOLIQUE APOSTOLIQUE ET ROMAIN »

En Provence occidentale...   *En Provence orientale...*

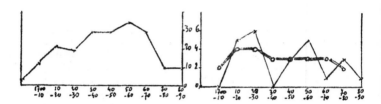

LA CLAUSE : « LUI VOULOIR FAIRE MISÉRICORDE PAR LES MÉRITES DE LA MORT ET PASSION DE NOTRE SEIGNEUR JÉSUS-CHRIST... »

en Provence occidentale   *en Provence orientale*

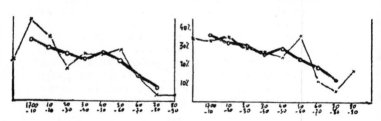

(Trait renforcé : moyenne mobile sur 3 décennies.)

enfin. En Provence occidentale, où les données sont beaucoup plus abondantes, le xviie siècle, qui l'ignorait, la découvre à son déclin, et sa diffusion va croissant jusqu'au milieu du siècle, où elle se rencontre dans le tiers des testaments. La chute est brutale dans les trente dernières années du siècle. Peut-être alors l'absence de données sur le pays d'Arles, où son succès était particulièrement net, y est-elle pour quelque chose. Une telle évolution n'étonne pas par sa fin : elle était prévue, et recoupe tant d'autres données qu'elle n'a valeur que de confirmation. Il en va tout autrement pour cette ascension qui va du xviie au milieu du xviiie, comme pour le contraste d'implantation géographique, qui, une fois n'est pas coutume, privilégie la Provence occidentale. L'explication des deux faits est peut-être unique : d'un côté, à l'est, pays de catholicité, où la précision est superflue. De l'autre, et symptomatiquement plus ressentie à mesure qu'on se rapproche du Rhône et du Languedoc, frontière de catholicité, une affirmation qui, de la révocation de l'Édit de Nantes au cœur du xviiie, se renforce et s'alourdit. Ce qui pourrait paraître simple hypothèse de travail, est trop confirmé, nous le verrons, par les courbes des localités « nouvelles converties » pour que nous ne la risquions pas avec quelque confiance. Reste sans doute l'image visualisée par la courbe, d'un progrès soutenu jusqu'au milieu du siècle. La tendance ne s'accorde pas complètement avec certaines des données précédemment analysées ; retenons-la cependant, comme une des limites de cette « invasion dévote » dont on aura à reparler. La clause analysée restait formelle, et sans doute surimposée : en va-t-il de même de celles qui touchent aux réalités et aux structures de la foi et qui peuvent se montrer — en inconscient témoignage d'absence ou de présence — plus révélatrices?

Au-delà de la simple invocation à Dieu, voici, au cœur de la problématique même du salut, la formule : « ... le suppliant, par les mérites de la mort et passion de Notre Seigneur Jésus-Christ lui vouloir faire miséricorde... » ou parfois, par une variante, elle-même intéressante : « le vouloir admettre au rang des bienheureux » ou « le faire participer à la gloire des Elus... ». La phrase n'est pas galvaudée : elle se trouve au début du siècle dans un tiers à peu près des testaments, et, ce qui est notable, aussi bien en Provence occidentale qu'orientale ; seul Marseille, et secondairement Toulon font exception, par un taux assez bas. Les courbes très comparables de la Provence occidentale et orientale partent des mêmes prémisses, pour arriver à une même conclusion, et ce, par des cheminements bien semblables dans leur simplicité linéaire,

L'INVOCATION A LA VIERGE MARIE
DANS LES TESTAMENTS PROVENÇAUX...

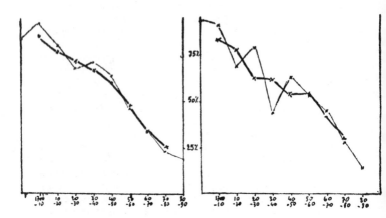

ET DANS LES TESTAMENTS NIÇOIS...

dont... « Sempre Immacolata... » (courbe inférieure)

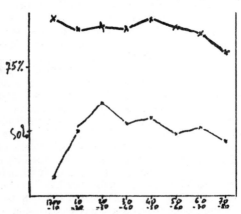

(Trait renforcé : moyenne mobile sur 3 décennies.)

lorsque la moyenne mobile y a gommé les aspérités de l'événement, ou du contingent. Un peu plus de 30 % au début du siècle... un peu plus ou un peu moins de 10 % à la fin de l'Ancien Régime. Pour une clause que son taux révèle choisie par des notables plus qu'imposée par la convention, l'évolution apparaît nette, qui, moins fréquemment qu'auparavant, va placer la mort et passion du Christ au cœur de la problématique d'un salut individuel où la remise confiante aux mains du Créateur va se faire plus directe.

Parmi les intercesseurs dont l'aide s'ajoute au rachat par le Christ pour fléchir la miséricorde divine, la Vierge tient une place d'élection : elle est partout présente au début du siècle dans le pays niçois qui l'invoque dans 90 à 95 % des cas ; dans toute la Provence, avec la même ferveur, 80 à 85 % de la Provence orientale à la Provence occidentale (1). Mais si l'on prend pour point de repère la stabilité niçoise, où une évolution amorcée après 1750 érode à peine le monolithisme d'un geste unanime (80 % encore à la fin du siècle), on mesure mieux la mobilité provençale : de 80 à 85 % jusqu'à 25 à 30 % de mentions à la fin de l'Ancien Régime, le déclin est spectaculaire et, la moyenne mobile le prouve, continu. Toutefois, la Provence orientale suggère plutôt une évolution en deux étapes, séparées par un palier au milieu du siècle. Telle discontinuité, en accord avec ce que nous avons pu constater auparavant, semble confirmée si nous recourons à la courbe brute où les deux Provences présentent une même chute dans les premières décennies du xviiie, suivie d'un palier, voire d'une reprise au milieu de la période — et avant l'effondrement final. On ne peut éviter, bien sûr, fût-ce comme hypothèse de travail peut-être prématurée, de mettre en rapport ces courbes avec le phénomène janséniste : l'absence constatée de référence mariale dans des testaments ou des « sites » jansénistes y autorise par ailleurs. La Vierge... mais laquelle ? La Provence la dit « Glorieuse » (la « très glorieuse Vierge Marie ») dans les 2/3 ou les 3/4 des cas où elle l'invoque. Dans la quasi-totalité des autres, elle est simplement qualifiée de « très sainte » : qu'on s'y résigne, nous n'avons trouvé que 3 « Bonne Mère », ce qui n'est, à y réfléchir bien, pas étonnant, et que 4 à 5 cas où l'invocation à la fois plus ancienne et plus élaborée à Marie « notre avocate » se retrouve. Mais le pays niçois, dans moitié des testaments invoque la Vierge « immacolata », « sempre vergine » et ce n'est point par tradition : les testaments du xviie siècle, où cette

(1) Planches 22 et 24.

LE SAINT PATRON ET LE BON ANGE,
DANS LES INVOCATIONS DE TESTAMENTS...

en Provence occidentale　　　　*en Provence orientale*

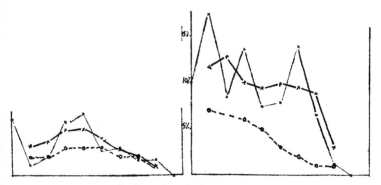

(Trait continu : le Saint Patron.
Trait discontinu : le Bon Ange.
Moyenne mobile.)

LES MÊMES INVOCATIONS DANS LE PAYS NIÇOIS :

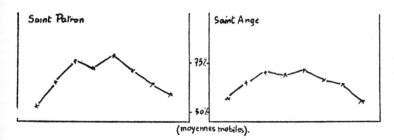

(moyennes mobiles).

mention est beaucoup plus rare (autour de 30 % vers 1650-70) témoignent de l'affermissement progressif d'une formule, et en même temps peut-être d'une dévotion. Un certain recul pourra se manifester au fil du siècle, il reste très limité, et le contraste reste flagrant entre deux aires de vocabulaire, et sans doute, de mentalité et de dévotion différentes. Non qu'il n'y ait transition, et comme osmose entre les deux domaines : malgré la frontière linguistique, une formule identique à l'invocation niçoise se trouve dans la sénéchaussée de Grasse, où l'invocation à la Vierge Immaculée est plus fréquente qu'ailleurs (4,5 % des testaments, ce qui reste loin des chiffres niçois).

De ces « aires » de sensibilité ainsi suggérées, on retrouve confirmation dans la cartographie de la dévotion au saint Patron et, ajouterons-nous, à l'Ange Gardien, puisqu'il lui est très souvent associé (1). Partons, là encore, du point de repère niçois, étalon de toute mesure comparative. L'invocation aux saints Patrons et à l'Ange Gardien est déjà implantée au xviie : plus de moitié des testaments. Mais c'est le xviiie qui donne au phénomène son extension maxima : de 1730 à 1750 le Saint Ange se rencontre avec constance dans 70 % des cas, les saints Patrons dans 70 à 80. La seconde moitié du siècle révèle, comme pour les clauses de piété mariale, un affaissement, toutefois limité. Données renouvelées sur cette histoire des dévotions post-tridentines, d'une reconquête catholique dont on enregistre les dernières ondes au cœur même du xviiie siècle. La Provence les ressent, mais atténuées et comme inaptes à se couler dans les cadres d'un tempérament (mot dangereux) différent. La carte suggère un contraste est-ouest plus marqué encore que pour l'image de la Vierge Immaculée : d'évidence, une zone de transition existe qui couvre une bonne partie de la Provence orientale. Supérieure à 10 % au début du siècle, l'invocation au saint Patron se stabilise autour de ce chiffre jusqu'aux dernières décennies de l'Ancien Régime où l'effondrement est brutal. Moins fortement implanté dès l'origine, le recours au Bon Ange y subit une érosion continue au fil du siècle (de 5 à 1 %). En Provence occidentale, les courbes sont d'entrée beaucoup plus basses : c'est presque d'une rareté qu'il s'agit, puisque au plus fort de la courbe (entre 1710 et 1730) elle n'atteint guère que 5 %, pour baisser ensuite.

Contrastes géographiques, rythmes suggérés : peut-on exploiter ces données affectées à première vue d'un si fort indice de forma-

---

(1) Planches 22 et 25.

lisme dans le cadre d'une histoire des dévotions et de la piété? A la lumière d'autres études, risquons-nous à dire : oui, mais pas seules. L'approche que nous avons menée dans un travail réalisé en commun (1) d'après les sources iconographiques en fournit trop de confirmations, en même temps que de discordances intéressantes.

Cette image du Christ que nous avons vue s'estomper au fil du siècle devant le respect d'un Dieu plus lointain, elle reste sans doute bien présente dans les tableaux des âmes du Purgatoire, où Jésus assis montre en un geste d'accueil la croix, qui reste cependant le seul rappel tangible de sa mort et de sa passion. Mais les tableaux qui, à la fin du siècle et dans la première moitié du suivant, substitueront à cette image celle d'une croix lumineuse, voire d'un rayon de lumière, prolongent bien, au niveau de l'iconographie, l'évolution du vocabulaire notarial qui apparaît ainsi comme le révélateur non point inerte mais particulièrement sensible de visions collectives. On en dirait autant, sans peine, de l'image de la Vierge encore omniprésente dans l'iconographie du XVIIIe, mais dont l'éclipse se manifestera ensuite avec le même décalage chronologique. Le synchronisme est au contraire frappant entre le recul du Saint Patron dans le formulaire des testaments et le dépeuplement des mêmes tableaux des intercesseurs multiples qui les avaient habités.

Ainsi replacées dans un réseau de données qui ne sont pas, on en juge, toutes notariales, les formules des notaires provençaux sortent, semble-t-il, des limites purement formelles qui leur étaient imparties. Les éléments dont elles se trouvent bien indirectement porteuses sont cependant à confronter avec la moisson des apports les plus variés (confréries luminaires, voire statistique des prénoms) dont on peut attendre, dans les testaments provençaux une approche des mêmes réalités par des voies différentes.

Les confréries luminaires.

Nous empruntons le terme à la classification que nous propose Agulhon, dans son étude sur « la Sociabilité méridionale » (2) : on sait qu'il entend par là les confréries gérées par des marguilliers et chargées de l'entretien du luminaire d'une chapelle, ou simplement

---

(1) Gaby et Michel Vovelle : *Vision de la mort et de l'au-delà en Provence du XVe au XXe siècle d'après les autels des âmes du Purgatoire*, Annales E. S. C. 1969 et Cahier des Annales E. S. C. 1970 (*op. cit.*, no 210).
(2) M. Agulhon : *La Sociabilité méridionale* (*op. cit.*, no 219), 1e section, chapitre I : « Les confréries paroissiales ».

d'un autel d'église. Chapelles ou autels, ou la confrérie qui en a éventuellement la charge, recueillent au xviiie siècle de nombreux legs, s'ils ne reçoivent plus qu'exceptionnellement les revenus appointés d'une fondation perpétuelle. Parfois ce legs rétribue l'autorisation que l'on sollicite d'être enseveli dans la chapelle, parfois les messes que l'on fait célébrer à l'autel, souvent elles sont la marque désintéressée d'une dévotion particulière. De cette moisson d'indices, dont le nombre relativement élevé s'explique sans doute du fait qu'on a affaire à des testaments de notables, plusieurs données se dégagent.

Un inventaire des confréries luminaires?

Parler d'inventaire semble, à première vue, contradictoire avec les possibilités d'exploitation qu'offre la source des testaments insinués dans les sénéchaussées. Nous ne touchons qu'une petite moitié des communautés provençales, et par ailleurs, les quelques testaments dont nous disposons pour une paroisse donnée, ne portent pas toujours référence à toutes les confréries luminaires locales. Une présomption de dénombrement exhaustif — ou quasi— n'existe que pour les villes : Marseille, Aix, Grasse, Draguignan, pour lesquelles un nombre important de testaments a été rassemblé.

Ne déprécions pas outre mesure une source dont, malgré les limites, l'intérêt est évident : tenter, d'après les visites pastorales, l'inventaire véritable des confréries luminaires fournirait, au gré des lacunes et du zèle inégal déployé dans les questions et les réponses, une carte en habit d'arlequin où la précision de certaines zones contrasterait avec le désert des autres. Les testaments conduisent, par une enquête beaucoup plus rapide, à une cartographie sans doute moins précise que celle que Pérouas a donnée des confréries du Rosaire dans le diocèse de La Rochelle (1), mais du moins à une présomption de densité, à une géographie différentielle, à l'identification, par suite, d'aires contrastées dans leurs attitudes.

Qu'on en juge d'après la carte qui a été dressée pour l'ensemble de la Provence, rurale du moins; les organismes urbains les plus importants requérant étude particulière (2). Les localités touchées par les testaments, flanquées d'une figuration graphique en colonne dont la hauteur est proportionnelle au nombre des confréries lumi-

(1) L. Pérouas : *Le Diocèse de La Rochelle (op. cit.,* no 107).
(2) Planche 27.

Confréries luminaires dans la Provence du XVIIIᵉ siècle.

A Proportion de localités où sont attestés des confréries.

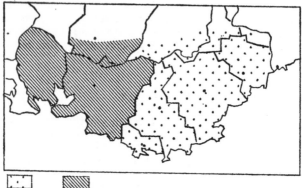

plus de 50   moins de 50 %

B Moyenne du nombre de confréries par localité.

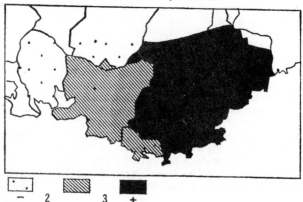

—   2   3   +

CONFRÉRIES DU SAINT SACREMENT

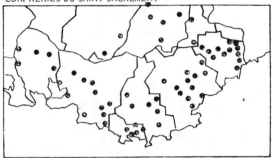

CONFRÉRIES DU ROSAIRE

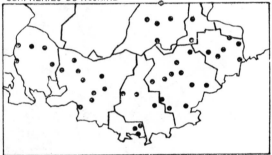

CONFRÉRIES DES AMES DU PURGATOIRE

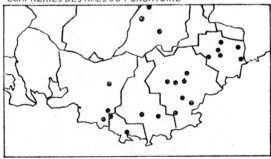

(Traitement graphique S. Bonin; Labor. E. P. H. E.)

PLANCHE 27.

Éléments pour une carte d'inventaire des confréries luminaires dans la Provence du XVIIIe siècle.

(La hauteur des colonnes accolées à chaque site est proportionnelle au nombre des luminaires rencontrés dans la communauté.)

naires rencontrées, offrent d'entrée le contraste de deux Provences :
celle des legs multiples à des confréries également multiples, celle
où le nombre des confréries se restreint considérablement. Opposition pour l'ensemble Est-Ouest, où se retrouve le clivage de la
Provence occidentale et orientale, mais, on le notera, pas selon une
ligne méridienne. La Provence des multiples confréries, rencontrée
dans les sénéchaussées de Grasse ou Draguignan, comme aussi
dans la montagne bas-alpine (Castellane-Digne), se prolonge par
une pointe en basse Provence occidentale, au sud de l'Arc, couvre
la région toulonnaise et vient mourir aux portes de Marseille. Le
pays d'Aix et le pays d'Arles semblent moins pourvus, la rive droite
de la Durance, entre Apt et Forcalquier encore moins.

On peut quantifier plus précisément ce qui reste au niveau de
la suggestion visuelle : un tableau et mieux encore une carte par
sénéchaussées matérialisent le contraste marqué entre Provence
occidentale et orientale (1). Si l'on confronte le chiffre par sénéchaussée des localités concernées par les testaments, à celui des lieux où les
legs aux confréries apparaissent, la Provence orientale où ce pourcentage est constamment supérieur à la moitié (66 % dans la sénéchaussée de Grasse, 78 % dans celle de Castellane et Digne) s'oppose à la Provence occidentale où il descend à 33 % autour d'Aix,
à 15 % sur la rive droite de la moyenne Durance. Dans chaque sénéchaussée, le nombre moyen de confréries luminaires attesté dans
les localités où elles se rencontrent, varie également suivant les
mêmes modalités : élevée, et généralement supérieur à 3 dans toute
la haute comme la basse Provence orientale, la moyenne s'abaisse
en basse Provence occidentale pour atteindre ses chiffres les plus
bas dans le pays d'Arles ou le pays d'Apt.

Dans leur sécheresse, au demeurant démonstrative, ces chiffres
risqueraient de donner une vision pauvre d'un phénomène, à la
fois complexe et, par certains aspects, très simple. Ils reflètent d'abord
l'opposition de fait, objective, des multiples chapelles et autels dont
les églises de Provence orientale, à l'instar du pays niçois, sont pourvues, plus amplement qu'à l'ouest. Mais ces cartes qui ne sont pas
tout à fait, pour les raisons exposées plus haut, des cartes d'« inventaire » sont en même temps un peu plus : des indices de succès ou
de fréquentation des confréries luminaires. On en jugera d'après
les trois cartons consacrés à l'implantation géographique des confréries les plus fréquemment rencontrées : *Corpus domini*, Rosaire,

(1) Planche 26.

Ames du Purgatoire (1). On ne s'étonne pas, à leur lecture, de noter l'implantation très homogène, d'un bout à l'autre de la Provence, des deux premières catégories; la prospection directe, dans les églises provençales, confirme l'existence de deux autels au moins, de part et d'autre du maître autel : très généralement un autel du Saint-Sacrement (ou de saint Joseph lorsque l'autel du *Corpus domini* est au maître autel) et un autel marial, dans la plupart des cas, du Rosaire. Le constat cartographique ne surprend pas le Provençal, fût-il d'adoption; il exprime un peu plus cependant qu'un lieu commun. L'universelle diffusion des autels du Rosaire, par exemple, n'irait pas de soi dans toutes les régions de France; et l'on songe au parti qu'a tiré Pérouas de la cartographie contrastée des confréries du Rosaire dans le diocèse de La Rochelle. Transposer terme à terme sa technique d'approche au monde provençal serait de nul profit : n'y ayant quasi aucune communauté qui n'ait son autel du Rosaire (2).

On s'étonne un peu plus du contraste que présente la carte des confréries des Ames du Purgatoire, dont la diffusion semble cantonnée dans la Provence orientale, et qui s'arrête aux portes du pays d'Aix, d'Arles et de la haute Provence occidentale. Pour qui a pratiqué, comme nous l'avons fait (3), le recensement de tels autels par enquête directe sur le terrain, il y a certes, contradiction entre la carte que livre le dépouillement des testaments et le bilan de la prospection, infiniment plus riche puisqu'il révèle, au niveau des traces actuelles, la présence d'autels des Ames du Purgatoire dans moitié au moins des églises, chiffre qui, pour n'atteindre pas ceux du pays niçois ou de la Provence orientale, reste quand même très élevé. La confrontation de la carte d'inventaire et de la carte de fréquentation, dans l'apparente contradiction qu'elle révèle, est en fait enrichissante : elle est indice de faveur — ou de ferveur — différente d'un lieu à l'autre. Il y a presque partout des autels et des chapelles des Ames du Purgatoire, mais leur succès est inégal suivant les lieux. Ainsi se trouve identifié un site de frontière de sensibilité, et peut-être même un axe de propagation suggéré d'une dévotion venue d'au-delà des monts, pour s'établir, en s'attiédissant, en Provence.

---

(1) Planche 26.
(2) L. Pérouas : *Le diocèse de La Rochelle* (1648-1724), Paris, 1964 (*op. cit.*, n° 107).
(3) Gaby et Michel Vovelle : *Vision de la mort et de l'au-delà en Provence du XVe au XXe siècle d'après les autels des Ames du Purgatoire*, Annales E. S. C. 1969 et Cahier des Annales 1970 (*op. cit.*, n° 210).

Mais en introduisant dans l'étude géographique, pour apprécier mieux la signification de ses apports, la cartographie différenciée de quelques types de confréries luminaires, nous sortons déjà du cadre de cette première approche, purement quantitative, pour aborder les confréries dans la diversité des dévotions auxquelles elles répondent.

Les confréries luminaires : reflet de dévotions multiples.

Ne parlons plus en termes d'inventaire : nous savons que la liste dressée n'apporte pas un dénombrement complet des autels et chapelles de confréries luminaires. Mais faisant contre mauvaise fortune bon cœur, disons, avec peut-être quelque optimisme, qu'elle nous livre presque mieux : une sorte de plébiscite, ou de sélection de ceux auxquels vont les legs des fidèles.

Cette sélection, s'en étonnera-t-on?, donne la première place aux confréries mariales : sur un peu plus de 200 localités, 98 où des legs à confréries soient attestés... 79 confréries consacrées à une dévotion mariale, soit 80 ou 40 % des cas selon que l'on voudra se référer au total des possibilités virtuelles, ou à celui des localités où l'on rencontre des legs à confréries. Un quart d'entre elles (19) sont simplement dites de « Notre-Dame », autant se réfèrent à des chapelles et lieux de culte marial de très ancienne tradition, sous des titres différents : Notre-Dame de Pitié ou de Miséricorde (7 cas), Notre-Dame de Bon-Secours ou de Bon-Remède, Notre-Dame de Grâce, Notre-Dame des Anges, Notre-Dame de Vie, Notre-Dame-de-la-Garde. C'est nous entraîner souvent loin des chapelles de l'église paroissiale, dans ces sanctuaires du terroir ou de hauteurs, sites parfois de pèlerinage, vers lesquels se tourne encore la ferveur provençale. Mais on revient à la paroisse avec le groupe le plus important — moitié du total (39) — des confréries et chapelles de Notre-Dame du Rosaire qui apparaissent bien avoir joué dans la dévotion provençale de la Contre-Réforme le rôle essentiel que leur attribue Pérouas dans une région bien différente; pour en rester à la Provence, l'iconographie confirme sans ambiguïté les suggestions de la statistique; que ce soit sur les tableaux des Ames du Purgatoire ou isolément ; la Vierge du Rosaire, relayant la Vierge de Miséricorde de la fin du Moyen Age, tient bien une place de médiatrice privilégiée.

En second lieu, sans plus qu'on s'en étonne, autels et confréries dédiés à la personne ou à la passion du Christ : christocentrisme évident, la Trinité (2 cas) et le Saint Esprit (5 cas) ne tenant dans ce groupe d'une soixantaine de confréries qu'une place très mineure. L'essentiel revient aux autels et confréries du Saint-Sacrement ou, si l'on veut, du *Corpus domini* (47 cas), les dévotions plus précises à la Sainte Croix (2 cas), aux cinq plaies du Christ (2 cas) ou à l'Enfant Jésus n'occupant qu'une place fort seconde. On s'étonne un peu, à première vue, de ne trouver mention qu'une seule fois du Sacré-Cœur, dans cette Provence du xviiie siècle que l'on imagine volontiers à l'ombre d'un Belsunce, vouant Marseille au Sacré-Cœur au sortir de la peste. Mais tel notable de Lorgues que nous voyons fonder une chapelle du Sacré-Cœur dans les années 1730, le fait visiblement par l'acte d'une dévotion individuelle et toute particulière. Il faut le dire, et l'iconographie, par ses données, recoupe là encore très précisément l'apport de la statistique, le Sacré-Cœur n'est pas encore une dévotion « populaire » dans la Provence du xviiie siècle, comme elle le sera au siècle suivant.

Les autels des Ames du Purgatoire, en troisième lieu, occupent une position qui correspond à la fois à la place privilégiée que le souci du salut revêt dans les inquiétudes des testateurs, et à leur importance réelle parmi les autels provençaux. Encore faut-il rappeler l'inégalité dans la répartition géographique des legs, qui privilégie très nettement la Provence orientale : 4 mentions en Provence occidentale pour 89 communautés touchées... 21 en Provence orientale pour 114 sites. Force est de croire, sachant l'existence très générale d'autels du Purgatoire dans l'une et l'autre Provence, à quelque différence de tempérament ou de sensibilité collective.

Même dimorphisme se retrouve accentué, mais dans les mêmes termes, si l'on passe à la foule des autels consacrés à un saint de dévotion locale. Quatorze legs en Provence occidentale pour 89 communautés, 78 en Provence orientale pour 114 lieux... ce qui ne veut pas dire un saint par paroisse, mais bien deux, trois ou quatre dans les sites les mieux fournis. On retrouve ici, mais avec l'avantage de donner un nom à ces intercesseurs, le contraste qui a frappé dès la première consultation de la carte d'inventaire, d'une Provence de multiples chapelles et confréries à celle qui, par transitions, s'achemine vers le type de l'église élémentaire, aux deux autels (Rosaire et saint Joseph, ou *Corpus domini*) flanquant le maître autel.

D'une liste de 36 intercesseurs, identifiés d'après leurs autels, naît l'idée première d'une grande dispersion : nombre d'entre eux ne figurent qu'une, deux ou trois fois. Mais quelques-uns s'affirment dans l'importance particulière que leur attribue la dévotion populaire. En premier lieu, saint Joseph, qui figure à plus de vingt reprises (21). C'est reconnaître la solide implantation et en même temps la plurivalence d'un saint qui est à la fois saint de terroir, souvent patron de confréries d'artisans, et en même temps intercesseur privilégié pour ceux à qui l'idée de la fin devient proche : n'est-il pas le patron de la bonne mort, et comme tel représenté sur ces tableaux de saint Joseph agonisant, si fréquents en Provence, où le moribond est visité sur son lit de mort par le Christ lui-même ? Loin derrière lui, dans l'ordre de fréquence, ce sont les saints de terroir et de tradition qui l'emportent : saint Antoine (6 cas), saint Éloi (6 cas) dont on sait le rôle comme patron des confréries de paysans dans l'ancienne Provence, puis saint Jean-Baptiste (5), saint Pierre (4) et les intercesseurs traditionnels d'une Provence orientale longtemps dominée par la peur de l'épidémie : saint Sébastien (3) et saint Roch (3). De la foule de ceux qui n'apparaissent qu'épisodiquement, on retiendra ceux — Quenis, Auxile, Roseline ou Elme — qui témoignent d'une fidélité à des dévotions villageoises ou professionnelles enracinées, et par contraste sans doute, la part très maigre faite aux saints de la Contre-Réforme : saint Thomas de Villeneuve (une chapelle) et saint François de Sales (une seule mention également), donnant la mesure d'une présence qu'on aurait présumée plus importante. Dans l'approche des formes de la reconquête catholique avant le repli du siècle des Lumières, le poids des fidélités de terroir par rapport à la quasi-inexistence de l'innovation mérite d'être noté. L'innovation, dans ce réseau des dévotions, apparaît sans doute en premier dans la place des confréries du Rosaire, comme de celles des Ames du Purgatoire, dont le nombre même témoigne d'une sorte d'homogénéisation de formes de dévotion semblables, en contraste avec le cloisonnement et le foisonnement des saints de villages ou de chapelles. Le recul relatif de ces derniers, l'importance de chapelles établies sur un modèle standard — le Rosaire, les Ames du Purgatoire, et en réemploi d'un saint de tradition par la Contre-Réforme, saint Joseph agonisant — telles seraient sans doute les novations les plus notables, ou du moins soupçonnables d'après cet échantillon. Encore faut-il noter que telle dévotion, post-tridentine pour l'essentiel, comme l'autel du Bon Ange, ne se trouve pratiquement pas représentée (un seul exemple dans la sénéchaussée de Castellane).

Nettement perceptible, malaisément quantifiable est la dialectique qui apparaît, en Provence orientale surtout, entre chapelles de l'église paroissiale et chapelles du terroir, pourvues dans certains milieux qui ne sont pas tous ruraux, d'une audience incontestée : pèlerinages mariaux sous le titre de Notre-Dame de Grâce ou Notre

Dame des Anges, ou simplement chapelles de campagne sous l'invocation d'un saint de vénération locale. Plus encore que le reste, cette tradition semble s'effriter au fil du siècle, révélant une mutation qui n'est sans doute pas mineure de la mentalité collective.

Sans doute aussi, cette prospection où l'inventaire tient une place importante, invite-t-elle à tenter, en fin de développement une approche comparative avec les données dont on dispose pour d'autres régions : moyen peut-être de mieux cerner l'originalité, et comme l'on dit, le « tempérament » provençal.

Que l'on se réfère à la région toulousaine ou au diocèse de La Rochelle (1) l'exceptionnelle densité des confréries de la Provence rurale éclate : cent soixante-quinze confréries pour cent quarante paroisses dans la région toulousaine, c'est à peine plus d'une en moyenne (si sommaire que soit ici l'indice de la moyenne) : sans qu'on dispose pour La Rochelle d'un décompte aussi précis, la densité n'y semble pas supérieure à celle du pays toulousain. Dans la répartition même de ces confréries, convergences et contrastes se font jour d'une région à l'autre. Dans tous les lieux, confréries du Saint-Sacrement et confréries mariales constituent l'apport le plus important. Mais les confréries du Saint-Sacrement ne se rencontrent que dans 15 % des paroisses aquitaines, moins encore dans le diocèse de La Rochelle, où seules les Mauges dépassent 20 %; avec un indice de l'ordre de 25 % la Provence confirme une implantation plus dense. De même, pour les confréries mariales, le taux de 40 % rencontré en Provence laisse-t-il bien loin les 26 % du toulousain, cependant que le Poitou offre un bilan beaucoup plus contrasté : supérieur dans les Mauges (trente-cinq confréries du Rosaire pour soixante-et-onze paroisses), sensiblement inférieur ailleurs. Le semis des confréries provençales du Rosaire apparaît beaucoup plus équilibré que dans le site de frontière du Centre-Ouest. Enfin la Provence affirme son originalité dans la profusion des dévotions personnalisées aux saints : l'Aquitaine, qui ne les ignore pas, reste sensiblement en retrait, alors que le Centre-Ouest ne semble leur ériger qu'un nombre infime de confréries. Quant aux Ames du Purgatoire, elles demeurent, semble-t-il, quasi originalité méridionale, encore que le diocèse de La Rochelle présente une demi-douzaine de confréries des trépassés, dont il faudrait savoir si elles répondent au même style de dévotion « contre-réforme » que les confréries provençales des Ames du Purgatoire, et non à une tradition de la France de l'Ouest beaucoup plus enracinée séculairement (on songe

(1) G. Baccrabère (*op. cit.*, n° 95), L. Pérouas (*op. cit.*, n° 107).

ici à certains testaments bretons qui au XVIIIᵉ siècle encore péren-
nisent les traditions locales relatives aux trépassés) (1). Les sites de
comparaison sont actuellement trop peu nombreux pour qu'on
puisse dépasser le stade descriptif, en forme de palmarès (2). On
sent du moins l'intérêt virtuel d'une cartographie comparée de ces
phénomènes comme indice à la fois de la vitalité et des formes de la
religiosité collective au XVIIIᵉ siècle. Entre les intercesseurs célestes
que l'on vient de présenter et les médiateurs humains vers lesquels
nous allons nous tourner, Eglise triomphante et Eglise militante,
sans doute faudrait-il savoir si la sensibilité religieuse ne fait pas
une place intermédiaire à cette « Eglise souffrante » qu'elle a si
fréquemment figurée sur ses autels des Ames du Purgatoire.

Mais sur le contenu même de cette forme de dévotion et du culte
des morts qui la sous-tend, ne nous attendons pas, nous le savons
déjà, à trouver dans les testaments de grandes confidences. Et résignons-nous à nous contenter de ce que disent les folkloristes, ou de
ce qu'apportent d'autres techniques d'approche.

Paysages urbains.

Sur la trame continue des dévotions provençales, les villes apparaissent comme terrains d'élection. Autels, chapelles, desservis
le plus souvent par une confrérie luminaire, y offrent à première
vue le foisonnement de leur multiplicité. Puis le retour de certains
d'entre eux permet d'en hiérarchiser l'importance, de tracer en
termes non pas d'inventaire mais d'inégal succès, le portrait
contrasté de différents milieux urbains, dans les formes de dévotion
qui leur sont propres.

Pour quatre-vingts testaments portant legs à des autels ou luminaires, Marseille présente l'éventail de près de quarante confréries.
Chiffre incomplet à coup sûr, mais révélateur du nombre des dévotions de la grande ville. Un certain nombre d'entre elles (8) se tourne
vers la personne du Christ : les églises paroissiales ont en général
un autel du *Corpus Domini*, il est nommé, en premier, à Saint-
Martin, à Saint-Laurent ou aux Accoules. De référence plus précise, se rencontrent les chapelles des cinq plaies du Christ (Accoules) ou dans les églises de couvents et de congrégations, celles du

---

(1) A. Perraud : *Étude sur le testament d'après la coutume de Bretagne*
(*op. cit.*, n° 178).
(2) On regrette que certains travaux récents s'en tiennent à une approche
descriptive (T. J. Schmitt sur la région d'Autun, *op. cit.*, n° 109).

Saint-Enfant Jésus (Augustins déchaux), du Sacré-Cœur (église de la Mission) et chez les Oratoriens, du Pur Amour. Mais ces luminaires n'attirent qu'un cinquième des legs (15 sur 80), les deux tiers (54 sur 80) vont aux confréries mariales, qui représentent en nombre une proportion équivalente de celles que nous avons rencontrées : 23 sur 37. C'est qu'il en est partout. Les églises paroissiales vouent à la Vierge un ou plusieurs de leurs autels (Notre-Dame de Grâce à la Major ; Notre-Dame de Miséricorde ou de Bon Secours, Notre-Dame de la Paix aux Accoules ; Notre-Dame de Pitié, d'Espérance et de l'Immaculée Conception à Saint-Martin ; Notre-Dame de Confession à Saint-Victor...), certains sanctuaires du terroir lui sont consacrés : on songe à Notre-Dame de la Garde, qui n'attire pas, d'ailleurs, encore une dévotion spectaculaire, mais on rencontre au terroir, Notre-Dame de Bon Secours ou de Nazareth. Surtout, les églises conventuelles ont chacune leur chapelle de dévotion mariale : les Jésuites groupent sur un autel ; Marie et sainte Anne. les Servites de Notre-Dame de Lorette vouent une chapelle à Notre-Dame des Sept Douleurs, les Récollets honorent Notre-Dame de Miséricorde, les Augustins Notre-Dame de la Ceinture, les Augustins déchaux, la Vierge du Saint Esclavage. Particulièrement révérées puisqu'elles attirent l'une et l'autre le plus grand nombre de preuves de dévotion, la Vierge du Rosaire, chez les Prêcheurs, et Notre-Dame du Mont-Carmel chez les Carmes : Rosaire et Scapulaire, les deux dévotions majeures et parfois rivales, voient leur importance confirmée trop largement par d'autres approches (telle l'iconographie), pour que nous ne leur fassions pas ici la place qu'elles méritent.

Ces confréries sont, au début du siècle, dans toute leur nouveauté : tel noble qui teste en 1705 se dit co-fondateur de la Confrérie du Rosaire en l'église des Prêcheurs, tel bourgeois qui avantage en 1719 celle du Mont-Carmel en dit autant pour sa part, et tel marchand qui se recommande à l'Archiconfrérie de la Vierge du Saint Esclavage en est lui aussi fondateur. On peut mesurer par ces traits l'importance de la génération de 1680 à 1720 dans la mise en place de ce qui peut paraître, au XVIIIe siècle, institutionalisé. Outre cette primauté mariale évidente, la physionomie marseillaise se complète d'un autre trait, celui-ci négatif : la place relativement très seconde que tiennent les saints intercesseurs dans les legs aux luminaires. Onze mentions seulement, révélant une demi-douzaine de sites : c'est peu. Encore y a-t-il là-dessus cinq legs au luminaire de Saint-François-de-Paule, encouragés par l'appartenance des testateurs au tiers-ordre que les Observantins ont constitué dans leur église. Saint Joseph, patron de la bonne mort, apparaît dans deux églises paroissiales ; le reste, saint Louis, saint Jérôme ou saint Jean-Baptiste, demeure au niveau de mentions isolées. Sans doute faut-il garder à cette constatation les limites que lui impose une source qui ne prospecte que le monde des notables : en serait-il de même dans les milieux populaires ? Du moins le contraste est-il flagrant avec d'autres sites urbains.

Aix présente, pour l'ensemble, des traits comparables à ceux que nous avons rencontrés dans la description de Marseille. Vingt-quatre luminaires rencontrés, pour une quarantaine de legs, répartis entre les paroisses (Saint-Sauveur et le Saint-Esprit) et nombre de couvents : Prêcheurs, Observantins, Jésuites et Oratoriens. Si le *Corpus domini* se retrouve à la paroisse, et se nuance ailleurs en autels de la Sainte-Trinité, de la Sainte-Croix et du Saint-Sépulcre, la Vierge médiatrice qui reçoit les preuves les plus nombreuses de dévotion (dix-sept legs contre onze aux luminaires christiques) présente comme à Marseille le visage de la Vierge du Rosaire (aux Prêcheurs), de Miséricorde et du Scapulaire, pour devenir ailleurs Notre-Dame de Grâce, d'Espérance ou de Consolation. Plus importants qu'à Marseille les saints intercesseurs se répartissent en deux groupes : d'un côté saints de dévotion conventuelle : saint François ou saint Antoine de Padoue, de l'autre, saints de dévotion particulière et parfois locale : saint Mitre, saint Pons, Hyacinthe, Isidore, ou Nicolas ; saint Joseph reste comme ailleurs le protecteur de la bonne mort.

C'est à l'autre bout de la Provence, à Grasse, qu'il faut se transporter pour trouver un autre monde, et comme un autre style de dévotion. D'abord par l'abondance même des legs aux luminaires : l'autel du *Corpus domini* à la paroisse reçoit soixante-quatorze legs, celui de la Vierge cinquante-sept : dévotion vraie, ou, en fonction même de la fréquence du geste, convention sociale différente ? Il serait imprudent de trancher. Mais le contraste n'est pas seulement quantitatif : il est aussi dans des structures différentes. La paroisse abrite des luminaires multiples à côté du *Corpus domini* et de l'autel de la Vierge : saint Joseph, les Ames du Purgatoire, mais aussi la Sainte-Croix, saint Jean, saint Honoré, sainte Marthe, sainte Anne ou saint Charles Borromée. Des prêcheurs, où le Rosaire tient la place que l'on sait, aux mendiants de la famille franciscaine, chez qui se trouvent les autels de saint Antoine de Padoue, du Cordon de saint François, du Saint Scapulaire ou du Saint Ange, aux Augustins enfin qui abritent, outre Notre-Dame de Consolation, saint Crépin et saint Nicolas, on

*Évolution des legs aux confréries luminaires
dans la Provence du XVIIIe siècle.*

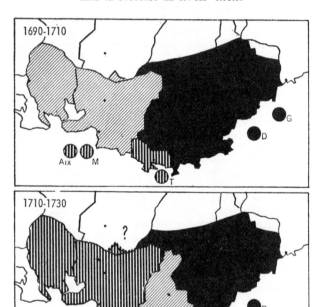

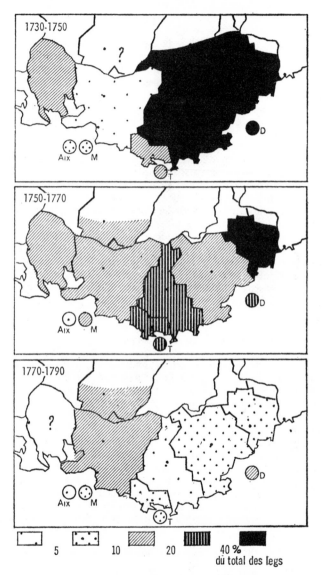

1730-1750

1750-1770

1770-1790

Aix M

Aix M

Aix M

T

T

T

D

D

D

5   10   20   40 %
du total des legs

(Cartographie S. Bonin; Labor. E. P. H. E.)

passe au terroir avec l'église du faubourg de Plascassier qui a sa confrérie du Rosaire à côté du *Corpus domini* : terroir très « habité » puisqu'on y rencontre une chapelle de la Sainte-Trinité, une chapelle de Saint-François-de-Sales, et très révéré le pèlerinage ancien de Notre-Dame de Valcluse. De l'ensemble, on garde l'impression d'un réseau beaucoup plus complet, plus structuré, plus vivant aussi pour autant qu'on en puisse juger au témoignage des notables.

Sans vouloir multiplier les exemples, disons que cette physionomie se retrouve en d'autres sites de Provence orientale, ainsi Draguignan où les autels « classiques » de la paroisse trouvent leur prolongement chez les Prêcheurs, Observantins, Minimes et Pères de la Doctrine Chrétienne... comme dans les sanctuaires « hors les murs » : Saint-Hermentaire, Notre-Dame de Miséricorde ou Notre-Dame de Populo.

Entre monde des villes et monde des campagnes, une sorte de mimétisme se rencontre, qui transpose aux organismes urbains le contraste enregistré plus haut entre Provence occidentale et Provence orientale pour suggérer l'existence de deux « régions culturelles », au sens où Boulard l'entend pour les réalités sociologiques religieuses du monde contemporain (1).

De la courbe à la carte : étude dynamique.

Ce sont données évanescentes dont nous tentons de faire, et l'inventaire et la description : c'est peut-être ce qui en rend l'approche, parfois, si délicate. Mais reportons-nous aux courbes qui ont été dressées des legs aux confréries luminaires, comme aux cartes cinématiques qui en matérialisent le mouvement sur le terrain (2).

Sans vouloir multiplier les subdivisions géographiques qui réduisent la base statistique des échantillons, on a cru indispensable de maintenir la distinction entre Provence occidentale et Provence orientale, dans la mesure où deux domaines différents s'y distinguent. De fait, les deux courbes établies ne se situent pas du tout au même niveau initial, si leurs points d'aboutissement convergent pratiquement. Au début du siècle, deux tiers des testa-

---

(1) F. BOULARD : *Pratique religieuse urbaine et régions culturelles* (*op. cit.*, n° 4).

(2) Planche 28 et 29.

teurs de Provence orientale, de Grasse à Draguignan ou Castellane, ont à cœur de faire un legs à une ou plusieurs confréries luminaires : dans les villes, le geste est de rigueur. Au contraire, en Provence occidentale, l'attitude est d'ores et déjà beaucoup plus rare, ne touchant guère qu'un cinquième des testateurs. Elle est plus répandue en ville que dans les villages : le nombre même des confréries existantes justifiant sans peine ce contraste. Dans ces oppositions marquées, la première des cartes dressées, pour le début de la période, manifeste sans ambiguïté l'opposition géographique de la Provence orientale et de la Provence occidentale, mais aussi le fait que les villes (Marseille, Aix, Toulon) pour n'y atteindre que le taux des régions orientales sont, sur ce plan et à cette époque, plus « pratiquantes », si l'on peut risquer le terme, que les campagnes qui les environnent. Elles le sont parce qu'elles sont mieux équipées, et aussi, disons-le, parce que c'est dans les villes que culmine le mouvement de la reconquête catholique à l'âge classique : monde plus mobile, plus sensible, plus facilement re-christianisé... ou déchristianisé.

Le stéréotype de la sociologie religieuse contemporaine de villes plus tièdes où se perd la foi des populations rurales, trouve ici sa négation, ou plutôt se voit situé dans sa relativité historique. Mais on comprend aussi, à suivre les cartons successifs, comment l'évolution a pu se faire. Dès le début du XVIIIe, l'équilibre ville-campagne s'inverse dans une Provence occidentale qui se révèle dans sa mobilité, face à la stabilité de l'autre Provence ; au milieu du siècle, les deux mondes s'opposent : mais l'abandon des legs pieux aux confréries gagne vers l'est, et à la fin de l'Ancien Régime, il est quasi général, à quelques nuances près. La Provence orientale rurale, au début du siècle comparable dans ses attitudes au pays niçois, a cédé complètement, plus complètement même que les campagnes de basse Provence occidentale où, désormais, en une sorte de négatif de la situation au début du siècle, les villes apparaissent comme des lieux de laïcisation poussée par rapport à des campagnes plus fidèles, annonçant ainsi le schéma que le XIXe siècle généralisera.

En cette fin du XVIIIe siècle, les courbes établies pour la Provence occidentale comme orientale se rencontrent à peu près convergentes : un peu moins de 10 % ici, un peu plus là. Partant de prémisses aussi différentes, cette convergence tendancielle dans un abandon généralisé ne laisse pas d'être étonnante. Mais les courbes, dans leur continuité, permettent d'en suivre, sinon les modalités, du moins les étapes. Elles sont particulièrement nettes en Provence

PLANCHE 29.

Les legs aux confréries luminaires en Provence.

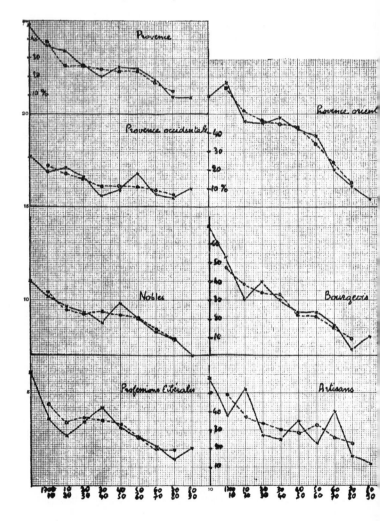

orientale, l'autre courbe, d'entrée très affaissée, confirmant en gros les données : la chute est continue, mais le rythme n'en est pas constant. Une première baisse brutale affecte les trente premières années du XVIIIᵉ, le milieu du siècle connaît un palier fort sensible; une nouvelle chute comparable à la première marque les trente dernières années de l'Ancien Régime. Ce schéma, est-il besoin de le rappeler, ne nous est pas inconnu, qui suggère deux phases séparées, dans l'abandon des anciennes formes de dévotion.

De la chronologie à la sociologie.

La courbe et la carte enregistrent des réalités et des contrastes dont une approche sociologique peut rendre compte, partiellement du moins. Dans quels milieux ces dévotions sont-elles les plus répandues, dans quels milieux sociaux se « défendent »-elles le mieux? Les limites d'un échantillon restreint, pour l'essentiel, aux notables, ne permettront pas de formuler une réponse complète : la faiblesse de l'échantillon, en ce qui concerne les groupes populaires que le sondage ne touche que marginalement, n'autorise à leur égard que des présomptions.

Une hiérarchie se dessine cependant d'entrée : un quart des testateurs pensent aux confréries luminaires dans leur testament, mais ce pourcentage d'ensemble est la résultante d'attitudes socialement contrastées. Certains groupes sont très en dessous de la moyenne générale; c'est le cas pour les milieux les plus populaires : un pourcentage infime chez les salariés (2 %), très faible dans le monde de la mer cependant plus ambigu socialement, puisqu'il touche aux notables au niveau des capitaines marins. Également inférieur à la moyenne générale, encore qu'il s'en rapproche plus, le pourcentage des ménagers et plus largement des paysans (20 %) pourrait sembler refléter le « sous-équipement » rural en confréries, si nous ne savions leur diffusion très générale. En fait, il exprime sans doute aussi l'attitude plus marginale vis-à-vis des confréries d'un groupe paysan qu'il faut cependant considérer, dans le cadre de cette source, comme une élite rurale de ménagers aisés. A l'autre extrémité de l'échelle sociale, on découvre avec plus de surprise la faible générosité du négoce : 10 % de legs, c'est fort peu pour une catégorie cossue, que d'autres tests révèlent avide de représentation. Si l'on tient compte du fait que les Marseillais tiennent dans ce groupe une place prépondérante dans notre échantillon (près des 3/4) peut-être y a-t-il ici rencontre d'attitude de groupe et de la froideur relative des villes de Provence occidentale vis-à-vis des confréries. L'étude peut se faire plus précise, et passer du constat d'une attitude globale dans l'ensemble du siècle à des nuances évolutives, pour les quatre groupes les plus fournis : nobles, bourgeois « vivant noblement », gens de robe ou plus largement membres des professions libérales, monde de l'échoppe et de la boutique enfin. Dans les quatre cas, un pourcentage voisin ou supérieur à la moyenne : 22 % pour les nobles, 28 % chez les bourgeois, 30 % chez les robins, 31 % enfin dans l'artisanat. La hiérarchie dans ces quatre groupes ne laisse pas d'étonner un peu : de prime abord on eût sans doute escompté plus d'attention nobiliaire et moins de zèle boutiquier. Ce qui aide peut-être à mieux comprendre et à mieux interpréter les courbes évolutives dressées pour chacune des catégories.

Entre elles, des convergences et des points de comparaison évidents. Le recul est partout manifeste, qui va d'un geste très fréquent au début du siècle chez les notables, très souvent supérieur à 50 % des cas, à un niveau bien bas, 20 % ou moins en général. Le rythme est partout le même, et nous le connaissons : déclin — stabilisation — à nouveau déclin à la fin du siècle. Mais les points de départ, comme les points d'arrivée, sont différents. Chez les nobles, le geste est d'entrée moins fréquent au début du XVIIIe, et c'est chez eux qu'il disparaît le plus complètement au fil des ans. C'est au contraire dans ce que nous appellerons, par commodité, une certaine classe moyenne qu'il garde le plus longtemps sa valeur : bourgeois, robins, élites du petit commerce et de l'artisanat (encore que la courbe des « bourgeois » se confonde dans la dernière partie de son évolution avec celle de l'aristocratie nobiliaire). A la fin du siècle, c'est chez des artisans aisés, et des « cadres » moyens que la mention reste la plus fréquente. On retrouve là quelques-unes des données que les travaux d'Agulhon nous ont apportées, sur la relative démocratisation des dévotions de groupe dans la Provence de la fin de l'Ancien Régime. Mais cette constatation amène à s'interroger plus largement sur la valeur que l'on peut attribuer à ces quelques lueurs sociologiques. Insistons sur leurs limites : il manque, d'évidence, tout l'aspect populaire de ces dévotions personnalisées, où la croyance et l'espoir se fixent sur un autel, s'attachent à un saint ou à la Vierge médiatrice. Le silence, ou l'abstention, sur notre statistique, des groupes les plus populaires, salariés ou gens de mer, ne signifie pas chez eux détachement. Simplement les legs chiffrés aux confréries luminaires se pratiquent, et s'imposent à partir d'un certain niveau social où ils deviennent, sinon de rigueur, du moins de bon ton. Au-dessous, ils seront beaucoup plus exceptionnels et l'indice d'une dévotion plus particulière.

Mais nous sommes désarmés pour mesurer la foi et les dévotions de ceux qui n'en ont pas laissé de traces. Est-ce à dire que dans les catégories supérieures, ces legs, souvent médiocres, soient de simple convenance, de convention sociale ? Nous nous refusons à le croire, malgré certains exemples où la distribution équitable — peut-être indifférente — de ces menus legs aux autels d'une paroisse pourrait le laisser croire. Les testateurs savent ce qu'ils veulent et la hiérarchie des faveurs, telle qu'on a pu l'établir, le prouve. Et quand bien même la convention, ou la pression sociale, tiendrait ici un rôle non négligeable, son relâchement au fil du siècle est un indice qui n'est pas médiocre.

Dans les élites, le détachement gagne en premier ceux chez qui l'individualisation de la dévotion est la plus poussée : les nobles. Mais il gagne, plus lentement et plus modestement il est vrai, bourgeoisie urbaine et micro-bourgeoisie de village dans leurs groupes les plus structurés. D'entrée il est vrai, les élites de la bourgeoisie productrice, en la personne des négociants, n'avaient guère frayé avec ces formes de dévotion de groupe.

Dévotion populaire et statistique des prénoms.

Il est à la fois séduisant et scabreux de recourir à la statistique des prénoms des testateurs pour tenter de mesurer les dévotions personnalisées dans la Provence du XVIIIe siècle. Séduisant tout d'abord, très naïvement, parce que c'est valoriser une donnée qui est fournie massivement, et sans peine, pour la population étudiée. Mais aussi, plus profondément, parce qu'une telle étude, au-delà du pittoresque et de l'anecdote, peut être révélatrice d'une dialectique serrée entre tradition et changement : et c'est à ce niveau, sans doute, que les difficultés se présentent pour rendre la tâche aventurée. Une limite apparaît, d'entrée : celle du recrutement social des individus recensés, notables pour la grande majorité, ce qui décourage toute tentative d'une sociologie différenciée du prénom. Au niveau d'une problématique plus générale, on peut se demander dans quelle mesure le choix du prénom est révélateur de préférence réelle, de choix délibéré, et non d'une tradition ou d'une transmission familiale extrêmement contraignante, qui laisse peu de place à l'initiative personnelle. Dans ce cas même,

Planche 30.

Prénoms masculins et féminins
chez les notables provençaux au XVIIIᵉ siècle.

(Traitement graphique opéré par Serge Bonin. Laboratoire de
cartographie de la VIᵉ section de l'E. P. H. E.)

I. Prénoms masculins.

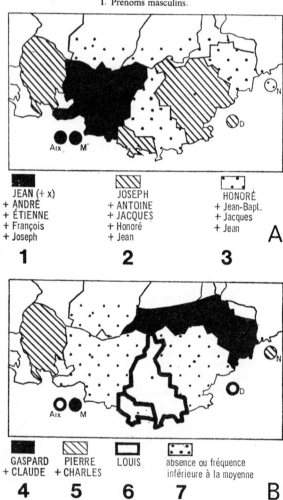

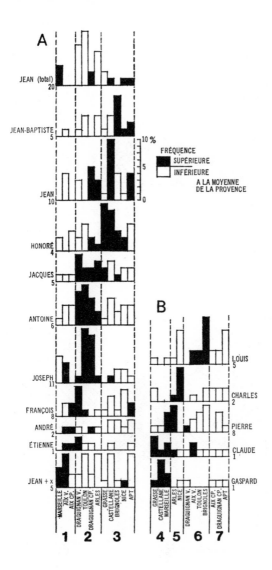

A

JEAN (total)
20

JEAN-BAPTISTE
5

FRÉQUENCE
■ SUPÉRIEURE
□ INFÉRIEURE

10 %

5

0

A LA MOYENNE
DE LA PROVENCE

JEAN
10

HONORÉ
4

JACQUES
5

ANTOINE
6

B

JOSEPH
11

FRANÇOIS
8

ANDRÉ
2

ÉTIENNE
1

JEAN + x
5

LOUIS
5

CHARLES
2

PIERRE
8

CLAUDE
1

GASPARD
1

MARSEILLE
AIX CP.
AIX V.
DRAGUIGNAN V.
TOULON
DRAGUIGNAN CP.
ARLES
GRASSE
CASTELLANE
BRIGNOLES
NICE
APT

1   2   3

GRASSE
CASTELLANE
MARSEILLE
ARLES
NICE
DRAGUIGNAN V.
AIX V.
TOULON
BRIGNOLES
AIX CP.
DRAGUIGNAN CP.
APT

4   5   6   7

II. Prénoms féminins.

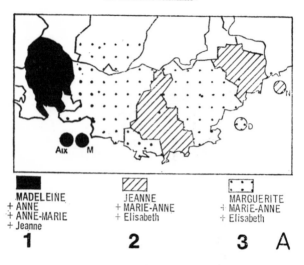

1	2	3	A
MADELEINE + ANNE + ANNE-MARIE + Jeanne	JEANNE + MARIE-ANNE + Elisabeth	MARGUERITE + MARIE-ANNE + Elisabeth	

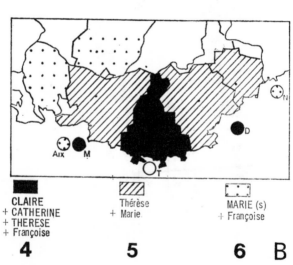

4	5	6	B
CLAIRE + CATHERINE + THERESE + Françoise	Thérèse + Marie	MARIE (s) + Françoise	

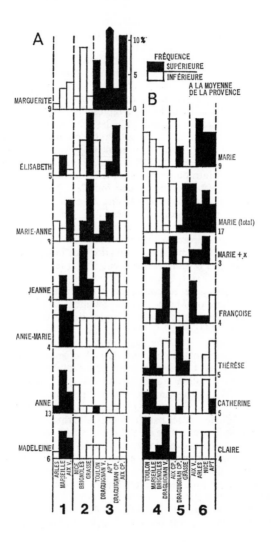

A

FRÉQUENCE
■ SUPÉRIEURE
□ INFÉRIEURE
À LA MOYENNE
DE LA PROVENCE

MARGUERITE 9

ÉLISABETH 5

MARIE-ANNE 3

JEANNE 4

ANNE-MARIE 4

ANNE 13

MADELEINE 6

B

MARIE 9

MARIE (total) 17

MARIE + x 3

FRANÇOISE 4

THÉRÈSE 5

CATHERINE 5

CLAIRE 4

ARLES
MARSEILLE
AIX V.
NICE
BRIGNOLES
GRASSE
TOULON
DRAGUIGNAN V.
APT
DRAGUIGNAN CP.
AIX CP.

1   2   3

TOULON
MARSEILLE
BRIGNOLES
DRAGUIGNAN V.
AIX CP.
DRAGUIGNAN CP.
GRASSE
AIX V.
ARLES
NICE
APT

4   5   6

toutefois, l'indice n'est pas pour cela à rejeter, il devra simplement être tenu compte d'une inertie particulièrement forte, et propre à pérenniser des attitudes anciennes.

Dans ces limites, et avec ces restrictions, la statistique a été dressée des prénoms masculins et féminins dans la Provence du XVIIIe siècle (1). Elle témoigne, d'entrée, du poids de quelques prénoms de tradition séculaire, d'importance majeure. C'est le cas, chez les hommes, pour Jean qui représente 10 % de l'ensemble et, en y joignant les Jean-Baptiste, 15 %, les autres composés de Jean et d'un autre prénom 20 %. Joseph, autre prénom de tradition, atteint 11 %, Pierre et François autour de 8 %, Antoine 6, Jacques, Honoré et Louis 5 et 4 %. Les suivants, André ou Charles, ne dépassent pas 2 % : ils introduisent à la foule des prénoms de moindre renommée. Mais est-ce vraiment une foule? A Marseille, si l'on comptabilise par tranches de trente ans, ce n'est guère plus d'une cinquantaine de prénoms qui se portent dans l'espace d'une génération, et cet ordre de grandeur se retrouve dans les autres sites prospectés. Cette dispersion limitée reflétant le poids des grands prénoms de tradition, puisque les quatre plus importants : Jean, Joseph, Pierre et François, se trouvent chez près de moitié des testateurs.

Même impression se rencontre dans les prénoms féminins : Anne, Anne-Marie ou Marie-Anne représentent 20 % de l'ensemble, Marie et ses autres composés 12 % (ce qui, si on lui rapatrie Anne-Marie et Marie-Anne, comptabilise 17 % de prénoms « mariaux »). On ne s'étonne pas de cette importance, peut-être un peu plus, du primat de la mère de la Vierge particulièrement marqué à Marseille; on hésite à attribuer à l'influence d'un sanctuaire et d'une dévotion (sainte Anne d'Apt) la cause de cette prééminence. Marguerite vient en seconde position, avec près de 10 % des prénoms; la Madeleine n'a droit, dans sa Provence, qu'à 6 % du total, suivie de près par Thérèse. Catherine et Isabelle que le milieu du siècle transforme en Élisabeth, Claire et Jeanne, avec chacune 4 % de l'ensemble, closent la liste des principaux prénoms féminins. Même concentration se remarque donc que dans les prénoms masculins, puisque Anne, Marie et leurs composés, ainsi que Marguerite et Madeleine, représentent moitié du total.

L'apport de cette statistique globale confirme à la fois, et nuance les données recueillies, au niveau des confréries luminaires... forte imprégnation mariale, rôle de saint Joseph et plus généralement,

(1) Planche 30.

poids des saints de tradition séculaire et enracinée. Mais il y a une
relative autonomie du prénom, dans la faveur dont il jouit par rapport aux dévotions vivantes : ainsi l'importance de Jean, de Marguerite ou d'Anne. On touche, grâce à l'inertie dans la transmission
du prénom, des réalités pluriséculaires, dont la carte par sénéchaussée, dans la diversité de ses graphiques, rend compte assez
nettement. Il existe des aires bien délimitées qui correspondent
au succès d'un prénom donné : notre échantillonnage de testaments notables ne permet pas de les saisir au niveau de saints
villageois, Quenis ou Auxile, mais les détecte au moins pour les
prénoms les plus importants. Ainsi, Charles, prénom de contact
transalpin, connu en pays niçois, guère ailleurs; ainsi surtout
Honoré que la Provence orientale révère, que la Provence occidentale ignore parfois complètement. Le primat marial, de même,
s'affirme à mesure qu'on avance en Provence orientale, la Provence occidentale lui préférant Anne, et parfois Marguerite.

Peut-on détecter, au fil du siècle, une évolution dans ces traditions apparemment intangibles? L'exemple marseillais semble le
prouver qui décèle un changement assez sensible : dans les trente
premières années du siècle on compte une moyenne de trente-
quatre prénoms pour cent testateurs, autant dans les trente années
médianes; mais la dernière tranche chronologique voit s'élever
la moyenne à quarante-trois prénoms pour cent testaments.
Indice d'une diversification, que par ailleurs le recul des prénoms
« massifs » de tradition séculaire atteste. Au début du siècle, les
cinq prénoms masculins marseillais les plus importants : Antoine,
François, Jean, Joseph et Pierre, représentent 46 % de l'ensemble;
ils reculent faiblement mais toutefois sensiblement, à la fin, jusqu'à 38 %.

Chez les femmes, au contraire, le primat des six premiers prénoms (Anne, Marie, Catherine, Élisabeth, Jeanne, Madeleine,
Marguerite) reste à peu près intact (de 70 à 64 %). Il est vrai que les
formes de la diversification sont parfois détournées; ainsi la vague
fin de siècle du prénom composé (souvent autour de Marie) :
on y sent, bien sûr, une influence venue de Paris ou de Versailles.

Tout ceci va dans le sens d'une individualisation croissante des
attitudes, de la rupture d'un héritage séculaire dans ce qu'il a à la
fois de plus insidieux et de plus fort. Un phénomène de mode vient
à la traverse des habitudes enracinées. Mais il ne faudrait pas, sans
doute, en surestimer l'importance : Marseille n'est pas toute la
Provence et à la mobilité accrue dont témoigne la capitale phocéenne
au niveau du prénom répond la stabilité du petit monde niçois où

ce phénomène ne s'observe nullement : cinquante et un prénoms pour cent testateurs au début du siècle... 44 pour cent à la fin. Aix serait, pour sa part, plus proche de Nice que de Marseille puisque le nombre des prénoms pour cent testateurs reste stable, aux environs de cinquante.

Il est vrai que nous touchons là un niveau où les attitudes conscientes et volontaires se manifestent beaucoup moins nettement que dans les clauses objectives dont on a pu, par ailleurs, suivre l'évolution.

Ces intercesseurs célestes, sans doute sont-ils un peu trop lointains pour que nous les connaissions autrement que par des voies bien détournées. C'est bien dommage, c'est par eux, peut-être, que nous pourrions voir s'entrouvrir le ciel tel que le conçoivent les Provençaux du XVIIIe siècle. Mais ces choses se disent peu, et se décrivent malaisément.

Aussi ont-ils consacré plus de place dans leurs testaments à ce que nous appellerons les intercesseurs terrestres : ceux qu'ils ont chargés, après leur mort, de veiller ou d'aider à leur salut.

5

Intercesseurs terrestres

Couvents et paroisse.

Vers qui se tournent, à l'article de la mort, les testateurs provençaux? Répondre à la question, c'est identifier le réseau de médiations
terrestres au sein desquelles l'homme du XVIIIe siècle encore est
pris et encadré, de la naissance à la mort, et au-delà. Elles sont multiples, allant de la paroisse aux couvents urbains, aux chapelles
du terroir. Parallèlement, les confréries de Pénitents offrent un
appui, un secours, des structures d'accueil. Réservons leur cas pour
la suite : mais comment aborder les liens du testateur avec les
structures de l'Église-institution?

Le contenu des testaments y aide, par ces voies auxquelles nous
nous sommes accoutumés : à la fois détournées, inattendues... et
directes puisqu'on peut reconnaître, en les dénombrant dans les
élections de sépulture comme dans les demandes de messes, ceux
qui ont la faveur, et la confiance des testateurs.

Jusqu'à l'Édit royal de 1776 qui impose l'inhumation obliga-
toire dans les cimetières, de longtemps réclamée pour des raisons
de salubrité, l'ensevelissement se fait au choix du testateur. A lui
de s'en remettre à la discrétion de ses héritiers, ou d'élire le cimetière, l'église paroissiale dont il précise éventuellement la chapelle,
ou enfin l'église conventuelle de son choix. En fait, les sondages
limités mais précis le montreront, le choix n'existe vraiment qu'en
ville, et il n'est véritable qu'à partir d'un certain niveau social : il
prend donc sa pleine valeur chez les notables qui constituent l'essentiel de cet échantillon. Sans doute faut-il, d'entrée, préciser les limites du choix; il est, dans nombre de cas, commandé par les servitudes de la tradition familiale, ou si l'on veut, les commodités du

PLANCHE 31.

A. *Demandes de messes à Marseille.*

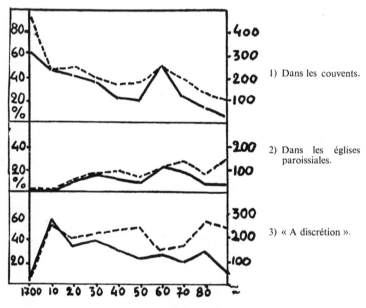

1) Dans les couvents.

2) Dans les églises paroissiales.

3) « A discrétion ».

(Trait continu : moyenne des messes demandées.
Trait discontinu : pourcentage des demandes par rapport au total.)

B. *Élections de sépulture à Marseille.*

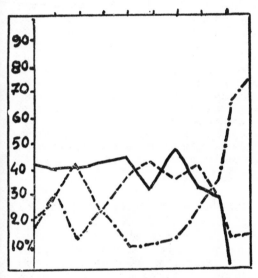

Trait continu : couvents.

Tirets : église paroissiale.

Points et tirets : indéterminé ou « à discrétion ».

(Même échelle chronologique que ci-contre.)

caveau de famille : et l'expression « élire sa sépulture à la tombe où sont inhumés ses ancêtres » ou ses « devanciers » revient en leit-motiv assez insistant pour ne pas rendre sceptique sur la réalité du choix individuel. Mais si le choix n'est pas spontané, le test reste révélateur au niveau des options familiales, si l'on veut bien tenir compte de la force d'inertie dont il se trouve alourdi, et qui doit freiner les phénomènes d'évolution, empêcher les effets de « mode » ou d'engouement collectif de se traduire pleinement, ou immédiatement.

Les demandes de messes offrent, dans leur choix, plus de souplesse et de mobilité. Elles n'échappent pas complètement à la pression ou à la convention sociale : et le testament des plus gros notables urbains comporte plus d'une fois une distribution équitable des services (comme des revenus qu'ils apportent) entre les couvents de la cité — ce qui, évidemment, rend la répartition peu significative. Mais la liberté reste la règle la plus générale, et la discordance n'est pas si rare entre l'élection de sépulture commandée par la posses-sion du caveau de famille, et le lieu de célébration des services qui répond à une ou à des dévotions personnelles.

Deux éléments de statistique se proposent donc, aptes à nous introduire, sinon dans les secrets des dévotions campagnardes, du moins au choix des notables urbains.

Couvent-paroisse : équilibre ou rivalité? (Les élections de sépulture.)

A la fin du XVIIe siècle, la paroisse ne tient pas encore, dans l'es-prit du testateur le rôle qu'elle aura par la suite : l'influence des couvents reste dominante, ainsi qu'on peut en juger par l'exemple marseillais, le plus fourni, le plus riche aussi et qui va pour ces causes servir de lieu d'expérimentation d'une méthode d'appro-che (1).

L'élection de sépulture est très générale chez les notables au début du siècle : 80 % des cas en moyenne. Mais elle ne choisit la paroisse que de façon minoritaire : 18 % des cas à la fin du XVIIe, autour de 25 % dans le premier tiers du XVIIIe. Au contraire, alors, les couvents marseillais se partagent 40 % ou plus des sépultures, le reste, mis à part une quasi-constante de 5 % qui va aux églises du terroir, formant la part de l'indétermination, des sépultures remises à la

(1) Planches 31 et 32.

discrétion de l'héritier. L'importance des couvents, matérialisée par ce pourcentage de quelque 40 % des sépultures, reste étale jusqu'au milieu du siècle, mais cette quasi-stabilité masque un déclin relatif : à partir surtout de 1730, la part de la paroisse va croissant et les deux courbes — couvent et paroisse — se rencontrent à égalité dans les années 50; elles connaissent dès lors un déclin, inégal toutefois, puisqu'il touche surtout les couvents dont l'importance est réduite à moitié de ce qu'elle avait été durant la première partie du siècle à la veille de la date (1776) qui interrompt le déroulement des séries, l'Édit royal qui impose l'inhumation au cimetière enlevant toute raison d'être à l'élection de sépulture. Mais de même qu'il nous est apparu, à l'étude des formules notariales, que ce n'est point la Révolution française qui a laïcisé le testament, et qu'elle n'a fait que sanctionner une mutation déjà avancée, on peut dire que l'Édit royal de 1776 qui semble rompre les rites séculaires de l'ensevelissement au caveau de famille des églises, ne fait que hâter une évolution en cours. Elle s'était marquée au fil du siècle par la concurrence croissante de la paroisse contre les sépultures conventuelles, mais se révélait aussi par l'indifférence croissante au lieu de la sépulture : entre 1760 et 1770, les élections de sépulture n'intéressent plus que moitié des testateurs marseillais (49 %) ; cette indifférence croissante à ce qui avait été souci majeur des générations précédentes dénote, dans un milieu notable où la tradition familiale et la pression sociale devraient être fortes, une mutation de sensibilité collective plus importante sans doute qu'on ne pourrait le croire au premier abord. Le déclin des couvents avait marqué le recul des dévotions familiales enracinées : l'indifférence croissante au tombeau, statistiquement attestée, complète ce premier indice.

Ceci vaut pour Marseille : dans quelle mesure peut-on extrapoler du cas de la cité phocéenne, qu'on imagine extrême? Les autres milieux urbains fournissent des chiffres de référence, même si l'échantillon limité qui les représente ne permet pas de constituer une série continue et représentative à l'instar de Marseille (1).

Avec une convergence, somme toute étonnante, la physionomie marseillaise se retrouve, dans ses structures sinon dans son évolution, dans toutes les grandes villes de Provence ; partout les notables choisissent les couvents plutôt que la paroisse pour y établir leur sépulture, et des pourcentages bien comparables se rencontrent, que ce soit au début ou au cœur du XVIIIe siècle : du quart au tiers

(1) Planches 33, 34, 35.

*Succès et déclin des couvents marseillais au XVIIIᵉ siècle,
d'après le critère de l'élection de sépulture et des demandes de messes.*

(Les 3 étapes distinguées correspondent à : jusqu'à 1730, 1730-1760, 1760-1790.)

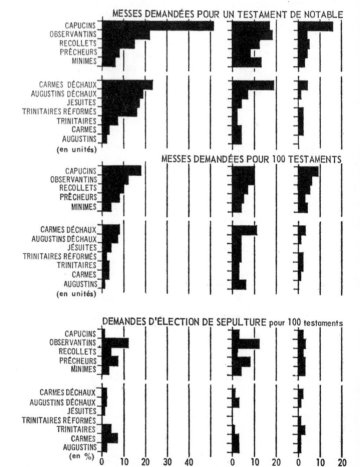

JUSQU'A 1730   1730-1760   1760-1790

(Traitement graphique S. Bonin; Labor. E. P. H. E.)

des sépultures dans les églises paroissiales dans la plupart des cas, de 40 à 60 % dans les couvents, dont à peu près constamment 20 % dans ceux de la famille franciscaine. Nice même, dont on aurait pu attendre physionomie originale, entre sans problème dans les normes, avec un équilibre conforme à celui des autres villes provençales. Un graphique triangulaire regroupant les données des principales villes provençales pour y mesurer le balancement de la faveur des couvents et de la paroisse au niveau des élections de sépulture, sans oublier, troisième facteur, négatif mais important, l'indifférence à la sépulture, fournit pour les 7 plus grandes villes provençales une nébuleuse fort bien groupée (1). Qu'elles soient de Provence occidentale ou orientale, les villes présentent le même visage, dominé par la présence des couvents. L'évolution suggérée, à partir de 2 comptages échelonnés (1700-1730 et 1730-1760), indique dans la majeure partie des cas (Marseille, Aix, Draguignan, Nice, Grasse) le recul parfois sensible de l'emprise des couvents dès la première moitié du siècle, seuls deux cas faisant exception (Toulon et Arles). Bénéficiaire de ce recul, la paroisse progresse parfois (Marseille, Draguignan, Nice) mais c'est finalement l'indifférence qui gagne au fil du siècle (4 cas contre un de constance et deux de recul).

Le XVIIIᵉ siècle voit donc commencer à se défaire le réseau des attachements qui, par le biais du tombeau, liaient une famille à une église de paroisse ou de couvent et par la suite à certaines fidélités au niveau des dévotions : on objectera peut-être que le critère des élections de sépulture n'est pas assez démonstratif, que le remplacement de la sépulture dans les églises par le cimetière, répond à d'autres impératifs, et qu'il serait abusif de voir dans l'évolution que sanctionne l'édit de 1776 le reflet unique d'une modification de sensibilité religieuse. Mais qu'en est-il pour les demandes de messes?

Couvents et paroisses : les demandes de messes.

Marseille va, là encore, fournir une première réponse que confirmeront ou non les autres sondages.

Au début du siècle, cent testaments de notables marseillais représentent en moyenne, en tenant compte des demandes multiples chez certains, cent quarante demandes de messes : le chiffre se maintiendra, tant bien que mal, avec un fléchissement de 1700 à

_____

(1) Planche 34.

Maisons des ordres religieux dans les villes de Provence.

(Cartographie S. Bonin; Labor. E. P. H. E.)

COUVENTS D'ORDRES MÉDIÉVAUX

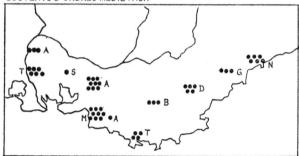

COUVENTS D'ORDRE DE LA CONTRE-RÉFORME

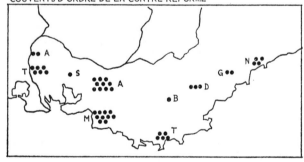

1740, une sensible remontée dans les 20 années suivantes, jusqu'en 1760. La courbe amorce ensuite une chute brutale jusqu'à la fin de l'Ancien Régime pour arriver, à la veille de la Révolution, à moitié de son niveau initial (autour de 70 demandes pour 100 testateurs) : le profil est connu, il n'est que la traduction, en termes un peu différents, d'une réalité déjà analysée. Ce qu'il importe de pénétrer maintenant, c'est la ventilation, à l'intérieur de ce stock, entre les demandes adressées aux paroisses, aux couvents ou sans application précise. A l'aube du siècle des Lumières, c'est avant tout aux couvents marseillais que pensent les notables pour les charger de prier pour leur âme. Plus de 80 % des demandes de messes leur sont adressées et si le chiffre s'en réduit ensuite, il reste bien supérieur à la moitié, oscillant entre quatre-vingts et cent jusqu'en 1760 sur un total compris entre cent trente et cent soixante, et c'est avant tout par les demandes de messes aux couvents que se trouve rythmée la courbe générale, où les messes sans application précise, à la discrétion des héritiers figurent un flux quasi constant de trente à quarante messes pour cent testateurs. Les paroisses ne viennent alors qu'en dernière position : au début du siècle leur rôle semble quasi nul, et s'il croît ensuite régulièrement c'est dans des limites modestes puisque, jusqu'au milieu du siècle, pour quatre-vingts à cent demandes de messes adressées aux couvents il n'en est guère qu'une vingtaine qui se tournent vers la paroisse. Tout change alors, à la fois par consolidation de la place nouvelle de la paroisse, et par le déclin brutal des demandes de messes dans les couvents : les deux courbes, l'une stable ou à peu près, l'autre en déclin marqué tendent à se rejoindre et à s'équilibrer.

Poussons plus loin encore l'analyse, ou si l'on veut l'indiscrétion qui n'est peut-être prosaïque qu'en apparence : et au-delà du geste même de la demande de messes, interrogeons-nous pour savoir combien un testament moyen de notable marseillais « rapporte » de messes aux couvents, ou aux paroisses au fil du XVIIIe siècle. Dans ses dimensions spirituelles, comme économiques, le déclin des couvents marseillais au XVIIIe siècle s'en trouve très cruellement mis en lumière : à la fin du XVIIe siècle, bénéficiaires quasi exclusifs, un testament de notable leur apporte en moyenne trois cent vingt messes, plus ou près de deux cents encore jusqu'en 1730. La moyenne tombe alors aux environs de cent messes, pour remonter par une pointe qui n'est sans doute pas accidentelle à deux cent soixante dans les années 1760, mais la chute est ensuite prononcée et continue, qui conduit à la veille de la Révolution à quelque vingt-cinq messes par testament notable en moyenne. A ce stade les églises paroissiales,

Rivalité du couvent et de la paroisse en Provence.

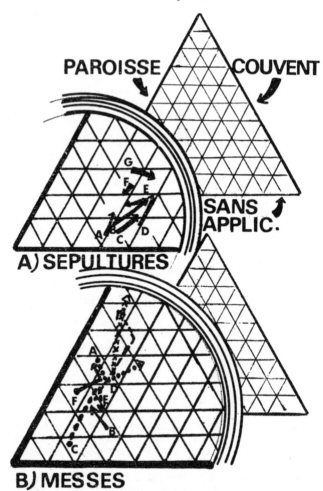

PAROISSE — COUVENT

SANS APPLIC.

A) SÉPULTURES

B) MESSES

Légende : A : Aix; B : Arles; C : Nice; D : Grasse; E : Draguignan; F : Tou-lon; G : Marseille. Point initial : 1700-1729; point intermédiaire : 1730-1759; point ultime : 1760-1789. (*Note :* Dans le cas des élections de sépulture l'évolution est limitée aux deux premières coupes.)

avec trente-six messes ont plus que rejoint les couvents, fait étonnant, si l'on considère qu'elles sont parties de rien au début du siècle pour osciller modestement entre cinquante et cent messes au fil du siècle, avec une tendance cependant à progresser. En cette fin de siècle également, les messes sans application précise sont devenues aussi nombreuses et parfois plus, que le total cumulé de celles qui s'adressent à telle église ou tel couvent, progrès de l'indétermination, ou si l'on veut de l'indifférence qui trouve ici une nouvelle confirmation.

Peut-on généraliser de Marseille aux autres villes provençales ? Il le semble bien à consulter les statistiques et leur traduction graphique pour laquelle, comme précédemment, un graphique triangulaire faisant intervenir les trois composantes : couvents, paroisses, indétermination, a paru le plus expressif (1). Suivie ici sur tout le siècle par tranches trentenaires, l'évolution montre plus de mobilité qu'en ce qui concerne les élections de sépulture, ce qui n'a rien pour étonner. L'importance des couvents, le faible rôle de la paroisse est partout notable, plus encore peut-être que dans les élections de sépulture. A l'exception près d'Aix-en-Provence, les églises paroissiales gagnent peu de terrain au fil du siècle, et leur part reste généralement confirmée au-dessous de 20 % des demandes de messes. Mais cela ne veut pas dire que l'attraction des églises conventuelles, très sensible au début du siècle (il n'est pas de point d'origine au-dessous de 50 %), ne connaisse l'érosion constatée dans le cas de Marseille : c'est simplement l'indifférence croissante beaucoup plus que la concurrence des paroisses qui est responsable du repli, dans certains cas assez spectaculaire, notamment en Provence orientale (Draguignan, Grasse ou même Nice).

Du primat de l'influence des couvents, à leur recul attesté aussi bien dans les élections de sépultures que les demandes de messes, se précise la physionomie de dévotions dont il faudrait savoir si elles sont spécifiquement méditerranéennes dans leurs formes. Encore convient-il de savoir quels couvents, et de quels ordres il s'agit.

Les ordres religieux.

On hésite à proposer ici cette semi-carte d'inventaire qui nous a, par ailleurs, à plusieurs reprises, servi à mettre en place le cadre de l'analyse : on comprend sans peine pourquoi. Il n'est point à ce

(1) Planche 34.

jour de dénombrement exhaustif et cartographié des confréries luminaires en Provence, tout apport si incomplet soit-il en devient appréciable. Or on possède depuis peu, pour les ordres religieux provençaux de l'époque moderne, les cartes de l'Atlas historique de Provence qui en donnent, en une représentation cinématique, le dénombrement et l'implantation, outil précieux pour la recherche(1).

Risquons cependant pour les milieux urbains provençaux, la mise en place des établissements religieux attestés et retrouvés par le biais des legs testamentaires des notables; objet de notations isolées, les couvents des bourgs et villages ne seront pas ici retenus, ce qui n'est point dire qu'ils ne posent pas de problèmes, mais nous les retrouverons plus valablement au niveau des sondages précis dans un lieu donné.

C'est donc une carte d'inventaire simplifié, et en même temps de fréquentation, que nous proposons, où seules les villes de quelque importance apparaissent dans la multiplicité de leurs établissements religieux (masculins, précisons-le, les couvents de femmes n'attirant que très exceptionnellement les legs) (2).

Il faut aller au-delà de cette première impression, d'un foisonnement bien réel cependant : 19 couvents rencontrés à Marseille, autant à Aix, 12 en Arles, 10 à Nice, 9 à Toulon, 8 à Draguignan, 5 encore à Tarascon ou à Grasse; l'abondance n'est pas telle cependant, qu'elle défie toute analyse plus poussée. Un premier clivage permet d'y opposer ordres anciens, ou disons, médiévaux, à ceux que la Contre-Réforme a multipliés à partir de la fin du XVIᵉ siècle : ordres réformés, déchaussés, de nouvelle observance, ou ordres nouveaux. Pour 94 couvents suivis, les deux groupes s'équilibrent : 50 ordres d'implantation ancienne contre 44 nouveaux, ce qui permet toutefois d'apprécier l'importance du poids de la reconquête catholique. Mais il n'est pas également ressenti : pour 21 ordres anciens, 15 nouveaux en Provence orientale; pour 29 couvents d'ordres implantés, autant de nouveaux (29) en Provence occidentale et singulièrement dans des villes comme Marseille ou Aix qui ont alors doublé leur « équipement » monastique. L'accentuation de ce contraste entre Provence occidentale et Provence orientale, sensible sur nos cartes, l'est également, précieuse confirmation, sur les cartes d'inventaire exhaustif de l'Atlas de Provence. On peut s'interroger sur ce dimorphisme à première vue étonnant, dans la mesure où toutes nos approches cartographiques ont jusqu'à présent révélé

(1) *Atlas Historique de Provence*, pl. 112-113-115, (*op. cit.*, nᵒ 185).
(2) Planche 33.

une Provence orientale plus fidèle, plus stable, plus dévote ; mais elle en a peut-être été, de ce fait, moins touchée que les fronts pionniers de la Provence qui bouge, par les créations multiples de la reconquête catholique. Et n'oublions pas, au niveau de ces hypothèses de travail, la mutation économique, et la migration démographique qui privilégient alors la Provence occidentale.

Dans le détail des ordres, on bute d'entrée — phénomène méridional ou général ? — sur l'omniprésence des Mendiants. Les Prêcheurs sont partout, entendons, dans toutes les villes de quelque importance, mais rien ne peut éclipser le foisonnement des couvents de la famille franciscaine. Ils sont présents, au niveau même des bourgs plus médiocres ; et ils sont partout sous des formes multiples, des Cordeliers ou Observantins et Minimes que l'on peut considérer comme le fonds le plus ancien de cette implantation, aux nouveaux venus de la reconquête catholique : Capucins, Récollets, Picpus. Les Capucins en particulier sont universellement représentés et la densité de leur réseau concurrence celle des Cordeliers, leurs devanciers et rivaux.

Sortis des bataillons de la famille franciscaine, Augustins, Carmes, Trinitaires sont les plus fréquemment attestés et éclipsent de loin les ordres d'implantation marginale ou restreinte : Chartreux, Mercédaires, Servites. S'y ajoute la foule des couvents nés de la Contre-Réforme, Carmes déchaux, Augustins ou Trinitaires réformés, les plus nombreux, mais aussi Feuillants, Théatins ou Pères de la Doctrine Chrétienne. On devine, bien sûr, des implantations contrastées en fonction de géographies différentielles dont le sens dépasse le cadre de la Provence : les Théatins ne poussent pas au-delà de Nice, les Servites restent peu implantés, les Récollets, présents à Aix, Marseille ou Arles, ne se rencontrent pas en Provence orientale.

Dans les limites mêmes de ce qu'elle pouvait apporter, cette cartographie nous familiarise avec les ordres établis en Provence dans leur importance inégale. On a tenté de la mesurer en dénombrant au niveau des quelque 1 200 testaments *urbains* de notables provençaux, le nombre des demandes de messes comme d'élections de sépulture dans leur répartition entre les couvents des différents ordres.

A Marseille, à nouveau choisi comme échantillon test (1), le bilan est sans équivoque, encore que les données fournies par les demandes de messes et celles des élections de sépulture ne soient pas

(1) Planche 32.

complètement superposables. Dans la douzaine de couvents marseillais les plus réputés, la famille franciscaine se taille la part du
lion. Les Capucins, pour cent testaments de notables, recueillent
au début du siècle près de trente demandes de messes, et, malgré une
chute sensible, une dizaine du milieu à la fin du XVIIIe. Si l'on exprime
ce flux en nombre de messes en moyenne pour un testament notable, c'est plus de cinquante messes par testateur qui leur reviennent
au début du siècle, une quinzaine encore dans la suite. Les
Observantins occupent la seconde place, et semble-t-il, sur la
base de formes différentes d'attachement de la part du peuple chrétien : on demande des messes aux Capucins, on leur confie très peu
sa sépulture. Au contraire, les couvents de l'Observance disposent
d'une audience très certaine, encore qu'en déclin marqué à la
fin du siècle, particulièrement dans les milieux notables ou aristocratiques. Récollets et Minimes complètent cet éventail, avec des
nuances parfois sensibles : ainsi la faveur dont jouissent les Minimes
tard dans le siècle, et qui n'est point spécifiquement marseillaise.
Isolés face aux ordres mendiants de la famille franciscaine, les Prêcheurs manifestent une implantation limitée mais harmonieuse
dans ses formes, car il est toute une tradition de notables qui se
font ensevelir chez eux comme ils sollicitent leurs messes. On ne
s'étonne pas, dans les ordres qui sont représentés à la fois par un
couvent « traditionnel » et un couvent d'obédience réformée, de
découvrir une discordance très générale entre élection de sépulture
et demande de messes; c'est chez les grands Carmes, les grands
Augustins et les Trinitaires que les élections de sépulture, au début
du siècle, sont les plus nombreuses : beaucoup plus en tout cas que
chez les réformés de la même obédience. On mesure évidemment
là l'héritage du passé, de la tradition familiale pérennisée par le
caveau de famille. Mais dans le cadre des demandes de messes, cet
équilibre se trouve inversé; sans qu'on s'en étonne, ce sont les
ordres réformés qui attirent le plus grand nombre de messes, surtout
au début du siècle; le cas est net pour les Carmes déchaux qui
gardent jusqu'au milieu du siècle une importance comparable aux
plus actifs des autres mendiants — Observantins ou même Capucins
— mais à un moindre degré, l'observation vaut pour les Augustins
et les Trinitaires réformés. Ce « palmarès » livre donc non point
un tableau statique, mais des suggestions dynamiques : dans le
réseau si dense des couvents marseillais au début du XVIIIe siècle,
certains sont déjà presque morts, ou du moins en déclin, ou du
moins vivant sur l'acquis des siècles ou du siècle passé. D'autres
gardent un dynamisme certain et semblent encore conquérants au

début du siècle; mais il ne semble guère, dans le déclin qui les frappe généralement, que la relève soit assurée : un succès étale, au demeurant limité, comme celui des Minimes reste l'exception.

Sans doute l'analyse de cet échantillon amène-t-elle plus précisément encore, à définir les limites de ce qu'on peut en attendre : et l'on s'étonnera peut-être de ne voir apparaître que marginalement dans ce Marseille du XVIIIᵉ siècle, si profondément marqué par la querelle janséniste, les protagonistes obligés : Oratoriens et Jésuites, les premiers ne figurant même pas dans la statistique des douze ordres principaux à Marseille, les seconds ne recevant pratiquement pas de sépultures, et ne bénéficiant que d'un nombre de messes fort limité.

Mais c'est que nous n'abordons la vie de ces couvents, comme leur activité ou leur prosélytisme, que par une voie bien précise, qui ne couvre pas toujours l'essentiel de leur activité. Certains d'entre eux — et c'est le cas pour les Oratoriens ou Jésuites — ne semblent pas rechercher les sépultures ou les messes comme c'est le cas visiblement pour les mendiants et singulièrement les Capucins. Cela ne veut pas dire pour autant qu'ils n'aient pas d'emprise sur les notables urbains, et certains testaments au niveau de l'épanchement individuel et de legs très précis révèlent l'empreinte reçue d'une éducation chez les uns ou chez les autres. Mais, si l'on tient compte cependant du rôle que tiennent chez les Provençaux les attitudes devant la mort, on conçoit aussi qu'être au contact du peuple chrétien par le biais d'une sépulture et des messes pour les défunts, c'est s'assurer une influence, une familiarité et un capital de reconnaissance qui explique peut-être certains aspects des luttes jansénistes à Marseille, au cours desquelles c'est plutôt par l'affrontement des Capucins — chéris de Mᵍʳ de Belsunce — et des Prêcheurs, que par celui des Jésuites et des Oratoriens, que l'affrontement se popularise et prend toute son intensité. Enfin, il faut le reconnaître, si la Provence, ainsi aperçue dans le cadre marseillais, répond partiellement au visage méridional que l'on attendait d'elle (importance des mendiants de la famille franciscaine), il faut aller jusqu'à Nice pour voir en action les ordres de la Contre-Réforme : et la présence multiforme de la Compagnie de Jésus — legs multiples pour des messes, des missions, des exercices spirituels, des congrégations d'hommes — y témoigne d'une autre tonalité, d'une imprégnation que nous n'avons nulle part rencontrée en Provence; serait-elle finalement moins « baroque » que nous ne le pensions ?

Pour répondre à la question, on a transposé à l'ensemble des

PLANCHE 35.

Faveur comparée des ordres religieux en Provence.

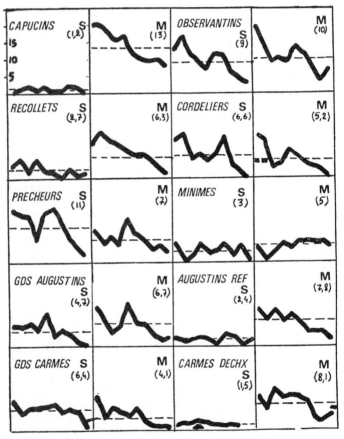

Légende : S : sépultures; M : demandes de messes; chiffres entre
parenthèses : moyenne séculaire par 100 testaments.

ordres religieux masculins urbains cités dans les testaments, la technique d'approche expérimentée à Marseille, pour tenter de formuler à l'échelon de la Provence urbaine tout entière les données marseillaises : combien cent testaments représentent-ils de demandes de messes ou de sépultures pour les Récollets, les Prêcheurs ou les Carmes déchaux? (chaque pourcentage étant établi, est-il besoin de le préciser, par référence au total des cas dont nous disposons dans les villes où existe un couvent de l'ordre étudié). Sur la base d'un échantillon ainsi élargi, on a pu suivre la courbe continue des demandes de messes et élections de sépulture dans les dix ordres religieux les mieux implantés en Provence : Capucins, Observantins, Récollets, Cordeliers, Prêcheurs, Minimes, Augustins et Carmes, ces derniers, tant de l'ancienne observance que réformés (1). C'est donner à l'étude une double dimension, comparative et chronologique.

On confirme d'entrée ce que Marseille annonçait : certains ordres reçoivent les sépultures, d'autres les messes mais la superposition n'est pas absolue et la discordance répond généralement à l'ancienneté des ordres; plus anciens, Observantins ou Cordeliers reçoivent des sépultures que, dans la famille franciscaine, Capucins et Récollets ne connaissent guère; le même contraste se rencontre entre Grands Augustins et Grands Carmes d'un côté, Augustins réformés et Carmes déchaux de l'autre. Mais les ordres plus neufs, qui n'attirent pas les sépultures, reçoivent souvent plus de messes que leurs prédécesseurs : ainsi se trouve confirmé à l'échelon de la Provence le phénomène de relais décelé à Marseille, et qui permet de situer dans le cadre d'une évolution ancienne le tableau que l'on peut dresser au seuil du xviiie siècle.

Primat de la famille franciscaine : sur cent testaments quarante en moyenne leur demandent des messes contre trente-quatre aux cinq ordres religieux les plus importants en dehors des Franciscains. Les Capucins arrivent en tête suivis par les Observantins qui sont très fortement implantés. Récollets, Cordeliers, Minimes, à une place plus modeste, complètent ce réseau; les derniers, loin de régresser, confirment en plusieurs lieux leur progrès continu au fil du siècle.

Les Prêcheurs tiennent, pour l'ensemble, la première place parmi les ordres autres que franciscains; et la structure des legs reçus (ils viennent en tête pour les élections de sépulture, plus nombreuses chez eux que les demandes de messes) les rapproche-

(1) Planche 35.

rait sans doute des Observantins, voire des Cordeliers, couvents anciennement implantés, d'ancienne et fidèle « clientèle ». Mais les Augustins réformés, ou les Carmes déchaux reçoivent au moins autant de demandes de messes qu'eux, s'ils n'ont guère de sépultures. Ils laissent derrière eux les ordres dont ils se sont séparés : Grands Augustins et Grands Carmes.

Si la hiérarchie d'ensemble comme la structure des legs est déjà en elle-même révélatrice, les courbes permettent de suivre au fil du siècle une évolution fort nette et généralement convergente. Sur dix courbes de demandes de messes, neuf cas de déclin parfois très prononcé. La chute est linéaire, sans palier ni rémission dès le début du siècle chez ceux qui avaient été les auxiliaires les plus actifs des dévotions populaires de la Contre-Réforme : Capucins et Récollets.

Dans la majorité des cas cependant, un autre schéma s'impose, qui, à un déclin initial au début du siècle, fait succéder soit un long palier soit même une reprise, particulièrement nette chez les Prêcheurs et les Grands Augustins, décelable cependant chez les Observantins et les Cordeliers, moins brutalement touchés, d'entrée du moins, que les milices les plus actives de la famille franciscaine. Dans tous les cas, la chute finale est brutale, qui se dessine généralement après 1750 et, dans le déclin des demandes de messes dans la seconde moitié du xviiie, la débâcle des couvents s'inscrit comme un élément d'importance.

Comment expliquer la différence de profil des courbes pour un résultat, il est vrai, identique? L'événementiel de l'histoire religieuse provençale a, d'évidence, pesé lourdement sur des comportements où la mode a sa part. Prêcheurs ou Grands Augustins, dénoncés par les prélats anxieux comme soutiens avérés ou clandestins du jansénisme, ont dû bénéficier dans les années 1730 à 1740 de l'engouement janséniste des notables provençaux qui composent notre clientèle : Capucins et Récollets, milice populaire de Monseigneur de Belsunce à Marseille, ont dû voir leur audience diminuer d'autant dans ces mêmes milieux. De telles réflexions peuvent contribuer à la fois à éclairer le commentaire des courbes, en formulant des hypothèses de travail sur les voies et moyens d'un déclin; elles contribuent inversement à replacer cette approche dans les limites qui sont les siennes, d'une enquête en milieu notable : en serait-il de même dans le petit peuple, pour lequel le Capucin reste, au dire des chroniqueurs, l'intermédiaire obligé? Cette problématique comporte un arrière-plan sociologique difficile à aborder, impossible à esquiver.

On souhaiterait bien sûr, apprécier la physionomie provençale dans son originalité véritable, par référence à d'autres comportements régionaux. Le primat du couvent sur la paroisse, et dans le réseau des attachements, l'influence dominante des mendiants de la famille franciscaine sont-ils des traits spécifiques ou des lieux communs?

Les voyageurs, à commencer par le président de Brosses, ont vu des Capucins partout : mais le thème de l'exotisme provençal que développera le XIXe siècle n'est-il pas sujet à caution? La prolifération des ordres réformés de la famille franciscaine est sans doute un des traits majeurs de l'atmosphère religieuse urbaine de la reconquête catholique : il n'est pour en juger que de se reporter aux testaments médiévaux (10 à 15 % seulement de mentions des frères mineurs ou des mendiants, tant dans le Paris du XIVe siècle, que dans le Forez à la même époque) (1). Mais pour autant qu'on en puisse juger en l'absence d'indices quantifiés, dans la France du Nord aussi, les mendiants se rencontrent nombreux dans les testaments de l'âge classique : à Paris comme à Reims on requiert, suivant une formule qui en devient stéréotypée « les quatre mendiants » (auxquels on joint parfois les Minimes). La Provence ne pratique pas cette formule : il est vrai que la profusion des ordres mendiants y est telle... Nous en restons finalement à des présomptions sur cet important problème des agents et des intermédiaires des dévotions provençales dans leur originalité.

Sociologie, interrogations, problèmes.

Menée dans le cadre marseillais, où l'on a distingué suivant l'appartenance sociale des testateurs à qui s'adressaient leurs demandes de messes, comme l'élection de leurs sépultures, l'approche sociologique ne révèle aucune surprise : 29 % des notables (nobles, bourgeois roturiers, aristocratie de robe) choisissent l'église paroissiale contre 71 % un couvent pour y demander des messes; le monde de l'échoppe et de la boutique offre un pourcentage somme toute très comparable de 23 et 77 %. Du moins l'aristocratie de l'échoppe et de la boutique, car dans les milieux plus populaires que l'on peut toucher (salariés, ruraux, gens de mer), la part des couvents se réduit sensiblement à 55 % contre près de

(1) P. Tuetey (*op. cit.*, n° 183), M. Gonon (*op. cit.*, n° 172).

moitié aux églises des paroisses ou du terroir. Si l'on introduit dans cette approche une nuance évolutive, on constate une même évolution chez les notables (successivement 26 %, 29 %, 43 %, de demandes à la paroisse dans les trois tiers du siècle) et dans la bourgeoisie du commerce et de l'artisanat (14 %, 21 %, 34 %). L'attitude est la même, l'évolution identique : ne serait-ce pas parce que la barre a été placée trop haut dans la sélection sociale qui définit notre échantillon? Il faut laisser provisoirement le problème ouvert pour savoir si les dévotions populaires présenteraient une structure et des choix différents. On peut déjà formuler des soupçons : d'évidence, il est des clientèles qui se sentent, plus qu'elles ne se quantifient. De Nice (Cimiez) à Aubagne, les Observantins abritent dans leurs caveaux l'élite nobiliaire ou à tout le moins notable de leur ville. Il n'est point jusqu'aux paroisses qui ne présentent une sorte de hiérarchie, qui contrarie sensiblement l'équitable distribution géographique des messes : à Marseille, on sait que Saint-Laurent reçoit sépultures et messes de gens de mer, on sait la Major ou Saint-Victor aristocratiques, Saint-Martin, les Accoules ou Saint-Ferréol plus mêlées.

Ce sont là touches impressionnistes qui définissent un paysage collectif; mais ne nous y trompons pas. Ce dont nous avons suivi au fil du XVIIIe siècle le déclin marqué, c'est un petit peu cela, le monde des attachements cloisonnés, héréditaires; ce recul est peut-être plus lourd de conséquences qu'il ne paraît. L'indifférence au tombeau, ou à celui qui dira les messes est-elle une forme ou une approche de l'indifférence tout court? C'est une question que nous nous interdisons de trancher.

Pénitents — Congrégations — Tiers-Ordres.

Si c'est par la paroisse et concurrentiellement par les couvents que le peuple chrétien peut réaliser dans sa vie comme dans sa mort ses aspirations et ses gestes religieux essentiels, on sait que le Midi lui offre avec les confréries un réseau particulièrement développé de médiations d'un type original. Les pénitents provençaux ont fait l'objet tout récemment d'une magistrale étude à laquelle on sentira, sans qu'il nous soit nécessaire de le dire plus amplement, tout ce dont nous sommes redevables (1). Est-ce à dire

(1) M. Agulhon : *La sociabilité méridionale* (*op. cit.*, n° 219).

*Carte d'inventaire des confréries de pénitents
dans l'étendue des Bouches-du-Rhône et du Var actuels.*

(Cartographie S. Bonin; Labor. E. P. H. E.)

Note : On n'a pas osé alourdir la carte du nom des localités. Dans le Vaucluse, les Alpes-de-Haute-Provence et les Alpes-Maritimes, on a fait figurer les confréries connues, mais l'inventaire ne prétend aucunement être exhaustif.

TOTAL DES CONFRÉRIES DE PÉNITENTS.

PÉNITENTS BLANCS

PÉNITENTS NOIRS

PÉNITENTS BLEUS, GRIS OU BOURRAS

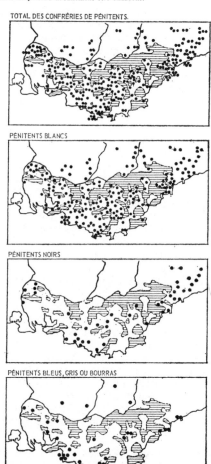

qu'il n'y ait plus rien à ajouter sur la question? Ce serait, croyons-nous, méjuger de la pensée et des intentions de l'auteur, qui en choisissant une étude approfondie dans un site limité à l'actuel département du Var, permet d'élargir sur des bases sûres les données de son étude à d'autres sites provençaux. Par ailleurs, la technique d'approche qui est la nôtre, en insérant, avec le mérite de la continuité géographique, sur une vaste étendue, appartenance et legs aux pénitents dans le cadre d'une population donnée, permet d'ouvrir de nouvelles perspectives tant sur la chronologie du succès des confréries, que sur leur implantation géographique, et que sur la sociologie de leur recrutement enfin. Confirmations bien souvent de l'apport des travaux d'Agulhon, mais quantifiées, et parfois précisées.

L'implantation des confréries.

On peut en juger d'entrée, à partir des cartes d'inventaire, au moins partiel, auxquelles nous conduit le relevé des mentions de legs, appartenance ou demande d'accompagnement aux confréries de pénitents provençaux. Dans le département du Var (dans ses limites du XIXe siècle, Grasse inclus) où l'enquête directe minutieusement menée d'après les archives des confréries par M. Agulhon dépiste des confréries de pénitents dans 72 communautés, nos testaments uniformément répartis dans tout le pays, permettent d'en retrouver dans 25 autres, apportant ainsi à la carte d'inventaire un complément non négligeable (1). Si l'on ajoute que la carte d'inventaire dressée pour le Var par Agulhon, et ainsi complétée, peut être aisément prolongée au département des Bouches-du-Rhône, grâce à des sources anciennes mais aisément abordables (2), on dispose pour toute la basse Provence des éléments d'une carte d'inventaire que l'on peut croire quasi complète.

Et c'est par référence à cette carte d'inventaire que les apports des testaments insinués par voie judiciaire prennent sans doute leur plein intérêt, un intérêt qui va bien au-delà des compléments matériels en termes d'identification de confréries jusqu'alors inconnues : de même que pour les confréries luminaires, ce sont des cartes d'usage, de fréquentation ou de succès selon que l'on

(1) Planche 36.
(2) La *Description historique, géographique...* d'ACHARD, *la Statistique « Restauration »* du baron de VILLENEUVE, ou l'ouvrage classique de MOULIN sur la vente des Biens Nationaux dans les Bouches-du-Rhône.

De la carte d'inventaire à une carte de vitalité : pourcentage des localités connues par testaments où des pénitents sont attestés.

A- LOCALITÉS OU DES PÉNITENTS SONT ATTESTÉS

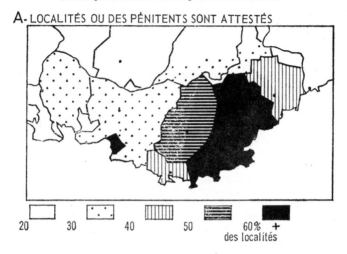

| 20 | 30 | 40 | 50 | 60% **+** |
des localités

De la carte d'inventaire à une carte de densité d'implantation...

B- LOCALITÉS DE PLUS DE 850 HABITANTS, OÙ DES PÉNITENTS SONT ATTESTÉS

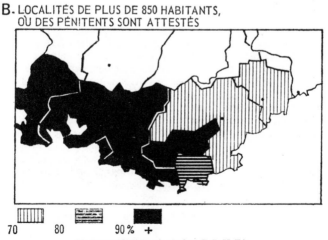

| 70 | 80 | 90% **+** |

(Cartographie S. Bonin; Labor. E. P. H. E.)

voudra les appeler, qui nous sont ainsi données, et dont la physionomie présente avec les cartes d'inventaire des discordances révélatrices. Qu'on en juge : dressée pour l'ensemble de la basse Provence d'après les données fournies par Agulhon ou rassemblées
par nous, la carte d'inventaire témoigne d'une présence très générale et assez uniforme des confréries de pénitents. Si l'on reporte par
sénéchaussée le nombre des communautés pourvues d'une ou plusieurs confréries à celui des localités de plus de huit cent cinquante
habitants en 1765 (date du dénombrement provençal qu'utilisa
Expilly)(1), le pourcentage est partout fort élevé : il l'est en Provence orientale où des circonscriptions comme Brignoles et Lorgues atteignent 100 %, Toulon et Hyères 83 %, Grasse, Saint-
Paul 78 %, Draguignan 74 %, soit en tous lieux les trois quarts au
moins des villages urbanisés (2). Mais on notera qu'il n'est point
inférieur dans l'étendue de la sénéchaussée d'Aix, où toutes les
localités sont pourvues, de même qu'en pays d'Arles. N'y aurait-il
point de nuances dans ce « tempérament régional »? La carte
de fréquentation permet d'approfondir et de nuancer l'interrogation (3). Nous ne touchons pas, nous le savons, toutes les communautés provençales : nous pouvons du moins apprécier dans combien d'entre elles la présence de confréries de pénitents est attestée au niveau des testaments, et ce, indépendamment de l'existence
de confréries telle qu'on peut la connaître par ailleurs. Cette carte
que l'on dira de vitalité, est fort loin de se superposer à la précédente : elle traduit en effet un contraste très marqué entre haute et
basse-Provence, et surtout entre Provence occidentale et Provence
orientale. Les pénitents se rencontrent à l'Est dans les testaments
de 40 % des localités touchées, parfois plus encore : plus de moitié
dans la région de Brignoles, près des deux tiers dans la vaste sénéchaussée de Draguignan. Que ce soit dans la haute Provence au
nord de la Durance et du Verdon, ou dans les régions occidentales,
pays d'Aix ou pays d'Arles, le pourcentage tombe au-dessous de
40 et parfois même de 30 %. Nous parlions « tempérament régional » à propos de la carte d'inventaire : la carte de vitalité
suggère une zone intermédiaire, correspondant à la Provence
occidentale, et pour une part à la haute Provence, où un quadrillage presque aussi dense ne correspond pas, à première approche
à un succès aussi marqué. Discordance qui conduit à soupçonner

(1) Nous en reprenons les données de BARATIER : *La démographie provençale*
(*op. cit.*, n° 188).
(2) et (3) Planche 37.

PLANCHE 38.

*Pourcentage. des cas de recours aux pénitents
(appartenance, accompagnement, legs...)
chez les notables provençaux.
Ventilation par grands ensembles géographiques.*

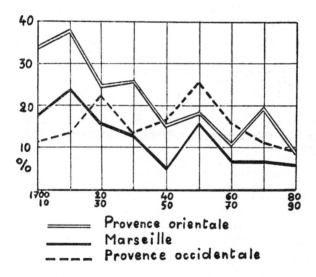

peut-être un phénomène de reflux dans le temps, ou plutôt de pro-pagation interrompue. C'est à partir des données mêmes de la géographie que s'impose la nécessité d'une étude évolutive.

Succès et déclin des pénitents en Provence : la marche du siècle.

C'est en courbes et en cartes « cinématiques » dont l'apport se complète que les données du problème deviennent perceptibles dans leurs nuances (1). On a relevé toutes les mentions faites des confréries, qu'elles s'expriment en legs, en demandes d'accompa-gnement ou en rappel d'appartenance du testateur. Stock composite dira-t-on... pas autant qu'il n'y paraît sans doute : dans de très nombreux cas, les legs rétribuent un accompagnement implicite-ment demandé, dans beaucoup de testaments aussi leur forme comme leur montant y font voir sans ambiguïté des arrérages de cote, et équivalent à un aveu d'appartenance, ce que d'ailleurs confirme le fait que l'immense majorité de ces legs soient dus à des hommes. Pour mille huit cents testaments provençaux la mois-son peut paraître limitée : un peu moins de deux cent cinquante mentions (deux cent trente-six). Cela impose pour les cartes cinématiques une chronologie sans nuances par coupes trente-naires, et pour les courbes que nous avons établies de la propor-tion des demandes par rapport au total des testaments, des regrou-pements géographiques assez vastes, opposant Provence occidentale et orientale, et compte tenu de l'importance du site, Marseille (2). Pour être appréciées, les données des deux traductions graphique et cartographique gagnent à être commentées conjointement.

Au début du XVIIIe siècle la carte et les courbes s'accordent pour révéler le contraste des deux Provences : un tiers des testateurs de Provence orientale s'adressent, dans leurs testaments aux gazettes de pénitents, dont ils sont souvent membres : c'est beaucoup plus qu'en Provence occidentale où, à l'origine, le pourcentage dépasse de peu le dixième. Marseille, il est vrai, de même d'ailleurs que Aix, présente des chiffres sensiblement supérieurs à sa région : discordance ville-campagne qui ne s'exprime pas, comme on peut en juger par la carte, dans les mêmes termes en Provence occidentale et orientale. A partir de Brignoles, les pénitents se rencontrent partout dans les bourgs, à tout le moins dans plus du

(1) Planche 39.
(2) Planche 38.

Recours aux pénitents dans la Provence du XVIIIe siècle.

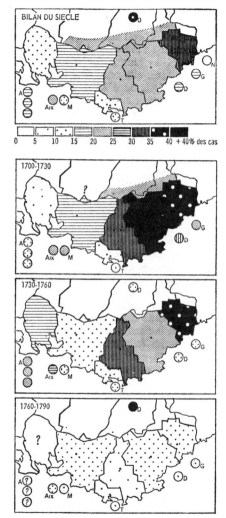

(Cartographie S. Bonin; Labor. E. P. H. E.)

tiers des testaments, voire (Draguignan campagne) plus de 40 %.
On pense aussi à eux dans les villes, Draguignan, Grasse, mais
sensiblement moins, puisque les testaments qui en font mention ne
dépassent guère le quart. C'est l'équilibre inverse qui se rencontre
en Provence occidentale : l'influence des confréries est bien implantée dans les villes les plus importantes, Marseille ou Aix,
Arles à un moindre degré; elle reste plus faible dans les bourgs
environnants du pays· d'Aix ou d'Arles. Il ne semble pas abusif
d'interpréter cette discordance figée par l'instantané cartographique en termes dynamiques. En Provence orientale les pénitents, solidement et anciennement implantés dans l'ensemble du
pays, auraient atteint et dépassé déjà le point culminant de leur
influence : et les villes plus mobiles commenceraient à revenir de leur
engouement. La courbe ne dément pas cette impression, dont le
trend est déjà, en Provence orientale, orienté dans le sens d'un
déclin : et c'est la différence avec la Provence occidentale. Sans
doute, à Marseille où les pénitents sont d'implantation et d'activité ancienne, le fléchissement commence-t-il à se traduire : mais
le reste de la Provence occidentale,˙ à commencer par Aix, reste
front pionnier pour une onde qui n'a pas encore achevé de s'y
propager : la courbe est encore à la hausse dans sa tendance
générale, et les bourgeoisies et aristocraties urbaines ne se sont
pas encore détachées de formes d'association que la campagne
ignore en partie.

Au milieu du siècle, le tableau apparaît sensiblement modifié :
si la carte révèle la persistance du contraste Provence occidentale-
Provence orientale, elle indique aussi l'effritement d'une pratique,
d'un recours naguère très fréquent : seul le pays de Grasse au
contact niçois reste fidèle, mais le déclin urbain se confirme. La
courbe relative à la Provence orientale confirme l'impression de
la carte, en témoignant d'un déclin poursuivi et marqué. Au contraire, en Provence occidentale, la situation est beaucoup plus
ambiguë : Marseille poursuit son détachement avec, semble-t-il
d'après la courbe, une stabilisation vers le milieu du siècle, mais à
Aix comme à Arles, et parfois même en campagne, les chiffres
sont fréquemment supérieurs à la période précédente, indice de la
propagation poursuivie d'une onde d'influence. La fin du siècle
uniformise dans un recul général données urbaines et données
rurales, Provence aixoise ou marseillaise, et Provence « niçoise »,
le déclin généralisé est confirmé par des courbes qui convergent,
en leur point d'aboutissement, à un très bas niveau. On n'ose
guère tirer argument des mentions demeurées plus fréquentes en

haute Provence, d'Apt à Digne : la faiblesse des échantillons considérés incite à la prudence, mais il ne serait point absurde que la haute Provence, site marginal de la sociabilité méridionale, ait offert un dernier refuge à une forme d'associations qui ont connu ailleurs diffusion, propagation puis déclin (1).

Si l'on veut bien se laisser convaincre par ces suggestions de la carte et de la courbe, il s'impose cependant de leur chercher une confirmation au niveau d'une sociologie approchée des pénitents et de ceux qui leur font confiance.

Sociologie.

Maurice Agulhon a pu, par l'analyse des registres d'un certain nombre de « gazettes » de pénitents, en identifier les membres dans leur statut social, et plus encore en suivre l'évolution au fil du XVIIIᵉ siècle : de cette « démocratisation » progressive d'associations désertées par les notables dans la seconde partie du siècle des Lumières, nos sources vont-elles donner confirmation?

On peut d'abord, en première approche, se demander d'où viennent les quelque deux cent cinquante mentions que nous avons rencontrées. Fort peu de milieux populaires : salariés ou gens de mer n'apportant respectivement que 1 et 2 % du total. Peu aussi des membres du clergé (3 %) : et il y a plus sans doute, ici, que le reflet de la faiblesse numérique du groupe dans notre échantillon.

Les ruraux, ménagers et travailleurs, n'entrent eux-mêmes que pour un dixième dans cette statistique. Les groupes les plus importants vont finalement se révéler être la noblesse (17 %) et quasi à égalité, les bourgeois (16 %) et gens de robe ou cadres moyens (14 %) : mais ces trois groupes sont très largement distancés par celui des artisans et détaillants, le petit monde de l'échoppe et de la boutique, qui avec 29 % apporte près du tiers des mentions de confréries de pénitents.

Première approche dont on ne se dissimule pas la grossièreté : mentionner les pénitents peut être révélateur d'attitudes aussi différentes que celle du noble qui demande la présence ostentatoire de deux ou trois gazettes, et du menuisier qui paie les arrérages de cote à la confrérie à laquelle il appartient : qu'on se rassure

---

(1) N'est-ce pas à Sisteron, par exemple, que la Contre-Révolution s'abritera en 1792 sous l'habit de pénitent des membres de la Société « Deus providebit »?

et si l'on s'en tient aux simples cas d'appartenance aux confréries (cent trente-trois, autour de 15 % du total des hommes de notre échantillon), les ordres de grandeur obtenus plus haut se trouvent reconduits pratiquement sans modification. Certains d'entre eux s'effondrent sans trop qu'on s'en étonne : ainsi celui des clercs qui n'appartiennent pas, on s'en doute, aux confréries (et rarement à un tiers-ordre). Mais pour les groupes les plus importants : artisanat (27 %), noblesse, « bourgeoisie » et professions libérales (entre 15 et 16 % chacun) la constance est manifeste.

Plus gênante sans doute, l'objection que l'on peut faire en fonction du caractère socialement très sélectif de l'échantillon que nous analysons et où l'aristocratie et les notables se trouvent sur-représentés par rapport aux catégories populaires et même à la moyenne bourgeoisie boutiquière. A coup sûr, la ventilation globale à laquelle nous arrivons ne reflète pas, pour des raisons évidentes, la structure moyenne d'une gazette de pénitents car elle hypertrophie les catégories plus notables.

Mais on peut aller plus loin, en mesurant dans chaque groupe social représenté dans notre échantillon, la part que représentent les pénitents ou ceux qui s'y adressent. Pour l'ensemble du siècle une ventilation d'ensemble se révèle, qui modifie sensiblement les données de l'approche précédente : certains groupes se voient confirmés dans la faiblesse de leur représentation : c'est le cas pour le clergé comme c'est le cas pour les catégories les plus populaires : salariat (le plus faible pourcentage avec 4 %) ou gens de mer. A l'autre extrémité de l'échelle sociale, le désintérêt relatif de certains groupes se confirme (les négociants) ou se révèle : ainsi pour la noblesse qui semble se compromettre finalement peu dans ces formes de dévotions populaires et collectives. Les participants les plus actifs restent donc la bourgeoisie roturière, qu'elle soit oisive ou engagée dans les professions libérales (16 à 17 %) et surtout la classe moyenne des artisans et boutiquiers (21 %). On situe au même niveau l'élite du monde rural, des ménagers aisés qui accèdent à notre échantillon testamentaire. Ainsi se trouve confirmé le caractère moyen du recrutement des confréries, tant à la campagne qu'à la ville, et plus encore de leur public.

Il est possible, pour les groupes les plus massifs, de suivre, au moins de trente en trente ans, l'évolution de l'intérêt porté aux confréries : au début du siècle, les pourcentages les plus forts se rencontrent déjà chez les artisans et les ménagers aisés : près de 30 % des testateurs, mais la bourgeoisie roturière urbaine est peu en retrait : autour de 20 % en général. Seule l'aristocratie nobiliaire est déjà pour une part en marge de ces formes de sociabilité (8 à 10 %). Le déclin qui se manifeste dès le milieu du siècle affecte inégalement les groupes sociaux : il touche avant tout les notables : bourgeois, robins et nobles ; épargne en partie l'artisanat et la bourgeoisie paysanne dont l'importance se voit relativement accentuée dans des associations dont ces groupes se sont moins détournés que les autres.

Il va de soi qu'un tel schéma, dans sa simplicité, mériterait d'être nuancé si l'on ne craignait, en subdivisant encore un échantillon réduit d'encourir le reproche de résultats peu significatifs : mais pour n'être point massivement quantifiées, des données apparaissent toutefois sans équivoque : ainsi la relative stabilité du pourcentage nobiliaire au milieu du siècle est-elle visiblement due à l'attrait que gardent, à Aix, les confréries sur une aristocratie qui n'en a pas encore épuisé l'intérêt, et il semble bien que dans l'histoire de ces confréries de pénitents un schéma d'évolution sociologique se répète, qui porte vers elles, dans leur phase ascendante, notables aristocratiques ou roturiers, puis à partir, et à cause peut-être, d'un stade de gonflement maximum, voit ces notables les abandonner au profit d'une petite bourgeoisie plus fidèle : données qui sont connues depuis les travaux d'Agulhon, mais dont on voit ici l'application. Marseille mis à part, la Provence occidentale semble plus tardivement touchée et reproduit, semble-t-il, avec un décalage chronologique, une évolution déjà avancée dans la Provence orientale.

On le voit, les données des testaments permettent de confirmer l'approche sociologique menée par Agulhon, mais aussi de diversifier la géographie qu'il suggère des confréries méridionales, et plus encore peut-être, de nuancer la chronologie d'un déclin. Déclin continu et déjà amorcé au début du siècle en Provence orientale, et même à Marseille, déclin plus tardif inauguré dans la seconde partie du siècle en Provence occidentale, après une phase qui reste encore d'expansion. Tout ceci laisse l'impression d'ondes de propagation, de l'est vers l'ouest, de la ville vers la campagne, qui donnent au paysage religieux de la Provence au XVIIIe une mobilité parfois inattendue et qui ne s'exprime pas toujours en termes de reflux. Les contrastes régionaux dont cette étude précise confirme l'importance, apparaissent non point liés à des « terrains », réalités multiséculaires mystérieuses, mais sont des réalités fluides, vivantes et dynamiques, au gré d'une histoire parcourue de courants, de « modes » si l'on veut bien donner au terme un sens qui n'a rien de péjoratif.

Avec le déclin des pénitents, c'est une autre réalité ancienne, un autre réseau de solidarités séculaires qui s'estompe dans la Provence du siècle des Lumières.

L'environnement : familles chrétiennes et recrutement ecclésiastique.

Les « intercesseurs » terrestres qui ont été présentés et dénombrés, restent ceux, religieux ou pénitents, dont c'est la vocation, pourrait-on dire, professionnelle. Mais les testateurs ne s'en remettent pas uniquement à eux, et c'est avant tout à leur famille qu'ils demandent d'avoir soin de leur âme et de veiller à leur salut. Peut-on, à travers ce qu'en dit le testateur, et ce qu'il lui demande, deviner cet environnement, et approcher, ne fût-ce que de loin, cette famille chrétienne de l'Ancien Régime? La réponse ne peut être qu'ambiguë : le fait même de demander des messes à ses héritiers peut apparaître à la limite comme une marque de défiance à l'égard d'un zèle qu'on ne croit pas spontané. Et la généralisation de la formule « s'en remettant à la discrétion de ses héritiers... persuadé qu'ils s'en acquitteront dignement... » peut être parfois indice d'indifférence du testateur, mais parfois aussi confiance profonde, et croissante au fil du siècle, dans le zèle familial.

Il est du moins un test qu'il peut paraître intéressant d'utiliser : c'est la présence, et le nombre de religieux, religieuses et ecclésiastiques dans le réseau familial qu'évoque le testament. Cette approche, dont nous ne pensons pas qu'elle ait déjà été pratiquée, prend sa valeur si on la compare aux curiosités, somme toute, similaires, qui ont porté plusieurs chercheurs actuels vers les registres d'ordinations ou d'insinuations ecclésiastiques pour suivre le mouvement des vocations au XVIIIᵉ [1]. On sent, par référence à ces recherches, comment la technique proposée ici peut paraître à la fois beaucoup plus limitée, et par certains points plus précise. En dénombrant ecclésiastiques et religieux dans la famille des testateurs provençaux nous ne pouvons viser un décompte exhaustif : le caractère limité d'un sondage restreint à un groupe de notables s'y oppose. Notons cependant que les études menées par ailleurs, en confirmant le caractère assez sélectif d'un recrutement ecclé-

---

(1) Voir dans notre bibliographie générale les travaux de BERTHELOT DU CHESNAY (*op. cit.*, nᵒˢ 69 et 70), JOIN-LAMBERT (*op. cit.*, nᵒ 99), D. JULIA (*op. cit.*, nᵒ 100), Y. NEDELEC (*op. cit.*, nᵒ 105), etc.

siastique, au XVIIIe siècle, rarement populaire, valorise le principe d'un sondage dans les milieux aisés. Mais d'un autre côté également, l'étude telle que nous la menons donne loisir de poser des problèmes et d'émettre des hypothèses qu'aucune courbe d'ordinations ne peut permettre de formuler : il leur manque généralement, en effet, l'insertion dans une population donnée et quantifiée précisément. C'est cette possibilité qu'offrent les testaments en replaçant dans le cadre d'un ensemble de familles, une population ecclésiastique donnée. Un préalable cependant, d'ordre technique sans doute, mais de grande importance : un testament nous livre-t-il, si l'on peut dire, une photo de famille complète, et peut-on être sûr d'avoir un décompte exhaustif des proches du testateur? Nous serons tenté de répondre oui d'entrée : dans la mesure où le testament provençal, pour des raisons très précises, n'oublie personne : l'omission d'un parent, comme de tout individu pouvant faire valoir quelque droit à figurer dans la succession, étant un cas d'annulation de l'acte. Que de legs d'une livre chez les riches, de cinq sols chez les pauvres (et parfois chez les riches!) aux parents peu appréciés dont on se débarrasse ainsi à peu de frais, sans leur laisser aucun recours! Et dans les villages, où tout le monde est cousin, que de fois où, de guerre lasse le testateur conclut « Item je lègue cinq sols... à tous ceux qui se prétendront de ma parentèle! » Sans doute cette pression, et par suite cette présence familiale, est-elle, encore que la quantification soit impossible, inégalement ressentie : elle l'est plus en Provence orientale qu'en Provence occidentale, en haute qu'en basse Provence, en campagne qu'en ville. C'est ainsi que la faible présence de la famille dans les testaments marseillais nous semble partiellement explicable, et c'est là un élément de gauchissement relatif de notre statistique, dont il faudra sans doute tenir compte. Inversement, on peut considérer que dans la famille, religieux et ecclésiastiques représentent, dans le cadre du testament, des interlocuteurs privilégiés : prêtres séculiers et réguliers se voient confier des messes, ou l'acquittement de pieux devoirs, les religieuses se voient très fréquemment chargées de ces mystérieuses missions (réparation de fautes ou de péchés de jeunesse, ou charités et dévotions sans ostentation?) contre lesquelles pestent les manuels de jurisprudence et qu'on « leur a confiées à l'oreille ».

Ceci étant, combien cent testaments, c'est-à-dire cent réseaux familiaux représentent-ils d'ecclésiastiques, de religieux et de religieuses? Si limité soit-il dans son bilan global — un peu plus de cent cinquante cas pour la Provence, cent quatre-vingts, soit relativement beaucoup plus dans le pays de Nice, le résultat que livrent nos deux mille testaments ne laisse pas d'être assez suggestif (1).

La référence niçoise.

On se permettra de recourir, comme échantillon expérimental, à ce pays niçois qui nous a déjà, à plusieurs reprises, servi en quelque sorte d'étalon de mesure pour juger des contrastes provençaux. Il ne manque point en l'occurrence à sa vocation : et dans l'aristocratie, ou plus largement chez les notables niçois, abondent des « tribus » d'ecclésiastiques et de religieux qui forment une part non négligeable, et à coup sûr obligée, de la nébuleuse familiale. Ainsi tel homme de loi dont les proches ne comptent pas moins — d'oncles à neveux — de quatre jésuites, auxquels font pendant trois religieuses.

La statistique confirme les notations impressionnistes des fiches isolées : pour la fin du XVIIᵉ siècle et le premier tiers du XVIIIᵉ, quarante-huit religieux et ecclésiastiques pour quarante-deux testaments, soit un indice de 114 %. La suite du siècle en voit le fléchissement à 78 % (1730-1760) puis 70 % (1760-1790) : baisse à coup sûr, mais modérée, et laissant subsister une abondance de clercs, comme on en jugera par référence à la Provence.

Les structures internes de ce groupe confirment l'originalité de la physionomie niçoise. La plus marquante est sans doute que la majorité y est détenue par les hommes, séculiers et religieux, les religieuses n'y représentent que 45 % au début du siècle, 36 % au milieu, 48 % à la fin. L'importance des vocations masculines peut se préciser, en nuançant à l'intérieur du groupe : au début du siècle, on compte un séculier pour cinq religieux, au milieu du siècle l'écart s'est considérablement réduit : deux ecclésiastiques pour 3 religieux, proportion qui se retrouve grossièrement à la fin du siècle. La supériorité, dans le groupe masculin, des religieux sur les séculiers n'est donc pas une constante puisqu'une évolution marquée se dessine, mais elle reste particulièrement notable. On peut l'exprimer encore sous une autre forme : au début et encore au milieu du siècle, dans les familles notables niçoises, il y a autant de religieux chez les hommes que chez les femmes. Pays de vocations donc, à tout le moins de recrutement abondant pour

(1) Planches 40, 41, 42.

les couvents : on en voudra une dernière confirmation par une considération qui peut paraître seconde mais dont l'exploitation se révèle fructueuse. Nous ne connaissons évidemment pas l'âge de ces clercs, mais dans le cadre d'une génération de testateurs donnée, nous pouvons à coup sûr distinguer, chez ces parents de ceux qui vont mourir, les « jeunes » des « vieux », d'après le lien de parenté qui les unit au testateur. Si l'on classe, en assumant tout l'arbitraire, ou du moins toute la simplification que cela comporte, ascendants et contemporains des testateurs parmi les « vieux » et descendants parmi les « jeunes », le rapport que l'on obtient entre les deux groupes ainsi définis, avantage, dans le pays niçois, le groupe juvénile constamment voisin des deux tiers au fil du siècle (entre 65 et 71 %) ce qui témoigne à la fois de la jeunesse du groupe, et de son renouvellement, puisqu'aucun indice de vieillissement ne se manifeste

Reste à rendre compte du déclin séculaire, dont on a vu à la fois l'ampleur, les limites et le caractère : une chute de 114 à 70 clercs pour 100 familles de testateurs, affectant surtout les religieux masculins, dont le nombre se réduit du tiers, cependant que celui des séculiers, loin de décliner, augmente, puisqu'on passe au fil du siècle de 9 à 20 puis à 15 ecclésiastiques pour 100 testa-teurs. Si réduit soit-il, l'échantillon niçois permet une réponse fort nette : chez les nobles la tradition d'entrée dans les ordres d'une fraction non négligeable de la famille, importante dès le début du siècle, ne subit aucun fléchissement : 104 clercs pour 100 testa-ments dans le premier tiers du siècle, 108 dans le dernier tiers : indice de continuité sans faille dans une attitude sociale. C'est chez les notables roturiers que s'est faite la mutation : au début du siècle, leurs familles présentaient autant d'ecclésiastiques, de reli-gieux et de religieuses que chez les nobles, aucun clivage à carac-tère social n'était encore décelable : dès le milieu du siècle, les choses changent, puisque le nombre de clercs rencontrés dans 100 testaments tombe de 108 à 66 : il n'est plus que de 55 à la fin du XVIIIe. Continue et manifeste, la réduction est ici de moitié (de près de 110 à 55) attestant dans le groupe plus mobile des bour-geois, robins ou négociants une mutation réelle d'attitude au fil du siècle. Mutation qui nous introduit aux contrastes proven-çaux.

PLANCHE 40.

Nombre de religieux, religieuses et ecclésiastiques pour 100 testateurs.

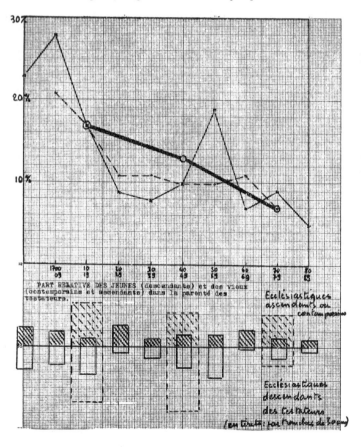

Contrastes provençaux.

Nous ne raisonnons guère, pour l'ensemble de la Provence, que sur un stock de religieux, religieuses, ecclésiastiques, à peine égal à celui dont nous disposions pour le pays niçois : moins de 160 contre 185! Si l'on se réfère au nombre des testaments enregistrés dans l'un et l'autre site, le contraste apparaît d'entrée flagrant. Il est tel en particulier à Marseille, où ces mentions sont fort rares, que nous avons dû nous résoudre à exclure — avec quel regret! — l'échantillon phocéen de notre statistique, en supposant une vision différente à la fois du testament et de la cohésion familiale. Mais l'argument ne vaut pas pour le reste de la Provence, pour les raisons que nous avons dites; et sans le perdre de vue, nous pouvons donner des ordres de grandeur, et suivre une évolution.

A Nice, en gros, 100 clercs et religieux pour 100 testaments : dans l'ensemble de la Provence, à peine plus de 20 %, cinq fois moins, dès la fin du XVIIe siècle. Surtout, la courbe marque un déclin très marqué au fil du XVIIIe : adaptés à la modestie de notre base statistique, des regroupements par tranches de trente ans nous livrent une moyenne de 17 % de 1700 à 1730, de 13 % de 1730 à 1760, de 7 % seulement dans le dernier tiers du siècle. Plus nuancée, la moyenne mobile sur trois termes permet de suivre, au fil du siècle, une évolution assez nette. C'est entre la fin du XVIIe siècle et les années 1720 que la chute la plus brutale se manifeste : de 20 % la moyenne se réduit de moitié, pour rester stable autour de 10 % jusqu'au milieu du siècle. Mais la fin du siècle voit se dessiner une nouvelle chute autour de 7 % — pointe ultime d'un déclin. (1)

Il est devenu superflu d'épiloguer sur ce profil de courbe qui nous est maintenant familier : un palier entre deux déclins, au début et à la fin du siècle. Mais peut-être peut-on, dans le cas présent, en analyser plus précisément les modalités.

Sur 17 religieux, religieuses et ecclésiastiques rencontrés au début du siècle pour 100 testaments, autant de femmes que d'hommes : soit, en arrondissant, une proportion de 8 religieuses pour 4 moines et 4 séculiers. D'entrée, déjà, une « féminisation » un peu plus poussée qu'à Nice, et surtout, chez les hommes, un équilibre différent. Il y a autant de séculiers que de réguliers; nous sommes loin des proportions niçoises. Au fil du siècle, l'écart se creuse : 7 reli-

(1) Planche 40.

Planche 41.

Le recrutement ecclésiastique en Provence au XVIIIᵉ siècle.

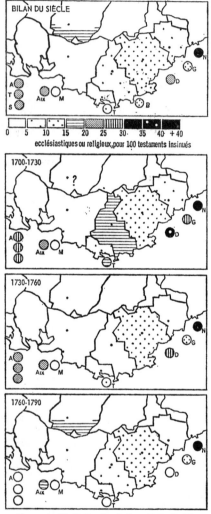

(Cartographie S. Bonin; Labor. E. P. H. E.)

gieuses pour moins de 6 religieux et ecclésiastiques au cœur du siècle, 4 religieuses pour 3 religieux et séculiers à la fin, ces chiffres représentant toujours une moyenne pour 100 testaments. Dans le groupe des hommes, l'équilibre entre séculiers et religieux se rompt : il y a, à la fin du siècle, 2 ecclésiastiques pour un religieux, les vocations se détournent des couvents plus que du siècle; pour être connu de longue date, le fait trouve ici son expression quantifiée. Si l'on tire d'un mot le bilan de cette évolution provençale on s'aperçoit qu'à chiffre égal de familles, le nombre des ecclésiastiques et des religieuses s'est réduit de moitié au fil du siècle, celui des religieux des trois quarts.

Confirmation de cette courbe se trouve dans le « vieillissement » de cette population de clercs au fil du siècle : si nous appliquons à l'échantillon provençal la distinction qui a servi dans le pays niçois, des « jeunes » et des « vieux », entendons de ceux qui sont contemporains ou ascendants des testateurs et de leurs descendants, ce dernier groupe est en moyenne de 56 % à la fin du XVIIe siècle comme dans le premier tiers du XVIIIe, de 65 % encore au milieu du XVIIIe : mais dans les trente dernières années de l'Ancien Régime la proportion s'inverse et les jeunes ne représentent plus que le tiers d'un groupe visiblement vieilli. Si l'on se risque à subdiviser en tranches décennales un mouvement que la faiblesse de l'échantillon a contraint de regrouper suivant un rythme trentenaire, on est sensible à une première chute, à un premier vieillissement, ou tarissement dans les années 1720-1730, suivi d'une remontée également notable dans les vingt années suivantes, avant le déclin final. On ne signale ces oscillations que pour la convergence qu'elles présentent avec les observations que nous avons pu faire ailleurs sur les deux crises du XVIIIe siècle. Mais cette courbe d'ensemble se diversifie elle-même, selon les terrains, comme selon les milieux.

Cartographie du phénomène.

La traduction cartographique dans le cadre des sénéchaussées provençales, et plus encore, en distinguant villes et campagnes, offre déjà, pour l'ensemble du siècle des contrastes bien frappants (1).

Contraste Provence orientale -Provence occidentale tout d'abord, et pour autant qu'on en puisse juger, contraste haute et basse Pro-

(1) Planche 41.

vence. Visiblement, la densité est plus forte dans les sénéchaussées de Grasse, de Draguignan, voire de Brignoles, que dans la Provence occidentale rurale, comme elle l'est dans celle de Forcalquier et Apt, que nous ne connaissons cependant que par des données de la fin du siècle. Ces contrastes ne sauraient surprendre sur la base des éléments que nous avons pu rassembler par ailleurs par voie d'enquête directe à l'époque révolutionnaire (1) : une Provence orientale qui « produit » ses propres prêtres, une haute Provence qui « exporte » ceux dont elle regorge vers une basse Provence occidentale fort déficitaire, tels sont les éléments que nous possédons par ailleurs sur la population cléricale de la région d'après les données rassemblées entre 1791 et l'an II. Telle confirmation est sans doute de nature à nous rassurer sur la valeur de l'approche par la voie des testaments, qui livre des effectifs réduits. L'autre contraste, sensible également sur la carte, est un contraste ville-campagne. Mis à part Marseille, monde ignoré, mais sans doute déjà monde de perdition, les villes ont des taux très généralement supérieurs à ceux du monde rural : ceci vaut aussi bien pour la Provence orientale (Grasse, Draguignan, Toulon, voire Brignoles) que pour la Provence occidentale (Aix, ou le groupe Arles, Salon, Tarascon). Là encore, le fait est connu pour les siècles de l'Ancien Régime, en opposition aux réalités d'une chrétienté contemporaine où ce sont les campagnes qui sont devenues les réservoirs de vocations (2). Mais le XVIIIe siècle voit peut-être le passage sur ce plan, de l'ancien au nouveau style ; c'est du moins ce que suggèrent les cartes échelonnées de trente en trente ans, que nous risquons pour cette raison. Elles permettent en effet de nuancer, et de mieux comprendre la carte séculaire qui en comptabilise les données (3).

La carte initiale (1700-1730) accentue les contrastes que la carte séculaire nous a montrés affadis : Provence orientale contre Provence occidentale, villes-campagnes aussi, puisqu'il est des milieux, ainsi Grasse ou Draguignan, voire Arles, qui pour n'avoir pas des taux « niçois » de recrutement ecclésiastique n'en ont pas moins des chiffres fort élevés pour la Provence (35 % à Draguignan). Le milieu du siècle révèle un recul général, aussi bien dans les villes que dans les campagnes. La dernière phase enfin, témoignant d'une reprise

(1) M. VOVELLE : *Déchristianisation provoquée et déchristianisation spontanée* (*op. cit.*, n° 27), M. VOVELLE : *Prêtres abdicataires en Provence* (*op. cit.*, n° 29).

(2) Voir en particulier L. PÉROUAS : *Le nombre des vocations sacerdotales* (*op. cit.*, n° 88) et J. POTEL : *Le clergé français* (*op. cit.*, n° 18).

(3) Planche 41.

APPROCHE SOCIOLOGIQUE DU RECRUTEMENT
DES ECCLÉSIASTIQUES ET RELIGIEUX EN PROVENCE
AU XVIIIe SIÈCLE D'APRÈS LA FAMILLE DES TESTATEURS.

	Clergé (%)	Paysans	Gens de mer (%)	Salariés	Artisans (%)	Négociants (%)	Prof. libérales (%)	Bourgeois (%)	Nobles (%)
Av. 1730	25	—	—	—	4	—	21	8	30
1730-1760	18	—	4	—	7	—	14	12	14
1760-1790	14	—	—	—	1	4	10	6	13
Total du siècle	20	—	2	—	4	2	16	8	19

Pour ne pas alourdir le tableau, on n'a fait figurer ici qu'un pourcentage qui représente le nombre d'écclésiastiques, religieux et religieuses pour 100 testaments, c'est-à-dire 100 familles du groupe considéré.

parfois sensible en milieu rural, met à nouveau en valeur la Provence orientale et révèle la Provence intérieure comme secteur relativement préservé. Par contraste l'effondrement urbain est fort net : à Toulon, et plus encore à Draguignan, la ville est désormais en retrait sur son environnement, l'équilibre du début du siècle est retourné, bourgs et campagnes fournissent plus d'ecclésiastiques et de religieux que les villes : on s'achemine vers une image qui va devenir celle de la France contemporaine.

A travers la dialectique ville-campagne, ce sont évidemment les problèmes d'une sociologie du recrutement des ecclésiastiques et des religieux qui se trouvent posés.

Sociologie du recrutement ecclésiastique.

De quels milieux sortent ces clercs et religieux (1)? La réponse ne pourra être que partielle, en fonction des limites de notre échantillon mais peut-être n'y a-t-il que demi-mal, dans la mesure où les catégories les plus populaires que nous puissions toucher offrent des taux très bas voire nuls : c'est le cas pour les salariés, les paysans, les gens de mer. Le monde de l'échoppe et de la boutique avec quatre ecclésiastiques et religieux pour cent testateurs fournit également de très faibles apports. On peut s'étonner du taux également très bas du groupe des négociants : 2 % pour l'ensemble du siècle. A cette exception près, le sondage mené confirme l'impression des chercheurs contemporains sur le niveau relativement élevé socialement du recrutement ecclésiastique sous l'Ancien Régime. Les groupes qui fournissent les apports les plus importants relativement à leurs effectifs sont en effet, dans l'ordre, les bourgeois vivant noblement (8 %), les gens de robe et de professions libérales (16 %), les nobles (19 %). On ne s'étonne guère de voir le taux le plus élevé atteint par le clergé (20 % d'ecclésiastiques et de religieux dans la parenté) : il y a d'évidence de véritables pépinières familiales de vocations religieuses : en saisir un, c'est voir apparaître les autres. Il n'y a pas de différence bien marquée dans l'évolution comparée de ces pourcentages, telle qu'on peut la suivre du moins dans les groupes les plus importants : chez les nobles comme chez les gens de robe et membres des professions libérales, le taux s'abaisse de moitié au fil du siècle, tombant de 30 à 13 % chez les premiers, de 21 à 10 % pour les seconds. Tout au plus pourrait-on noter que

(1) Planche 42.

dans l'aristocratie la chute est plus rapide, et déjà effective au milieu du siècle.

On peut exprimer de manière différente, mais sans doute plus suggestive, le primat des notables dans le recrutement ecclésiastique, en considérant, prenant la question par l'autre bout, le groupe des clercs dans ses origines sociales, au fil du siècle. On s'aperçoit que l'apport des groupes les plus populaires, — jusqu'à l'artisanat inclusivement — est constamment négligeable, inférieur à 5 % du total au début comme à la fin du siècle. Le balancement le plus net apparaît entre aristocratie nobiliaire et notables roturiers, la part des nobles, majoritaire au début du siècle (56 %) se réduit constamment ensuite: 47 % au cœur du XVIIIe, 41 % à la fin. Au contraire, les notables roturiers allant des bourgeois aux négociants et aux robins gonflent leur importance de 28 à 47 % au fil du siècle. L'aristocratie nobiliaire fournissait, et fournit encore à la fin du siècle une proportion encore plus importante que son chiffre global chez les religieux et surtout les religieuses : en ce qui concerne ces dernières, près de deux tiers à la fin comme au début du siècle sont d'origine aristocratique dans notre échantillon. Au contraire majorité des séculiers se recrutent dans la roture, deux tiers au début du siècle, trois quarts à la fin, une roture qui reste, on l'a vu, généralement notable et ne mord guère sur les milieux populaires.

On nous pardonnera peut-être pour clore ce développement sur les vocations et le recrutement ecclésiastiques, de l'enraciner largement dans le contexte des études similaires menées en d'autres régions : moyen de conclure de l'évolution provençale dans ce qu'elle a à la fois d'exemplaire et d'original. Plus largement, au plan de la méthode, moyen de formuler un certain nombre de problèmes, que le développement relativement poussé des études sur le recrutement ecclésiastique au XVIIIe, permet d'aborder largement.

Disons, d'entrée, que notre étude permet à la fois de confirmer certaines vérités, reçues aujourd'hui, ignorées hier, et sur certains points, peut-être, de les faire progresser.

Confirmation : les contrastes régionaux, bonnes et mauvaises zones, loin d'être le fruit d'une évolution récente, se trouvent déjà très accentués dans la carte religieuse de l'âge classique (1). On savait ces contrastes et ces frontières à l'échelon d'un diocèse (La

(1) F. BOULARD : *Pratique religieuse urbaine et régions culturelles* (*op. cit.*, n° 4).

Rochelle, Angers, Reims ou Rouen) (1) comme on commence à soupçonner l'existence d'aires plus larges les unes déficitaires de longue date (les plaines de grande culture autour de Paris) (2), les autres pôles producteurs et « exportateurs » de prêtres : ainsi les marges armoricaines du Cotentin jusqu'au Maine (3). Mobilité et osmoses dans la population ecclésiastique apparaissent ainsi comme des réalités anciennes, des courants établis de longue date.

La Provence offre du phénomène une illustration remarquable : cartographié, le contraste entre haute et basse Provence, et plus encore Provence occidentale et orientale, dépasse par ses oppositions tranchées tout ce que nous pouvions attendre (ainsi Marseille et le pays niçois). Telle conclusion n'était pas inattendue sur la base des travaux effectués dans le cadre de l'histoire religieuse de la Révolution française (4), comme de certaines autres études (on savait ainsi le caractère très déficitaire du recrutement ecclésiastique en Avignon dès le XVIIIe siècle) (5). Ce qui est nouveau peut-être, est la constatation du caractère mobile de ces oppositions géographiques ; entre le temps très court de la sociologie religieuse contemporaine et le temps très long de ceux qui croient à la pérennité, voire à la fatalité de ces contrastes, on retrouve un temps moyen qui est celui de l'histoire.

Autre confirmation : l'équilibre ville-campagne n'est point tel qu'une extrapolation abusive à partir des données de l'époque contemporaine a pu le faire croire. Campagnes comme réservoirs de prêtres, villes comme organismes de consommation : on sait pour d'autres régions que l'affirmation ne vaut pas pour le XVIIIe siècle ; dans le diocèse de Reims (6), dans celui de Coutances (7) et au début du XIXe siècle en Haute-Saône (8) comme en Anjou (9), c'est des villes et des bourgs que provient la majorité des prêtres. On savait aussi qu'il en allait de même dans la Provence de la fin du XVIIe siècle puisque les recherches de Viala pour cette période fixent à 45 % les prêtres du diocèse d'Aix d'origine urbaine, indice d'une

---

(1) L. Pérouas (*op. cit.*, nos 106 et 107), D. Julia (*op. cit.*, no 100), M. Join-Lambert (*op. cit.*, no 99).

(2) J. Ferté : *La vie religieuse dans les campagnes parisiennes* (*op. cit.*, no 96).

(3) B. Plongeron (*op. cit.*, nos 25-26).

(4) M. Vovelle : *Prêtres abdicataires* (*op. cit.*, no 29).

(5) F. Hardy : *Aspects de la vie religieuse* (*op. cit.*, no 213).

(6) D. Julia (*op. cit.*, no 100).

(7) Y. Nedelec (*op. cit.*, no 105).

(8) P. Huot-Pleuroux (*op. cit.*, no 43).

(9) Y. M. Hilaire : *La pratique religieuse en France de 1815 à 1848* (*op. cit.*, no 42).

« productivité urbaine » supérieure à celle des campagnes (1). Notre apport aide peut-être, sur ce plan, à ne point s'enfermer, par réaction contre les extrapolations d'hier, dans l'idée d'un contraste séculaire trop brutal, mais plutôt à suivre les cheminements, et à reconstituer les étapes; car s'il est vrai qu'au début du siècle les villes produisent en Provence plus de prêtres que les campagnes, relativement à leur population, il est vrai aussi qu'à la fin de l'Ancien Régime des cités comme Marseille, ou Avignon, sont grandes consommatrices de prêtres ruraux venus de haute Provence : l'équilibre s'est modifié au fil du XVIIIᵉ siècle suivant des modalités que nous pouvons soupçonner. Il conviendrait de voir si c'est originalité provençale que cette précocité d'un tournant que l'on situe le plus souvent au siècle suivant.

Poser le problème de l'équilibre ville-campagne, c'est aborder par un biais celui du recrutement social. Goubert (2), Pérouas, Julia (3), du Beauvaisis au Poitou ou à la Champagne, d'autres encore, et en Provence, Viala, ont souligné le caractère « bourgeois », ou, pour éviter toute équivoque, « relevé » d'un recrutement ecclésiastique auquel la nécessité du titre clérical impose un seuil social de recrutement. Notre étude confirme très amplement cette conclusion : nous nous garderons toutefois de la formuler sans nuances : nos recherches sur la Provence révolutionnaire nous ont trop révélé l'importance de cette émigration gavote de prêtres d'un niveau social sensiblement plus limité, pour que nous ne soyons sensible au caractère socialement sélectif de notre enquête testamentaire. Des monographies portant sur d'autres régions « exportatrices » de prêtres, ainsi le diocèse de Coutances étudié par Nedelec (4), rendent aux ruraux (fils de laboureurs) une place parfois considérable.

Une sociologie différenciée géographiquement de la population ecclésiastique au XVIIIᵉ attribuera peut-être aux prêtres issus de ces zones une place non négligeable dans la relative « démocratisation » que certains auteurs notent à la fin de l'Ancien Régime... et qui n'est sans doute que la conséquence du fléchissement séculaire des vocations dans les zones urbaines et les campagnes pauvres.

On souhaite passer de ces confirmations globales à une approche plus nuancée, distinguant par exemple les différentes catégories du recrutement ecclésiastique. La crise du recrutement des réguliers,

(1) A. Viala (*op. cit.*, nº 90).
(2) P. Goubert : *Beauvais et le Beauvaisis de 1600 à 1730*, Paris, 1960.
(3) L. Pérouas (*op. cit.*, nᵒˢ 84 et 106-107), D. Julia (*op. cit.*, nº 100).
(4) Y. Nedelec (*op. cit.*, nº 105).

surtout masculins, est de commune renommée : elle a été vérifiée par inventaire direct, et les récentes études qui suivent dans un cadre donné l'évolution de la population monastique le confirment encore : ainsi pour Perpignan et sa région, suivis par Cholvy (1). Dans le cadre, non pas d'une ville, mais d'un ordre, ou d'une province d'un ordre, la courbe peut être éclairante : et le vieillissement, le tarissement des Servites provençaux au XVIIe et XVIIIe siècles tel que l'a analysé Bornträger fournit un bilan sans appel (2). Reste que ces méthodes d'inventaire direct ne peuvent pas, ou guère, nous introduire au sein des familles, pour y suivre la ventilation du mouvement des vocations féminines et masculines, séculières et régulières : la source testamentaire apparaît sur ce plan à la fois neuve et irremplaçable.

Enfin une chronologie plus fine du mouvement séculaire peut désormais être établie : proposées par Julia ou par Join-Lambert (3), multipliées en des sites différents, les courbes des vocations, avec un synchronisme remarquable de Rouen à Reims ou à Bordeaux, confirment, vers 1760, la réalité d'un effondrement marqué. D'autres séries moins connues placent plus tôt — entre 1710 et 1730 — le fléchissement majeur de la courbe des vocations au XVIIIe siècle; c'est le cas pour Autun par exemple, et pour les sites jansénistes du sud-est du Bassin parisien. Dans son fléchissement en deux étapes, la courbe provençale synthétise, semble-t-il, les deux comportements, en confirmant l'existence de deux crises successives.

Sans surprises majeures, par rapport aux données connues, cette approche sociologique amène cependant à poser en termes renouvelés le problème de la mesure de la ferveur dans son évolution d'après le recrutement ecclésiastique. D'évidence, le recrutement est particulièrement élevé dans certains milieux, où il apparaît comme un trait de comportement social collectif. Mais quelle que soit la part de la pression et des contingences sociales, la courbe générale, dans son allure d'ensemble confirme, au niveau du recrutement ecclésiastique, les données et l'évolution que l'on a pu reconnaître par ailleurs.

(1) G. CHOLVY : *Sociologie et Histoire* (*op. cit.*, n°s 7 et 39-40).
(2) G. BORNTRÄGER : *The suppression of the Servite order* (*op. cit.*, n° 235).
(3) M. JOIN-LAMBERT (*op. cit.*, n° 99).

6

Les autres hommes :
les œuvres de miséricorde

Restreindre aux charités et aux œuvres de miséricorde ce lien à
autrui que, en dehors de la famille proche, le testateur tient à établir
au moment de quitter le monde, c'est se placer à un stade d'évolution déjà avancé du rituel de la mort. La Provence du XVIIIe siècle
(le silence de ses testaments revêt ici une importance essentielle)
semble avoir à peu près complètement renoncé à expliciter les grands
rites de réconciliation dont la tradition s'était maintenue séculairement : paiement des dettes et réparation des « torfés » (ou « torfaiz »)
d'une part, banquet funèbre de l'autre. Le silence des actes, notamment pour cette seconde coutume ne prouve sans doute pas la disparition de la pratique, du moins atteste-t-il son refoulement à un
niveau non officiel, non codifié de la vie collective.

Les anciens testaments provençaux, cependant, tels que les
citent de Ribbe ou Aubenas (1), réservaient jusqu'au XVe siècle
une place, rituelle, dans le déroulement du formulaire notarial, à
l'acquittement des dettes et à la réparation des torts : après l'invocation religieuse, qu'elle complétait, et avant l'élection de sépulture.
En cela d'ailleurs, la coutume provençale ne faisait que se confor-
mer à une pratique très générale depuis le Moyen Age, et que l'on
rencontre au hasard des monographies à Paris, en Vermandois,
en Champagne, en Auvergne et en Forez comme en Bretagne (2).
Sans doute certains des testaments médiévaux que citent les chartistes, émanant de personnages à l'âme particulièrement noire,

_____

(1) C. DE RIBBE : *La Société provençale* (*op. cit.*, n° 288), R. AUBENAS :
Le testament en Provence (*op. cit.*, n° 253).
(2) P. TUETEY (*op. cit.*, n° 183), A. COMBIER (*op. cit.*, n° 163), P. PELLOT
(*op. cit.*, n° 176), L. BOUGON (*op. cit.*, n° 159), M. GONON (*op. cit.*, n° 172),
A. PERRAUD (*op. cit.*, n° 178).

justifient-ils à la fois la généralité ancienne de la pratique... et son déclin en un siècle éclairé; on doit noter cependant que le testament provençal du XVIIIe élimine la formule dans la quasi-totalité des cas. On y parle de dettes sans doute, et le souci n'est point rare de prescrire *in extremis* l'acquittement de certaines promesses jusqu'au bout différées (surtout lorsqu'il s'agit de services pour l'âme de parents défunts négligés jusqu'alors) : mais ces préoccupations s'insèrent dans le corps du testament, parmi les stipulations matérielles naturelles à qui veut ordonner ses affaires : laïcisé, le geste semble s'être vidé de son contenu religieux; évolution qui a été notée déjà par ceux qui ont suivi jusqu'à la veille de la Révolution les modifications de la pratique testamentaire dans un cadre local (Vermandois, Bretagne) (1).

Autre rite de réconciliation, ou du moins d'unanimisme, le repas funèbre avait tenu dans la coutume provençale une place importante, que de Ribbe trouve encore attestée au XVIe siècle (ainsi dans le testament de Robert de Maurel, de La Ciotat, en 1545) (2). Tradition qui s'insérait sans peine dans un contexte géographique plus vaste puisqu'on la voit pratiquée aussi bien à Paris, qu'en Auvergne, en Forez, dans le pays de Moissac, la Champagne ou le Vermandois (3), avec parfois d'étonnantes stipulations et une profusion ruineuse (« l'alberc » du pays de Moissac ne réunissait-il pas, selon de Ribbe plus de cent participants?). Dès la période médiévale cependant, on a noté une évolution restrictive de la pratique : soit qu'elle se limitât aux proches, soit à un ou quelques pauvres choisis, soit le plus souvent aux prêtres qui avaient officié (c'est de loin le cas le plus fréquent en Forez au XIVe siècle : 22 cas pour 118 testaments étudiés par Gonon, contre respectivement quatre et un exemple des deux autres éventualités). Dans de nombreux sites, on relève le déclin du geste à partir des XVIe et XVIIe siècles, et lorsqu'il subsiste, le désir formulé que le repas soit « décent » et « honnête ». La Provence n'a pas échappé à ce retournement des attitudes collectives, et si de Ribbe cite le testament aixois de 1532, de Noble Jacques de Puget, seigneur de Fuveau qui « prohibe tous banquets qu'en cette ville on a coutume de faire », il signale également le récit que fait de Haitze, l'historien d'Aix, de l'action d'Antoine de Séguiran, premier président de la Cour des Comptes (1679), qui s'attaqua « à ces sortes de cérémonies où pour contenter la vanité des vivants

(1) A. COMBIER (*op. cit.*, n° 163), A. PERRAUD (*op. cit.*, n° 178).
(2) C. DE RIBBE : *La Société provençale* (*op. cit.*, n° 233).
(3) P. TUETEY (*op. cit.*, n° 183), L. BOUGON (*op. cit.*, n° 159), M. GONON (*op. cit.*, n° 172), P. PELLOT (*op. cit.*, n° 176), A. COMBIER (*op. cit.*, n° 163).

on enterrait des héritages... Il bannit les mangeailles qui étaient des repas somptueux pour les parents et qu'on appelait des festins de renouvellement de parentés et amitiés ». A l'époque de la Compagnie du Saint-Sacrement, l'action de ce dévot contre les rites profanes semble avoir été suivie : on ne rencontre plus dans la Provence du XVIIIe siècle le dîner funèbre, sinon sous les formes de reconversion qu'il s'est données alors : « donnes » en nature aux pauvres, mais très rarement, et dans des campagnes lointaines, accompagnées d'un plat de fèves, ou d'une restauration sur place. En ville ce sont des ecclésiastiques qui, dans les legs faits aux hôpitaux, prévoient de solenniser leurs obsèques et leurs anniversaires, souvent à perpétuité, par un repas exceptionnel des pauvres renfermés, où l'ordinaire sera amélioré d'une manière que l'on stipule parfois précisément (viande, rôti de mouton). Ce type de survivance que l'on rencontre en d'autres lieux que la Provence (ainsi un chanoine de Morlaix en 1702) (1) est évidemment bien éloigné des « orgies » rituelles qu'il a remplacées.

Les autres hommes, ce seront donc, désormais, le plus souvent les pauvres : ce transfert, ou cette implication restrictive ne doit sans doute pas être minimisée, dans la mesure où elle implique la fin de cet « unanimisme » dont parle M. Agulhon dans ses études sur la société provençale, et une vision de la société en termes de rapports verticaux.

Dans la vision collective des « œuvres » qui s'impose à la fin du XVIIe siècle, il y aurait cependant artifice à opposer les intercesseurs dont on vient de parler dans le chapitre précédent, et dont les Provençaux du XVIIIe siècle sollicitent les prières, aux pauvres qui vont nous occuper maintenant, dans le cadre des œuvres de miséricorde. Car ils sont eux-mêmes intercesseurs privilégiés ; dans la vision traditionnelle qui se fait jour, les œuvres tiennent une place essentielle dans la dialectique du salut, et plus encore que cette réalité abstraite des « œuvres », les pauvres, dans leur réalité physique et symbolique.

En répandant leurs charités, les notables provençaux ont l'impression, et ils le disent parfois, de recevoir plus qu'ils ne donnent. Tout d'abord, parce qu'ils seront payés de prières particulièrement précieuses car elles sont les plus agréables à Dieu ; certains l'expriment en toute simplicité, telle cette dame noble de Draguignan, dans les années 1720, qui après avoir choisi les treize pauvres femmes qui assisteront à ses funérailles (il ne devra, dit-elle, y avoir aucune

(1) P EYRON (*op. cit.*, n° 179).

servante), les prie en toute humilité de vouloir bien intercéder pour lui obtenir miséricorde. D'autres le disent plus naïvement, ou plus maladroitement, qui précisent que les pauvres devront assister aux services et anniversaires, et qu'il leur sera « ordonné » de prier pour le repos de leur âme. Mais chez ceux qui pensent, ou qui s'expriment mieux, une définition plus élaborée se rencontre : Messire Probace Héraud, prêtre de Rians, qui teste en 1701 en faisant don de 625 livres à l'hôpital Saint-Jacques du lieu pour le « Bouillon des pauvres », s'explique en « considérant que l'aumône et le soulagement des pauvres sont le moyen le plus propre pour obtenir la miséricorde de Dieu » puisque « Notre Seigneur Jésus-Christ regarde comme fait à lui-même ce qu'on fait au moindre des siens ». Un autre, inspiré peut-être par les pages célèbres où François de Sales compare aux œuvres de Miséricorde ce que les vivants font pour les Ames du Purgatoire, déclare aumôner les pauvres « parce qu'ils sont le corps du Christ », vouloir soulager les prisonniers « pour célébrer sa délivrance de l'humaine prison ». Que cette image du pauvre ne soit explicitée que rarement n'est pas pour étonner : mais c'est qu'elle est, au début du siècle, sous-entendue, et le symbolisme des treize pauvres, figurant les treize apôtres, fort répandu à la campagne comme à la ville, témoigne bien à un niveau plus large, de cette vision chrétienne, même si la signification profonde de cette représentation symbolique semble souvent s'estomper dans le cadre d'un rituel enraciné.

Sans doute, le lien ancien qui existait en Provence entre le pauvre et la célébration de la mort, s'est-il visiblement détendu : la pratique que révèle de Ribbe au XVe et au début du XVIe siècle de ces « prieurs du purgatoire » (*priores purgatori*) qui collectent pour les pauvres de la communauté les pains, les vivres, ou l'argent dits « du purgatoire » (*panes purgatori*) ne se rencontre plus dans une Provence de l'âge classique qui, dans le réseau élaboré de ses confréries et institutions charitables a désormais distingué les domaines (1). Peut-être la confusion des genres a-t-elle subsisté plus longtemps dans d'autres régions, ainsi dans l'Ouest et le Centre-Ouest où le « plat des trépassés » est attesté (1648) dans le pays nantais et où Pérouas relève l'existence des Confréries des Trépassés jusqu'au XVIIIe siècle (2).

Il n'en reste pas moins que, dans la Provence de 1680 à 1720, le legs de charité reste encore conçu, dans le cadre d'un système

---

(1) C. DE RIBBE : *La Société provençale* (*op. cit.*, n° 233).
(2) A. PERRAUD (*op. cit.*, n° 178) et L. PÉROUAS (*op. cit.*, n° 107).

qui englobe toute la vie jusqu'à la mort, comme un geste religieux.

Et pour livrer — sans toutefois anticiper — l'hypothèse de travail de ce qui va suivre, ce qui rend l'étude des œuvres de miséricorde si précieuse pour nous, c'est qu'elle permet de suivre cette image initiale dans ses avatars, et peut-être même dans ses adultérations successives. La première, c'est sans doute le spectacle des pompes baroques, dont on a senti l'importance en traitant des funérailles, et qui dilue les charités dans l'ostentation de vanités posthumes. Il faut sans doute se défendre de juger avec notre sensibilité contemporaine le spectacle de ces pauvres, ou de ces orphelins de la Charité, dont on règle avec minutie le cortège, en stipulant le poids du cierge qu'ils tiendront à la main droite, parfois blasonné aux armes du défunt, en portant sous le bras gauche la pièce de drap « cadis » ou « cordeillat » (une canne ou parfois deux) qu'ils doivent à la générosité du testateur. Ce spectacle peut nous intriguer : il ne choque encore que les quelques dizaines de ceux qui dispensent expressément les pauvres d'assister à leurs obsèques.

Avec l'ostentation baroque, le second élément de gauchissement est sans doute la distance vis-à-vis des pauvres, que provoque le grand « Renfermement » pour reprendre l'expression de Michel Foucault (1), et qui est l'œuvre du siècle précédent. Le pauvre « en liberté » se rencontrera encore dans les campagnes : il a presque disparu des testaments urbains : c'est avec des institutions que l'on traite : Hôpital Général, Hôpital de la Charité, ou de la Miséricorde, ou « Bouillon des Pauvres Honteux ». Les pauvres s'effacent — ou marchent docilement — derrière les recteurs des hôpitaux, dont la présence de notables se substitue au contact direct des humbles. Cette distance prise vis-à-vis des anciennes traditions, n'est peut-être pas pour rien dans la crise qui va affecter dans la seconde moitié du siècle, le système des œuvres de charité dont le début a vu l'épanouissement. Formalisée, l'institution décline, la charité se vide du contenu qui avait été le sien : une autre conception commence à la relayer, que nous appellerons la bien-faisance (2).

---

(1) Michel Foucault : *Histoire de la folie à l'âge classique* (*op. cit.*, n° 125).

(2) Cette mutation du contenu et du sens même de la charité, dont M. Foucault traite au moins par contact dans son *Histoire de la folie*, n'a pas fait en France l'objet d'approches quantifiées d'ampleur comparable à W. Jordan : *Philanthropy in England*, Londres, 1959 (*op. cit.*, n° 152). Encore que ce travail couvre une période antérieure à la nôtre (1480-1660), et en fonction du contraste géographique et confessionnel traite d'un style de charité apparemment différent, il nous a été fort utile par la convergence avec les préoccupations et les méthodes d'approche qui sont ici les nôtres.

Cette évolution dont nous avons peut-être imprudemment livré l'idée générale, il reste à la prouver sur pièces, et tout d'abord en décrivant le système des charités provençales à l'âge baroque, tel du moins qu'il apparaît d'après les testaments.

« *Beaux testaments* » : *le salut des autres, le corps et l'âme.*

Tel qu'il apparaît dans les « beaux testaments » le système des charités de la Provence à l'âge baroque forme un tout : la préoccupation du salut personnel n'est pas séparée de celle du salut d'autrui et l'on se préoccupe aussi bien des corps que des âmes. Aussi a-t-il semblé utile, avant l'investigation massive dans les testaments anonymes, qui en prendra son relief, d'évoquer ce système d'après quelques exemples triés. Ces « beaux testaments », les anciens auteurs — Charles de Ribbe ou autres — en ont fait bon usage, mais ils ne connaissaient qu'eux : à notre avis, l'investigation pour être valable, doit se contraindre à ne négliger ni l'exception, ni la règle.

Ce sont des ecclésiastiques qui montrent l'exemple : au gré des sénéchaussées, au fil du siècle, on relèvera ainsi les testaments d'un évêque de Sisteron, de Vence, puis de Digne. Mais il vaut mieux peut-être partir — pour l'anonymat relatif du personnage — de l'acte que passe en 1769 Messire Louis d'Aillaud, prêtre curé de Grillon, seigneur d'Entrechaux, la Garde et autres lieux. En vingt pages manuscrites, ce prêtre de campagne aisé, d'extraction noble, livre le programme d'apostolat rural d'un curé de village, non dépourvu de moyens. Débutant par une formule initiale fort riche, il déclare que son « plus grand désir a toujours été... avec la grâce de Dieu, de mourir dans le sein de la Sainte Église Catholique, Apostolique et Romaine... à laquelle (il) se soumet de cœur, notamment à la Bulle Unigenitus. Puis, ayant fait le signe de croix, il « invoque l'adorable Trinité, un Dieu en trois personnes », le suppliant par son infinie miséricorde, de pardonner ses innombrables péchés « par les mérites infinis de Notre Seigneur Jésus-Christ mon aimable Rédempteur, la Bienheureuse Marie, toujours Vierge, mon Ange Gardien, tous les Esprits Célestes et tous les Saints et Saintes ». Ne s'attardant point sur la sépulture qu'il veut « sans cérémonie », il passe d'entrée aux stipulations charitables où la préoccupation de son salut personnel s'entremêle intimement au souci — temporel et spirituel — de ses ouailles.

Les pauvres présents aux obsèques seront aumônés de trois

cents livres, mais ce n'est qu'un début. Les curés de Grillon, Entrechaux, Bédarrides, la Roche-sur-Buis, Borrières, Chaudebonne, recevront chacun cinquante livres à charge de célébrer une grand-messe « où tout le peuple sera convoqué », suivie de cent quatre-vingts messes basses. A chacune des six paroisses sera alloué le principal de mille livres, à placer dans le Comtat, et dont les intérêts délivrés annuellement aux consuls, seront transmis par ceux-ci au curé, à charge par lui ou ses vicaires de dire la messe à l'aurore depuis la Toussaint jusqu'à Pâques, pour que le peuple puisse l'entendre avant son travail. Accessoirement, les desservants célèbreront une grand-messe annuelle anniversaire pour l'âme du testateur. Mais s'il arrivait que le curé néglige la messe de l'aurore, les consuls ne rétribueraient que l'anniversaire, et distribueraient le reste aux plus nécessiteux.

En outre Messire Louis d'Aillaud lègue au curé de Grillon le salon qu'il a fait bâtir, à charge de célébrer une grand-messe par an, suivie de vêpres et de la bénédiction du Saint-Sacrement, le 8 décembre, fête de l'Immaculée Conception, dans la chapelle qu'il a dédiée à son honneur. On devra faire à cette chapelle les réparations nécessaires et la tenir à l'usage du public comme de la congrégation des femmes de Grillon à laquelle on devra fournir des vases sacrés, en sus de l'ostensoir, des bougeoirs et de la croix qu'il lègue lui-même.

Le Mont-de-Piété de Grillon se voit attribuer 1 200 livres, somme notable parmi une foule de legs plus médiocres : 60 livres à chacune des quatre confréries de Grillon (Le Rosaire, Saint-Joseph, Sainte-Anne et Saint-Roch), 300 livres à la chapelle de terroir de Notre-Dame des Accès.

Est-ce tout? Louis d'Aillaud prévoit pour le cas, probable, où son héritier naturel ne pourrait profiter de l'héritage une clause de substitution qui disperse les revenus, on en jugera, importants, de son héritage entre une foule d'œuvres. Le curé d'Entrechaux recevra 600 livres sous condition de ne prélever aucun casuel en cas de mort ou de mariage, de dire tous les jours « ouvriers » de l'année, la sainte messe à l'aurore afin que le peuple puisse l'entendre avant son travail, y faire la prière du matin, lire la vie du saint du jour, à charge aussi d'assembler à l'église le peuple chaque jour « ouvrier » le soir après son travail pour y dire le chapelet, lire une courte méditation avant la prière du soir et l'angélus. En outre 300 livres iront à un régent des écoles pour instruire tous les jours « ouvriers » les enfants et même les étrangers sans aucun salaire. A cet effet, le testateur lui lègue une de ses maisons « les plus propres » : il y réunira de 7 à 11 heures puis de 13 à 17 heures les garçons pour leur apprendre à lire, à écrire, et l'arithmétique. Il devra les mener le matin à la messe, le soir au catéchisme. Parallèlement, 250 livres par an iront à une veuve sans enfant, capable d'assurer les fonctions de maîtresse d'école dans une autre maison de l'héritage, pour y tenir le même rôle auprès des filles, en y joignant la « couture blanche » et autres travaux qui leur sont propres.

Douze cents livres serviront à nourrir et faire servir les pauvres malades d'Entrechaux, de Grillon et de leur terroir : à ce titre le château d'Entrechaux sera aménagé en hôpital. 750 livres par an serviront à la dotation de cinq filles à marier, savoir une pour chacune des communes concernées par les générosités de ce marquis de Carabas ecclésiastique : elles seront à la désignation du curé ou du viguier châtelain.

Il ne reste plus, dès lors, qu'à ventiler ce qui reste de l'héritage : en réparations pour le château devenant hôpital, aménagement des maisons d'école, dépenses de l'hôpital « dans les années de fortes dépenses », enfin pour les besoins des personnes « peu aisées » d'Entrechaux : donner du pain à ceux qui en manquent, les habiller, apprendre un métier à leurs enfants... On croit en avoir fini, lorsqu'on s'aperçoit que le défunt dispose aussi de terres à Bédarrides pour lesquelles il reconduit, pratiquement sans différence notable, les legs qu'il a répandus sur les communautés de Grillon et d'Entrechaux, depuis la messe de l'aurore, jusqu'aux écoles et aux hôpitaux.

On nous pardonnera d'avoir cédé — pour une fiche sur deux mille — aux facilités d'une paraphrase, mais l'exemple en valait la peine, dans ce chapitre qui clôt nos approches analytiques : il montre les solidarités internes du testament conçu comme un ensemble où tout se tient. Plus encore, on peut y apprécier dans son ensemble une vision du monde — ou du moins de la paroisse idéale à une date (1769) où l'univers de la reconquête catholique s'articule sur le monde des Lumières : ce qui donne sans doute aux clauses charitables leur complexité et leur richesse.

Tel exemple dispense de développer aussi largement les illustrations, somme toute, similaires dans leur esprit et souvent dans leurs clauses, des testaments d'évêques provençaux au siècle des Lumières, beaux morceaux cependant.

Voici Louis de Thomassin, évêque de Sisteron, qui teste en 1705 et qui compense le dépouillement d'obsèques qu'il veut « sans faste », avec un monument « sans ornements », par la richesse des clauses charitables : vêtir de trois cannes de drap cordeillat autant de pauvres qu'il aura vécu d'années, sans pour cela qu'ils soient tenus de suivre les obsèques, mais seulement de prier Dieu. L'Hôpital de Sisteron reçoit 1 000 livres, celui de Forcalquier 300, la Miséricorde de Sisteron 300, la Charité de Manosque 100, l'Hôpital de Lurs 600... Des clauses particulières avantagent le séminaire des pauvres clercs de Manosque et de Forcalquier afin d'encourager les pauvres clercs « les plus vertueux ». Dans toutes les paroisses où l'évêque est décimateur, tout le blé qui se trouvera dans le grenier sera vendu, le prix converti en seigle distribué aux pauvres. Pauvres habillés, pauvres filles dotées et mariées complètent le tableau de ces générosités. Même esprit se rencontre en 1714 dans le testament d'Antoine Feydeau, évêque de Digne, qui répartit lui aussi le fruit de ses revenus épiscopaux : le ton change un peu avec Messire J. B. Surian, évêque de Vence en 1754, qui aumône, mais à regret, de 100 livres les pauvres présents aux obsèques : il n'aime point les mendiants, et s'il institue héritier l'hôpital Saint-Jacques de Vence, c'est avec la crainte que cela ne rende le peuple « moins porté au travail de la campagne ». Aussi, une fois les besoins pressants couverts, devra-t-on utiliser les revenus à marier de pauvres filles et surtout à recouvrir et rebâtir des maisons ruinées « ... lesquelles réparations se multipliant, les habitants rendraient Vence plus populaire et plus en état de cultiver les terres ». Il y a chez ce prélat des Lumières une dimension technicienne et économiste qui tranche avec le style des testaments précédents. Tels testaments ne sont point privilèges de clercs ou de prélats : ils sont simplement plus développés chez eux, par option charitable bien sûr et peut-être aussi tout simplement parce que ces célibataires meurent souvent sans famille apte à hériter d'eux, mais on trouve chez les laïcs, nobles ou roturiers, d'identiques comportements. D'un choix véritablement difficile, tirons l'exemple aristocratique de Messire André d'Oraison, chevalier, marquis d'Oraison, comte de Cadenet, baron d'Allemagne, seigneur de Cucuron, Sénéchal de Provence au siège d'Aix, qui dispose de ses biens dans les années 1710. Homme de foi, si l'on en juge par les formules qu'il emploie, et qui lègue son cœur à la chapelle du Rosaire au couvent des Dominicains de Cadenet. S'il prohibe toute cérémonie pour éviter toute vanité mondaine il demande par contre que l'on habille annuellement à la Toussaint en cordeillat gris quinze pauvres de Cadenet, Cucuron, Oraison et le Castellet : ils seront en outre gratifiés d'une « paire de solliers ». Les legs charitables se complètent avec profusion en aumônes dans les différentes communautés, se nuancent d'une attention particulière à l'égard des religieux dominicains de Cadenet dont on sait la « pauvreté et nécessité » et que l'on rente en conséquence mais à condition qu'ils restent fidèles à la « réforme de l'étroite pauvreté ». Rappelant le double domicile du noble de robe, des legs aux hôpitaux d'Aix complètent le réseau de ces charités aristocratiques. Les bourgeois ne sont pas en reste : et si l'on se restreint là aussi à un cas, volontairement moyen, on peut présenter le sieur Claude Gallicy, bourgeois d'Aix (1702), comme un exemple représentatif. Cent livres à l'hôpital Saint-Jacques, autant à la Miséricorde et à la Charité : voici pour les institutions en place ; mendiants et prisonniers étant pour leur part aumônés de 100 livres ; 3 500 livres sont destinées à former un capital, dont le revenu servira à un prêtre, au choix des héritiers, à célébrer chaque jour la sainte messe dans la chapelle près du moulin à eau des Pinchinats, qui appartient au testateur.

On en juge d'après ces exemples, les œuvres peuvent se présenter sous des apparences multiples. Elles visent à la fois le salut des corps et des âmes : et l'on doit citer ici, pour n'y plus revenir en raison de leur rareté, les fondations d'établissements religieux, à tout le moins de chapellenies, ou l'établissement de missions. Une faible moisson atteste le ralentissement de l'ardeur d'une reconquête catholique qui consolide les institutions existantes : on relève bien au début du siècle l'instauration d'une mission tous les six ans pour instruire le peuple des campagnes par un vicaire varois de Villecroze, un peu plus tard création similaire par une dame noble marseillaise possessionnée dans la région nîmoise, d'une mission en pays « nouveau converti » ; après 1750 encore, la fondation d'une mission tous les dix ans par une dame noble du Bar, dans le pays de Grasse. Un prêtre de Senez laisse un capital pour l'évangélisation des peuples des campagnes; une dame de Barras, de quoi entretenir en permanence un prêtre à Thoard, près de Digne : pour autant qu'on en puisse juger sur une statistique limitée, le souci d'apostolat en milieu paysan se rencontre surtout en haute Provence et en Provence orientale, on en trouve l'équivalent chez des nobles niçois qui gardent, semble-t-il, plus vif ce prosélytisme missionnaire : ainsi tel notable de Sospel qui planifie dans la haute vallée de la Roya — entre Saint-Dalmas et Tende — tout un système de missions et d'œuvres d'éducation pour les gens de la montagne. Peut-être à Nice, l'influence poursuivie tard dans le siècle de la Compagnie de Jésus, qui recueille à plusieurs reprises des legs importants pour organiser ses exercices spirituels et développer ses missions, y est-elle pour quelque chose.

Il est malaisé, sans doute, de porter un jugement d'ensemble en termes de progrès, de déclin ou de stagnation, s'agissant de gestes qui, par l'importance du legs qu'ils supposent, ne peuvent être qu'exceptionnels, donc malaisément quantifiables dans leur flux. L'histoire de Provence porte au xviiie siècle témoignage de missionnaires célèbres, et de missions réussies, du père Honoré de Cannes (1), célèbre capucin, à l'étonnant père Bridaine, mais on peut détecter au fil des annales des Jésuites du collège Bourbon d'Aix (2), l'essoufflement d'une pratique dont la faible rentabilité transparaît, malgré le triomphalisme de commande : les Oratoriens d'Avignon dont les missions ont été étudiées (3), donnent une impression bien proche.

L'empressement relativement faible des testateurs reflète sans doute assez bien l'atmosphère d'un siècle qui n'est guère favorable aux missions.

Mais au fil du siècle, ces grands projets cèdent place à un autre style de fondations, que l'on ne peut s'empêcher de dire « laïcisées » : l'exemple le plus frappant en étant offert dès 1730 par la destination que réserve le sieur Antoine Laugier, bourgeois d'Arles, au legs non négligeable de 120 000 livres dont il présente ainsi l'emploi : « considérant qu'il ne peut laisser à ses héritiers, ses parents, ses amis et ses descendants des biens plus solides et plus durables que la vertu et l'éducation, il a résolu dans ces deux vues de fonder comme il fonde à perpétuité et à toujours, deux bonnes œuvres dont l'une sera appelée Convalescence pour recevoir les pauvres malades hommes et non femmes qui sortiront de l'hôpital et l'autre sera appelée l'École de Laugier, où seront reçus ses héritiers, successeurs substitués et autres qu'il déclarera ci-après... qui seront en état d'étudier le latin pour être renvoyés en pension dans les collèges de Paris et de Lyon ». Un règlement très strict pour le recrutement et l'éducation des écoliers, une organisation qui prévoit jusqu'au cérémonial des funérailles des recteurs complètent ce témoignage sur une mentalité de notable qui reste à mi-chemin de l'esprit du xviie siècle et d'une philanthropie nouveau style.

C'est désormais, nous l'allons voir, en termes de greniers d'abondance ou monts-de-piété que vont penser les notables qui ont

(1) P. Dubois : *Les capucins dans le Midi* (*op. cit.*, n° 239).
(2) E. Méchin : *Annales du Collège Royal Bourbon* (*op. cit.*, n° 240).
(3) M. Vénard : *Les Missions des Oratoriens d'Avignon aux XVIIe et XVIIIe siècles*, R. H. E. F., 1962.

envie de se distinguer par une fondation remarquable : mais on entre ici dans la description du système des institutions charitables, tel que les testaments permettent de l'évoquer dans ses deux visages, urbain et rural.

Charités urbaines.

Les milieux urbains, tels qu'ils apparaissent au début du siècle, ont déjà fait, au niveau des testaments, cette conversion dans l'image du pauvre, qui est la suite du « Grand Renfermement » du siècle écoulé. Le pauvre en liberté, le pauvre mendiant, ne s'y rencontre plus qu'exceptionnellement, et c'est au pauvre renfermé, ou du moins reconnu, secouru, officialisé du titre de « pauvre honteux » que vont les charités des notables.

Le cadre « institutionnel » de ce changement peut être mis en place à partir des données connues sur l'histoire de la charité en Provence. Destinés au renfermement des pauvres, les hôpitaux dits « de la Charité » se sont créés en 1640 et 1641 à Aix et à Marseille, puis à Apt (1690), Tarascon (1691-94), Grasse (1698) : on voit progressivement à la fin du siècle les autres villes se doter d'institutions semblables (1). Parallèlement, le caractère de ces fondations se modifie, en 1687 la Charité de Marseille est érigée en Hôpital Général, et va servir le rêve des administrateurs de l'âge classique : ce grand renfermement qui éliminerait des rues le pauvre en haillons, le pauvre en liberté. Localement la mutation ne se fait pas sur la base d'un consensus immédiatement réalisé : et lorsque le père Guevarre, organisateur des bureaux de charité dans le Midi, obtient de l'archevêque d'Aix une ordonnance enjoignant aux confesseurs d'interdire à leurs pénitents l'aumône manuelle sous sa forme traditionnelle, cette initiative est désavouée par les échevins (2).

On ne saurait entrer dans les détails — flux et reflux — des ordonnances qui, dans la première moitié du siècle, ont tenté d'organiser à la fois le renfermement des mendiants indigènes, l'impossible expulsion des mendiants étrangers, en un mot l'extinction de la mendicité visible : en 1719, puis en 1723-24, enfin en 1749 (Arrêt du Parlement d'Aix).

---

(1) Outre le classique ouvrage de VALRAN (*op. cit.*, nᵒˢ 250-251), un bon résumé dans M. ETCHEPARRE : *L'hôpital de la Charité de Marseille.*
(2) ETCHEPARRE (*op. cit.*, nᵒ 244).

De ces fluctuations, qui pourraient être suivies sous une forme très proche en nombre d'autres régions (ainsi en Bretagne à partir de 1642, avec la politique de l'évêque de Nantes, G. de Bauveau) (1), deux évidences se dégagent : au niveau des réalités, l'échec, finalement reconnu en 1749-50, de l'élimination d'un paupérisme sans cesse renaissant ; mais inversement, au niveau du droit, la négation quasi totale de l'existence légale du pauvre comme apte à recevoir des legs. Privilégiant les hôpitaux, tout un ensemble de textes, et toute une juridiction vont à l'encontre du droit romain qui, depuis Justinien, habilitait les pauvres en nom collectif, à bénéficier des générosités posthumes. Hôpitaux ou bureaux de charité leur sont désormais substitués comme intermédiaires obligés ; s'il n'est pas enfermé, le pauvre secouru se cache et devient le « pauvre honteux ».

Ce sont là données connues dans leur ensemble, et dont l'œuvre de M. Foucault a présenté à la fois une analyse et une interprétation : mais il importe de savoir quelles ont été les conséquences de ce tournant qui se situe pour l'essentiel en Provence à l'articulation du XVIIe et du XVIIIe siècle, sur les formes de la charité individuelle, telle que les testaments la manifestent. Le conformisme est attendu : confesseurs et notaires ne sont-ils pas requis de faire respecter la nouvelle jurisprudence ? Reste à voir si la charité s'est trouvée stimulée, ou réticente vis-à-vis des formes d'institutionalisation.

Au début du siècle, la mutation apparaît virtuellement faite dans les grandes villes. A Marseille, pour près de cinq cents testaments, sept mentions seulement d'aumônes à faire directement aux pauvres : l'une des plus remarquablement formulées étant, en 1697, dans le testament de Pierre Puget qui demande à l'un de ses « bons amis », peintre de son état, de distribuer le montant de 100 livres aux pauvres qui se trouveront à la porte de l'église à l'issue du service funèbre. Puget ici témoigne pour une pratique qui s'éteint, ou du moins, qui ne figure plus dans les testaments que de façon rare. Même discrétion, frôlant l'inexistence se rencontre à Aix, à Toulon, Grasse ou Draguignan, échantillons urbains les plus fournis. On soupçonne bien, dans certaines villes, une certaine tendresse poursuivie pour le pauvre mendiant, pour le pauvre « aumôné » que l'on reçoit à la porte, à qui l'on demande à transmettre ses hardes de la main à la main (un noble de Draguignan en 1755), ce pourrait être le cas en pays d'Arles, où,

(1) A. Perraud (*op. cit.*, n° 178).

entre Tarascon, Salon, et Arles même se rencontrent plusieurs exemples notables de distributions en nature conçues suivant le même schéma. Un sac que l'on précise « de beau blé », de trois à six eymines sera réduit en farine, elle-même distribuée à la porte à la veille de Noël. Ce sont là, visiblement, traditions locales, que certains notables pratiquent encore (ainsi en Arles un négociant et un chanoine), mais dont on parle de moins en moins.

Le pauvre subsiste : mais hors des hôpitaux nous ne le saisissons plus guère que sous la forme « de pauvre honteux », c'est-à-dire pris en main, encadré dans des institutions dont la structure varie selon les cités. A Marseille, en fonction de l'importance de la ville, chacune des cinq paroisses est dotée de sa « petite Miséricorde », d'une confrérie du Bouillon, elle a ses pauvres honteux qui sont secourus par les vicaires, ou par les confrères — dames charitables dans le cas du « Bouillon » — de confréries « institutions ». Aix offre la même organisation paroissiale : ailleurs une confrérie se rencontre à l'échelon de la communauté, ainsi en Arles (Confrérie du Bouillon des Pauvres Honteux) à Toulon, à Draguignan (la « Miséricorde des pauvres honteux »), à Brignoles même; la liste non limitative répondant aux mentions le plus souvent rencontrées. Mais même institutionalisées, ces confréries tiennent une place médiocre dans les générosités des notables par référence aux hôpitaux : sans multiplier les exemples, les petites Miséricordes, confréries des Pauvres honteux ou du Bouillon des cinq paroisses de Marseille, recueillent à elles toutes 18 625 livres dans l'ensemble des testaments dépouillés, contre 130 245 livres au seul Hôtel-Dieu, 75 000 à la Charité, et presque autant à la Miséricorde.

On comprend dès lors l'empressement avec lequel les évêques de l'âge classique engagent les notaires à solliciter des testateurs leur générosité à l'égard des pauvres honteux à l'exclusion de tous autres (G. de Bauveau, évêque de Nantes, 1642), et comment, en toutes régions (Vermandois, Bretagne...) le pauvre honteux devient le substitut lointain de l'ancien pauvre aumôné (1).

C'est pourtant avec les grands établissements charitables que l'on touche le point d'application essentiel de la charité des notables urbains dans la Provence au XVIIIe siècle.

Les testaments les présentent dans leur multiplicité : notre recherche ne voulant pas rivaliser avec une histoire institution-

_____

(1) A. Combier (*op. cit.*, n° 163), A. Perraud (*op. cit.*, n° 178).

nelle qui a d'ailleurs souvent été faite (1), on se contentera d'évoquer brièvement ce foisonnement. La générosité des notables marseillais, mis à part les confréries paroissiales, n'est pas sollicitée par moins d'une quinzaine d'établissements ou d'institutions charitables : Hôtel-Dieu, Charité, Miséricorde, Hôpital des Convalescents, des Pauvres paralytiques et incurables, Pauvres insensés, Mont-de-Piété, Pauvres Prisonniers, Pauvres orphelins, Enfants Abandonnés, Providence, Refuge, Filles repenties, sans parler de la Rédemption des Pauvres Esclaves dont se chargent en Provence les Pères de la Mercy (2). Aix-en-Provence présente un tableau à peine moins riche, dominé par les trois grands : Hôpital Saint-Jacques, Charité et Miséricorde, mais des milieux urbains plus médiocres offrent la même variété : en Arles l'attention se disperse entre l'Hôtel-Dieu sous le titre du Saint-Esprit, la Charité, la Miséricorde, les Convalescents, la Confrérie du Bouillon des Pauvres Honteux, le Mont-de-Piété, les Filles repenties et la Rédemption des Esclaves ; à Toulon la palette est sensiblement la même, Grasse et Draguignan offrant encore comme triade majeure l'association Hôtel-Dieu—Charité—Miséricorde, la multiplicité reste la règle jusque dans des petites villes comme Brignoles, Salon ou Tarascon. Sans doute entre ces établissements, n'y a-t-il pas égalité d'importance; et le notable marseillais qui déclare égaliser volontairement ses legs entre tous les établissements, les regardant comme égaux dans l'ordre de la charité est l'exception qui confirme la règle : en général, c'est l'Hôtel-Dieu, sous le titre du Saint-Esprit ou de Saint-Jacques de Galice, qui recueille la majorité des legs, suivi parfois d'assez près par la Charité et la Miséricorde. Le succès des autres établissements est fonction d'attachements personnels des testateurs, parfois aussi de mode pendant un temps donné, ou au contraire de lente évolution : ainsi le déclin de la Rédemption des Pauvres Esclaves dans les différentes villes d'une Provence qui ne craint plus le Barbaresque.

On s'achemine ici de la mise en place, inévitablement rapide, du cadre, à la mesure de ce que représentent les établissements charitables pour les notables urbains du XVIIIe siècle, à travers leurs testaments. Et c'est d'entrée pour constater la fréquence

(1) Toute une série récente de thèses de droit d'Aix (*op. cit.*, nos 243, 244, 249) renouvelle les ouvrages classiques de VALRAN (*op. cit.*, nos 250, 251).
(2) Notices commodes et présentation des sources relatives à ces établissements dans le récent et précieux : *Les Fonds des Archives départementales des Bouches-du-Rhône*, volume I, 2e partie, dépôt principal de Marseille, séries anciennes G et H, par André et Madeleine VILLARD (Marseille, 1970).

*Le geste des legs aux hôpitaux dans la Provence urbaine
au XVIIIe siècle.*

A. Six villes de Provence...

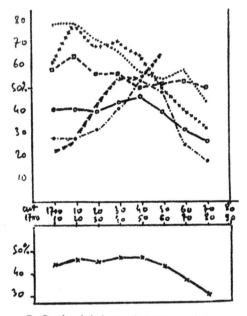

B. Courbe générale pour la Provence urbaine.

Légende du graphique A :

Marseille o ——— o
Toulon . —.—.—.
Arles > > > >
Grasse □ – – – □
Aix + + + +
Draguignan . . . . .

des legs aux hôpitaux : dressée pour six villes importantes de Provence (Marseille, Aix, Arles, Toulon, Draguignan, Grasse) (1), la courbe du « geste » reste étale jusqu'à 1750 autour de 50 à 55 % des testaments, à 1 ou 2 % près, soit plus de moitié des testateurs. La sociologie des legs, dans le détail de laquelle il serait superflu d'entrer, tant elle se définit sans équivoque, prouve qu'il s'agit d'un geste de notable : quasi obligé chez les nobles, bourgeois, négociants ou officiers royaux, rare dans les milieux plus populaires ou de petite bourgeoisie, au point qu'on en vient à se demander s'il n'y a pas une sorte de seuil au-dessus duquel le geste s'impose, au-dessous duquel il devient presque incongru, à moins de raisons personnelles. L'attitude serait-elle donc de pure convention ? On en doute lorsqu'on suit la mobilité de ces courbes, qui n'ont rien de figé, et sans anticiper sur l'étude dynamique à venir, lorsqu'on constate la différence de comportement collectif suivant les milieux urbains. En Provence orientale, ici représentée par Grasse et Draguignan, ces prestations sont très générales, au-dessus d'un minimum d'aisance : plus de 60 à 70 % de testaments. Il en va tout autrement en Arles, ou à Toulon, qui partent d'un niveau relativement fort bas, pour s'élever au milieu du siècle à un taux comparable aux villes de Provence orientale. Marseille et Aix, voisines, réagissent très différemment ; à Aix le geste est presque unanime dans la première moitié du siècle, dépassant en tout cas 70 %, alors qu'à Marseille il ne concerne constamment que 40 % des testateurs. Pour interpréter ces divergences, il convient sans doute de voir à quoi correspondent ces générosités dans l'intention des testateurs : prétention un peu excessive dira-t-on, mais que l'ampleur des legs, telle qu'on la suit en différents lieux, peut permettre d'étayer sur quelques indices. Les très forts pourcentages, notamment en Provence orientale, correspondent à une multiplicité de petits, voire de très petits legs : 10 livres, 6 ou 3 livres même. Legs symboliques, produits d'une convention sociale, et plus encore sans doute, rétribution de l'accompagnement que l'on attend des recteurs et de leurs pauvres.

On a confirmation de cette hypothèse que l'analyse statistique suggère dans certaines études institutionnelles (ainsi N. Sabatier sur l'hôpital Saint-Jacques d'Aix) (2) qui indiquent que la somme de 30 livres est considérée comme un seuil pour obtenir l'assistance

---

(1) Planche 43.
(2) N. Sabatier (*op. cit.*, n° 249).

des recteurs et de « leurs écussons », l'assistance de la « famille »
étant réservée aux legs plus importants.

Type de legs, d'évidence, qui n'est pas de même nature que
ceux — 100 livres et au-dessus — que dicte apparemment une
intention charitable. On ne s'étonne pas, dès lors, que la Provence
orientale des grandes pompes funèbres baroques présente, bien
plus que la Provence occidentale, cette unanimité apparente du
geste. La courbe élevée d'Aix-en-Provence s'explique peut-être
par une cause différente : dans ce milieu urbain dominé par la
noblesse, le Parlement et la Cour des Comptes, le geste charitable
est de rigueur beaucoup plus sans doute que dans le monde marseillais plus brassé, plus anonyme.

L'ambiguïté du geste charitable à l'âge baroque apparaît à
travers ces notations et ces hypothèses. Au temps du « Grand
Renfermement » les hôpitaux fournissent aux notables pour leurs
pompes funèbres les pauvres qu'ils ne trouvent plus dans la rue.
Sans revenir sur le problème des pompes funèbres baroques, il
est frappant de voir comment ces villes provençales adaptent à
des conditions nouvelles les traditions de la Provence rurale :
et nous songeons à ce dernier geste charitable d'habiller de drap
cadis les treize pauvres du cortège (1). Prestations symboliques,
geste de tradition, par contraste avec l'impersonnalité du legs en
argent à l'hôpital lui-même. Nous pensions les villes émancipées
vis-à-vis de cette tradition multiséculaire : il n'en est rien, et le
pourcentage de ces demandes par rapport au chiffre total des
testaments est égal à lui-même — 7 % pour tout le siècle — qu'on
se place dans la Provence rurale, dans celle des villes ou plus
particulièrement à Marseille.

En fait, la pratique, peut-être plus enracinée dans les campagnes, s'était très tôt naturalisée dans les villes, les puissants
parisiens du XIVe siècle la connaissaient, qui rappellent parfois ses
origines provinciales (vêtir treize pauvres « suivant l'usage du
Puy-en-Velay... »), la Bretagne les habillait de toile blanche, là
où le Languedoc et la Provence les vêtaient de cadis gris ou noir,
après les avoir vêtus de blanc au XVIe siècle (de Ribbe) : à ces
nuances près, la coutume était identique (2).

Mais s'il apparaît ainsi qu'il y a au niveau des rites funéraires

_____

(1) Planche 45.
(2) P. Tuetey (*op. cit.*, n° 183), A. Perraud (*op. cit.*, n° 178), G. Perrot
(*op. cit.*, n° 177), C. de Ribbe : *La Société provençale* (*op. cit.*, n° 233).
   Il va de soi que la modification de la pratique reflète le changement de la
couleur du deuil.

continuité entre monde des villes et des campagnes, il n'en reste pas moins qu'il ne s'agit pas des mêmes pauvres dans l'un et l'autre lieu. A Marseille, tout particulièrement, les pauvres sont pris dans ce que l'on appelle la « famille » de l'hôpital de la Charité : certains la requièrent tout entière, d'autres composent leur cortège (moitié hommes-moitié femmes, ce qui contraint à porter le chiffre à quatorze), près de moitié requièrent la famille des enfants, ou treize enfants, ces orphelins que l'hôpital héberge, et prête ainsi à l'occasion des obsèques de notables. Il semble que ce soit originalité marseillaise : Grasse offre un cas de demandes de ce type, c'est le seul dans toutes les villes provençales, Aix même, qui offre quelques cortèges remarquables (Gaspard Truphème, bourgeois d'Aix, requiert en 1760 la présence de cent pauvres à ses obsèques), reste généralement fidèle au principe du pauvre adulte ou âgé (treize pauvres veuves).

Charités campagnardes.

Le système des charités dans le monde rural obéit à un rituel quasi identique dans toute la Provence, où les gestes sont hiérarchisés suivant la qualité et secondairement les moyens des testateurs : le bourgeois de village (même s'il s'est fixé à la ville voisine) satisfaisant à certaines obligations, les nobles à certaines autres. Le trait commun — plus important toutefois chez les notables villageois que chez les seigneurs — reste la présence aux obsèques des « treize pauvres de Jésus-Christ ». Le rite, on l'a vu, n'est pas galvaudé (1), n'intéressant que 7 % des testateurs en Provence rurale comme dans celle des villes. Mais c'est qu'à la campagne plus encore peut-être qu'à la ville ce cérémonial, honneur posthume et obligation tout à la fois, répond à des clivages sociaux très hiérarchisés. La courbe séculaire du geste apparaît un peu déroutante, marquant en tous lieux un maximum initial : au début du siècle, un peu moins du dixième des notables suivent ce rite mais de 1720 à 1740 les cas se font sensiblement moins nombreux (3 à 4 %) ; au contraire, et c'est sans doute ce qui étonne le plus, la fin du siècle voit une reprise et une consolidation du geste à son niveau initial. Raisonnant sur une petite centaine de cas distribués séculairement, il serait imprudent de risquer des interprétations ou des hypothèses qui d'ailleurs ne manqueraient pas (motivation

(1) Planche 45.

PLANCHE 44.

Stabilité des attitudes charitables dans la Provence rurale.

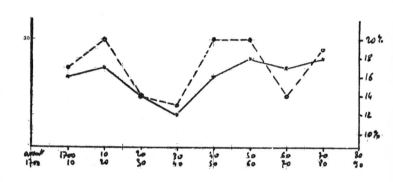

(Pourcentage par rapport au nombre des testateurs.
Moyenne mobile sur 3 décennies.)

Continuité d'un rituel : les treize pauvres du cortège.

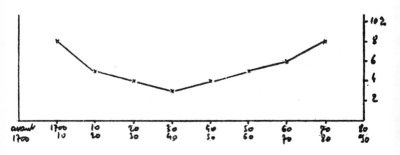

(Pourcentage des demandes d'accompagnement
dans l'ensemble de la Provence, moins Marseille. — Moyenne mobile.)

économique ou démographique ou sur le plan de motivations
spirituelles, impact de l'épisode janséniste puis reconversion
rousseauiste à la présence du pauvre, d'une Provence qui va commencer à redécouvrir ses mœurs locales, ressenties comme originales ?) en tout cas, on peut du moins apprécier la stabilité séculaire d'un geste qui reste finalement intact. C'est que, sans doute,
il répond plus que dans les villes à des prestations réelles et appré-
ciables qui prolongent son aspect de rite formel. Plus encore
qu'en ville; les gestes complémentaires sont de rigueur : l'habit
— le « vestit de drap cordeillat » — est stipulé avec précision dans
le cadre d'une générosité qui va d'une canne à trois. Cette prestation se double très souvent d'aumônes, argent ou plus rarement
nourriture, qui en renforcent l'efficace.

Les pauvres du cortège funèbre ne sont que les représentants,
les émissaires d'une présence que l'on sent constante dans les distributions et aumônes que prévoient les notables ruraux. Ce sont
ici aumônes manuelles qui répondent à l'existence du pauvre en
liberté, accueilli à la porte au jour des obsèques, et la distribution
directe que l'on a vu se raréfier et s'éteindre dans les villes tient
encore ici une place considérable. Elle prend des formes diverses :
du geste rituel de la soupe, ou du plat de fèves que l'on donne aux
pauvres présents aux obsèques et anniversaires (ici le rite du repas
mortuaire double le geste charitable), aux aumônes en argent, aux
distributions en nature. Entre ces deux dernières formes, un équilibre relatif, qui ne doit pas masquer d'importantes nuances
régionales (1).

Une tradition multiséculaire, dont nombre de régions offrent
l'exemple, privilégiait, dans les zones rurales les plus pauvres,
les « donnes » en nature relativement aux donnes en argent :
ainsi en Forez au XIVe siècle, où Gonon relève soixante dix-sept
« donnes » pour cent dix-huit testaments, dont une quinzaine
seulement stipulées en argent. En Languedoc de même, au
XVIIIe siècle, encore, si les donnes montpelliéraines sont le plus
souvent stipulées en argent, les Cévennes (Florac) les mesuraient
en charges de seigle (2). Pour rester en Provence, certaines zones
sont fidèles à la distribution de grains aux pauvres, non pas tellement le jour des obsèques, que lors des fêtes de l'année du décès,
à Noël et à Pâques. Une générosité plus grande peut étaler sur des
années cette distribution posthume, voire la rêver perpétuelle :

(1) Planche 45.
(2) M. Gonon (*op. cit.*, nos 171 et 172), G. Perrot (*op. cit.*, no 177).

et tel ménager aisé qui impose cette prodigalité à ses héritiers, ne voit comme raison de la faire cesser, que le cas où ses descendants eux-mêmes tomberaient dans l'indigence. L'ampleur de la « donne » varie : une charge pour un bon ménager ou un bourgeois, cinq ou dix pour un noble de village ; la nature aussi : la Basse Provence stipule souvent ses distributions en blé annone, mais dès la moyenne Durance et le haut Var, la règle devient de distribuer du blé conségal ou du mescle même si les testateurs notables ont du froment dans leurs greniers : et l'on a vu la solution adoptée par l'évêque de Sisteron qui demandait de vendre le blé de ses greniers pour racheter, avec le produit de la vente, du seigle en plus grande abondance. La géographie des distributions en nature n'est pas indifférente : elles ne sont pas inconnues en basse Provence occidentale, mais c'est la Provence intérieure et surtout la haute Provence qui leur font la part la plus belle. On en soupçonne les raisons économiques, dans des régions montueuses, de subsistance précaire où la faim des pauvres reste une réalité au XVIIIe siècle : mais ces motivations ne sont pas uniques et d'autres facteurs interfèrent, qui sont d'un autre ordre. Ainsi dans toute la zone de la moyenne Durance, du Lubéron et du bassin d'Apt où nous savons par ailleurs que le geste est particulièrement en honneur (et quasi d'obligation) dans les communautés réformées : les mœurs et les traditions locales ont ici leur rôle à jouer.

Les distributions en argent, plus fréquentes dans la Provence riche, restent généralement médiocres, et retrouvent l'aumône au sens le plus humble du terme. On en précise parfois strictement les modalités (ainsi tel qui attribue 6 sols aux pauvres hommes, 4 aux femmes et 2 aux enfants). Nous savons par ailleurs qu'elles ne répondent pas toujours à une intention pure : et la clause « item je lègue 5 sols à tous les pauvres qui se prétendront de ma parentèle » évoque les sociétés villageoises où tout le monde est cousin, du bourgeois au mendiant famélique que les obsèques attirent. N'exprimons pas ces rapports en termes de pression sociale uniquement : un apothicaire de marine, établi dans l'opulence à Toulon, se souvient in extremis de « tous ses parents indigents » de haute Provence — à Glandèves — et les gratifie d'une aumône générale.

Il existe évidemment une gradation dans les charités en raison de la qualité et de la richesse des testateurs : le schéma que l'on vient de décrire répond au type du notable villageois, en contact direct avec les pauvres. Fidèle à l'aumône manuelle il ne demande pas toujours au vicaire et aux consuls de procéder aux distributions, mais impose à ses héritiers d'opérer par eux-mêmes, à la porte de la maison. D'une tout autre allure est l'aumône générale que prévoient les nobles dans les villages dont ils sont seigneurs, ou les évêques dans les communautés dont ils sont décimateurs. Ce sont parfois legs très importants, dont la distribution est confiée aux autorités consulaires ou au curé. Des notables de moindre classe s'y risquent : ainsi pour n'en prendre qu'un exemple, tel prêtre de Grasse au début du siècle, qui aumône à raison de 30 livres par communauté les pauvres de Saint-Vallier, Cabriès, Cipières, Gréollières, Courségoules, Le Bar, Châteauneuf, Valbonne, Mougins et Le Broc.

Marier les filles est, à ce niveau le plus relevé de la charité villageoise le complément obligé de l'aumône générale. Depuis le Moyen Age, la coutume se rencontrait en nombre de régions, à Paris, comme à Reims ou à Aurillac... Dans la Provence du XVIIIe siècle, les villes n'en ignorent pas la pratique : mais elle est rare et caractérise surtout la petite ville, ainsi Brignoles où un noble des années 1710 lègue de quoi marier la fille « la plus en danger ». C'est dans le monde rural, et très généralement de la part de nobles, seigneurs du lieu, qui se considèrent comme investis d'une responsabilité morale, que la pratique est la plus suivie. Le bilan reste au demeurant limité, puisqu'il ne porte que sur une vingtaine de cas, pour trois quarts d'initiative nobiliaire, le reste se partageant entre des ecclésiastiques et des roturiers aisés et philanthropes (médecins, avocats). Les modalités du legs sont variables : la générosité de Monsieur de Valbelle qui marie cinq filles dans chacun de ses villages reste exceptionnelle, de même que la clause de répétition que l'on trouve parfois : « marier une fille tous les ans pendant vingt-cinq ans » et s'il ne s'en trouve point d'appropriée, ou de digne, la somme sera reportée à l'année suivante. Du même ordre, et généralement présenté simultanément, le symétrique de cette générosité envers les filles : donner un métier à un ou plusieurs pauvres garçons. Il est beaucoup plus rare qu'on songe à envoyer un enfant méritant au séminaire, nous n'en avons trouvé que quelques exemples en Provence ; un peu plus, relativement, dans le pays niçois. Le testateur règle souvent avec minutie le choix de l'intéressée : il faut bien sûr des références, n'avoir pas servi, n'être point choisie par brigue ou par faveur, et, précautions contradictoires ou complémentaires, « n'être point déshonorée » ou au contraire « la plus en danger de se perdre ». Si les cas relevés sont limités, du moins faut-il noter que la coutume ne régresse pas : plus de moitié appartiennent à la fin du siècle et l'on ne s'en étonne pas, la pratique étant de celles où la sensibilité rousseauiste d'une aristocratie des Lumières peut le mieux se couler dans les cadres des traditions de la Provence Contre-Réforme, fût-ce sur une équivoque.

On est ainsi amené à mesurer le mouvement de ces charités directes (aumônes, distributions, mariages), après en avoir décrit le réseau : mesuré dans l'ensemble de la Provence rurale, il apparaît stabilisé durant tout le siècle autour de 17 à 18 % (1), un petit cinquième des testateurs : le chiffre prend sa valeur par référence à la société rurale, où il apparaît geste sélectif de notables aisés, comme il prend sa valeur, en retrait, par rapport aux pourcentages urbains dont on a fait état plus haut.

On est tenté de rechercher dans le monde rural la dialectique suivie dans les cités, entre la charité d'ancien style, qui se porte vers le pauvre individuel, et l'anonymat des legs aux hôpitaux. En fait, l'évolution qui a éliminé des villes le pauvre en liberté, trouve dans les campagnes son équivalent : mais la cause est loin d'y être entendue.

L'hôpital de village, par imitation des mœurs urbaines est une institution extrêmement répandue, en constants progrès au fil du xviiie siècle. Nous pouvons, d'après les clauses des testaments qui portent fondation d'un hôpital, en mesurer la réalité parfois assez humble : ainsi dans l'hôpital qu'il fonde à Saint-Laurent, en 1720, M. de Castellane-Pontevès établit-il quatre lits, qu'il dote d'un revenu annuel de 100 livres par an. Toutes les communautés n'ont pas la chance de bénéficier d'une générosité comparable à celle du curé-châtelain d'Entrechaux que l'on a vu mettre à disposition de la communauté le château seigneurial pour y établir l'hôpital. Mais on suit au fil du siècle la création continue d'hôpitaux nouveaux: tel noble lègue à Thoard (près de Digne) une maison pour y établir l'hôpital et loger les pauvres passants : dans le pays de Grasse, la dame de Lombard, baronne de Châteauneuf lègue, en 1735, 200 livres à l'hôpital du lieu en précisant que s'il n'est pas encore en état de fonctionnement, le legs sera converti en quatre aumônes générales de 50 livres renouvelées, comme le premier legs, sur vingt-quatre ans et distribuées par les consuls. Ces hôpitaux n'ont pas beaucoup de lits : ils ont du moins des recteurs que l'on rencontre, comme en ville, aux obsèques des notables, ce qui est justice si l'on considère qu'ils ont pour tâche de gérer et répartir les fonds venus des legs chari-

(1) Planche 44.

tables, ce qui est peut-être l'attribution la plus importante de ces organismes, plus encore que leur fonction sanitaire.

L'hôpital de village, organisation collective de la charité, tend-il au xviii⁰ siècle à supplanter la charité directe de l'ancien style des rapports sociaux? La statistique livre une réponse ambiguë. Elle révèle d'abord l'étonnante diffusion de ces institutions : quatre-vingt-trois hôpitaux pour cent quatre-vingt-dix communautés, c'est à peu près la moitié des villages. C'est dire que des communautés relativement fort médiocres — de l'ordre de mille cinq cents habitants — sont dotées d'un hôpital : on reconnaît là les structures propres à ce monde de villages urbanisés que M. Agulhon nous a appris à connaître (1).La carte de ces institutions villageoises est relativement uniforme, une proportion de 40 à 50 % des localités touchées par la prospection se rencontrant dans la plupart des sénéchaussées. On note toutefois l'équipement apparemment plus poussé de la Provence orientale (haute et basse Provence) par rapport à la Provence occidentale : si la sénéchaussée d'Aix, la plus vaste, offre encore une proportion de 40 % de villages pourvus, pays d'Arles ou Provence intérieure de la moyenne Durance sont sensiblement moins quadrillés : c'est là un contraste auquel nous sommes habitués.

On ne saurait manquer de souligner à quel point cette densité est exceptionnelle, par référence aux régions pour lesquelles on dispose d'éléments d'inventaire : ainsi dans le diocèse de La Rochelle où Pérouas dénombre, au terme de soixante-quinze années d'apostolat (1650-1725) un accroissement de quatre à quinze du nombre des hôpitaux, cependant qu'il existe une douzaine de confréries de charité : si l'on défalque de l'ensemble les établissements urbains (six hôpitaux sur quinze) le sous-équipement relatif du plat pays apparaît flagrant par référence à une Provence extraordinairement pourvue (2).

Donnée statistique complémentaire, et sans doute la plus directement exploitable dans notre propos, la courbe des legs aux hôpitaux des bourgs et villages se révèle finalement très proche à la fois dans son niveau — entre 15 et 20 % — et dans sa continuité séculaire, de celles des legs en forme d'aumônes manuelles (3). Et pourtant, ce ne sont point toujours les mêmes qui donnent sous les deux formes : dans les bourgs un peu distingués, l'hôpital

(1) M. Agulhon : *La notion de village en Provence*, Actes du Congrès des Sociétés Savantes de Nice, 1965.
(2) L. Pérouas : *Le diocèse de La Rochelle* (*op. cit.*, n⁰ 107).
(3) Planche 44.

l'emporte; ailleurs, et pour cause, la charité obéit aux rythmes et aux pratiques séculaires. Dans sa physionomie d'ensemble le bilan s'explique fort simplement : dans le monde moins anonyme des villages provençaux, l'hôpital ne se substitue pas à l'aumône, et les deux types de charité coexistent tout au long du siècle sans rivalité véritable.

Cela ne veut pas dire que la marche du siècle n'apporte pas des initiatives nouvelles, en termes de rationalisation tentée du problème des subsistances et du paupérisme dans le monde rural. Nous songeons à ces projets de greniers d'abondance ou de monts-de-piété villageois que le XVIIIe siècle voit naître : ce sont inventions de notables urbains ou de prélats de haute Provence : mais les parlementaires aixois y ont excellé. Ainsi Jean-Louis de Thomassin, conseiller au Parlement, qui teste après 1720, prévoit-il de gratifier la communauté de Peynier d'un fonds de roulement de vingt charges de blé annone, qui devait former le point de départ d'un fonds de semence annuel au profit des pauvres nécessiteux de la communauté. Les Valbelle qui ont laissé au fil du siècle une riche série de testaments au travers desquels l'évolution des attitudes familiales se profile, se sont attaqués, eux aussi, au problème : Cosme de Valbelle, président au Parlement, fournit aux habitants de Tourves une chambre et un grenier à grains, ainsi qu'un fonds de 2 000 livres à investir en grains qui seront prêtés en cas de besoin aux habitants de Tourves; André-Geoffroy de Valbelle, seigneur pour sa part de Meyrargues, mais maréchal de camp de cavalerie, qui teste dans la même décennie 1730-40, projette d'établir à Meyrargues un mont-de-piété pour lequel il lègue cent charges de blé. L'un et l'autre se réfèrent à l'exemple du mont-de-piété d'Aix qu'ils voudraient voir imiter dans les bourgs de la campagne : ils témoignent ainsi de l'influence des élites urbaines sur l'organisation de la charité dans le monde rural.

Ces projets restent l'exception : mais le rapport ville-campagne dont ils témoignent se révèle trop souvent pour qu'on ne lui réserve une approche spéciale. Dans une province de noblesse majoritairement urbaine, les charités au village sont pour une part affaire de bienfaiteurs lointains. Ces liens peuvent être de divers ordres : de la générosité du notable roturier qui garde une tendresse pour son lieu de naissance (ainsi l'apothicaire de marine toulonnais, songeant à ses cousins pauvres de Glandèves), à la responsabilité morale dont se sentent investis les seigneurs. Suivant l'importance des villes, et plus encore de leur noblesse, l'aire d'influence ou le rayon de service de leurs charités est très variable : existant mais

Les charités des aristocrates aixois.

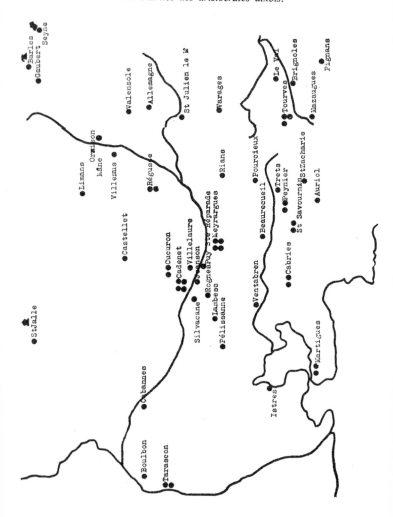

limité, à Grasse, Toulon ou Arles, il frappe par son étroitesse à Marseille, ville sans terroir et sans enracinement rural. Au contraire la carte qui a été dressée des charités des notables aixois au xviiie siècle (1) révèle l'étendue d'un arrière-pays véritable : elle couvre le pays d'Aix, la partie occidentale du Var jusqu'à Brignoles, traverse la Durance pour mordre sur le Lubéron. Un semis moins dense mais toutefois notable prolonge cette aire d'influence dans la haute Provence intérieure. Si l'on garde à la carte un aspect « cinématique » en distinguant les legs de la première et de la seconde moitié du siècle, une évidence frappe cependant, de l'une à l'autre période; l'intérêt des Aixois pour leurs paysans lointains s'est relâché : pour quarante-deux legs sur cent six testaments au début, on n'en trouve plus que dix-neuf sur cent vingt-et-un à la fin du siècle. A ces liens distendus, on reconnaît la trace d'une évolution dont il faut maintenant aborder plus largement les aspects.

La crise d'un système.

Le xviiie siècle qui avait vu l'achèvement de la mise en place du système où les pompes baroques s'associent à la charité, en voit, dans sa seconde partie, le déclin et la remise en cause. L'affirmation pourra étonner : l'époque n'apparaît-elle pas en général comme celle où, passant de la charité à la bienfaisance, les œuvres prospèrent?

La contradiction est réelle : elle s'inscrit sur les courbes, mais loin d'être inexplicable, témoigne d'une mutation de sensibilité collective. Partons des villes : elles offrent à l'enquête la base la plus large, et les indices les plus sûrs.

La courbe des legs aux hôpitaux dans les six plus grandes villes provençales dont on a fait usage ci-dessus, sans en vouloir connaître la fin, révèle une évolution sans équivoque dans sa convergence (2). Alors que la première moitié du siècle était de stabilité et parfois même de conquête (Arles et Toulon), un fléchissement se marque à partir surtout de 1740, et affecte pratiquement (Grasse mis à part) tous les sites étudiés : le déclin est fort net à Marseille, de 40 % à moins de 30 % des cas, il est spectaculaire à Aix qui

(1) Planche 46.
(2) Planche 43.

*Accroissement du revenu brut des hôpitaux
par les legs des notables au XVIIIe siècle :
l'exemple de Marseille.*

(Nombre de livres que rapporte en moyenne
un testament de notable insinué à la Sénéchaussée.)

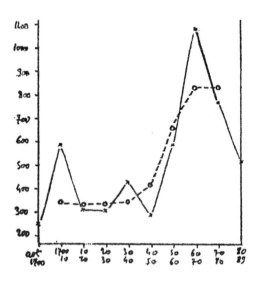

partait d'un très haut niveau, catastrophique aussi à Toulon. Les notables urbains se seraient-ils donc détachés du geste charitable?

Il faut nuancer et recourir à d'autres approches. La plus simple, mais non sans doute la plus fausse, serait de se demander ce que rapporte aux hôpitaux, en moyenne, au fil du siècle, un testament de notable. Nous avons fait ce comptage pour les messes : il ne saurait être plus choquant pour les revenus hospitaliers. Une difficulté technique se présente toutefois : la présence de très gros legs, qui occasionnellement sont capables de fausser l'image de la courbe : ainsi à Marseille, pour ne prendre qu'un exemple, un apport de 120 000 livres d'un coup, dans les années 1770, qui fait exploser la courbe! Encore a-t-on écarté les legs de ceux qui, mourant sans héritiers, font des hôpitaux leurs héritiers universels, ne retenant que les apports précis et quantifiés. On dira que la statistique offre dans un tel cas des palliatifs sûrs : le mode, la médiane ou la médiane mobile qui peuvent éliminer l'influence des éléments extrêmes dans les séries. Avouons que leur calcul, mené pour Marseille, échantillon le plus fourni, n'a guère donné plus de satisfaction : la médiane y reste stabilisée autour de 100 livres par testament, ce qui traduit la présence constante des petits legs que nous avons appelés legs « d'accompagnement », destinés à rétribuer la présence des recteurs et des enfants de charité.

Allégée du cas le plus exceptionnel, la courbe marseillaise de la somme moyenne rapportée aux hôpitaux par un testament notable au cours du siècle demeure l'indice le plus parlant et le plus sensible d'une évolution (1). Elle est fort différente de celle du « geste » ci-dessus analysé : en effet la moyenne reste stable autour de 350 livres à peu près jusqu'à 1750 : elle connaît alors une hausse continue et spectaculaire sur trente ans, pour se stabiliser à nouveau en fin de siècle. Les autres sites urbains où cette courbe a été également établie livrent des résultats parfois peu exploitables (l'ennui du testament trop généreux étant hypertrophié dans des séries moins fournies), mais parfois aussi remarquablement convergents dans leur profil avec celui de Marseille (Draguignan par exemple).

D'entrée, bien sûr, une explication se présente : la charité suit le flux de la rente! Il n'est que de confronter ces courbes aux courbes du mouvement des prix au XVIIIe siècle pour se convaincre de leur air de famille. Mais l'explication, qui n'est pas à écarter et demeure essentielle, ne justifie pas tout, et particulièrement la

(1) Planche 47.

discordance avec la courbe précédente du « geste » des legs aux
hôpitaux dont la chute continue dans cette même période rend
encore plus paradoxal le mouvement ascendant de la seconde.
Ce qui s'est passé en réalité, c'est la multiplication des gros legs :
1 000, 2 000, 5 000 voire 10 000 livres, et parallèlement, le déclin
des petits legs d'accompagnement, que le parallélisme de la courbe
des legs avec la courbe des pompes baroques, dans leur repli
commun après 1750, justifie amplement. Le geste charitable a
changé de nature : au début du siècle, dans sa modicité et dans sa
diffusion très générale il s'insérait dans tout un complexe où
l'accompagnement à la dernière demeure, les prières demandées,
les autres legs pieux en faisaient un élément parmi d'autres d'une
attitude religieuse. Désormais le geste de bienfaisance a valeur en
lui-même : on ne s'étonne pas que ces négociants ou ces aristocrates qui lèguent 10 000 livres n'aient rien de plus pressé que de
dispenser expressément recteurs et orphelins de les remercier de
leur cortège... alors que le testateur à 30 livres de 1720 réglait
minutieusement le poids de leurs cierges.

Cette hypothèse explicative de la crise de la charité provençale
au XVIIIe siècle, reçoit la caution d'études qui, procédant par voie
d'inventaire direct des comptabilités d'établissements, fournissent
sur plus d'un point un éclairage tout à fait convergent (1). L'hôpital Saint-Jacques d'Aix, si l'on ventile ses recettes au fil du XVIIIe
siècle, suivant les apports qui les constituent, présente une courbe
apparemment étale de la charité publique (aumône et legs), jusqu'à
1760 à peu près. Mais cette stagnation est déjà un recul : recul,
eu égard à la hausse des prix séculaire, comme surtout, à la hausse
globale des recettes de l'établissement, considérable au fil du
siècle. Tant et si bien que l'apport de la charité publique qui
fournissait en moyenne les 3/4 des revenus annuels dans le premier
quart du siècle, en apporte à peine le tiers dans les dernières décennies (2).

A ce recul, il est donné plusieurs explications, qui sont loin de
s'exclure réciproquement : on souligne l'importance de l'édit
d'août 1749 qui restreignait les droits des collectivités à recevoir
des legs, on note aussi la conscience croissante des administrateurs
et des théoriciens, de l'équivoque financière qui résulte de l'ambiguïté de leurs fonctions.

Cette ambiguïté éclate dans la lourdeur ressentie des fondations

---

(1) N. Sabatier : *L'hôpital Saint-Jacques d'Aix* (*op. cit.*, n° 249).
(2) Planche 49, établie d'après l'ouvrage cité *supra*.

de messes dont les gros testateurs avaient le plus souvent assorti leurs legs : les administrateurs laïcisés ne ressentent plus cette charge comme naturelle et partagent, d'évidence, la critique de Turgot contre « un respect superstitieux de ce que l'on appelle l'intention des fondateurs ». Aussi sollicitent-ils, et obtiennent-ils, à Aix en 1770, puis en 1781, d'importantes « réductions de messes » qui leur permettent de se débarrasser d'un arriéré considérable. Mais inversement, on conçoit aussi que ces banqueroutes spirituelles ne soient point faites pour attirer de nouveaux legs, du moins en la manière et conception traditionnelle.

Et puis, il y a tout simplement, perceptible sur certains types de recettes traditionnelles, un fléchissement fort net en valeur absolue des formes traditionnelles de la charité publique : ainsi pour le produit de la quête de Noël « en faveur de l'hôpital » qui témoigne à Aix d'une chute spectaculaire à partir de 1750 après être restée pratiquement étale pendant la première partie du XVIIIe siècle (1).

Les besoins nouveaux que la charité publique permet de moins en moins d'assumer, sont couverts à partir de 1760 par des subventions accrues de la ville et de la province : une mutation se fait, qui impose progressivement l'idée d'un service public, pour remplacer l'ancienne charité. Et revenant à nos testaments, il semble bien que ce changement qualitatif s'y perçoive à plusieurs indices. Au-delà de la confirmation de la mort des pompes baroques et de la sensibilité qui les sous-tendait, la bienfaisance de type moderne que l'on voit ici s'élaborer, n'a pas la même assiette sociale que les anciennes charités, elle s'est restreinte à un groupe plus étroit de notables, et toute une partie de ceux qui participaient naguère à l'activité charitable dans la moyenne bourgeoisie notamment, s'en trouvent comme exclus (au niveau du testament du moins).

Les gros testateurs règlent parfois aussi minutieusement qu'avant l'emploi des fonds qu'ils donnent, mais l'esprit a changé, et une mutation qualitative prolonge le tournant dont on vient d'indiquer les données quantitatives. La laïcisation de cette bienfaisance se marque dans une attention technicienne, économiste, portée aux problèmes charitables : et les stipulations relatives aux monts-de-piété ou aux greniers d'abondance décrites plus haut, encore que précoces dans le siècle, sont très caractéristiques d'un esprit nouveau. N'insistons point sur les curiosa : mais il est tel testament d'un noble officier de cavalerie aixois qui illustre parfaitement

---

(1) Planche 48, établie d'après N. SABATIER.

*D'après N. Sabatier : produit de la quête de Noël
au profit de l'hôpital Saint-Jacques d'Aix.*

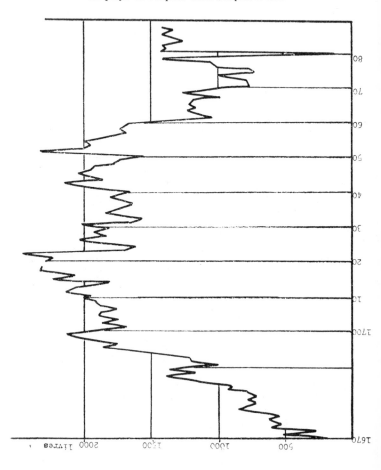

PLANCHE 49.

Réduction de la part relative des legs charitables dans les revenus de l'hôpital d'Aix.
(Courbe reprise et adaptée comme la précédente de N. Sabatier : « L'Hôpital St-Jacques... » op. cit. n° 249.)

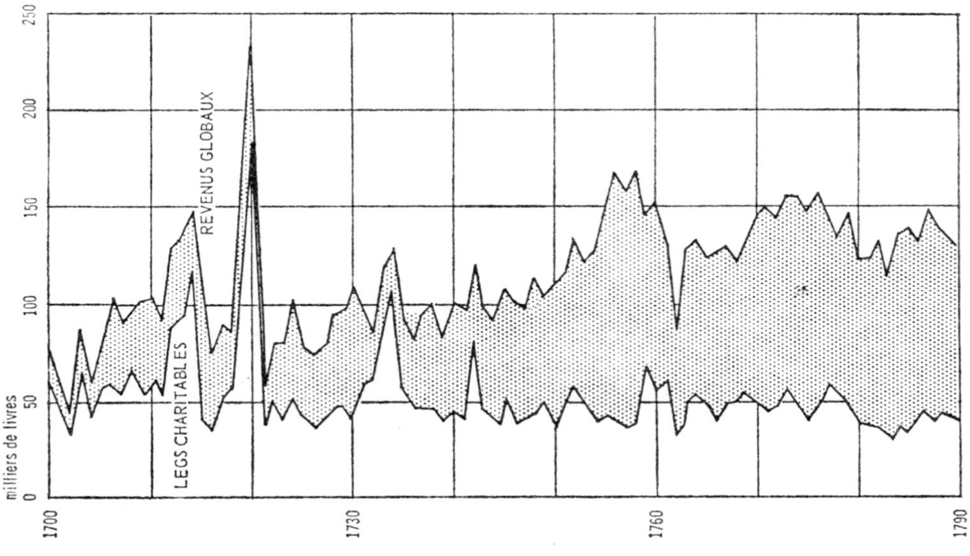

cette attitude technicienne dans le soin et l'attention qu'il apporte à trouver un hôpital dépositaire de ses largesses, à la condition essentielle que le montant en soit exclusivement réservé à la curation de la maladie vénérienne.

Revenons plus classiquement à ce testament de M. de Valbelle — c'est de Joseph ici qu'il s'agit — : il en a été fait bon usage, mais un usage mérité. Au milieu des charités traditionnelles (il n'y manque même pas le legs, rituel dans la famille, à la Chartreuse de Montrieux au nom de « l'affection héréditaire dans leur maison »), le mariage et la dot de cinq pauvres filles dans cinq communautés prend une allure de pastorale rousseauiste, noyé qu'il est dans le flux d'une philanthropie débordante : les 24 000 livres qui vont à l'Académie française pour récompenser un homme de lettres « ayant déjà fait ses preuves ou donnant des espérances » en témoignent au même titre que le legs qui honore le juriste Siméon ou Mlle Clairon. On passe sur beaucoup d'autres legs à des familles amies, nobles souvent parlementaires : injustement peut-être car cette effusion posthume d'un type *nouveau* témoigne pour une sensibilité bien éloignée de celle d'antan.

Le monde rural réagit avec retard à ces mutations urbaines : il ne peut y être indifférent, dans la mesure où une partie des charités au village provenaient des seigneurs, ou d'autres notables établis à la ville. Le repli, qui a paru sensible chez les Aixois, de cette attention portée aux paysans par leur seigneur, témoigne de liens paternels distendus et par là même d'un nouveau type de rapports. Mais au village même, la courbe est demeurée étale, on l'a vu, tant des legs aux hôpitaux locaux, que des aumônes et distributions aux pauvres : pérennité encore sauvegardée d'un réseau de prestations et de rites, que le XIXe siècle recevra intact.

Ainsi cette dernière recherche paraît-elle enrichissante à plusieurs niveaux : à l'époque du « Grand Renfermement » et des pompes baroques, elle permet de suivre l'achèvement, l'apogée, puis le déclin du système charitable traditionnel. Mais dans l'optique plus précise de l'approche menée, on sent bien qu'à travers tous ces avatars, c'est toute une vision du pauvre, c'est-à-dire du monde, qui s'est trouvée modifiée.

Conclusion
Bilans et interrogations

Il est trop tôt pour présenter un bilan d'une enquête préalable qui s'ouvre sur tant d'interrogations, et d'invitations à poursuivre. On mesure en particulier les limites d'un échantillon limité aux notables qui laisse presque complètement dans l'ombre les milieux populaires.

Mais avant de s'engager sur de nouvelles pistes pour approfondir les problèmes que l'on a pu formuler, une dernière démarche s'impose. La richesse et la complexité des notations que fournissent les testaments ont amené à suivre une procédure analytique, excessivement peut-être. Les techniques matérielles de dépouillement et de mise en œuvre qui ont été imposées par la force des choses (et pour tout dire, la manipulation manuelle des fiches) ont sans doute accentué cette pulvérisation : fût-il simplement mécanographique, un traitement moins artisanal de l'information aurait permis plus aisément d'établir les corrélations entre les phénomènes. Mais au-delà du dénuement matériel du chercheur, on laisse au lecteur le soin de juger si la programmation en vue d'un traitement statistique mécanisé, d'une information aussi multiforme, nuancée, et parfois ambiguë n'aurait pas risqué d'appauvrir, et peut-être de fausser la perception des phénomènes.

Du moins importait-il de rassembler de façon plus synthétique les éléments mis à jour au fil de la prospection : c'est ce que l'on a tenté de faire en suivant les « moments » de l'évolution, les « tempéraments » régionaux, les « attitudes » enfin des individus ou des groupes.

Moments.

Construire l'histoire religieuse sérielle que P. Chaunu a appelée
de ses vœux (1) s'impose, à qui mène une recherche telle que la
nôtre, comme un impératif mais aussi comme une tâche fort délicate! L'affirmation peut sembler injuste : il n'est point malaisé
de la vérifier. Nous limiterons-nous au domaine de la spiritualité
et du sentiment religieux? C'est pour constater — mais on le savait
déjà — que Brémond a arrêté sa recherche à la fin du xviie siècle (2)
et, plus étrange encore, que la récente « *Histoire spirituelle de la
France* » (3) fait succéder sans transition comme sans explications
aux chapitres xviie siècle... celui qui concerne le xixe! N'y aurait-il
pas de xviiie siècle spirituel? On s'y résignerait, si l'on peut dire!
Et nous ne sommes pas les premiers à avoir fait cette statistique
des saints français du xviiie, où Benoît Labre et Élizabeth de France
opposent leur quasi-unicité à la foule des saints de l'âge classique.

Mais à défaut, au niveau des masses chrétiennes et non pas des
élites, on se tourne vers ces études de pratique religieuse, dont on
a souligné initialement l'importance croissante : et l'on s'aperçoit
que le « trend » du xviiie siècle religieux est bien loin d'avoir été
établi. N'accusons point Pérouas, dont les travaux ont imposé dans
le compte rendu qu'en fit Chaunu, l'expression d' « histoire religieuse sérielle », d'avoir fait une thèse « triomphaliste », en suivant
la courbe ascensionnelle qui va de 1650 à 1720... (4) Nous savons
trop bien qu'au-delà, la source qui l'avait porté — les visites pastorales — fait défaut, et le silence fréquent des sources du xviiie
siècle n'est pas spécifique du diocèse de La Rochelle.

Après le mouvement ascendant du siècle classique, le xviiie
reste donc (mises à part les suggestions des courbes de vocations)
une interrogation : on y soupçonnait une retombée... mais sans trop
en savoir le rythme, ni l'ampleur. Ou plutôt chacun a donné sa
réponse : laissons de côté l'image traditionnelle manifestement
dépassée d'une France unanime dans une foi inaltérée à la fin de
l'Ancien Régime; mais pour tel autre (Lestocquoy) (5), c'est au

(1) P. Chaunu : *Une histoire religieuse sérielle* (*op. cit.*, n° 72).
(2) H. Brémond : *Histoire littéraire du sentiment religieux* (*op. cit.*, n° 113).
(3) *Histoire spirituelle de la France*, Paris, 1964 (*op. cit.*, n° 116).
(4) L. Pérouas : *Le diocèse de La Rochelle* (*op. cit.*, n° 107).
(5) J. Lestocquoy : *La vie religieuse en France du XVIe au XXe siècle* (*op. cit.*, n° 62).

contraire dès 1680 que le charme serait rompu, et que se situerait le grand tournant. Partant des sources littéraires, d'autres, de Mornet à Mauzi (1), ont insisté au contraire sur le décrochement des années 1750-1760 dans la mutation des idéologies, comme de la sensibilité collective, et leur témoignage mérite d'être pris en considération.

Le recoupement des différentes approches qui ont été menées sur base d'une quantification systématique, nous autorise à plus de précision : à l'identification d'un mouvement de longue durée et de phases, ou de moments intermédiaires, en forme d'oscillations autour de cette tendance séculaire.

Un mouvement de longue durée? Pour l'ensemble des gestes et des pratiques analysées, le xvIIIᵉ siècle est évidemment une période d'affaissement, succédant à une phase d'essor : sur tous les points, bilan initial et bilan terminal confrontés livrent un verdict sans équivoque. Encore faudrait-il savoir quand on peut placer le grand tournant, le renversement séculaire de la tendance. Sans anticiper sur un bilan qui ne pourra qu'être nuancé suivant les lieux, les milieux, les gestes suivis, on peut proposer le schéma d'ensemble suivant : progrès et consolidation des pratiques jusqu'aux années 1680-1700, palier ensuite (dont nous verrons qu'il est fait, dans le détail, de consolidations, mais aussi de l'équilibre des reculs et des progrès) jusqu'aux années 50, déclin général et souvent brutal dans les quarante dernières années de l'Ancien Régime. En tout cas, ce qu'on peut appeler la « Provence baroque » des pratiques multiples et des dévotions extériorisées ne subit pas d'atteinte majeure avant le milieu du siècle : le retournement n'en est parfois que plus brutal. Ce tournant qui fait commencer, pour l'ensemble, tardivement, le siècle des Lumières, est-il général? Faute d'études comparatives on serait bien embarrassé pour le dire, encore que le trend esquissé par Pérouas fournisse confirmation jusqu'aux années 20. Mais peut-être au fond, ni La Rochelle, front pionnier et souvent missionnaire de la reconquête catholique, ni la Provence dans sa profusion baroque ne sont-ils des sites exceptionnels : ceux qui ont cru déceler dès 1680 la fin d'une reconquête n'ont sans doute pas, à notre avis, suffisamment distingué les niveaux de l'analyse. C'est dans cette perspective que nous avons usé, et peut-être abusé, de l'expression d' « invasion dévote » pour caractériser ce grand demi-siècle qui,

(1) D. Mornet : *Les origines intellectuelles de la Révolution Française* (*op. cit.*, n° 146).
R. Mauzi : *L'idée du bonheur* (*op. cit.*, n° 128).

de 1680 aux années 1740, multiplie, régularise et codifie les dévotions provençales. Là où Brémond nous a appris à découvrir dans les années 1620-1640 les formes de l'« invasion mystique » dans les élites nationales, on n'a pas assez tenu compte peut-être, dans une historiographie qui confondait histoire religieuse et histoire du sentiment religieux, du temps de latence nécessaire pour acclimater et monnayer au niveau des masses, les illuminations individuelles de l'élite.

Entre l'époque contemporaine où la sociologie de la pratique éclipse et parfois étouffe l'histoire de la spiritualité, et l'âge classique où l'histoire du sentiment religieux s'est jusqu'à présent développée sans prendre racine dans une approche sociologique des attitudes des masses, on sentira peut-être la nécessité, et l'inconfort, de la passerelle que nous tentons de jeter.

Mais il est temps sans doute d'entrer dans la réalité de ces phases ou de ces moments qui semblent rythmer plus précisément les phases de l'évolution du XVIIIe siècle provençal. En une simplification peut-être abusive, nous en avons distingué cinq, dont les limites chronologiques sont évidemment souples ; avant 1680, puis de 1680 à 1710, l'épanouissement d'un système de pratiques achevé, alors que la période de 1710-1740 assiste à un premier fléchissement, stabilisé et parfois corrigé entre 1740 et 1760, cependant que la dernière phase 1760-90 voit une véritable débâcle des attitudes séculaires.

L'étape initiale — avant 1680 — peut paraître, de notre part, annexionnisme abusif. L'insinuation des testaments par voie judiciaire ne commence qu'avec le siècle : les documents du XVIIe siècle qui sont parvenus ne sont donc que des attardés, fruits de la longévité exceptionnelle d'un testateur... ou d'une querelle d'héritiers. La pincée de ceux qu'ils représentent permet cependant déjà plusieurs suggestions, en forme d'ouverture du débat. En tout premier lieu, ils prouvent qu'il serait assez faux de croire dès lors à un système de dévotions et de pratiques installé. Sur bien des points : richesse des formules, gestes des demandes de messes, moyenne des messes demandées, voire legs et appartenances aux confréries ou recrutement ecclésiastique, il y a consolidation, ou même nettement progrès dans les trente années finales du XVIIe siècle qu'il est donné d'entr'apercevoir rétrospectivement. C'est entre 1680 et 1710 à peu près, que l'on peut décrire en tous lieux le système des pratiques et dévotions provençales autour de la mort, dans toute sa profusion. Les formules testamentaires revêtent après les recherches du siècle précédent une forme stabilisée, et le plus souvent atteignent le maximum de richesse, dans le cadre d'une pratique notariale qui, à des nuances près, est la même dans toute la Provence. L'élection de sépulture est, chez les notables, quasi universelle et révèle en tous lieux le primat des ordres religieux et de leur influence. Les demandes de messes, expression de l'inquiétude pour le salut, sont devenues une pratique quasi universelle : la messe de fondation perpétuelle connaît une faveur inégalée entre 1680 et 1720, mais les demandes de messes « au détail » en nombre souvent impressionnant s'y superposent sans peine. C'est alors, en effet, que les pompes baroques qui s'expriment en clauses d'accompagnement, règlement du cortège, voire du poids des cierges, connaissent leur richesse et leur fréquence maxima, dans un groupe de notables qui ressent encore cette ostentation comme une expression naturelle de sa vision de la vie et de la mort. Perceptible dans la formulation des actes (la « glorieuse Vierge Marie », les Saints et Saintes, invoqués par tous), le foisonnement de dévotions multiples et personnalisées se mesure également à la multiplicité des confréries : Rosaire, Saint-Sacrement, Purgatoire ou Saint-Joseph, presque partout présentes, et qui plus est, conquérantes : c'est entre ces dates que l'on rencontre le plus de fondations, ou de fondateurs, de chapelles et de luminaires. Dans ce foisonnement il doit y avoir fusion d'ancien et de nouveau, ainsi la multiplicité des saints de tradition, ainsi la survie, en campagne, des chapelles et dévotions de terroir, mais ces aspects semblent dès lors limités, et en voie de régression : à côté d'une religiosité de tradition, se forgent et s'épanouissent les formes de la dévotion nouvelle uniformisée dont l'universalité des confréries du Rosaire est un exemple type.

Révélatrices de ce dynamisme maintenu sont alors la densité et le succès, mais aussi la force de propagation des confréries de pénitents qui sont sans doute la grande originalité provençale : de la Provence orientale, où ils sont fortement implantés, on les voit se répandre, par les villes d'abord, en basse Provence occidentale.

Dynamisme, tradition et en même temps mutation se retrouvent au niveau du geste charitable, tant vis-à-vis des pauvres que des hôpitaux. C'est alors sans doute (et les dates de fondation des Charités le prouvent) que l'organisation charitable de l'Ancien Régime connaît son achèvement, c'est alors aussi que les œuvres de miséricorde apparaissent chez les notables sinon unanimes, du moins très largement répandues, dans une perspective qui reste de charité chrétienne à l'égard des « pauvres de Jésus-Christ », mais aussi dans le cadre d'une pratique modifiée. Le renfermement des pauvres, la fin du pauvre en liberté dans le monde urbain refoulent au monde rural l'aumône manuelle et les donnes traditionnelles; il ne semble pas encore que cette mutation institutionnelle en éloignant le pauvre et en rendant abstraite la pratique des œuvres, ébranle déjà le zèle charitable des notables qui furent d'ailleurs les initiateurs de cette modification profonde.

En tous lieux, la présence de clercs dans la famille des testateurs témoigne d'un mouvement de vocations qui atteint son point maximum pour l'ensemble de la période suivie. Sans doute des dimorphismes géographiques flagrants apparaissent-ils déjà : mais la jeunesse d'ensemble de cette population cléricale, l'équilibre entre vocations masculines et féminines, et chez les hommes, entre réguliers et séculiers sont autant d'indices de vitalité, que, là encore, nous ne retrouverons jamais aussi développés.

Enfin, il est un dernier trait qui semble devoir être inséré dans ce tableau : c'est le zèle remarquable du monde des villes par rapport à celui du monde rural. Qu'il s'agisse des messes, des confréries ou des vocations, les villes apparaissent aussi bien pourvues, aussi dynamiques, voire sensiblement plus, dans la plupart des cas, que les campagnes. Seule peut-être, Marseille donnerait sur certains points des signes d'abandon. Mais en général, il se confirme que c'est par ces lieux de mobilité sociale et idéologique que s'est faite la reconquête catholique... comme c'est par eux que se fera l'abandon.

La phase suivante est celle de l'ambiguïté. On ne saurait dire que le système élaboré dans toute sa profusion au cours de la période précédente s'y défasse complètement; bien au contraire, certaines clauses des plus importantes, notamment le geste des demandes de messes, s'y maintiennent et même s'y renforcent dans l'ensemble de la Provence. Le déclin et l'élimination presque totale des messes de fondation n'est pas, au premier chef, imputable à un désintérêt, mais bien plutôt à des raisons techniques dont il a été rendu compte.

Au-delà de cet indice, il est vrai essentiel, on peut voir à d'autres signes que le rituel des pompes baroques n'est pas encore profondément altéré; les demandes d'accompagnement restent aussi fréquentes qu'auparavant, et si la sociabilité traditionnelle des confréries de pénitents régresse dans son fief d'origine, la Provence orientale, les villes de Provence occidentale, ainsi Aix, les accueillent avec une faveur croissante chez les notables. Quant au geste charitable, il reste tel que la période précédente l'a promu, à un très haut niveau; cette première moitié du XVIIIe siècle est sans doute la meilleure période pour les hôpitaux et les charités méridionales.

Et pourtant, derrière ces apparences, et même ces réalités, une première mutation s'effectue, en forme de chute parfois brutale des clauses de dévotions anciennes; suivant les cas, elle est parfois perceptible dès la décennie 1710-1720, mais c'est généralement entre 1720 et 1730 que le décrochement est le plus sensible, pour se prolonger parfois jusqu'aux années 40, où un palier s'instaure.

Il est peu de domaines où cette rupture ne se perçoive : au niveau de formules notariales, certaines invocations traditionnelles, ainsi à la « glorieuse Vierge Marie », traduisent dans leur fréquence diminuée une attitude modifiée. Si le geste des demandes de messes est apparu globalement inaltéré, ce n'est point sans exceptions en certains sites (ainsi la sénéchaussée de Draguignan ou de Grasse) et surtout la moyenne des messes demandées s'abaisse sensiblement, de trois cent cinquante à deux cents messes, pour l'ensemble de la Provence.

Les bénéficiaires des dévotions installées subissent le contrecoup de ce recul; ainsi les confréries luminaires, ainsi les couvents qui monopolisent deux tiers en moyenne des demandes de messes. Dressées suivant les ordres religieux, les courbes de succès, ou de fidélité témoignent que ce sont les acteurs les plus dynamiques de la Contre-Réforme, tels les Capucins, qui pâtissent le plus lourdement de ce désintérêt.

A ce faisceau de données convergentes, il est séduisant, et apparemment légitime de donner un nom : l'événementiel d'une histoire religieuse provençale fort riche nous dit les péripéties de la querelle janséniste bien envenimée déjà au temps de la Peste, culminant en 1726 avec la condamnation de l'évêque de Senez, Soanen, au Concile d'Embrun, rebondissant en 1731 dans le procès Girard-Cadière, se traînant enfin dans les années 50, dans les affaires des billets de confession. N'est-ce point l'écho répercuté de la querelle janséniste qui se retrouve ainsi, dans les distances formelles prises vis-à-vis d'une piété mariale indiscrète, dans le refus de l'ostentation des multiples services funèbres qui caractérisait la sensibilité baroque provençale, dans la méfiance vis-à-vis des confréries multiples, dans le discrédit enfin, jeté assez sélectivement sur les ordres religieux — Capucins ou autres — que les prélats ultramontains, tel Belsunce, avaient associés à leur campagne antijanséniste?

Mais si telle est l'explication, et dans ce milieu averti d'une élite de notables, elle doit tenir une bonne part de vérité, on doit reconnaître aussi que les répercussions enregistrées vont bien au-delà de celles qu'on pourrait attendre d'un simple épisode. Ainsi par exemple dans la courbe des vocations, ou du moins de l'environnement religieux des testateurs, qui manifeste une chute brutale dans l'ensemble de la Provence (dix religieux pour cent familles contre vingt auparavant), il y a là beaucoup plus qu'une attitude volontaire : la traduction d'un détachement collectif qui touche à l'intensité même du sentiment religieux. De là à conclure, comme certains, à un jansénisme, inconscient fourrier de la déchristianisation, pour avoir fatigué du bruit de ses querelles renouvelées le peuple chrétien, pour avoir appauvri aussi et déraciné les dévotions vivantes, il n'y a qu'un pas.

Nous ne le franchirons point sans nuances ; on remarquera à nouveau que certains gestes essentiels (les demandes de messes) restent intacts. Surtout il importe de voir dans quelle mesure les conséquences qu'on en est en droit d'attribuer à l'épisode de la querelle janséniste se présentent comme irréversibles, enchaînant directement sur la déchristianisation fin de siècle : c'est ce qui fait l'intérêt de la phase suivante — et plus inattendue — qui va de 1740 à 1760, à peu près, à l'articulation du siècle.

Si nous avons parlé d'ambiguïté s'agissant de la phase précédente, que dire de celle-ci ! Sur certains plans, le déclin est continu, poursuivi, linéaire : c'est le cas pour ces évolutions profondes entamées dès le début du siècle et qui tiennent aux comportements collectifs, aux structures d'ensemble de la sensibilité voire de la société, échappant donc au semi-événementiel des engouements collectifs : ainsi pour la clause « selon son état et sa condition... » par exemple, ou même pour le déclin des messes de fondation que nous savons condamnées depuis le début du siècle...

A un autre niveau, qui sera, si l'on veut, celui des attitudes de dévotion proprement dite, mais les plus codifiées et enracinées, comme le geste des demandes de messes, l'élection de sépulture ou les charités aux hôpitaux, l'impression est de stabilité, de constance dans un comportement qui n'est pas encore radicalement contesté.

Et c'est peut-être, finalement, l'impression d'un palier qui résume le mieux la convergence des différentes courbes dressées : après le brutal décrochement de 1710 à 1730, les moyennes mobiles qui corrigent sur nos courbes la nervosité des fluctuations décennales, révèlent dans la plupart des cas la réalité de cette « pause » caractéristique du milieu du siècle : on la retrouve dans l'évolution des formules vers la laïcisation, dans la moyenne des messes demandées, et plus généralement dans les gestes révélateurs de l'ostentation baroque, on la rencontre aussi dans les legs aux confréries luminaires, comme dans la courbe des vocations. Le discrédit qui semblait avoir frappé les couvents dans la phase précédente fait place dans la plupart des cas à une stabilisation relative.

Mais il y a plus : le recours à la moyenne mobile se justifie sans doute pour atténuer des accidents dont on peut craindre, sur des sous-échantillons numériquement réduits, qu'ils ne soient pas significatifs en fonction d'une base statistique étroite ; mais que l'accident se répète avec constance sur nombre de courbes, sous les mêmes formes et, en gros, aux mêmes dates, il en devient révélateur. L'accident ici, c'est, plus inattendue encore que le décrochement des années 20, l'éphémère reconquête des années 1740-1750. Elle ne touche point toutes les pratiques dont on suit l'évolution concomittante, mais affecte les plus mobiles, les gestes les moins fréquemment imposés par la convention et les plus volontaires, et par là paradoxalement, les plus sensibles à cette autre forme de conditionnement social qu'est la mode, le terme étant pris au sens le plus large.

Ainsi pour la moyenne des messes demandées, si la courbe générale de Provence compose la diversité des apports en dessinant un palier, plus d'une courbe de sénéchaussée, en Provence occidentale surtout (Marseille, Aix-campagne, Arles, Toulon), révèle une remontée sensible après la chute qui avait précédé. Les couvents rentrent en grâce, certains ordres du moins : ainsi pour les Observantins, les Prêcheurs, les Cordeliers ou les Grands Augustins. Réhabilitation sélective d'ailleurs, qui n'affecte pas les victimes majeures (Capucins ou Récollets) du discrédit précédent. Ce retour en grâce partiel se détecte également dans les legs aux confréries luminaires, comme il est sensible, mais inégalement, chez les pénitents ; leur déclin reste continu là où ils étaient les mieux implantés, en Provence orientale, mais la Provence occidentale aixoise, et même marseillaise, leur fait pour un temps à nouveau fête.

On est tenté, comme précédemment, de mettre une étiquette et de risquer une identification. On songe à la remise au pas menée par les prélats provençaux au lendemain du paroxysme janséniste : et pour n'en prendre qu'un exemple, cette reconquête dévote se rencontre assez bien à Marseille avec la dernière phase de l'épiscopat de Monseigneur de Belsunce. Mais d'autres illustrations ne manqueraient pas, nous en trouverons en temps et lieu, en étudiant à Senez la reprise en main d'un fief janséniste.

Épisode superficiel, ou au contraire notable, d'une évolution que l'on serait trop tenté de croire irréversible ? Le test moins ambigu du nombre des clercs dans la famille provençale semble aller dans ce sens, puisqu'une remontée sensible se dessine dans la décennie 1750-59 ce qui, avec le délai nécessaire pour qu'une reprise des vocations se traduise au niveau des effectifs cléricaux, renvoie assez bien aux années 1740. Là où l'étroitesse du stock dont on dispose inciterait à la prudence, l'exploitation de données convergentes permet plus d'assurance : ainsi la pyramide des âges des prêtres et religieux marseillais en 1791, qu'a dressée pour nous V. Santini dans son travail sur « *La vie religieuse à Marseille sous la Révolution* » (1). Les inégalités — creux et renflements — de cette pyramide suggèrent bien de leur côté un afflux sensible de ceux qui ont dû avoir vingt à trente ans au milieu du siècle.

Si la reconquête est, sur certains points, indéniable, il importe néanmoins d'en souligner les limites : la plus notable, selon nous, étant peut-être l'accentuation des contrastes d'un monde qui se « casse ». Géographiquement, c'est l'époque où les cartes cinématiques, unanimes dans la diffusion des pratiques au début du siècle comme elles le seront souvent dans l'abandon à la fin, se diversifient en aires contrastées, où la basse Provence qui bouge s'oppose aux refuges des zones périphériques : mais nous en parlerons sous peu. Socialement aussi : l'écart se creuse entre les attitudes de groupes notables qui réagissent diversement ; de cela aussi il faudra rendre compte. Plus encore, cet ensemble de gestes et de pratiques dont l'enveloppe testamentaire faisait une synthèse plus que formelle, n'a pas retrouvé sa cohésion et son unité profonde d'antan : à ce titre la « reconquête dévote » des années 50 n'est peut-être qu'un combat d'arrière-garde.

La dernière phase, qui débute dans les années 1760, plus ou moins, suivant les lieux, est celle d'une universelle débâcle. Il n'est plus de secteurs préservés : une convergence massive dans l'évolution des attitudes qui ont servi de test démontre la profondeur de la mutation subie. En tous lieux ou presque, le testament est quasi laïcisé dans ses formules : les lieux mêmes où le vocabulaire ancien s'était perpétué le plus longtemps (ainsi Toulon) se convertissent brutalement au nouveau mode d'expression. A Nice, conservatoire des traditions, le fléchissement commence à se faire sentir. Presque partout le panthéon des intercesseurs traditionnels s'est dépeuplé, pour faire place, au mieux, à la sécheresse d'une référence à Dieu. Les confréries luminaires expression, de ces dévotions multiples, ont vu se tarir les legs qu'elles attirent, les pénitents sont non seulement délaissés mais ouvertement écartés parfois.

Les demandes de messes, qui semblent de tous ces gestes le plus intangible, se réduisent de près de moitié en nombre, ne touchant guère plus de 50 % des notables qui passent testament. La moyenne

(1) V. Santini : *Le clergé et la vie religieuse à Marseille sous la Révolution* (*op. cit.*, nº 201).

des messes demandées connaît une nouvelle réduction fort sensible : c'en est fait de la profusion des multiples services de l'âge baroque. Débâcle inégale suivant les lieux : limitée dans le pays d'Aix, spectaculaire à Marseille et plus encore en Provence orientale (Toulon, Draguignan, Brignoles).

Avec le déclin du geste, tout le cérémonial qui l'accompagnait s'efface : les pompes baroques ont vécu, et les demandes d'accompagnement comme toutes les stipulations annexes qui réglaient le cortège funèbre tiennent une place déclinante dans les préoccupations des notables : à Nice même, qui se met à l'école de la Provence, on ne parle que de simplicité.

La sépulture enfin, qui, avec les demandes de messes, était naguère une préoccupation majeure et quasi obligée, perd soudain tout intérêt : on dira qu'ici la motivation est extérieure, l'Édit royal de 1776, en imposant l'inhumation dans les cimetières, a forcé le cours de l'histoire. Mais le désintérêt des notables a précédé l'Édit royal, puisqu'il est sensible dans les villes, dès les années 60. Le cimetière qui fixera au siècle suivant les manifestations du nouveau « culte des morts », a déjà cause gagnée dès lors.

Cela entraîne — ou exprime — le détachement vis-à-vis des fidélités anciennes à l'égard des couvents, où l'on élisait sépulture, auxquels on réclamait des messes. Mais de ce déclin de l'influence des ordres religieux, la paroisse ne sort qu'apparemment renforcée : c'est en fait l'indifférence qui gagne. On en a la preuve dans la réduction du nombre des clercs — séculiers ou religieux — pour un même nombre de notables. Le fléchissement n'a jamais été aussi marqué, dans les villes surtout, et des mutations qualitatives (vieillissement de cette population de clercs, recul des vocations masculines, surtout monastiques) confirment l'ampleur du tournant. Enfin, comme on l'a vu, le système des charités élaboré à l'âge classique connaît une crise très profonde.

Là où les gestes et les pratiques restaient auparavant hiérarchisés et comme codifiés dans leur diversité, un reclassement s'est fait, des attitudes collectives. Il se traduit sur le terrain par l'abandon urbain, par une nouvelle géographie dont on verra plus loin les aspects, il se traduit aussi par la diversification accrue des attitudes suivant le sexe (dimorphisme sexuel accru) comme suivant l'appartenance sociale : cela aussi mérite examen particulier.

Mais au terme de cette reconnaissance des « moments » d'une évolution séculaire, on ne peut esquiver le problème de la signification qu'on peut lui donner. Les gestes qui ont été suivis n'ont point, il s'en faut, identique signification. Tout simplement, de prime abord, certains expriment une option volontaire (encore qu'en période de chrétienté et de pratique unanime le terme n'ait pas sans doute la valeur qu'il aurait aujourd'hui), d'autres au contraire révèlent les mutations beaucoup plus inconscientes d'une sensibilité collective modifiée, d'attitudes différentes devant la mort et devant la vie. Ainsi l'appartenance à un tiers-ordre entre dans la première catégorie, la réévaluation que font les hommes de leur corps, en l'espèce de leur dépouille physique et la vision différente qu'ils en ont, appartiendraient à la seconde.

Pour des gestes qui se situent ainsi à des niveaux très différents de la sensibilité, on comprend sans peine que l'évolution soit dissemblable, dans ses formes mêmes : lente, continue, séculaire pour les uns, plus heurtée pour les autres et soumise aux caprices de l'événementiel et du contingent.

Peut-on conclure de l'ensemble à une déchristianisation, expression, on le notera, dont nous nous sommes jusqu'à présent interdit l'emploi ? On ne saurait éviter de poser le problème : mais nous ne sommes pas au terme de l'enquête.

Tempéraments régionaux.

Au-delà de l'identification de moments, ou d'étapes dans un mouvement séculaire, le regroupement et la confrontation des données analysées permet l'approche de tempéraments locaux, ou de « régions culturelles » pour reprendre un terme récemment employé (1), encore que les unités que l'on peut cerner dans le cadre de cette étude régionale soient plus limitées sans doute que ce que Boulard entend par ce terme : du moins peut-on le retenir comme indication de l'esprit et de la méthode que nous entendons suivre.

Le problème n'est pas simple, mais on ne peut l'éviter : ceux qui ont tenté d'explorer en profondeur les attitudes collectives de l'âge classique l'ont tous rencontré, de Pérouas découvrant l'importance d'un dimorphisme géographique éclatant dans le diocèse de La Rochelle, à Agulhon qui met au contraire le doigt sur un ensemble de comportements collectifs régionaux homogènes, dans le cadre de la sociabilité méridionale. On est beaucoup plus embarrassé pour passer du stade de la description à celui de l'in-

---

(1) F. Boulard : *Pratique religieuse urbaine et régions culturelles* (*op. cit.* n° 4).

terprétation : primat de l'explication socio-économique chez Agulhon (la civilisation des villages urbanisés et les formes de vie collective qu'elle entraîne), enracinement chez Pérouas et chez d'autres,
dans un déterminisme plus profond encore, où le paysage et la
géographie (l'homme du granite et l'homme du calcaire) réper-
cutés dans les structures sociales et les attitudes mentales l'emportent en dernier ressort. Toutes interprétations qui ont l'intérêt de
remonter au-delà des explications massives de la sociologie contemporaine, situées dans le temps court. En nuançant la constatation du dimorphisme ville-campagne, si nette au XXᵉ siècle, du
poids de cette variable que sont les régions culturelles, Boulard
a bien montré que les choses ne sont pas si simples.

Dans ce regroupement des données acquises qui ne se veut
pas définitif, nous voudrions très humblement partir des contrastes
régionaux observés au niveau des différentes attitudes analysées,
pour tenter, s'il est possible, de faire progresser le débat.

Partant d'un tableau initial, nous pouvons dire d'entrée, tout
naïvement, qu'il y a « une » Provence, dont le faisceau des attitudes observées révèle l'originalité. Comme toute réalité géographique, c'est aux franges qu'elle se saisit le mieux. On l'oppose sans
peine, l'importance de la documentation aidant, à un monde du
contact transalpin, dont le pays niçois a fourni l'exemple, en forme
de point de référence commode. Par contraste, la Provence baroque paraît presque sage, en rapport avec la profusion, et surtout la
continuité et la stabilité du pays niçois. Le contraste est moins
évidemment tranché au nord et à l'ouest : en haute Provence
alpine, sans doute est-on desservi par l'étroitesse des échantillons
traités ; du moins peut-on soupçonner, entre Castellane et Digne,
une région dont les comportements tiennent du tempérament
niçois, et, lorsqu'on passe à la haute Provence occidentale, un
autre site de frontière avec le monde dauphinois, dont on soupçonne l'originalité. Certains rites (ainsi la survie du lit ou du drap
funèbre) que l'on ne rencontre qu'en cette zone de contact (région
de Grignan et terres adjacentes) prennent de ce fait une importance qui va au-delà des notations d'une ethnographie folklori-
sante.

Nous attribuerons de même, sans peine, une coloration originale aux marges occidentales, et particulièrement au pays d'Arles :
nous avons senti à quelques clauses tests, même si elles apparaissent
formelles ou marginales, le contact avec un système de coutumes
différentes (ainsi l'annuel de messes) qui pourraient être languedo-
ciennes, comme le voisinage d'une frontière de catholicité percep-

tible à l'importance exceptionnelle qu'y revêt une formule apparemment aussi stéréotypée que « comme chrétien catholique, apostolique et romain ».

A l'intérieur de cette Provence qui se délimite d'elle-même par contact, rien de monolithique, mais sans vouloir subdiviser à l'extrême, un certain nombre d'unités apparaissent, d'entrée, fortement individualisées. Nous verrons ensuite à les envisager dans une perspective dynamique au fil du siècle : au début le contraste majeur se définit non pas entre monde des plaines et des hauteurs, ni même nettement entre villes et campagnes, mais entre Provence occidentale et orientale.

On le sent de prime abord à des clauses qui ne sont pas de dévotion mais introduisent déjà, peut-être, à des types de sociétés différentes. Ainsi pour le dimorphisme suivant le sexe du stock testamentaire traité, l'inégalité est minimale dans des villes de Provence occidentale comme Arles ou Marseille, elle culmine dans les zones plus rurales de Provence orientale. Il en va de même pour cette clause « être enseveli suivant son état et sa condition » où nous avons vu le reflet d'une société d'ordres encore hiérarchisée suivant la pyramide des honneurs, jusqu'aux pompes funèbres inclusivement. Ces deux traits particulièrement accentués en Provence orientale semblent bien définir un style de rapports sociaux, et en même temps familiaux plus traditionnels dans leur hiérarchisation et leurs conventions en ces régions, alors que l'individualisme de la Provence occidentale est plus précoce. Peut-être pourrait-on associer à ce premier groupe de constatations, le contraste géographique qui est apparu entre l'importance respective dans les deux Provences du testament mystique et du testament nuncupatif : le second, qui l'emporte encore plus qu'ailleurs dans la Provence occidentale aixoise, marseillaise ou arlésienne, correspond mieux, peut-être, dans le groupe notable qui est prospecté à une société plus ouverte, et sans mauvais jeu de mots, moins secrète, puisqu'elle ne répugne pas à la publicité en l'étude du notaire.

Il importe sans doute d'associer ces évidences qui ne sont liminaires qu'en apparence, aux réalités sociales qui les expliquent en bonne partie : la sociologie différentielle des échantillons suivant les sénéchaussées, et même leur importance numérique inégale, traduction, si indirecte soit-elle, de l'ampleur ou des limites d'un groupe notable, aident à coup sûr à opposer deux ou même trois Provences : basse Provence occidentale des villes, des négociants, du mouvement; Provence orientale plus figée jusque dans ses bourgeoisies urbaines, de même d'ailleurs que la haute Provence.

Que si les données sociologiques apportées par les testaments, paraissent marginales, ou indirectes, il n'est pas malaisé d'en insérer les apports dans la cartographie qu'a donnée E. Baratier des bouleversements démographiques de la Provence de l'âge classique (1). Que l'on se reporte à la carte des accroissements de population suivant les circonscriptions, de 1471 à 1765, ou à la carte, si suggestive dans sa dissymétrie, des villes et bourgs de plus de quatre cents maisons en 1765, on y découvre le même contraste entre la Provence qui bouge et la Provence qui piétine.

Qu'on ne nous accuse pas de mettre la charrue avant les bœufs en fournissant d'entrée, par cette mise en contexte des « tempéraments » provençaux, une explication socio-démographique qui risque d'être conçue comme appauvrissante. D'autres phénomènes interfèrent d'évidence : héritages culturels ou simplement rites enracinés, propagation également, par contact, de pratiques et d'influences nouvelles puisque c'est de la Provence orientale que nous pouvons voir se répandre (ainsi d'après la vogue des confréries de pénitents) tout un ensemble de modes et de comportements que nous pouvons par commodité associer sous le vocable de baroquisme.

C'est de la rencontre de ces différents éléments que l'on peut dégager le tableau d'une Provence contrastée, où différentes aires se dessinent : quitte bien sûr à voir ensuite dans quel sens se fait l'évolution.

Il nous faut partir du schéma le plus riche, profus et organisé, en un mot du type niçois ; il a, assez fréquemment au fil de l'analyse, servi de référence, pour pouvoir remplir encore ce rôle.

En ces lieux sans doute, le testament spirituel garde sa plus grande plénitude, dans le cadre d'un groupe de notables urbains structuré à dominante nobiliaire où les rites demeurent contraignants : c'est *secondo grado*, ou *condizione* que l'on accomplit le passage, mais qui dit formalisme ne dit pas pour cela sclérose. La formulation des actes, qui revêt ici sa plus grande richesse, recommande, de la Vierge Immaculée, au Saint Ange et au Saint Patron, à tout un réseau d'intercesseurs multiples. Le nombre des confréries luminaires ou des pénitents montre assez que cette richesse n'est pas uniquement verbale, mais qu'elle renvoie à un style de dévotion où la profusion et l'ostentation sont naturelles : le cérémonial de la mort atteint ici sa complexité la plus grande, l'inquiétude de l'au-delà s'investit dans un nombre de messes plus élevé en moyenne

---

(1) E. Baratier : *La démographie provençale (op. cit.,* n° 188).

que partout ailleurs. La survie et le progrès des messes de fondation ailleurs déclinantes témoignent aussi en ce sens. Enfin une
confirmation qui n'est point formelle de l'intensité de cet engagement est donnée par l'abondance des vocations, tant masculines
que féminines, monastiques que séculières.

On ne rencontre pas en Provence l'équivalent de ce schéma extrême : et sans doute serait-il très imprudent aussi d'extrapoler de
la dévotion baroque niçoise à une Italie que la sociologie religieuse du XXe siècle (Burgalassi) (1) révèle de nos jours toute en
contrastes. Mais sans que rien n'autorise à parler de propagation
ou de transmission linéaire à partir d'un foyer, la Provence orientale de Grasse à Draguignan ou à Castellane offre un certain
nombre de traits communs avec le pays·niçois. C'est là que la
formule testamentaire apparaît, au début du siècle, la plus étoffée :
pour être moins développées qu'à Nice, les invocations au Saint
Ange, au Saint Patron ou même à l'*Immacolata*, témoignent d'une
contamination par contact d'autant plus remarquable que la
frontière linguistique ne semble pas devoir la faciliter. Ce ne serait
là qu'indices formels : mais d'autres les confirment. La carte des
confréries, celle de leur fréquentation ou de leur faveur dessine
très nettement une zone — qui pénètre en haute Provence orientale par la région de Castellane, couvre la totalité du Var actuel,
et s'en vient mourir aux abords du pays d'Aix, aux portes de Marseille, ne dépassant guère la frontière actuelle du Var et des
Bouches-du-Rhône. Inscrite tant dans le nombre de paroisses
pourvues de confréries, que dans la moyenne des confréries par
paroisse, que dans leur fréquentation enfin, cette implantation
et cette frontière délimitent l'aire à l'intérieur de laquelle un certain nombre d'attitudes convergentes se retrouvent : des confréries luminaires aux confréries de pénitents il y a continuité,
et la carte du recrutement et des legs aux pénitents se superpose
sans peine à la précédente. Un deuxième test, enfin, confirme par
sa convergence l'originalité de la Provence orientale, c'est le
recrutement ecclésiastique, qui pour n'être point, il s'en faut de
beaucoup, aussi élevé qu'en pays niçois n'en présente pas moins,
au début du siècle, des taux remarquablement élevés.

Il est sans doute des nuances à l'intérieur de la zone définie par
ces caractères communs : en particulier, ces traits s'estompent
sensiblement d'est en ouest, du pays de Grasse jusqu'à Toulon,
ville de transition. Le fait est flagrant dans le vocabulaire, il l'est

(1) S. Burgalassi : *Il comportamento religioso degli Italiani* (*op. cit.*, n° 5).

aussi, à un moindre degré, dans les clauses matérielles. Du moins cette aire, dans le dégradé qu'elle présente à partir d'un épicentre qui pourrait se situer dans le pays niçois, garde-t-elle une homogénéité certaine par référence à la Provence occidentale.

Celle-ci ne se définit pas uniquement en termes de contrastes par rapport à la Provence orientale : et telle carte, comme celle de la localisation des confréries de pénitents, révèle — jusqu'au pays d'Arles du moins la Provence occidentale aussi densément quadrillée. Il serait de même assez faux d'opposer à la profusion et à l'ostentation d'une Provence orientale « baroque » le dépouillement supposé des marges occidentales : les mœurs marseillaises telles que nous les avons décrites à partir du cérémonial de la mort ne se définissent pas en termes de discrétion.

La superposition des cartes révèle malgré tout une originalité certaine, dont quelques critères tests rendent compte. Le dépouillement relatif de la formule notariale testamentaire en Provence occidentale — Saint Patron et Saint Ange s'y rencontrent rarement — fait plus que refléter une clause de style : un style différent de dévotion. Si le geste des demandes de messes, comme la moyenne demandée y sont comparables à la Provence orientale, le déclin de la messe de fondation y est précoce, et presque complet. Aussi nombreuses en ville, les confréries luminaires s'y font plus rares dans les bourgs, et la ferveur dont elles jouissent, moindre et moins diversifiée qu'ailleurs, se polarise sur deux confréries majeures, Rosaire et Saint-Sacrement. Les pénitents y sont au début du siècle moins fortement implantés, dans le monde rural surtout. Enfin le recrutement ecclésiastique y est d'entrée fort bas, surtout dans les villes, et particulièrement Marseille.

Sur ce schéma général, la Provence occidentale offre des nuances plus marquées que la Provence orientale. Cela tient sans doute à l'existence de centres urbains exceptionnels — points de fixation privilégiés des notables : Marseille ou Aix. Milieux urbains contrastés d'ailleurs, dont les traits diffèrent sensiblement : Marseille apparaît, d'entrée de jeu, plus complaisante à une certaine ostentation baroque dans le cadre des pompes funèbres, que le monde aristocratique aixois qui dès lors les conteste plus fréquemment. Marseille est ville de pénitents plus précocement qu'Aix, qui semble les découvrir au fil du siècle, mais en leur conservant un recrutement aristocratique d'élite, qu'ils sont en train de perdre dans le port phocéen... les familles aixoises comptent un nombre non négligeable d'ecclésiastiques et de religieux, alors même que Marseille en fournit, d'entrée, fort peu. Ces touches d'originalité ne mettent pas uniquement en valeur les deux capitales, économique et aristocratique : on sait qu'il est une originalité du pays d'Arles sensible aussi bien en Arles qu'à Salon ou Tarascon : de même les quelques éléments dont on dispose pour la rive droite de la Durance d'Apt à Forcalquier révèlent-ils la physionomie originale d'un monde pauvre en confréries (malgré la proximité comtadine), peu expansif, et cependant relativement riche en vocations religieuses à la fin du siècle encore.

Dans cette variété des physionomies régionales, on s'étonnera peut-être de ne point voir mis en valeur, le contraste ville-campagne. C'est que cette donnée n'est pas sans équivoque et reçoit au fil du siècle plusieurs contenus différents. Constant du moins, est le mimétisme d'ensemble qui associe dans une attitude globalement comparable villes et campagnes d'une même zone : on souscrit sur ce plan sans peine aux conclusions de Boulard, même si certains cas de discordance se manifestent (ainsi Aix par exemple). Mais sur fond de sympathie entre la ville et son environnement, il semble bien, et sur ce point les données cartographiques convergent, que le rôle de la ville ait changé de sens, ou de signe au fil du siècle. Au début du XVIIIe siècle elles apparaissent autant, et même plus « pratiquantes » que les bourgs et villages, traduisant ainsi la supériorité d'un équipement, comme sans doute une plus grande perméabilité à la reconquête catholique du XVIIe siècle : mais au fil du siècle c'est par elles que se fait aussi le changement, en termes d'abandon et de déclin précoce des formes de dévotion traditionnelles.

Ce rappel du rôle des villes dans son ambiguïté amène à traiter des tempéraments régionaux, non pas en termes de stabilité, voire d'inertie, mais de changement. Il n'y a pas de fatalité séculaire, et le monde provençal du XVIIIe siècle apparaît au contraire parcouru d'ondes — propagation ou reflux — qui en remodèlent la physionomie. Il est, dans le flux des dévotions suivies, des ondes de propagation positive, conquérante, que la cartographie permet de prendre sur le fait. Il en va ainsi, nous l'avons dit, pour l'intérêt porté aux pénitents.

La Provence orientale qui leur avait fait le meilleur accueil les voit reculer dès le début du siècle, en commençant par les villes alors que les bourgs leur sont fidèles... En Provence occidentale la situation est beaucoup moins avancée. Marseille qui était de longue date ville de pénitents, commence aussi à s'en détacher, alors que dans le pays d'Aix ou en Arles, ils tiennent une place plus importante que dans le terroir et, qui plus est, progressent jusqu'au milieu du siècle. Ne revenons pas sur un mouvement qui a été analysé en lieu et place : mais sa conclusion doit être reconduite. Elle révèle, à notre avis, sur le terrain, l'étape ultime de la conquête provençale par les mœurs de l'âge baroque, à partir d'un épicentre qui serait la Provence orientale. On pourrait découvrir, encore que moins spectaculairement, même mouvement de conquête poursuivie dans la diffusion et la faveur des confréries luminaires dans la Provence du début du siècle.

Il faut le dire : ces mouvements de conquête ou de propagation positive sont relayés au fil du siècle par des ondes de reflux qui affectent aussi bien, dans des modalités comparables, la formulation pieuse des actes, les demandes de messes, le recrutement ecclésiastique : nous en avons parlé dans une perspective cinématique : la cartographie a son mot à dire, en vue de l'identification des tempéraments régionaux. Le XVIIIᵉ voit s'atténuer le contraste géographique que nous avons reconnu, s'effacer les personnalités régionales tranchées qui ont été rencontrées au début du siècle. Parties de points d'origine très différents certaines courbes dressées pour la Provence occidentale et la Provence orientale convergent à leur point d'aboutissement, ainsi la faveur des confréries luminaires, ou l'invocation au Saint Ange et au Saint Patron. Ce processus d'uniformisation ou de nivellement relatif trouve sa traduction sur le terrain : là où le début du siècle rendait surtout sensible au mimétisme villes-campagnes, et aux contrastes régionaux massifs de mondes cloisonnés malgré osmoses et influences ressenties, l'évolution séculaire privilégie l'influence des villes, de certaines villes (Marseille, Toulon, Draguignan à son niveau), qui deviennent îlots d'abandon initial. En clairière autour de ces pôles, la généralisation du recul des dévotions traditionnelles s'élargit à l'ensemble de la basse Provence occidentale puis orientale : la tradition résiste dans ce que nous appellerons des zones refuges périphériques, pays de Grasse puis pays niçois, haute Provence, et de façon plus mystérieuse, pour certains aspects, pays d'Arles (mais le phénomène de frontière de catholicité n'a-t-il pas joué ici?). On voit ainsi s'instaurer sur fonds d'atténuation relative des personnalités régionales un système d'oppositions qui déroutera moins le lecteur habitué aux explications de la sociologie religieuse contemporaine : contraste villes-campagnes formulé en termes modernes, et non plus inversé, contraste plaines-haut pays, opposant haute et basse Provence... Dans l'histoire du façonnement et de l'élaboration des zones culturelles, en Provence du moins, le XVIIIᵉ siècle revêtirait ainsi une importance essentielle, puisque c'est lui qui verrait à la fois leur stabilisation (les limites du « tempérament baroque ») et les débuts de leur remodelage, suivant des normes qu'on a coutume d'attribuer à l'époque contemporaine.

On pourra reprocher à cette approche synthétique des tempéraments géographiques de subdiviser peut-être excessivement les nuances d'une personnalité collective qu'on eût aimé voir traiter globalement dans le cadre du baroquisme.

Nous avons assez souvent employé le terme, en l'assortissant il est vrai d'attendus prudents, pour qu'on soit en droit de nous demander des comptes : mais dans ce triple bilan synthétique, moments, tempéraments, attitudes, chaque étape met en place un aspect de la définition. Dans son extension géographique le baroque nous apparaît ici à la fois très restreint, et sans doute très universel. Expliquons-nous : restreint, il l'est dans la mesure où seule la Provence orientale au contact niçois en présente la traduction achevée dans la multiplicité des aspects (ostentation, profusion, expressionnisme, sentiment exacerbé de la mort) qu'on s'accorde à reconnaître comme caractéristiques de la sensibilité baroque (1).

Pour ne point les ignorer (qu'on songe à Marseille), la Provence occidentale n'en donne, on l'a vu, qu'une version assagie dans un site qu'on est tenté de dire de frontière. Mais inversement, nous avons rencontré, à défaut d'études similaires sur d'autres régions, suffisamment de notations qualitatives dans les diverses monographies régionales que nous avons utilisées, trop de données convergentes, au niveau des rites et des gestes les plus précis (le cortège, les cierges...) pour ne point être prudent dans l'emploi du terme : on parlera alors à bon escient d'un baroque breton, forézien ou vermandois...! Il reste qu'en intensité, l'originalité méridionale est confirmée, et que c'est sans doute dans le contexte de cette sociabilité méridionale dont les multiples confréries sont le reflet, que la Provence a offert une structure d'accueil privilégiée à la survie de certains traits (personnalisation de dévotions multiples, profusion des gestes, hypertrophie du rituel de la mort) qui s'insèrent dans le tempérament baroque.

---

(1) J. Rousset : *La littérature à l'âge baroque en France* (*op. cit.*, n° 132).

Attitudes.

La sociologie religieuse contemporaine s'est donnée, si l'on peut dire, un barème de cotation des groupes dans leurs attitudes collectives : et depuis Lebras, on parle dévots, pratiquants, ou saisonniers.

Sans doute, cette hiérarchisation, commode dans sa simplicité, a-t-elle été facilitée par l'existence de tests massifs de la pratique : réception des grands sacrements de passage, pratique dominicale, pratique pascale. On sait aussi que telle approche est impossible à l'âge classique, soit que les sources ne permettent pas de s'y livrer, soit que l'unanimité d'une pratique souvent obligée enlève à ces comptages leur intérêt. C'est donc toujours avec prudence que l'on se livre à ces transpositions à partir des données partielles dont on dispose alors pour cerner au moins les dimensions du groupe de ceux que l'on peut appeler les « dévots » : 2 à 10 % des individus en âge de communier dans le Toulousain du xviie siècle, si l'on en croit Baccrabère, qui les décompte d'après le test de la communion dominicale (1).

La tentation reste forte de rechercher, pour la période antérieure à la Révolution, un système, non point décalqué mais spécifique, adapté à la fois à une sensibilité différente, à des conditions objectives et à la matérialité des sources dont on dispose. C'est une suggestion de ce type qu'a présentée Mandrou, lorsque, rendant compte de thèses récentes, il a proposé pour l'âge classique trois étages de « vitalité dans la piété » (2). Une piété rurale caractérisée à la fois par la survivance de « superstitions d'origine païenne » et par une « foi naïve mais d'une incontestable vigueur », s'oppose aux attitudes de la majorité des citadins, marqués par le formalisme d'une religion « où le rituel paraît alors constituer la nourriture spirituelle de base » mais « mieux informés cependant des réalités de leur foi » et aptes, dans certains cas, à s'ouvrir à une vie spirituelle « qui peut atteindre à l'exaltation mystique ». Enfin l'élite spirituelle constitue l'avant-garde de ce troupeau composite, « fondateurs d'ordres au début du xviie siècle, jansénistes plus tard. »

---

(1) G. Baccrabère : *La pratique religieuse dans le diocèse de Toulouse* (*op. cit.*, n° 95).

(2) R. Mandrou : *Spiritualité et pratique catholique* (*op. cit.*, n° 82).

La classification de Mandrou, proche de nos préoccupations dans un monde qu'il décrit hanté par « une grande peur de la maladie et de la mort, la terreur de l'enfer, l'aspiration vers les joies très matérielles d'un paradis naïvement conçu », correspond bien à cette dévotion « extérieure, minutieuse et compliquée » dont les testaments nous ont donné l'illustration. Elle reste toutefois trop simple pour permettre de rendre compte, dans leur complexité, des gestes dont ces actes ont permis de suivre l'évolution.

On se prend à rêver de transposer à notre source les procédés de l'analyse hiérarchique des attitudes religieuses, tels que les pratiquent les sociologues contemporains pour rendre compte des réponses fournies à leurs enquêtes... (1) mais on voit bien vite aussi en quoi la méthode est difficilement applicable à notre échantillon : ce n'est pas nous — hélas — qui l'avons composé, tel un enquêteur moderne, et nous le prenons tel qu'il nous est livré, avec ses limites, ses étroitesses déformantes. Pis encore, nous n'avons pas composé le questionnaire : et les réponses qui sont fournies, dans leur foisonnement même, rendent compte de gestes, plutôt que d'intentions ou de croyances : la reconstitution des attitudes collectives ne peut donc être qu'indirecte. Il semble donc plus sage de s'en tenir dans la tentative d'ajustement de « la mathématique et de l'intuition qualitative » selon l'expression de F. Isambert, à une méthode souple, où le second terme dominera. On comprendra toutefois pourquoi nous avons tenu à cette référence aux enquêtes de sociologie religieuse contemporaine : la source dont nous partons s'y prêtant tout particulièrement par la multiplicité des notations recueillies.

Il faut, de prime abord, essayer de répertorier, classer et hiérarchiser suivant leur niveau les gestes qui nous sont perceptibles, pour recenser les formes de dévotion, et inversement de détachement qu'ils révèlent : il sera possible dès lors d'en relever la présence, et la rencontre dans les attitudes des groupes humains analysés.

Du niveau le plus « inférieur » de la religiosité (encore qu'on répugne à cet épithète en forme de jugement de valeur), celui où les actes s'enracinent dans le contexte de pratiques souvent millénaires, nous ne retrouvons que des traces. Fort rares sont les legs de vêtements ou de bijoux (car ils proviennent souvent de

---

(1) A. Martins : *L'analyse hiérarchique des attitudes religieuses* (*op. cit.* n° 15).

femmes), un collier de corail, ou une robe de damas, par lesquels se survivait l'ancienne pratique de la *pars christi* qui avait elle-même christianisé la *pars mortui*. Rares, et profondément modifiées, nous l'avons vu, les survivances du banquet funèbre, rares enfin les attachements, si suspects aux prélats de l'époque, à tel autel au pied duquel on élit sépulture, à telle chapelle de terroir où l'on porte ses vœux, et ses dévotions. Le recul et l'élimination progressive des chapelles du terroir dans les testaments ruraux sont une preuve de l'élimination ou du moins du refoulement de ces formes de religiosité. On ne s'étonnera pas que nous n'ayons rencontré nulle part la trace de ces oblations de pain et de vin, dont Monseigneur Soanen, l'évêque janséniste de Senez, découvrait avec inquiétude au début du siècle qu'ils formaient chez certains paysans de sa montagne l'essentiel du culte des morts dans l'année qui suivait le décès. A ce constat, les explications ne manquent point : en prospectant le monde des notables nous avons perdu d'entrée toute chance de pénétrer dans le monde magique des dévotions populaires. Par ailleurs, si certains de ces rites subsistent même chez les notables (et il n'est point sans intérêt de relever que c'est souvent dans la population féminine), il est bien évident que tous ne se confient pas au testament : le silence n'est pas argument décisif.

On doit toutefois relever le refoulement, au moins, de ces rites et l'existence d'une pratique collective qui semble avoir force de convention. Dans le nouveau rituel de la mort à l'âge classique, on n'est pas en peine de distinguer un « niveau moyen » de pratique qui peut bien apparaître, suivant l'expression de Mandrou, « extérieur, minutieux et compliqué ». De tous les gestes en effet, c'est, nous l'avons vu, celui des demandes de messes qui apparaît le plus universel, suivant des modalités que nos contemporains seraient tentés de classer à un niveau de religiosité assez bas. La comptabilisation des messes, et cette sorte de surenchère quantitative qui caractérise la Provence à l'âge baroque, ne témoigne pas sans doute d'un progrès par rapport à la pratique ancienne des obits et services perpétuels qu'elle remplace en partie : dans la mesure où elle témoigne de la croyance implicite au rachat très matériel et comme codifié, d'une expiation à temps. A ce titre, elle s'insère parfaitement dans le contexte de cette présence croissante des autels aux Ames du Purgatoire, dont nous avons suivi par ailleurs la diffusion.

Mises à part les messes de mortuis, nous n'abordons qu'indirectement les formes de religiosité de la couche moyenne du peuple chrétien. On la sent dirigée pour bonne part par ces intermédiaires que sont les ordres religieux — et en tout premier lieu les mendiants — franciscains ou prêcheurs. Elle s'appuie sur des pratiques qui semblent tout particulièrement en faveur : le scapulaire et plus encore le rosaire, dont la diffusion et le succès sont universels. Dévotion de gestes : dévotion de spectacle aussi, toute extériorisée dans le cadre des pompes funèbres baroques. Il en est pour tous les niveaux mais l'esprit est le même, et l'artisan soupèse à l'avance le poids des cierges, là où le négociant compose son cortège. Le revers positif de cette ostentation posthume est la place des œuvres, même si l'ancienne présence du pauvre se trouve occultée par l'intermédiaire obligé des hôpitaux, dans les villes du moins. Les confréries offrent à une partie de ce peuple chrétien le cadre d'expression de ses dévotions collectives : on pourrait croire toucher à ce niveau les attitudes de l'élite dont parle Mandrou : la réalité est assez différente puisqu'il n'y a manifestement pas ou plus corrélation directe entre pénitents et élites religieuses.

A quels tests alors reconnaître les dévots, sur fond de ces pratiques multiples, parfois quasi universelles? Rares étant, nous l'avons vu, ceux qui ont fait confidence directe de leurs pensées, on les détectera de façon détournée, souvent sur fond de refus : refus de s'arrêter aux détails d'une pratique formelle, refus de l'ostentation des pompes baroques, indifférence parfois même à la multiplicité des services funèbres auxquels les autres attachent tant de prix. Au début du siècle, ainsi, on remarque que l'un des taux les plus bas de demandes de messes se rencontre chez les ecclésiastiques, pour lesquels il existe, pourtant, une présomption de foi authentique et personnelle. Parfois, au fil du siècle, le refus s'explicite encore plus précisément : c'est le cas pour ceux qui rejettent l'assistance des pénitents, en disant n'en avoir point le besoin, manifestant ainsi leur défiance vis-à-vis des formes équivoques de la pratique.

Dévots du refus, dévots du silence : étrange test, dira-t-on, que celui qui ne s'exprime que par une absence : nous en mesurerons à l'instant l'ambiguïté, mais il semble néanmoins apte à rendre compte de ce processus d'intériorisation d'une foi qui tente de se dépouiller des enveloppes mondaines pour se retrouver dans son authenticité. Combien sont-ils?

La clause de refus de « toute pompe et vanité mondaine » en offre, sinon le décompte, du moins l'ordre de grandeur en forme de quasi-constante, autour de 12 % durant tout le siècle chez les notables provençaux. Pour autant qu'on puisse raffiner sur l'étude évolutive de cette minorité, on les voit devenir un peu plus nombreux dans les années 1730, au fort de l'engouement janséniste, alors que, au contraire, leur nombre décline à la fin du siècle : mais peut-être n'a-t-on plus alors les mêmes raisons de se poser en adversaire d'une ostentation baroque déclinante. Tous ces dévots, on s'en doute, ne sont point les adeptes du parti : inversement certains jansénistes connus et célèbres (ainsi Gassendi de Campagne dont nous avons le testament au milieu du siècle) se conforment à la pratique générale. Il n'en reste pas moins que, dans l'ensemble, c'est à ces clauses de dépouillement que l'on peut le mieux identifier au fil du siècle un jansénisme du silence qui apparaît ainsi en négatif. Nous avons trouvé *in extremis*, en mars 1789, l'exemple d'un janséniste marseillais explicite jusqu'au bavardage : c'est l'exception tardive qui confirme la règle.

Sans doute, à côté de ces silences, est-il des gestes positifs qui permettent de cerner les contours du groupe des dévots : ainsi au travers des legs, l'affirmation de certaines sympathies qui ne sont pas galvaudées : legs aux jésuites pour leurs missions ou exercices spirituels, ou inversement, legs aux oratoriens. S'agissant de congrégations dont la pratique séculaire prouve, si l'on veut nous passer l'expression, qu'elles ne courent point après les messes et les sépultures, à l'instar des capucins ou autres récollets, le geste prend ici une valeur qu'il n'a pas ailleurs. Ainsi de même, y a-t-il des nuances et comme des degrés dans l'appartenance aux confréries et associations pieuses, dont on vient de dire le caractère ambigu comme test d'intensité de dévotion : la défiance vaut pour les confréries de pénitents, mais les tiers-ordres, beaucoup moins représentés, offrent au contraire une présomption beaucoup plus sûre, et permettent ainsi l'approche, en particulier, d'une certaine dévotion féminine qui échapperait sinon.

A l'inverse des gestes et pratiques, et des attitudes qui sont présomption de dévotion, on aimerait en parallèle codifier et hiérarchiser les formes de détachement, dans la mesure où elles conduisent à approcher cette déchristianisation sur laquelle nous ne nous sommes pas encore définitivement prononcé. Nous pouvons soupçonner que, plus encore que les dévots, les mécréants seront malaisés à dépister : le sens de la pression sociale joue ici trop fermement, pour que l'épanchement ne soit rarissime. Nous n'avons point rencontré de curé Meslier provençal et parmi tous les Grands provençaux du xviiie, mis à part le petit groupe des réprouvés dont la présence aux Enfers ne fait pas de doute, Sade et autres..., le seul peut-être à avoir pu se permettre une déclaration de dernière volonté incrédule serait bien... Monseigneur de Vinti-mille, archevêque de Paris après avoir occupé le siège d'Aix : Lestocquoy nous rappelle — mais elles traînent partout — ses dernières paroles à son confesseur : « Monsieur cela suffit — ce qui est certain c'est que je meurs votre serviteur et votre ami. » Point donc, dans les testaments, de déclaration formelle même si, par-fois, un ensemble d'attitudes explicites peut en tenir lieu : ainsi pour ce Noble « fin de siècle », dont nous avons parlé, et qui dans un testament par ailleurs dépouillé de toute référence religieuse, demande que son corps soit ouvert — ce qui pourra être utile à la science — puis enterré dans la chaux vive.

Dans le cas le plus fréquent, on a affaire à un détachement « sans le dire », qu'il soit par ailleurs conscient, ou inconscient. C'est à l'abandon cumulé des clauses et des pratiques dont l'ensemble constituait la dévotion envers les morts à l'âge baroque que l'on peut déceler l'attiédissement d'une attitude collective : formules laïcisées, indifférence à la sépulture, désintérêt à l'égard des ser-vices funèbres, absence de références aux associations comme aux institutions de l'Eglise : la convergence de ces silences, la multipli-cation des cas qui rentrent dans cette catégorie, donnent une forte présomption sinon de détachement, du moins de refoulement de la religiosité d'un secteur qu'elle emplissait auparavant tout entière.

On a parfois la chance de suivre au fil du siècle dans le cadre d'une famille les testaments échelonnés de ceux qui la composent : ainsi pour la famille de Valbelle, l'une des plus distinguées de la province. Du début à la fin du siècle, la mutation apparaît radi-cale, qui fait passer d'un style à l'autre, alors même que certaines clauses formelles (legs à la Chartreuse de Montrieux dont les Val-belle étaient bienfaiteurs) restent fidèlement observées. Mais le cas n'est pas unique : en pays d'Arles, la famille d'Antonelle nous en offre des exemples bien comparables, avant que d'exploser dans la personnalité du célèbre jacobin et babouviste méridional.

On dira, et l'objection est attendue, qu'à la limite, rien ne res-semble plus, dans la matérialité du testament, à ces indices de dé-tachement occulte, sans le dire, que le silence d'une dévotion inté-riorisée, dont on a parlé plus haut. L'ambiguïté est réelle, et c'est une servitude inhérente à toute connaissance sur traces. Mais, pour être réelle, l'ambiguïté n'est pas insurmontable : et l'on dis-tingue nettement le silence du croyant de celui de l'indifférent. La convergence dans l'abandon des différentes formes de dévotion, la diffusion relativement massive dans la seconde partie du siècle de ces formes de repli, témoignent de la nature différente d'un phénomène.

De même qu'il est, dans le groupe des dévots, certaines traces « positives » d'appartenance, de même on peut mesurer à certains indices les formes du détachement religieux, à la modification de formes de sensibilité traditionnelle : ainsi par exemple les formes nouvelles de l'inquiétude pour la dépouille physique, témoignage d'une image du corps réévaluée et modifiée — ne fût-ce qu'inconsciemment. Mais ces tests, on le sent, restent indirects : il n'est point de détection aisée de l'incroyance au siècle des Lumières.

· Telles sont les échelles qualitatives qu'il est permis de proposer, à titre d'hypothèses de travail, pour la classification des attitudes religieuses ou inversement du détachement. On en sent l'inévitable approximation : mais peut-être gagneront-elles en précision, replacées dans l'enracinement sociologique qui seul permet d'en donner une illustration plus concrète.

Dans les premières décennies du XVIIIe, le tableau que l'on peut tenter d'une sociologie des attitudes les montre hiérarchisées en fonction de clivages assez nets : la clause « être enseveli suivant son état et sa condition » a beau être fort minoritaire, et déclinante, on devine tout le poids informulé d'une convention sociale qui dicte partiellement les attitudes : mais partiellement seulement car il est à l'intérieur de chaque système de conventions une liberté relative de choix, à travers laquelle s'expriment les individualités.

D'évidence, il existe un premier niveau, qui correspond à un stade socio-économique et plus encore peut-être à un mode de vie : celui des notables urbains. On inclut sous cette rubrique à la fois les nobles, les officiers royaux, gens de robe et de professions libérales, les bourgeois vivant noblement, les négociants enfin. Dans ce groupe apparemment disparate, une sorte de convention entretenue peut-être par l'imitation (ainsi, fréquemment, des « bourgeois » vis-à-vis des mœurs funéraires de la noblesse) : un fonds commun d'attitudes qui semblent être de rigueur. L'élection de sépulture est ici universelle : elle se trouve renforcée dans son importance par la pratique du tombeau de famille, et pour les plus relevés, du monument des ancêtres. Les demandes de messes ne s'abaissent jamais ou quasi, au niveau du trentenaire de l'artisan ou du ménager : c'est par centaines, voire par milliers qu'on les stipule, et c'est dans ces milieux aussi que les fondations perpétuelles, faites pour durer, se survivent le plus longtemps. Enfin le geste charitable prend les dimensions d'une obligation sociale : il se traduit en ville par l'importance des legs aux hôpitaux, les 30 livres à partir

desquelles les recteurs et la famille assistent aux obsèques représentant un seuil au-dessous duquel on ne descend guère. Le cortège
funèbre, la pratique du tour de ville et la pompe des obsèques
présentent en raccourci un spectacle de la société d'ordres à
l'épreuve de la mort.

Ce sont là, dira-t-on, notations bien extérieures, traduction
beaucoup plus d'une hiérarchie sociale que de celle d'attitudes
religieuses : mais il y a plus, on le sait, et on peut le mesurer au
fait que 90% des ecclésiastiques et religieux rencontrés se recrutent dans ces milieux. Si ambigu que soit lui-même ce dernier critère, il répond à la réalité de ces nébuleuses parfois remarquables
de religieux, religieuses et de prêtres, que l'on découvre plus d'une
fois en pénétrant au chevet d'un testateur dans l'intérieur d'une
famille notable : il correspond aussi à ce que l'on peut appeler,
d'un terme volontairement vague, une élite, où les attitudes religieuses vont pouvoir se diversifier au maximum en suivant les
groupes et les individus, sur fonds d'une convention moins contraignante qu'il ne paraissait au premier abord.

Des sous-groupes se distinguent, nettement différenciés : la
noblesse, malgré imitations et contaminations par contact, garde
un comportement spécifique : c'est chez elle qu'on trouve le taux
le plus fort, et la plus grande stabilité dans les demandes de messes,
comme on trouve la plus forte « production » de religieux de tout
genre : serait-elle statistiquement plus fidèle, et moins détachée
que les cas de détachement explosif qu'offre la Provence du XVIIIe
— de Sade à Mirabeau, à Barras ou à Antonelle et au marquis
d'Argens — pourraient le faire croire? Inversement, c'est elle qui,
le plus complètement et le plus précocement, semble rejeter le
rituel des pompes baroques : moitié ou presque des demandes de
simplicité chrétienne proviennent de nobles et c'est chez eux que la
fréquence de cette attitude est la plus grande. Sans doute le refus
n'est-il si fréquent qu'à la mesure du cérémonial traditionnel des
obsèques nobiliaires contre lesquelles il réagit, mais il traduit aussi
un peu plus : la position à part que tiennent les nobles par rapport
au réseau de dévotions collectives méridionales, comme des associations qui leur donnent vie. Les legs aux confréries luminaires
sont chez eux relativement maigres : sensiblement moindres, en
tout cas, que chez les bourgeois ou les gens de robe, voire les artisans et boutiquiers. De même, ils restent relativement en marge
des confréries de pénitents, auxquels ils se mêlent rarement
et qu'on ne retrouve présents parfois à leurs obsèques que comme
acolytes parmi d'autres : rien en tout cas de la sympathie qu'on

rencontre dans d'autres milieux. A ce titre, les dévotions nobiliaires se distinguent assez nettement de celles des autres notables par leur individualisme, par leur stabilité, par le refus des ostentations baroques, par une certaine touche paternelle, pour ne point risquer l'anachronique « paternaliste », dans leurs charités urbaines et rurales, qui débouche parfois encore sur un souci de prosélytisme missionnaire.

On trouve plus d'homogénéité dans les autres groupes de notables roturiers : négociants, bourgeois, gens de robe. Dans les gestes les plus massifs des pratiques analysées, le point de départ n'est pas très différent des attitudes nobiliaires : massivité des demandes de messes, ampleur du geste charitable... Des nuances toutefois apparaissent, certaines fort importantes. Les « bourgeois » roturiers vivant noblement se rapprochent sans doute le plus de ceux que leurs testaments imitent, parfois jusque dans leurs charités paternelles : c'est chez eux en particulier que le nombre des religieux est le plus élevé (18 pour 100 familles). Ailleurs, plus de ces pépinières de vocations spontanées ou non : le taux fléchit chez les robins (8 %), devient très bas dans les milieux du négoce (2 %). Et pourtant, simultanément, c'est chez les négociants (marseillais surtout) que l'on voit proliférer le cérémonial baroque des obsèques ostentatoires... dont les nobles se détachent. Chez les bourgeois, groupe social qui a besoin de se confirmer à lui-même son importance, l'humilité n'est pas de mode; et ce sont eux qui fournissent proportionnellement le moins de refus de la vanité des pompes baroques. Dans leurs différences, les attitudes de ces groupes vis-à-vis des structures d'accueil que les confréries offrent aux dévotions collectives, sont extrêmement révélatrices. Le négoce, relativement, les boude, plus encore que ne le faisait la noblesse : individualisme qui n'est point sans doute si contradictoire qu'il ne paraît avec le souci de la montre dont témoigne l'ostentation posthume. Au contraire, les cadres nés de la sociabilité méridionale que sont bourgeois et robins y participent massivement : un tiers d'entre eux, à peu près, font des legs aux confréries luminaires, un sixième s'intéresse, de près ou de loin, aux pénitents. A ce titre, ils s'insèrent dans un autre ensemble, dans un autre complexe, celui de la moyenne et petite bourgeoisie artisanale et boutiquière avec laquelle ils partagent cette attitude.

On touche ici, par rencontre du clivage socio-économique et du clivage culturel, un monde aux réactions différentes et plus difficiles à percevoir; nous n'y rencontrons plus le « beau testa-

ment » qui, en flash révélateur, éclaire d'un trait la grisaille quantifiée des testaments anonymes, l'épanchement personnel devient
plus exceptionnel encore. Il faut se résigner à la sécheresse des
chiffres. Cette population apparaît, dans la première moitié du
siècle, « pratiquante » : les demandes de messes *pro remedio animae*
y sont aussi fréquentes que dans le groupe des notables, c'est-
à-dire quasi générales : sans doute y sont-elles moins nombreuses
pour un même testament, la messe de fondation ne s'y connaît
pas, on compte par centaines, très rarement par milliers... mais il
y a malgré tout une hiérarchie à ce niveau modeste, qui distingue
le boutiquier du rural, ménager ou travailleur, pour lequel l'unité
de compte est le trentenaire : c'est ici la centaine et ses multiples.
Le saut reflète à la fois une différence d'équipement entre ville et
campagne, peut-être aussi d'attitudes collectives, et, nous
l'avons dit : si le cortège funèbre devient plus étriqué, il n'en sus-
cite pas moins toute une comptabilité de bouts de chandelles...
ou de cierges. Plus fréquemment élue dans l'église paroissiale,
un peu moins dans les couvents, faute sans doute du tombeau
familial des notables, la sépulture, même plus anonyme (« au
tombeau qui sera avisé »), reste une préoccupation constante de
cette petite bourgeoisie.

Surtout, le groupe a ses points de rencontre, ses formes d'expression religieuse ou para-religieuse. C'est là que l'appartenance
ou que les legs aux pénitents sont les plus nombreux : indice, on
le sait, depuis les travaux d'Agulhon, d'une sociabilité méridionale
spécifique, mais certainement plus qu'attitude semi-profane. En
effet, c'est chez les artisans et boutiquiers aussi que les legs aux
« confréries luminaires » sont les plus amplement pratiqués (1/3 des
testateurs) : il y a là sans doute traduction d'une attitude populaire
qui a besoin de relais, de points de fixation dans ses dévotions
personnalisées comme il lui importe de recourir à ces intermédiaires
— franciscains ou autres — que l'abondance des couvents méridionaux lui fournit.

Le très faible pourcentage d'ecclésiastiques et de religieux dans
la famille de ces petits bourgeois n'apparaît pas, dès lors, étonnant
ou inquiétant : ils ont leurs dévotions, leurs formes de religiosité
aussi, dont nous ne percevons qu'une partie, mais qui les opposent
tant aux attitudes des notables... qu'à celles du « petit peuple »
urbain ou rural.

L'indigence des données contraint ici à la prudence : nous
sommes aux franges des milieux sociaux que ce sondage en monde
de notables pouvait permettre d'approcher. Du moins peut-on,

à titre de comparaison, et pour introduire de nouvelles recherches, rendre compte du bilan chiffré dont on dispose.

Les salariés qui passent testament, sont, dans la majorité des cas, privilégiés, ou cas d'espèce; c'est d'une aristocratie du salariat que l'on traite. Elle apparaît cependant en marge, pour une part, des structures de prise en charge et d'encadrement religieux qu'on a pu relever plus haut. Seul le geste de demander des messes — en nombre évidemment plus modeste — révèle sa généralité, puisqu'il se retrouve dans moitié encore, au début du siècle, des testaments de salariés. Mais ils ne participent que fort peu au recrutement des pénitents, qui confirment ainsi leur implantation sélective dans la classe moyenne; ils restent en dehors des confréries luminaires auxquelles ils portent peu leurs legs; le conditionnement économique y est sans doute pour beaucoup, l'ensemble toutefois les laisse en marge des comportements que nous avons pu analyser... ce qui ne veut point dire qu'il n'y ait pas de piété populaire, mais bien que nous sommes, jusqu'à présent, désarmés pour l'atteindre directement dans ses manifestations.

Les paysans que l'on a vus paraître sont paysans aisés : en général ménagers, beaucoup plus que travailleurs de terre. A ce titre, rien ne les distinguerait, économiquement, de la majorité des artisans et boutiquiers urbains. Mais, la différence de cadre géographique et institutionnel aidant, les formes et les gestes mêmes de leurs dévotions sont bien différents. Les demandes de messes sont moins nombreuses, ne touchant qu'une moitié des testateurs masculins, elles sont surtout moins abondantes : le trentenaire et ses multiples servent d'unité de base, mais où sont les couvents qui dans leur multiplicité expliquent en ville cette profusion, voire cette surenchère? Un contact plus étroit avec l'église paroissiale en résulte, qui se traduit dans les élections de sépulture : le dilemme ici n'est pas entre couvents et paroisse, mais entre cimetière et église paroissiale entre lesquels une ventilation se fait sur base d'un clivage social assez strict et respecté : nobles dans leur chapelle, bourgeois et notables de village à l'église, paysans au cimetière. Cela entraîne aussi, d'évidence, une moindre emprise du baroquisme des pompes funèbres, sous toutes ses formes et à tous les niveaux.

Le cas que nous avons cité du paysan de Murs qui rétribue le campanier qui sonnera la cloche, la femme qui le revêtira du suaire, le curé qui portera la croix est sans doute caractéristique dans son humilité d'un petit village de haute Provence : mais il peut servir de point de référence. Point ici d'inquiétude pour la dépouille physique, peu pour le cortège, encore qu'on stipule bien souvent

« avec la croix et les prêtres de la paroisse... », clause de style aban-
donnée généralement dans les villes... Sans doute, les bourgs urbanisés de la basse Provence ont-ils mieux à offrir, et c'est ce qui
explique l'importance qu'y tiennent pénitents et confréries. Le
taux « d'intérêt » (si l'on peut se permettre cette expression équivoque) des ménagers ruraux à l'égard des pénitents (appartenance,
accompagnement, legs) est à peu près égal (20 %) à ce qu'il est en
ville dans le monde des artisans et boutiquiers, où il est le plus
développé, l'importance des legs aux confréries luminaires (20 %
également) est en retrait sur les plus forts taux urbains, ce qui tient
peut-être à un moindre équipement, mais à coup sûr aussi à une
moindre imprégnation dévote; il reste cependant bien supérieur à
celui des milieux populaires urbains.

Une dévotion rurale qui en dehors de la paroisse se donne ses
structures propres, dans le cadre des confréries de pénitents : on
sait depuis Agulhon que ces éléments centrifuges s'appuient également, par le biais des associations, sur les dévotions des chapelles
de terroir et de hauteur qu'entretiennent les romérages. Le déclin
et globalement la faiblesse des mentions qui les concernent est-il
démonstratif? Il n'en reste pas moins que ce style de dévotions en
milieu rural, moins simple qu'il ne paraît au premier abord, témoigne d'une tension ou du moins d'une bipolarisation entre la
paroisse, avec ses confréries d'implantation générale (Rosaire,
Corpus Domini), et les éléments parallèles ou centrifuges (pénitents,
chapelles du terroir). On retrouve sous une autre forme cette tension
entre uniformisation institutionalisée et traditions de terroir dans
les structures d'une charité villageoise où s'équilibrent l'hôpital,
copie en réduction des institutions urbaines, et la subsistance des
donnes en nature ou en argent, contact maintenu avec le pauvre
en liberté, voire modernisation des rites les plus anciens du banquet
funèbre.

Dans cet essai de reconstitution synthétique des attitudes religieuses, on pourra sans doute nous reprocher un parti pris sociologique, privilégiant les groupes sur les individus. Mais les premiers
semblent avoir une importance considérable dans ce monde cloi-
sonné. Le dévot, pour ne prendre qu'un exemple, n'est pas le même
suivant qu'on le cherche dans l'élite des notables ou dans la petite
bourgeoisie boutiquière : le second est un pénitent, au début du
siècle du moins, le premier nous fait parfois confidence du souci
de recherche personnelle d'une foi intériorisée. Cette relativité
des normes d'appréciation impose, par suite, une approche frac-
tionnée suivant les milieux.

De même qu'il importe dès lors d'opposer les formes de dévotion féminine aux comportements masculins : trop de traits les différencient d'entrée, dont le bilan n'est pas si simple qu'on pourrait le croire à première vue, en extrapolant à partir du dimorphisme sexuel des attitudes religieuses constaté par les sociologues contemporains (1). En premier lieu, dans une société où sa place est seconde (déséquilibre des testaments masculins et féminins), la femme se trouve exclue de toute une partie des associations pieuses, et placée tacitement en marge de tout un ensemble de gestes extérieurs de dévotion. La sociabilité méridionale est privilège masculin : les confréries de pénitents n'ont pas d'équivalent féminin (2). On objectera les tiers ordres, qui sont en majorité de femmes, qu'ils soient animés par les Prêcheurs, les Carmes ou les Récollets, sous le thème du Rosaire et du Scapulaire. Mais la statistique d'appartenance aux tiers ordres livre un chiffre très modeste, bien inférieur à celui des pénitents. On ne s'en étonne pas : c'est une originalité, et même un privilège urbain. Dans le cadre même des milieux urbains c'est d'une petite élite qu'il s'agit, sélective socialement (prépondérance des dames notables, que ce soit ici ou dans les confréries du Bouillon des pauvres) et, déjà, en fonction de l'état civil (la fille majeure, la veuve). Il n'y a donc pas une sociabilité dévote féminine comparable à celle qui est offerte aux hommes : on en sent le manque au souci de telle fille majeure de se « raccrocher » jusqu'au tombeau inclusivement (celui de la confrérie) aux prières et à la fidélité de ses consœurs.

De même, il est tout un ensemble de gestes que les hommes font plus aisément que les femmes, sans pour cela que leur privilège soit codifié. Ainsi pour les « donnes » à la porte de la maison funèbre, geste posthume de père de famille maître chez soi, ainsi pour l'organisation du cortège funèbre, encore que le test soit ici plus

---

(1) J.-P. Deconchy : *Sujets féminins et sujets masculins dans un groupe à finalité religieuse* (op. cit., nᵒ 9).

(2) Entendons-nous : dans le cas le plus général en basse Provence. Cette constatation confirme non seulement les approches historiques de M. Agulhon mais aussi les conclusions de l'ethnographie sur le cloisonnement de *l'espace masculin* et de *l'espace féminin* dans la société méridionale. L. Roubin : *Espace masculin et espace féminin*, article dans Annales E. S. C., 1969, et plus largement L. Roubin : *Chambrettes des Provençaux*, Paris, 1970. Toutefois, avouons dès maintenant que ce schéma nous apparaît trop strict à la lumière des sondages dont on fera état dans la seconde partie de ce travail : dans les sociétés montagnardes de haute Provence alpine comme du Dauphiné les confréries de pénitents sont mixtes et agrègent les femmes comme les hommes (Barcelonnette, Vallouise...).

ambigu et que la minutie dans les détails se rencontre chez plus d'une bourgeoise. C'est qu'elles ont leurs soucis ou leurs peurs spécifiques : et nous avons noté que la panique devant la mort physique et la crainte d'être enseveli vivant est bien un geste de vieille demoiselle.

Inversement, et sans qu'il y ait véritable contradiction avec ce qui précède, le XVIIIᵉ siècle voit une prédominance féminine dans tous les gestes majeurs de dévotion : ainsi pour le plus massif, celui des demandes de messes, on constate une supériorité constante de l'ordre de 10 % des demandes féminines sur celles des hommes dans la Provence entière.

Comment apprécier quantitativement ce dimorphisme? Toute transposition serait hasardeuse, les études comparatives auxquelles on peut se référer partant de critères différents, et traitant d'autres époques. Il semble bien toutefois que le dimorphisme soit sensiblement inférieur à celui qu'on rencontre à l'époque moderne. Le rapport entre pratique féminine et masculine se situerait, à ce niveau, aux environs de 1,20 : partant de la pratique dominicale, test il est vrai différent, Burgalassi l'estime pour l'Italie contemporaine à 1,50 (1). En fait on peut penser avec Cholvy que le dimorphisme suivant le sexe s'est considérablement accru ensuite, pour devenir maximum à la fin du XIXᵉ siècle (2), ce que certaines études provençales confirment (3). Il n'en reste pas moins important d'en déceler l'existence au XVIIIᵉ siècle, même sous une forme atténuée, et, qui plus est, le renforcement au fil du siècle, ce qui suggère que la différenciation, loin d'être du domaine d'une fatalité intemporelle (4), relève d'une évolution historiquement datable.

On se trouve ainsi amené naturellement à considérer ces attitudes de groupe non point dans leurs structures séculaires, mais dans une évolution différente et contrastée suivant les milieux. Les notables provençaux n'ont pas réagi identiquement aux sollicitations du siècle et les différents « moments » dont on a pu dégager la succession chronologique ne sont que la résultante de cheminements bien différents. Parce qu'il est le plus répandu, et sans doute l'un des plus significatifs, le geste des demandes de messes va nous en fournir le fil.

(1) S. Burgalassi : *Il comportamento religioso* (*op. cit.*, nᵒ 5).
(2) G. Cholvy : *Sociologie religieuse et histoire* (*op. cit.*, nᵒ 7), p. 13.
(3) Cl. Mesliand : *Attitudes religieuses à Pertuis* (*op. cit.*, nᵒ 205), qui relève le fait à Cadenet en 1889.
(4) Deconchy : *Sujets féminins et sujets masculins dans un groupe à finalité religieuse* (*op. cit.*, nᵒ 9).

A deux niveaux bien différents, les courbes dressées suivant l'appartenance sociale se traduisent en termes de stabilité : noblesse d'une part, paysannerie de l'autre. On doit évidemment nuancer en ce qui concerne l'aristocratie nobiliaire : la courbe ascendante et régulière jusqu'au milieu du siècle chez les hommes connaît ensuite un fléchissement sensible (de 90 à 70 %) : il reste néanmoins limité par rapport à d'autres groupes, et conserve, en référence à l'ensemble de l'échantillon, à la noblesse une place à part (70 % de demandes, contre moins de 50 % en général). Par ailleurs, dans la population féminine plus stable, le taux des dames nobles reste inchangé, autour de 90 %. Stabilité des gestes qui ne préjuge pas de la réalité d'un détachement en profondeur, mais demeure un indice important du comportement extérieur.

A l'autre bout de l'échelle, rien, semble-t-il, n'a changé dans le monde rural, pour autant que nous en puissions juger sur un échantillon réduit. La moyenne était un peu supérieure à 50 % au début du siècle, elle reste telle à la veille de la Révolution, et cette stabilité contraste avec la mobilité des milieux sociaux urbains. Parmi ceux-ci, c'est peut-être le groupe des « bourgeois » vivant noblement qui bouge le moins : sa courbe rappelle, encore qu'avec moins de rigidité, celle du monde nobiliaire : renforcement jusqu'au milieu du siècle, chute ensuite. Le déclin le plus marqué atteint donc deux groupes de l'élite roturière : négociants d'une part, gens de robe et membres des professions libérales de l'autre. Assez comparables dans leur profil, leurs courbes se caractérisent l'une et l'autre, par un recul particulièrement précoce, puisqu'il débute avec le siècle : dans ces milieux les plus ouverts, les plus mobiles et les plus riches, le siècle des Lumières est un. On note cependant, à partir de 1750, le caractère particulièrement spectaculaire de l'effondrement du geste chez les négociants, puisque le pourcentage des demandes de messes tombe alors de 80 à 40 % : réduction de moitié, indice sans ambiguïté, dans cette catégorie où les formes extérieures comptent pour beaucoup, du changement de signe de la pression sociale, et au-delà même, sans doute, révélation d'une déchristianisation avancée.

Au contraire, la petite bourgeoisie boutiquière et artisane rappelle dans le rythme de son évolution, les milieux plus préservés, nobles et bourgeois : la pratique y progresse jusqu'au milieu du siècle, de façon continue et sensible : mais la chute en est d'autant plus brutale dans les 30 dernières années de l'Ancien Régime, puisque le pourcentage moyen tombe de 83 à 56 % de demandes de messes par rapport au nombre des testateurs. Sans vouloir faire dire à ces suggestions plus qu'elles ne peuvent apporter, on doit en retenir au moins deux traits : l'abandon des pratiques n'est pas un privilège d'élite, la noblesse apparaît relativement préservée, et inversement la petite bourgeoisie productrice est très sensiblement touchée.

Ensuite, le décrochement s'est fait en plusieurs échelons : il est général à partir de 1750, et c'est alors seulement qu'il affecte les milieux semi-populaires. Au contraire les secteurs les plus mobiles de la bourgeoisie roturière (négociants, professions libérales) manifestent depuis le début du siècle les signes de ce déclin. Pour les historiens actuels qui s'interrogent à bon droit sur le problème des voies de la diffusion populaire des Lumières, de telles données, encore qu'elles restent descriptives, ne sont sans doute pas à négliger.

Menée d'après les demandes de messes, cette approche des attitudes de groupe dans leur évolution séculaire demanderait à être nuancée en fonction des autres tests qui ont été dégagés au fil de l'étude analytique des chapitres précédents : on se contente de rappeler pour mémoire l'évolution différentielle du recours et de l'appartenance aux pénitents, dont le déclin est beaucoup plus marqué chez les notables (moitié ou plus chez les nobles, bourgeois, négociants ou robins), que dans la petite bourgeoisie urbaine (de 27 à 17 % chez les artisans) ou rurale (de 29 à 18 %). Ce sont là données qui sont connues depuis les travaux de M. Agulhon, mais qui trouvent ici une confirmation quantifiée.

On doit conclure de ces attitudes collectives, comme des hypothèses qui ont pu être rassemblées sur la périodisation du siècle et les réalités géographiques entr'aperçues. Mais c'est plus pour formuler un nouveau programme d'investigations, que pour clore le débat.

Un schéma général a été dégagé : il laisse nombre de problèmes en suspens. Celui des attitudes populaires, qui n'ont pu être que frôlées marginalement par cette prospection sélective : c'est un domaine qui reste à explorer entièrement. Là même où des hypothèses de travail ont été formulées, elles demandent à être vérifiées sur place, ainsi pour le rôle des villes, dans son dynamisme ambigu au fil du siècle, ainsi pour la réalité des tempéraments locaux, pour une approche plus fine de la périodisation séculaire que seule l'enquête en « mondes » jansénistes peut permettre de préciser.

Les sondages sur le terrain, dans les minutes notariales, peuvent seuls faire espérer de dépasser le stade descriptif auquel on s'est jusqu'à présent tenu, pour passer à l'explication.

En guise de transition...

Il ne saurait être question ici de résumer la seconde partie de l'ouvrage, d'ampleur équivalente à la première : tout au plus, peut-on en présenter l'argument, avant de proposer les conclusions d'ensemble. A l'échantillon sélectif des testaments de notables insinués judiciairement dans les sénéchaussées provençales, on a voulu confronter le tout-venant des testaments ordinaires, déposés dans les minutes des notaires (en leurs études ou dans les fonds des archives départementales) : la masse testamentaire anonyme allait-elle confirmer la tendance générale annoncée par les élites? Le volume même de l'information virtuelle — plusieurs centaines de milliers de testaments — imposait l'élection de sites de prospection choisis, comme la pratique de coupes échelonnées dans le siècle.

Le cadre des sondages a été établi en fonction d'une gradation continue, suivant plusieurs paramètres : sociaux d'abord — la grande ville (Marseille), la petite ville (Salon), le bourg urbanisé (Roquevaire, aux portes de Marseille). Puis à partir de cette grappe de sites en basse Provence occidentale, on a tenté de moduler cette géographie par l'étude d'une ville moyenne à la frontière de la haute-Provence (Manosque), enfin d'une aire carrément alpine, en haute-Provence (la vallée de Barcelonnette). Cet échantillonnage en fonction de hiérarchies à priori, déjà éclairant cependant, n'a point paru suffisant : on a souhaité le doubler d'une série d'enquêtes sur des sites choisis en fonction d'une problématique précise. Quel a été l'impact de la présence des communautés réformées, et, en premier lieu, comment s'y comportent les « nouveaux convertis »? Une étude a été menée chez les protestants provençaux de Lourmarin en Lubéron; confrontée à un sondage-test à Saint-Jean-du-Gard au cœur des Cévennes; mais aussi, sur place, au comportement des communautés catholiques voisines (Pertuis, Cucuron), ce qui a permis de saisir un processus précoce de déchristianisation « par contact ». Parallèlement, le phénomène du jansénisme populaire posait un problème que l'on ne pouvait esquiver : a-t-il été, sur place, le facteur de désagrégation que l'on a parfois dit ? Deux séries de sites connus comme des « repaires » de jansénisme au bourg ou au village ont été suivies : l'une, dans la Provence orientale du Var actuel, autour des bourgs de Pignans et de Cotignac ; l'autre centrée sur le micro-diocèse alpin de Senez, en haute Provence. En milieu fermé — en vase clos —, la portée du phénomène est apparue toute différente de ce qu'elle est dans le bas pays, ouvert et brassé : ici le jansénisme sert de catalyseur à un déclin précoce et profond ; là-haut, une reconquête dévote activement menée fait rentrer le bourg dans le rang dans la seconde moitié du siècle. Pour chacun de ces sites, sauf exception (Saint-Jean-du-Gard), un échantillon supérieur à 1 000 testaments (parfois inversement beaucoup plus — de 3 000 à 5 000 pour Marseille, Manosque, Pertuis...) a été constitué, en pratiquant des coupes régulièrement échelonnées durant tout le siècle.

Les procédures d'analyse mises au point dans la première partie à partir des testaments insinués ont été appliquées à ces différents échantillons, découvrant à la fois un profil d'ensemble et des nuances sensibles. De la grande ville au village, de Marseille à Roquevaire en passant par Salon, la basse Provence occidentale se conforme bien au modèle qui a été proposé pour la province tout entière à partir de ses élites. Mais si nous avons retrouvé dans la plupart des autres cadres le même tournant du milieu du siècle, accentué parfois par les conditions spécifiques — contact confessionnel ou jansénisme — au village, d'autres types de comportement collectif se dessinent, en termes de fidélité (dans un « sanctuaire » alpin comme Barcelonnette), voire de reconquête à contre-courant du mouvement du siècle (Senez).

Le bilan d'ensemble conserve incontestablement une homogénéité réelle, et autorise à passer à un niveau de conclusion différent du précédent : d'une simple reconnaissance du mouvement, si l'on veut à une série d'interrogations sur le fond des choses, et le pourquoi du changement opéré.

Nouveau bilan
en termes d'interprétation

On a présenté, à l'issue de la première partie, un bilan purement morphologique : en rassemblant les apports d'une approche analytique, on a tenté d'analyser les gestes, suivis dans leur succession temporelle, dans leur répartition géographique, et de les associer enfin dans le cadre d'attitudes collectives.

Déjà sans doute, la description débouchait inévitablement sur des interrogations, en termes d'hypothèses de travail. A l'issue d'un approfondissement mené par voie de sondages sur des points choisis, on ne saurait plus esquiver de tenter un nouveau bilan, en termes d'interprétation : que représente l'évolution relevée au fil du siècle, sous la pression de quels facteurs se produit-elle, quel nom enfin peut-on lui donner?

Ce que ces sondages apportent au niveau même de la description des attitudes collectives, on le voit :

Confirmations et élargissement.

Tout d'abord une confirmation : regroupant sur un même graphique l'ensemble des courbes de demandes de messes pour la douzaine de lieux étudiés, on ne peut manquer d'être frappé de leur convergence, à quelques exceptions près. Dans la majorité des cas, un XVIIIᵉ siècle en deux versants, ascensionnel d'abord, déclinant ensuite. De l'un à l'autre, un point de virgation différemment placé : vers 1750 dans le cas le plus général, entre 1720 et 1730 dans les sites d'évolution précoce. (1)

Si la plupart des lieux, en basse Provence occidentale notamment, répondent à ce cheminement modèle, des exceptions appa-

(1) Planche 112.

Les demandes de messes : récapitulation.

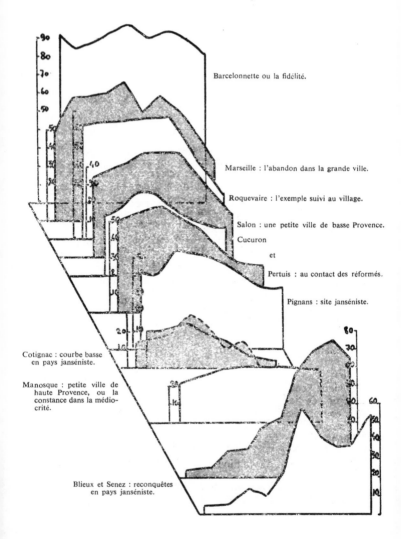

Barcelonnette ou la fidélité.

Marseille : l'abandon dans la grande ville.

Roquevaire : l'exemple suivi au village.

Salon : une petite ville de basse Provence.

Cucuron

et

Pertuis : au contact des réformés.

Pignans : site janséniste.

Cotignac : courbe basse
en pays janséniste.

Manosque : petite ville de
haute Provence, ou la
constance dans la médio-
crité.

Blieux et Senez : reconquêtes
en pays janséniste.

raissent : cas de stabilité dans une relative médiocrité (haute Provence) de fidélité totale (Barcelonnette) ou de conquête parfois spectaculaire au fil du siècle (Senez, Blieux).

Puis un autre type de classement s'impose, non pas d'après le profil des courbes séculaires, mais d'après leur niveau; courbes hautes et courbes basses pourrait-on dire : courbes hautes de la basse Provence occidentale (Marseille, Salon, Roquevaire) ou orientale (Pignans). Courbes basses dans l'intérieur du pays (Cotignac, Manosque) avec certaines formes de transition (Cucuron). Mais l'opposition est moins simple que le contraste d'une basse Provence riche et profuse à certain dépouillement de la haute Provence... : il existe (Barcelonnette en témoigne, Senez et Castellane aussi à la fin du siècle) une haute Provence orientale intra-alpine, où la pratique s'établit à un haut niveau en milieu rural.

S'il n'y a pas d'interprétation définitive pour tous ces contrastes (pourquoi l'opposition Pignans-Cotignac?) il importait du moins de relever que l'évolution séculaire s'inscrit sur fond d'un niveau plus ou moins élevé de pratique. Si l'on veut classer les modèles de comportements relevés, au risque de schématiser peut-être à l'excès, il est possible de les grouper en fonction de ces variables : déclin sur la base d'un haut niveau de pratique (Marseille, Salon, Roquevaire, Pignans), déclin à partir d'un point de départ médiocre ou franchement bas (Cucuron, Cotignac), stabilité à un niveau limité (Manosque) ou dans une fidélité quasi totale (Barcelonnette), consolidation et essor enfin, sur des bases de départ modestes (Senez) ou sensiblement plus élevées (Castellane).

On ne doit pas, sans doute, s'enfermer dans cette typologie, qui risquerait d'être stérilisante, mais offre l'intérêt de substituer aux regroupements géographiques de la première partie, la réalité multiple de petits mondes urbains ou villageois dans leurs cheminements concrets.

L'apport le plus net de ces sondages, mise à part même la problématique précise qui a déterminé le choix de chaque site, reste la découverte de groupes sociaux plus larges. Sans pour autant qu'on touche à l'ensemble de la société, il s'en faut, le privilège des notables, utilisés précédemment comme indicateurs exclusifs des comportements collectifs, se trouve ébréché. Salariés ou gens de mer plus précisément abordés à Marseille, paysans surtout, majoritaires dans la plupart des échantillons, même urbains, font une entrée massive sur nos tableaux.

Par cette ouverture, une nouvelle problématique s'esquisse, en termes de dialectique masses-élite. Les courbes établies pour les notables étaient-elles représentatives d'un esprit général? L'extrapolation était-elle légitime? Au niveau d'une première approche, la réponse a été positive : ils nous ont donné le ton, indiqué la tendance, et les sondages prennent valeur par confrontation à ce point de référence, mais il s'en faut que ce soit sans nuances. Cette confrontation en termes d'élargissement conduit à rejeter le stéréotype d'une « élite » en pointe dont les masses suivraient, avec inertie, l'influence; suivant les sites, les notables apparaissent en avance, ou en retard sur les comportements populaires : plus mobiles à Marseille, ils se tiennent mieux ailleurs, sauf exception. Mais aborder cette dialectique, n'est-ce point déjà passer à ce bilan interprétatif que nous avons annoncé?

Le tournant, la mutation même des comportements collectifs confirmée, sommes-nous en mesure d'en rendre compte? D'un site à l'autre, de mêmes questions ont été posées. Saurait-on dégager une doctrine, des réponses qui ont été fournies?

Un relâchement de la pastorale?

C'est la réponse presque unique que proposaient les manuels d'histoire de naguère, en dressant le tableau de l'évolution religieuse de la France au siècle des Lumières.

Nous sommes loin de l'écarter complètement. Là où l'anonymat des sites traités s'estompe pour faire place à la présence d'un ou plusieurs prélats exceptionnels, on ne peut faire abstraction d'une pastorale dont les résultats s'inscrivent sur les courbes elles-mêmes. Les deux sites contrastés de Marseille et de Senez en témoignent d'étonnante façon, où deux prélats célèbres, Soanen et Belsunce laissent leur marque, l'un en creux, dans le refus des pratiques extérieures, l'autre au contraire par le maintien consolidé d'un haut niveau de pratique. Dans l'un comme dans l'autre cas, la chronologie confirme, avec d'ailleurs des nuances sensibles, l'importance d'une personnalité, prolongée parfois dans son influence (Senez) par les groupes qui ont hérité de ses attitudes. Mais la contre-épreuve vaut également : c'est celle des lendemains, immédiats ou différés. Déclin révélé brutalement à Marseille entre 1755 et 1760, reconquête à Senez ou Castellane entre 1740 et 1760 : deux exemples, l'un de reprise d'une évolution spontanée, l'autre des résultats d'une action volontaire poursuivie dans un sens différent.

Il est loisible de mesurer, d'après ces sondages, les limites de cette action volontaire personnalisée. Marseille et Roquevaire — la grande ville et le gros village — témoignent par la symétrie de leurs courbes d'une même aire d'influence phocéenne. Mais Salon fait partie du diocèse d'Arles, Pignans de celui de Fréjus, Cucuron de celui d'Aix : on ne serait pas en peine, pourtant, de relever les traits qui révèlent un air de famille entre ces sites et ceux qui sont directement sous la houlette de Mgr de Belsunce. Au plus peut-on noter (Pignans ou Cucuron) une plus grande précocité dans l'abandon du zèle : l'activisme pastoral, réduit à ses dimensions vraies, qui ne sont point médiocres, aurait alors abouti à retarder une évolution inévitable.

Pour abstrait qu'il soit, et par là même insuffisamment nuancé, ce verdict est confirmé par trop de notations précises pour n'être pas vraisemblable. On en juge si l'on passe aux acteurs, qui, à l'impulsion des grands prélats, ont été les agents directs de cette pastorale en action : ainsi les religieux, missionnaires ou autres. Le père Bridaine a prêché à Pignans, les registres des capucins de Brignoles livrent les preuves de leurs tentatives répétées à Cotignac : elles se soldent dans l'un comme dans l'autre cas, par un échec visible. L'activité missionnaire n'est pas tout, encore faut-il que le terrain s'y prête : dans les sites de la révolte janséniste, les gros bourgs urbanisés de la Provence « varoise » offrent un fiasco presque complet tandis que le bilan est beaucoup plus positif en haute Provence orientale.

Dans ce poids mesuré de l'influence de l'église militante sur les comportements collectifs, les sociologues actuels de la pratique se demanderaient si l'on ne peut déceler dans les gestes d'abandon, l'influence de l'inadaptation ou de l'insuffisance des structures ecclésiales. Il y a peut-être quelque anachronisme à transposer cette interrogation née d'une problématique du XXe siècle : anachronisme justifiable, s'il permet d'élargir le débat.

La Provence du siècle des Lumières ne semble pas, sauf exception, sous-équipée. Nous la prenons au plus haut de la vague de la conquête catholique : ce qui frappe au contraire, c'est la multiplicité des recours, particulièrement en ville. Des paroisses et succursales aux couvents, aux associations de laïcs, la sollicitation est multiple, et se traduit par l'imprégnation poussée des testaments. L'exemple de Marseille vient le premier à l'esprit, avec plus de vingt couvents, quinze gazettes, une vingtaine de confréries... mais que dire d'un site tel que Pignans, cas le plus exemplaire sans doute, du foisonnement, en site rural, des dévotions institutionnalisées? Telle constatation ne doit point se limiter aux struc-

tures : celles-ci évoluent au XVIIIᵉ siècle, et l'un des aspects de la
consolidation conquérante du réseau des institutions religieuses
est sans doute l'extension du nombre des établissements charitables,
ce front pionnier, depuis les Compagnies du Saint-Sacrement, d'une
conquête religieuse qui ambitionne de prendre en charge l'ordre
de la société et la régularité des mœurs. Petites Miséricordes marseillaises, quadrillage au niveau de la paroisse, après la mise en
place des grands établissements charitables au siècle précédent,
multiplication ailleurs des hôpitaux, par passage de la confrérie
de charité à la Charité ou la Miséricorde comme établissements
institutionnalisés, recul au niveau du village urbanisé des anciennes
formes de charités manuelles par généralisation de l'hôpital rural :
autant de données auxquelles nous ont familiarisé les études
d'Agulhon, que nous vérifions sur le terrain. Reste, bien sûr,
dans l'optique de cette recherche, toute l'équivoque d'une telle
constatation. La progression ici, s'accompagne d'une mutation
qualitative en termes de laïcisation, dont les mêmes études de
M. Agulhon ont rendu compte. Cette victoire n'est point sans
ambiguïté.

Lourde ambiguïté également dans cet autre aspect de la conquête
catholique jusqu'au milieu du XVIIIᵉ siècle, mutilant pour sa part :
recul des chapelles du terroir, des chapelles de confréries professionnelles, des anciennes dévotions locales devant les nouvelles.
Le Saint-Sacrement ou le Rosaire relaient Notre-Dame de Miséricorde, Notre-Dame de Grâces, Saint-Roch ou Saint-Sébastien.
Victoire à la Pyrrhus peut-être, qui se solde finalement par un
recul global.

La régularité accrue d'une pratique uniformisée pourrait se
mesurer aux progrès de la paroisse par rapport aux points de
cristallisation excentriques : les couvents, et singulièrement ceux
des mendiants, en avaient été les localisations urbaines ; le terroir,
avec ses chapelles, avait les siens. Mais qui l'emporte finalement?
Nous l'avons vu, l'indifférence à la sépulture comme aux destinataires des demandes de messes s'impose comme l'ultime résultat de
cette évolution. Dans ces conditions, on s'étonne moins de voir
surgir, au niveau des revendications formulées à la veille de la
Révolution, la notion très moderne de sous-équipement dans certains sites urbains. Marseille-ville s'aperçoit alors qu'elle ne dispose, chiffre dérisoire, que de cinq paroisses : à population quasi
constante, le fait n'est pas nouveau, mais les conditions nouvelles
de la pratique justifient la prise de conscience.

L'intensité de l'activité pastorale, le poids des cadres institutionnels de la pratique tiennent donc une place non négligeable, mais en définitive seconde dans le justification du tournant enregistré.

Traumatismes répétés?

Pourtant l'histoire religieuse que nous appellerons, injustement sans doute, « classique », n'a pas dit son dernier mot.

Le poids de l'événementiel se présente à nouveau en termes de chocs enregistrés et ressentis. L'action volontaire d'un homme ou d'un milieu — ses dimensions prises — cède la place aux conséquences, proches ou lointaines, d'une situation ou d'un affrontement historique, Réforme ou Jansénisme.

Nous sommes si loin d'en sous-estimer le poids que nous avons prêté particulière attention au problème, nous rendant sur les lieux pour mesurer l'impact de tels éléments. La conclusion reste ambiguë.

En pays réformé, l'échec de la conversion forcée a paru flagrant, mais ce n'est pas une surprise. On savait d'ailleurs, par des sources plus directes, moins indiscutables peut-être parce que moins indiscrètes, la conversion de surface, le retour aux anciennes fidélités, la reconstitution clandestine des églises. Dans notre optique, nous nous sommes efforcé de mesurer les formes de l'évolution postérieure au XVIIe siècle. Chez les réformés comme chez leurs voisins catholiques, les phénomènes de durcissement des attitudes de part et d'autre nous ont paru coexister, mais dans l'ensemble céder le pas aux aspects de démobilisation réciproque ; la stabilité relative des notables — monde du quant-à-soi et des options motivées — s'y trouvant compensée par la mobilité des artisans ou des travailleurs qui se détachent de la pratique, dans l'un et l'autre groupe. Est-ce là fatalité, schéma transposable sans précautions? Le test de contrôle d'une société fermée, close et stable à Saint-Jean du Gard, en pays de peuplement réformé homogène a prouvé que non, et que la fidélité peut rester de règle, en contexte différent.

On se trouve ainsi ramené à un autre système d'interprétation, où les coordonnées socio-géographiques reprennent une place majeure, voire dominante.

N'est-ce point aussi ce qui ressort de l'enquête en sites jansénistes? Dans l'échantillon initial qui a servi de base à la première partie, nous avions soupçonné l'importance du phénomène chez les notables. Les premiers sondages, à Marseille ou dans sa région, ont pu paraître décevants sous ce rapport : l'élargissement de la base sociale de la prospection, en diluant ce qui reste comportements d'élite dans un contexte élargi, estompe la perception du phénomène. Le retrouver au niveau de sondages limités en sites privilégiés oriente vers des conclusions plus fermes. Là où une société rurale ouverte et articulée accueille elle-même, par ses notables, le souffle janséniste, il y agit comme catalyseur précoce d'évolutions ailleurs plus tardivement ressenties. Le détachement de pratiques religieuses jusqu'alors répandues s'y produit dès les années 1730, avec vingt ans d'avance sur le cas le plus général. Il n'est pas facile, et il serait sans doute artificiel de doser ici la part d'une abstention volontaire découlant d'une religiosité intériorisée ou d'une désaffection plus profonde, indice de détachement véritable. Constater ainsi les ambiguïtés d'un silence n'est pas, évidemment, sous-estimer l'importance du problème qui s'en trouve posé : c'est reconnaître les limites inévitables d'une confidence qui ne peut être qu'incomplète.

Ailleurs, là où le jansénisme, si net que soit son impact dans les traces relevées, apparaît implanté de l'extérieur plus qu'accueilli par des élites éveillées, non seulement il ne paraît pas avoir eu de conséquences durables, mais il peut se prêter, dans un monde à dominante rurale de très fortes traditions, à une « reconquête dévote » dont Senez, Castellane et leur région ont donné l'illustration.

On ne peut, en définitive, sous-estimer dans la destruction d'une certaine civilisation baroque, la place d'un phénomène tel que le courant janséniste, directement ou indirectement ressenti; force est néanmoins de constater que son impact est très différent suivant les milieux d'accueil, définis dans leurs coordonnées tant sociales que géographiques : toucherait-on là une des clefs de l'explication?

Une mutation sociale?

A la fin du XVIIe siècle, un monde très hiérarchisé dans ses attitudes comme dans ses pratiques. A l'épreuve de la mort et des gestes qui l'accompagnent, c'est « l'état », « la condition » comme la « coutume » qui en codifient les rapports, et déterminent pour une bonne part les comportements à suivre : « société d'ordres », par-delà la mort.

La première grande mutation sociale que nous aurions à enregistrer, serait, par l'individualisation des attitudes, l'atomisation d'une pratique beaucoup moins monolithique qu'avant. Cette évolution est à la fois très précoce et incomplète. Très précoce, parce qu'on peut dire que dès l'aube du xviiie siècle, les mécanismes, conscients ou non, de la pression sociale ne jouent plus de façon aussi nette dans toute une partie de la Provence : entendons la Provence des villes, la basse Provence, occidentale surtout. Incomplète, parce qu'il demeure, même sans référence explicite à l'état, à la condition et à la coutume, une hiérarchisation très nette des attitudes entre notables, petite bourgeoisie boutiquière et artisanale, paysans ou salariés : nous en avons rendu compte dans le premier bilan « morphologique ». Les sondages sur le terrain confirment dans l'ensemble le schéma proposé.

Mais ils permettent d'aller plus loin, par les éléments d'analyse plus larges qu'ils proposent.

Le détachement des pratiques se fait-il par imitation descendante à partir des élites? Et d'abord y a-t-il un comportement homogène d'élites? Répondre à ces questions va plus loin qu'un simple commentaire descriptif : c'est aborder le pourquoi par le comment.

D'où vient l'exemple? Les cartes dressées à l'échelle de la Provence, par leurs contrastes mêmes, autorisaient déjà des hypothèses : c'est la basse Provence occidentale, celle des villes, celle des bourgeoisies donc, qui donne le branle. Mais les nuances que suggérait déjà la révélation de milieux culturels contrastés se trouvent confirmées au niveau des monographies.

Exemplaire mobilité bourgeoise? La grande ville, Marseille, en donne l'illustration probante. C'est par les groupes les plus opulents de la bourgeoisie roturière : négociants, cadres, « bourgeois, » que s'amorce l'évolution, c'est chez eux qu'elle est poussée à son terme. Relevée ici, confirmée ailleurs, la stabilité nobiliaire témoigne qu'on ne saurait parler d'une option d' « élite » homogène mais qu'il existe bien, entre aristocratie à l'ancienne et bourgeoisie roturière, un clivage qu'on ne saurait exprimer qu'en option de classe. C'est l'exemple bourgeois, suivi avec quelque retard, qui commande ici, semble-t-il, les comportements du petit monde boutiquier ou artisanal, môle de fidélité jusqu'aux années 1750, secteur de pratique déclinante ensuite. Commode, le terme d' « imitation » ne dispensera pas de s'interroger sur les modalités du contact et de la diffusion des modèles de comportement. Mais il faut d'abord se demander si le schéma marseillais est adaptable, toutes transpositions faites, aux autres sites étudiés. Il s'en faut : on rencontre bien, notamment dans les sites jansénistes de basse Provence, un cheminement du type marseillais : élite dévote au début du siècle, donnant à la fin l'exemple d'un détachement massif; les notables masculins de Pignans offrent sur ce point une démonstration convaincante.

Ailleurs au contraire, l'abandon des notables est loin d'être confirmé, à Manosque, à Salon, à Cucuron, à Roquevaire, en un mot, de la petite ville au petit bourg, les bourgeois se tiennent bien : la stabilité au moins relative de leur pratique, généralement à un haut niveau, contraste avec un abandon plus marqué dans les groupes inférieurs de l'artisanat, ou de la petite paysannerie des travailleurs de terre. On ne saurait parler ici d'imitation descendante : c'est au contraire en termes de fidélité relative que les groupes notables se définissent. Nous avons risqué en certains sites de contact entre catholiques et réformés (Cucuron-Lourmarin) l'hypothèse du mimétique quant-à-soi des notables des deux groupes. Sans la renier, force nous est de constater que tel comportement notable se retrouve ailleurs.

On est dès lors tenté d'opposer à la mobilité de la bourgeoisie de la grande ville l'inertie relative des notables du bourg ou du village; et de supposer, dans un microcosme fermé, une réaction défensive du type de celles dont les nobles marseillais donnent l'exemple, en se différenciant, par leur fidélité, de l'abandon des bourgeois et négociants.

C'est aller bien loin sans doute, ou pas assez. On ne peut s'empêcher de compter. Ces notables « fidèles » ce sont aussi ceux que l'évolution séculaire est en train d'éliminer, petit à petit. Nous mesurons, à cette affirmation, les limites que s'est donnée cette étude, en s'attachant exclusivement à l'approche des structures mentales, fût-ce en termes de sociologie. Plus totale, une véritable histoire sociale permettrait de proposer des conclusions moins hypothétiques. Mais les comptages que permettent les testaments n'en sont pas moins suggestifs : qu'ils parlent pourcentages ou plus valablement chiffres absolus, ils nous disent le déclin séculaire de ce groupe notable provençal, dans sa partie improductive du moins, qui va des nobles aux bourgeois « vivant noblement ». Partout rencontrée, cette réduction, de l'ordre de moitié, trahit le déclin d'un groupe, étonnamment développé à la fin du XVIIe siècle, et que le XVIIIe voit reculer, dans les petites villes ou dans les bourgs. Au contraste des attitudes entre bourgeoisie de type marseillais et bourgeoisie de petite ville n'y aurait-il pas une explication qui tiendrait à la dynamique même de ces groupes?

L'hypothèse trouverait une certaine confirmation, en forme de reflet, dans les attitudes également contrastées de la paysannerie provençale. Les notables, ici, ce sont les ménagers, môle de stabilité, de respectabilité du monde villageois. Ce sont eux également qui témoignent, en pays catholique comme en pays réformé, du plus haut niveau de pratique, comme de la plus grande fidélité. Mais aussi, le vocabulaire social nous les montre-t-il, au cours du siècle, en voie, sinon d'extinction, du moins de déclin prononcé dans la plupart des sites étudiés : là même où l'on peut suivre le flux en chiffres absolus, d'une catégorie qui teste très généralement, la réduction numérique du groupe est visible.

Le double visage que les notables ont présenté, selon qu'on les étudie à Marseille ou au village, se retrouve inversé, s'agissant de la toute petite bourgeoisie des boutiquiers et artisans.

A Marseille, les voici, un temps, à la pointe de la régularité dans la pratique, et ce sont eux aussi qui participent le plus activement aux dévotions de groupe dans le cadre des gazettes et confréries : leur engagement se mesure, sur ses deux ailes, par référence au désintérêt d'une partie des notables, comme à l'exclusion du petit peuple. Et voici qu'au village, malgré luminaires et gazettes, ce sont eux, bien souvent, qui vont apparaître comme les moins constants, les moins fermes aussi dans leurs pratiques de dévotion : cas fréquent qui se rencontre de Salon à Roquevaire ou à Cotignac. Mais n'y a-t-il pas, ici aussi, différence de statut social, comme d'évolution séculaire? Il faudrait, là encore, compter et comparer. Malgré ce qu'on pouvait attendre du compagnonnage et de l'immigration, l'échoppe et la boutique restent à Marseille un des milieux les plus stables, semble-t-il, et les moins intensément renouvelés. On n'en dira pas de même des bourgs, où le va-et-vient est constant dans le petit groupe des artisans de village, les moins enracinés sans doute, en contraste avec les ménagers ou les notables. Toucherait-on ici un autre principe d'explication, en termes de stabilité ou de renouvellement, conditionnant la plus ou moins grande fidélité dans les attitudes?

Une migration géographique?

Brassage, facteur de détachement : nous n'avons pu échapper au problème. Les contrastes sociaux observés ne seraient-ils, pour une part, que la traduction, ou que le reflet d'une plus ou moins grande stabilité? Pour être rebattue, la question n'est point résolue.

Sans doute, au niveau d'une perception globale du phénomène, telle par exemple, que peuvent la suggérer les cartes évolutives couvrant l'ensemble de la Provence, apparaît-il évident, que la Provence en mutation est la Provence qui bouge, Provence urbaine, basse Provence à commencer par la Provence occidentale. Au niveau des sondages pratiqués la confirmation est générale : Senez, Barcelonnette, Manosque même, présentent en haute Provence une physionomie beaucoup plus stable, voire susceptible d'accuser, à retardement, une évolution décalée par rapport à l'ensemble de la région. Mondes clos, conservatoires d'attitudes de tradition? Le thème est trop simple dans son évidence apparente pour ne pas appeler des nuances importantes : même s'ils n'attirent pas les apports lointains, tels pays ne manquent pas de contacts extérieurs, étant eux-mêmes pôles d'émigration saisonnière ou durable, le plus souvent avec idée de retour.

Partout cependant, à un degré inégal, le xviiie siècle au village ou dans la petite ville nous est apparu le temps d'un relatif décloisonnement, d'un élargissement des contacts et partant, des horizons. Nous l'avons mesuré au rayon de service accru des notaires ruraux, à la multiplication des échanges entre bourgs voisins. Dans quelle mesure cependant telle approche peut-elle rendre compte de l'évolution des attitudes collectives? Le petit monde de Lourmarin, site défensif de la Réforme en pays catholique, sort, d'évidence, très amoindri dans sa fidélité séculaire, des contacts avec l'extérieur : puisque c'est, on l'a vu, parmi les artisans et les travailleurs les plus largement renouvelés que les gestes se perdent le plus. Cas exceptionnel, pourra-t-on dire, puisqu'il s'agit ici de contact confessionnel, et que l'on sait, malgré les gestes d'endogamie défensive, combien vulnérables sont ces cellules isolées en milieu étranger.

En pays catholique, il était légitime sans doute de mener l'enquête à Marseille, lieu de rencontre et d'arrivée d'éléments extérieurs, présentant en outre l'intérêt — si l'on peut dire! — d'un renouvellement brutal de moitié de sa population au lendemain de la peste.

On a pu mesurer en ce site la réalité et les limites de l'influence du déracinement : moindre pratique des non-natifs, mais dans l'ensemble adaptation satisfaisante, jusqu'aux dernières années du siècle, des apports extérieurs à un comportement collectif qu'ils calquent pour l'ensemble, à un niveau quelque peu inférieur. Marseille convertit encore à ses « mœurs et coutumes » les gavots descendus de leurs vallées alpines : il y a là manifestation d'un pouvoir d'assimilation qui explique que la peste ne soit pas, dans ses lendemains, le grand tournant d'attitudes collectives qu'on eût pu attendre.

Mais nous nous sommes justifié, au nom du relativisme historique, de telle entorse apparente à ce qui paraît règle générale pour ceux qui ont appris à voir dans toute migration une amorce virtuelle de déchristianisation. Le sous-équipement urbain en matière religieuse, né de l'essor du XIXe siècle, ne saurait passer pour une vérité, en un temps où la ville demeure beaucoup plus densément peuplée d'églises et de couvents que la campagne. Brassage ou déracinement, facteurs non négligeables, accentuent sans doute pour une part les contrastes sociaux des attitudes : ils ne les expliquent pas intégralement, il s'en faut.

Une mutation culturelle?

En plaçant cette étude dans le cadre du siècle des Lumières, on postulait, peut-être imprudemment, une diffusion des Lumières en Provence, et plus imprudemment encore peut-être, une influence de ce mouvement sur les comportements religieux.

Nos moyens de vérifier l'exactitude d'une idée reçue paraîtront bien frêles : inventorier dans son contenu la culture des élites eût excédé les cadres de l'étude menée. On a dû se contenter de ce qu'apportent les testaments eux-mêmes : une approche du taux d'alphabétisation des testateurs, ou du moins de leur aptitude à signer leur nom; transposition au document notarial des techniques de la célèbre enquête de Maggiolo d'après les actes de mariage.

On n'en attend pas, bien sûr, connaissance approfondie de la diffusion des Lumières, tout au plus, découverte d'une certaine instruction à partir d'un niveau élémentaire : mais dispose-t-on, dans les catégories populaires, de moyens d'approche beaucoup plus précis?

Dans le cadre de la problématique suivie, on pouvait se demander dans quelle mesure l'accès à la culture est lié au niveau de la pratique, dans quelle mesure aussi il peut exister — pourquoi pas? — corrélation négative entre les deux éléments.

Les résultats obtenus dans les différents sites, hormis Marseille, sont étonnamment convergents : ils confirment ce que l'on sait depuis Maggiolo de l'analphabétisme méridional. On ne trouve pas même la hiérarchisation escomptable, entre le niveau d'instruction au village et dans les petites villes. En tous lieux, c'est à peu de chose près au tiers des testateurs masculins que s'élève au début du siècle le taux des signataires : la limite inférieure se rencontrant à Manosque avec 31 %, le taux le plus élevé à Cucuron avec 38 %, remarquable homogénéité, confirmée d'ailleurs par la contre-épreuve féminine; les femmes sont beaucoup plus ignorantes encore que les hommes, puisque leur taux moyen se situe autour de 15 %, mais peut s'abaisser localement au-dessous du dixième.

Cette identité de résultats recouvre une identité de comportements sociaux : à cette époque, les notables masculins signent déjà dans presque tous les cas, leurs femmes dans la moitié environ, et ce, partout. Chez les artisans de village, le taux de signatures effectives tourne autour de 50 % d'un lieu à l'autre, chez leurs femmes, il oscille entre 0 et 20 %. C'est chez les paysans que l'ignorance est la plus totale : 5 à 15 % de signatures masculines, à peu près rien chez les femmes. Seuls les ménagers, en pays réformé notamment, semblent un peu plus lettrés : maigre exception qui confirme la règle.

Comment la situation évolue-t-elle au long du siècle? Il n'y a pas eu Révolution de la culture : tout au plus, un modeste progrès, qui situe autour de 40 % en moyenne l'aptitude à signer des hommes, tandis que les femmes restent échelonnées, suivant les sites, entre 5 et 20 %. Encore rencontre-t-on en plus d'un lieu (Salon, Cotignac) le cas déconcertant d'une régression au fil du XVIIIe siècle. Les quelques progrès réalisés ont touché les notables, ou du moins, leurs femmes, et les artisans hommes et femmes : mais les ruraux n'ont pratiquement pas bougé.

Par référence à la Provence, Marseille paraît ville savante, passant par une ascension continue à partir des années 1730, de moitié de signatures à 69 %. L'avantage initial est dû sans doute, pour bonne part au moindre nombre de ruraux puisque ceux-ci semblent aussi ignorants, ou presque, qu'ailleurs (20 % de signatures). Mais dans les milieux proprement urbains les taux sont généralement à peu près équivalents à ce qu'ils sont dans les bourgs : élite urbaine alphabétisée totalement dès le début du siècle chez les hommes, alors que 3/4 des femmes signent leur nom, artisanat apte à signer dans moitié des cas chez les hommes, beaucoup moins chez les femmes... salariés et gens de mer présentant les cas les plus défavorisés. Mais si le point de départ est, somme toute, comparable à ce que l'on rencontre à la campagne, à l'arrivée, la progression marseillaise est beaucoup plus sensible : laissons de côté ceux qui n'ont rien appris, les paysans, c'est dans les classes moyennes urbaines que les progrès les plus marqués ont eu lieu, par consolidation chez les boutiquiers et artisans, et progrès parfois spectaculaires chez leurs femmes. Il n'est pas jusqu'au salariat qui ne soit touché, chez les hommes du moins, aptes à signer dans quatre cas sur cinq, tandis que les domestiques femmes restent aussi ignorantes.

A ne s'en tenir qu'aux constatations les plus extérieures, on risque d'être partagé entre des impressions contradictoires : sans doute, par le dénominateur commun du statut social, y a-t-il lien direct entre le niveau de culture ainsi approché, et le taux de pratique calculé : la même hiérarchie échelonne notables, petits bourgeois de l'artisanat, salariés et paysans enfin.

Mais c'est aussi les mondes, géographiquement parlant même, les plus alphabétisés qui vont se montrer les plus ouverts au changement, en forme d'abandon : ainsi particulièrement Marseille. Toutefois le changement des attitudes religieuses n'est pas, il s'en faut, privilège marseillais : c'est pourtant sur fond d'un niveau d'instruction collectif pratiquement inchangé dans le cas le plus général que s'effectueront les mutations de la pratique religieuse.

Il ne semble donc pas y avoir, en-dessous des élites cultivées du moins, corrélation directe entre l'évolution de la pratique et l'accès à la culture. Dans leurs contradictions significatives quelques exemples témoignent de cette indépendance relative : ainsi le taux très élevé d'alphabétisation surtout masculine dans un site d'autre part remarquablement fidèle aux pratiques de dévotion, à Barcelonnette ; au contraire, retournant à Marseille, la corrélation inverse entre niveau d'instruction accru et déclin de la pratique dans le salariat; les salariés masculins, particulièrement négligents sous l'angle des dévotions étant pour la plupart alphabétisés à la fin du siècle, cependant que les domestiques femmes généralement incultes n'en sont pas moins dévotes. Mais on objectera aussitôt qu'à Marseille aussi, c'est dans les milieux féminins de la petite bourgeoisie artisanale et boutiquière que les progrès de l'instruction sont les plus marqués; c'est pourtant un groupe de fidélité relative, responsable, pour une part, du processus analysé de féminisation de la dévotion.

De toutes ces impressions, celle qui reste et qui s'impose, est que la mutation d'attitudes collectives enregistrée dans les comportements religieux ne s'est pas faite, en l'absence d'une Révolution véritable de la culture, par voie de diffusion directe, ou linéaire des Lumières mais suivant des cheminements beaucoup plus complexes.

Une mutation de la sensibilité collective?

En proposant ce thème d'une mutation de la sensibilité collective, on craint un peu de revenir au point de départ, par une explication qui n'en est pas une : après tout, qu'avons-nous analysé, et suivi au niveau des comportements religieux, si ce n'est une mutation de cet ordre?

Reste qu'elle s'insère dans un contexte où les attitudes collectives devant la vie, la mort et les autres, ont considérablement changé. Le rapport de l'homme à lui-même, et singulièrement à son corps, le rapport de l'homme à la femme, le rapport enfin de l'homme aux autres hommes... autant de données qui apparaissent s'être profondément modifiées au cours du siècle.

Nous avons parlé de redécouverte du corps, au cours du XVIII\ :^e siècle : l'expression est trop forte, car la période antérieure ne l'avait pas méconnu. Mais à l'occasion du passage de la mort, on peut mesurer à l'attention portée à la dépouille mortelle, à sa présentation, au sort qui l'attend, une réévaluation profonde des attitudes collectives, qui donne à la mort physique une place plus grande, et inversement voit se distendre tout un ensemble de gestes quasi magiques, l'exhibition du cadavre, la sépulture à l'intérieur du lieu du culte, à proximité des saints. Ce sont là aspects de comportements collectifs que d'autres étudient avec brio (P. Ariès), que nous avons nous-même abordés ailleurs.

Le rapport homme-femme se transforme : le recul progressif d'un monde à dominante encore patriarcale, dont l'important déséquilibre du nombre des testaments suivant le sexe témoignait pour nous, est visible. D'une proportion initiale de l'ordre des deux tiers de testaments masculins, on s'achemine vers un rapport d'égalité progressivement établie : c'est le cas dans la grande ville, mais aussi dans certains sites ruraux émancipés. Il y a visiblement lien entre traditionalisme, isolement et fermeture d'un site prospecté et le déséquilibre qu'il manifeste dans la ventilation de ses testaments suivant le sexe. La femme s'émanciperait? Bien grand mot. Du moins enregistre-t-on une modification des attitudes respectives. Alors qu'elle reste généralement exclue des formes de sociabilité à support d'associations pieuses, par lesquelles se définit l'espace masculin, le siècle la voit progressivement plus attentive aux gestes de la pratique religieuse : et le thème de féminisation de la dévotion est revenu en leit-motiv dans nos analyses.

Féminisation qui n'est, en dernier ressort, qu'une moindre érosion des gestes chez les femmes que chez les hommes. Équilibre des attitudes à la fin du XVIIe siècle, voire en certains sites patriarcaux, primat des gestes masculins (que perpétuent les attitudes en pays réformé), déséquilibre à la fin. On ne peut que s'interroger sur les raisons d'une mutation si générale, et progressivement affirmée. Parler de changement des mœurs, c'est remplacer l'explication par le constat. Faute de moyen d'aller plus loin, dans le cadre de la source qui nous porte, on ne peut qu'être attentif aux éléments d'explication qu'apportent certaines hypothèses récentes, formulées notamment par E. Leroy-Ladurie dans le cadre de son interrogation sur les « funestes secrets ». Le clergé du XVIIIe aurait-il été l'agent de cette différenciation en chassant de ses autels une population masculine considérée comme responsable des atteintes à la morale sexuelle? On soupçonne que tout n'est pas simple, et que s'entremêlent les attitudes de refus et de rejet liées à ces aspects les plus cachés de la vie familiale ; et au niveau de la conscience claire, inégale prise de conscience suivant le sexe : l'écart de niveau culturel entre hommes et femmes, qui a paru flagrant dans cette Provence populaire si ignorante, en est un test.

De là à conclure qu'il y a un lien entre la résistance des femmes à l'érosion de la pratique... et leur ignorance, il y a un pas que nous éviterons de franchir, sans nuances, du moins. Sans doute l'exemple existe de groupes féminins entiers chez qui ignorance et dévotion marchent de pair : ainsi les domestiques. Mais on a vu inversement les dévotions résister et se fixer souvent à un très haut niveau dans certains lieux où le progrès de l'alphabétisation, sinon des Lumières, est le plus nettement marqué : ainsi chez les épouses des artisans et boutiquiers marseillais.

Ostentation, pathétique, parfois démesure, investis dans le rituel des pompes funèbres : tels sont certains des traits majeurs qui nous ont paru justifier l'appellation de mentalité ou de sensibilité baroque appliquée à la Provence du XVIIIe siècle. On a vu, là aussi, que le siècle des Lumières est celui du grand tournant, du repli amorcé dès 1720-30, confirmé après 1750 de ces gestes qui remontaient bien au-delà, dans leur enracinement, de l'époque qu'il est convenu d'appeler âge baroque. Dans ce tournant « néo-classique » de la sensibilité collective, on ne saurait prétendre trouver un élément d'explication de la modification des attitudes religieuses : dans la mesure où ces attitudes extérieures font partie intégrante du système global que nous avons tenté d'analyser : et auquel il faut enfin revenir pour tenter de lui donner un nom.

Parlerons-nous de déchristianisation ?

Il faut certes, revenir au point de départ, à cette interrogation initiale dont nous sommes parti, sur la déchristianisation au
siècle des Lumières. A l'issue de ce cheminement, avouerons-nous
que le problème de vocabulaire nous paraît, à tout prendre, second ?
Sans chercher à l'esquiver, nous nous situerons par rapport à
deux options, ou à deux tentations également discutables à notre
avis.

La première serait sans doute de vouloir à tout prix « dater »
le début de la déchristianisation, et somme toute, lui trouver un
point origine, des responsables précis. Ce qui serait, peut-être,
s'enfermer dans une problématique dépassée, à tout le moins
formelle.

L'enquête menée confirme combien il est difficile, comme
Lebras, ou d'autres l'ont noté, de partir d'un état de « christianisation » complète qui correspondrait à l'âge classique. A
l'encontre de beaucoup d'idées reçues, c'est peut-être entre 1720
et 1750, suivant les lieux, parfois plus tard, que nous serions tenté
de placer un moment de plus grande régularité dans la pratique,
pointe ultime de la conquête catholique. Mais à condition d'insérer ce moment dans un mouvement dynamique, d'emprises et de
déprises successives, ou tout simplement de mutations des attitudes
collectives.

C'est dans cette optique que nous avons été sensible à la mobilité des clauses ou des tests supports de l'enquête. On en a dit
initialement les raisons techniques : les gestes que recense la sociologie religieuse contemporaine ne sont pas transposables, le seraient-
ils que nous en tirerions parfois peu de choses, comme on le note
en certains cas (mariage en carême, ou délai au baptême). Moyen-
nant quoi, l'étude régressive doit chercher avec souplesse à s'adap-
ter en chaque moment aux attitudes en vigueur, à rechercher les
gestes signifiants. Cela ne peut se faire, semble-t-il, qu'en multipliant les critères, qu'en confrontant les mouvements. C'est sans
doute l'avantage du testament à l'âge classique que de livrer une
brassée de ces données conjointement exploitables. Il va de soi
que la source ne prétend point à quelque privilège exclusif : mouvement des vocations, statistiques de la librairie, ou, comme nous
l'avons nous-mêmes tenté, inventaire iconographique, pour ne
prendre que quelques exemples, présentent des approches sérielles

confrontables. D'ailleurs, nous ne présentons point cette source comme exploitable sans transpositions, ni précautions, hors du siècle où nous la mettons en œuvre. Nous avons assez insisté sur les conditions spécifiques de ce siècle largement taillé — 1680-1790 — qui attache tant d'importance à une pratique comme à des gestes qu'il quantifie et qu'il mesure, pour qu'on ne s'y trompe pas.

Mais si nous nous défions de toute tentation mécaniste, nous nous refusons plus nettement encore aux sables mouvants de l'hypercritique, qui au nom de la pluralité du discours, commence par dissoudre l'objet de sa recherche, avant même que de l'aborder. Et nous devinons bien à quelles critiques de ce genre l'approche, trop matérielle, à laquelle on se livre ici, peut donner prise, dans les différents critères qu'elle a choisis.

On demande moins fréquemment des messes? Mais dira-t-on, cela ne veut pas forcément dire repli du nombre des services célébrés, simplement passage, dans les relations familiales, de l'attitude de défiance à l'égard de ses héritiers qui est celle du testateur de l'âge classique, à l'abandon confiant d'un second XVIIIᵉ siècle optimiste jusque dans ses dévotions, et qui s'en remet à l'affection familiale : les stipulations plus rares trahiraient paradoxalement un progrès de la conscience collective... Voire : telle interprétation se condamne à notre avis à nier les preuves réelles d'une chute révélatrice du nombre des services demandés, ainsi auprès des couvents. Et qu'est-ce que cette évolution de sensibilité collective qui, dans les mêmes milieux toucherait les hommes, et moins les femmes?

Sans pousser si loin la contestation du test choisi, on pourra dire qu'enregistrer le recul des demandes de messes de mortuis ce n'est pas enregistrer le recul de la piété. Chaque testateur en demande, généralement, moins? Progrès d'une religiosité épurée sur les formes assez inférieures d'une profusion caractéristique de l'âge baroque, qui quantifie le rachat des âmes après la mort... On s'abstient même totalement d'en demander? Processus d'intériorisation d'attitudes religieuses, progressivement détachées des gestes les plus extérieurs de la pratique. L'argument, ici est de poids; l'abstention relevée en sites jansénistes vis-à-vis des demandes de messes en renforce la portée, et en administre la démonstration. Mais on l'a dit, sans lever l'ambiguïté réelle d'une abstention, qui peut signifier aussi bien progrès en forme d'intériorisation qu'abandon réel de la pratique, et, qui sait, des convictions qui la sous-tendent.

Prise isolément, donc, l'évolution des demandes de messes ne peut offrir que des présomptions, que suggérer sans démontrer : n'en dira-t-on pas autant des autres gestes?

La fin de l'élection de sépulture au tombeau de famille d'une église, c'est, objectera-t-on, plus encore qu'une preuve de détachement vis-à-vis des dévotions enracinées, un indice très positif de renonciation à une certaine forme de vanités (les vrais dévots le savent, qui demandent à être ensevelis au cimetière), voire de recul d'une vision magique de l'ensevelissement à proximité physique des autels, d'où coule le flot des indulgences. Valable ici, l'argument gagne encore plus de poids, s'agissant du cérémonial de la mort : le déclin marqué des pompes funèbres baroques, trait majeur de l'ancienne civilisation provençale, comporte valorisation antagoniste de l'aspiration à la simplicité, du refus de toute vanité mondaine : n'est-ce point là progrès plus que recul?

Le déclin des confréries, singulièrement sous leur forme provençale de gazettes de pénitents? Ce serait détachement vis-à-vis d'une forme d'engagement collectif devenue impropre à répondre aux aspirations de la sensibilité religieuse nouvelle, condamnée par là même à rétrograder au niveau d'une forme de sociabilité masculine, dont le contenu premier disparaît.

Telle interrogation sur la valeur à donner aux traces relevées pèse à plus forte raison sur les indices formels : de l'évolution des invocations pieuses en termes d'allègement croissant on peut sans doute inférer la laïcisation des actes, mais de là à conclure à la déchristianisation des hommes! N'est-ce point plutôt qu'une vision plus authentique de l'engagement religieux les amène à ne point pratiquer le mélange des genres, à prier en secret? Le recul, également de la « coutume » comme norme d'appréciation des cérémonies à accomplir pour les rites de passage de la mort, témoignerait aussi dans le sens d'une individualisation des options religieuses, moins subies qu'autrefois dans le cadre de comportements de groupes.

Poussons plus loin l'argumentation, et nous faisant jusqu'au paradoxe, l'avocat, sinon du Diable, au moins du Bon Dieu, nous pouvons nous interroger sur la valeur réelle d'un dernier déclin enregistré, et celui-ci, apparemment indiscutable dans sa signification : le recul des vocations, mesuré par le tarissement du nombre des religieux et des ecclésiastiques dans l'entourage des testateurs. Là encore, il est facile d'argumenter; le flux des vocations n'est pas toujours critère bien pur de vitalité religieuse : les régions réservoirs de prêtres que nous voyons se dessiner en hauts pays comme résultat de l'évolution séculaire, ne le sont-elles point sur base d'un déterminisme socio-économique autant que religieux ? L'évolution interne qui, dans le groupe des clercs rencontrés au fil des actes, avantage le prêtre séculier par rapport aux religieux et aux religieuses, n'exprime-t-elle pas le cheminement valable d'une société plus mûre qui se débarrasse du poids ancien des vocations « sociologiques » et bien peu spontanées ?

Tout irait donc pour le mieux dans le meilleur des mondes : la piété collective aurait changé d'habits, non de contenu, encore moins d'intensité, si même il est légitime de vouloir la mesurer. Pourtant, à contester l'étude des gestes de la pratique comme inaptes dans leur ambiguïté à rendre compte de phénomènes de l'ordre de la foi, on risque fort de se condamner à ne rien percevoir du tout, et à pérenniser les idées reçues par peur de les changer. Nous avons voulu présenter par avance toute cette argumentation, parce que c'est elle qui nous sera opposée, mais n'en soyons pas dupe.

La sociologie religieuse contemporaine, celle de l'école Lebras, s'est constituée et a acquis un droit de cité qui ne lui est pas encore contesté, précisément sur base de cet acte de courage ou d'imprudence scientifique, qui consiste à aller hardiment du connu à l'inconnu, à accepter le décompte des gestes extérieurs pour soupçonner les engagements profonds. Les traces qu'elle retient comme critères ne sont, à tout prendre, guère moins fragiles que nos demandes de messes ou élections de sépultures : et l'on s'étonnera bien, peut-être, dans cinquante ans, que l'on ait un jour voulu mesurer la vitalité religieuse par l'assistance à la messe, ou la communion pascale. Tous ces tests ont valeur historique, et à la limite évanescente : nous avons voulu, pour notre part, sélectionner et éprouver dans le monde des dévotions d'ancien style, les éléments d'une histoire religieuse sérielle adaptée à cette période, et dont les techniques se cherchent aujourd'hui.

Sur ces bases, nous pouvons nous permettre d'être affirmatif. Pris isolément, aucun des gestes que nous avons suivis ne donne une présomption suffisante et indiscutable de déchristianisation au siècle des Lumières. Mais ils s'assemblent en faisceau, convergent dans la chronologie de leur évolution, se répondent dans les implications des attitudes historiques qu'ils révèlent. C'est une mutation majeure de sensibilité collective qui, pour nous, prend place au tournant du xviiie siècle.

L'appellerons-nous déchristianisation ? Si l'on entend par là recul de la pratique, détachement même partiel vis-à-vis des institutions ecclésiales, il semble bien difficile de contester le fait. Même si les causes en apparaissent complexes, défiant toute simplification mécaniste, le bilan dressé à l'issue de la première partie s'est trouvé confirmé par une recherche plus approfondie : même s'il se limite au constat, l'historien voit naître au cours du XVIII° siècle tout un ensemble d'attitudes nouvelles qui ruinent sans appel l'apparence de discontinuité que la crise révolutionnaire plaçait entre un Ancien Régime chrétien, et un XIX° siècle en voie de déchristianisation.

Avouons toutefois qu'enfermer l'évolution ici reconnue dans le cadre d'une querelle de mots — sécularisation, laïcisation, désacralisation... ou déchristianisation? — ne nous semble pas de nature à rendre compte de façon satisfaisante de la mutation observée.

Il s'est produit un changement plus ample, et dont la déchristianisation n'est qu'un des aspects. Pour les provençaux du XVIII° siècle, l'image de la mort a changé. Le réseau des gestes, des rites dans lesquels ce passage se trouvait assuré, comme des visions auxquelles ils répondaient, s'est profondément modifié. On ne sait si l'homme s'en va plus seul, moins assuré de l'au-delà, en 1780 qu'en 1710 : mais il a décidé de ne plus en faire confidence. Cette modification essentielle d'un geste vital constitue peut-être l'apport le plus important de cette enquête.

Sources
et bibliographie

I. SOURCES MANUSCRITES

Alors que l'étude sur le terrain, menée dans la seconde partie, a porté essentiellement sur les minutiers notariaux, déposés soit dans les études, soit dans les fonds des Archives départementales de la région provençale, les sources qui intéressent directement notre essai sont assez ramassées.

Elles sont essentiellement constituées par les registres d'insinuations judiciaires des sénéchaussées provençales. Les limites de chaque ressort sont en fait assez floues, les chevauchements multiples. Surtout la pratique suivie est très différente d'un lieu à l'autre, parfois l'enregistrement des testaments est consigné dans des registres séparés; parfois ils sont confondus dans le flux quotidien des actes insinués au greffe. La « rentabilité » des registres est très variable d'un lieu à l'autre.

Ont été dépouillés les fonds suivants :
— *Archives départementales des Bouches-du-Rhône* :
Série B : sénéchaussées de Marseille, d'Aix et d'Arles.
— *Archives départementales du Vaucluse* :
Série B : greffe de la cour royale d'Apt.
— *Archives départementales du Var* :
Série B : sénéchaussées de Toulon, Brignoles, Draguignan.
— *Archives départementales des Basses-Alpes* :
Série B : sénéchaussées de Forcalquier, Castellane, Digne.
— *Archives départementales des Alpes-Maritimes* :
Série B : sénéchaussée de Grasse,
        Comté de Nice : testaments déposés au Sénat.

II. SOURCES IMPRIMÉES

On a choisi de présenter cette bibliographie suivant quelques grandes rubriques, à l'intérieur desquelles les ouvrages sont classés par ordre alphabétique. Pour faciliter l'établissement des notes infra-paginales, le tout a reçu une numérotation continue.

Plan de la bibliographie :

I. Sociologie religieuse contemporaine.

II. Mentalité et vie religieuse sous l'Ancien Régime : généralités, confrontations.

III. Le testament comme source d'histoire des mentalités (Provence exclue).

IV. Histoire de Provence.

Abréviations usitées pour les revues et périodiques :

Annales E.S.C.	Annales, Économies, Sociétés, Civilisations.
A.H.R.F.	Annales historiques de la Révolution française.
A.S.R.	Annales de Sociologie des Religions.
R.H.	Revue Historique.
R.H.E.F.	Revue d'Histoire de l'Église de France.
R.H.M.C.	Revue d'Histoire Moderne et Contemporaine.

I. — SOCIOLOGIE RELIGIEUSE CONTEMPORAINE

a) *Ouvrages généraux :*

(1) Sabino S. ACQUAVIVA : *L'éclipse du sacré dans la civilisation industrielle,* in-8° (Mâme), Paris, 1967.

(2) Marc BARBUT : *Mathématiques des Sciences humaines,* 2 vol., in-8° (P. U. F.), Paris, 1967.

(3) Fernand BOULARD : *Premiers itinéraires en sociologie religieuse,* in-8°, Éditions Ouvrières, Paris, 2ᵉ éd., 1954.

(4) Fernand BOULARD : *Pratique religieuse urbaine et régions culturelles,* in-8°, Éditions Ouvrières, Paris, 1968.

(5) Silvano BURGALASSI : *Il comportamento religioso degli italiani,* in-8°, Vallecchi édit., Firenze, 1968.

(6) Jean CHELINI : *La ville et l'église, premier bilan des enquêtes de sociologie religieuse urbaine,* in-8°, Paris, 1958.

(7) G. CHOLVY : « Sociologie religieuse et histoire », article : *R. H. E. F.* n° 150, janvier 1967.

(8) Chronique sociale de France (février 1955) : *Études de sociologie religieuse.*

(9) J. P. DECONCHY : « Sujets féminins et sujets masculins dans un groupe à finalité religieuse », article : *A. S. R.,* t. 26, 1968, p. 97-110.

(10) Henri DESROCHES : *Sociologies religieuses,* in-8° (P. U. F.), Paris, 1968.

(11) (Divers) : *L'histoire sociale, sources et méthodes,* Actes du colloque tenu à l'E. N. S. de Saint-Cloud, in-8°, (P. U. F.), Paris, 1967.

(12) Gabriel LEBRAS : *Introduction à l'histoire de la pratique religieuse en France,* in-8°, Paris, 1942.

(13) Gabriel LEBRAS : *Études de Sociologie religieuse,* 2 vol., in-8°, Paris, 1955.

(14) E. G. LÉONARD : *Le Protestant français,* in-8°, Paris (P. U. F.) 1953, 2ᵉ éd., 1955.

(15) Antonio A. MARTINS : « L'Analyse hiérarchique des attitudes religieuses », article : *A. S. R.,* n° 11, 1961, p. 71-91.

(16) R. MEHL : *Traité de Sociologie du protestantisme,* in-8°, Neuchatel, 1965.

(17) Émile PIN et Hervé CARRIER : *Essais de Sociologie religieuse,* in-8°, Paris (S. P. E. S.), 1967.

(18) Julien POTEL : *Le Clergé français,* in-8° (Éd. Centurion), Paris, 1967.

(19) E. POULAT : « La découverte de la ville par le catholicisme français contemporain », article : *Annales E. S. C.,* 1960, p. 1168-1179.

(20) J. VAN HOUTTE : « Pratique dominicale urbaine et âges en Europe Occidentale », article : *A. S. R.*, n° 18, juillet 1964, p. 117-132.
(21) J. WACH : *Sociologie de la religion.*

b) *Ouvrages traitant de la déchristianisation à l'époque contemporaine :*

(22) Colloque d'histoire ecclésiastique de Cambridge (septembre 1968). SCHMIDT, LATREILLE, NEWSOME : *La déchristianisation dans les pays de langue germanique, dans les pays de langue française, dans les pays de langue anglaise aux XIXe et XXe siècles.*
(23) Colloque d'histoire religieuse de Lyon (octobre 1963). (Publié Grenoble 1963 et « Cahiers d'Histoire des Universités de Clermont, Lyon, Grenoble », tome IX, 1, 1964). Notamment : R. RÉMOND : *Recherche d'une méthode d'analyse historique de la déchristianisation depuis le milieu du XIXe siècle*, p. 123-154.
(24) C. MARCILHACY : « Recherche d'une méthode d'étude historique de la déchristianisation depuis le milieu du XIXe siècle », article : *A. S. R.*, n° 138, 1965.
(25) Bernard PLONGERON : « Regards sur l'historiographie religieuse de la Révolution Française : I. Les Serments... II. La déchristianisation... », articles : *A. H. R. F.*, avril 1967 et avril 1968.
(26) Bernard PLONGERON : *Conscience religieuse en Révolution*, in-8°, Paris, 1969.
(27) Michel VOVELLE : « Déchristianisation provoquée et déchristianisation spontanée dans le Sud-Est sous la Révolution Française », Communication à la Société d'Histoire Moderne, résumée dans le *Bulletin de la Société d'Histoire Moderne*, 1964.
(28) Michel VOVELLE : « Essai de cartographie de la déchristianisation révolutionnaire », article : *Annales du Midi*, 1965.
(29) Michel VOVELLE : *Prêtres abdicataires et déchristianisation en Provence sous la Révolution française*, Actes du Congrès des Sociétés Savantes de Lyon, 1964, in-8°, Paris, 1965.

c) *Attitudes devant la mort :*

(30) Philippe ARIÈS : « Attitudes devant la vie et devant la mort du XVIIe au XIXe siècle », article : *Population*, 1949, t. IV., p. 463-470.
(31) Philippe ARIÈS : *Contribution à l'étude du culte des morts à l'époque contemporaine*, rapport à l'Académie des Sciences Morales et Politiques (17 janvier 1966).
(32) Philippe ARIÈS : *La mort inversée : le changement des attitudes devant la mort dans les sociétés occidentales*, article : « Archives européennes de Sociologie », t. VIII, 1967, p. 169-195.
(33) Philippe ARIÈS : *L'apparition du sentiment moderne de la famille dans les testaments et les tombeaux*, communication au colloque sur la famille, Cambridge, septembre 1969.

(34) (Divers) : *Le mystère de la mort et sa célébration* (articles de M. FERET, J. DANIÉLOU, J. HILD, A. M. ROGUET, etc...), Coll. « Lex Orandi », in-8°, Paris (Éd. du Cerf), 1956.

(35) G. MARTELET : *Victoire sur la mort. Éléments d'anthropologie chrétienne*, in-8°, Lyon-Paris, 1962.

(36) Edgar MORIN : *L'homme et la mort dans l'histoire*, in-8° (Corréa), Paris, 1951.

(37) Alberto TENENTI : La vie et la mort à travers l'art du xve siècle, Cahier des *Annales E. S. C.*, in-8°, Paris (A. Colin), 1952.

(38) Alberto TENENTI : *Il senso della morte e l'amore de la vita nel Rinascimento*, in-8°, Torino (Einaudi), 1957.

d) *Études de sociologie historique relatives au XIXe siècle offrant des thèmes de comparaison et des pistes de méthode :*

(39) G. CHOLVY : « Les vocations sacerdotales et religieuses du diocèse de Montpellier, 1801-1956 », article : *Annales du Midi*, t. LXXI, 1959, p. 222-229.

(40) G. CHOLVY : *Géographie religieuse de l'Hérault contemporain*, in-8°, Montpellier, 1968.

(41) Y. CLOITRE : « Vie religieuse des forgerons de Port Brillet », article : *A. S. R.*, n° 13, janv. 1962, p. 87-105.

(42) Y. M. HILAIRE : « La pratique religieuse en France de 1815 à 1878 », article : *Information historique*, mars-avril 1963.

(43) P. HUOT-PLEUROUX : *Le recrutement sacerdotal dans le diocèse de Besançon de 1801 à 1860*, Besançon, 1965.

(44) F. ISAMBERT : « L'attitude religieuse des ouvriers français au milieu du xixe siècle », article : *A. S. R.*, n° 6, juillet 1958.

(45) C. MARCILHACY : « L'anticléricalisme dans l'Orléanais pendant la première moitié du xixe siècle », article : *A. S. R.*, n° 6, juillet 1958.

(46) C. MARCILHACY : *Le diocèse d'Orléans sous l'épiscopat de Mgr Dupanloup (1849-1878)*, Thèse Lettres, in-8°, Paris, 1962.

(47) Ch. MARCILHACY : *Le diocèse d'Orléans au milieu du XIXe siècle*, in-8°, Paris (Sirey), 1964.

(48) M. VINCIENNE et H. COURTOIS : « Notes sur la situation religieuse de la France en 1848 », article : *A. S. R.*, n° 6, juillet 1958, p. 104-119.

II. — MENTALITÉS ET VIE RELIGIEUSE SOUS L'ANCIEN RÉGIME. GÉNÉRALITÉS, CONFRONTATIONS.

a) *Manuels, Histoire de l'Église :*

(49) Antoine ADAM : *Du mysticisme à la révolte. Les jansénistes du XVIIe siècle*, in-8°, Paris (« L'histoire sans frontières »), 1968.

(50) E. Appolis : « A travers le xviiiᵉ siècle catholique : entre jansénistes et constitutionnaires, un tiers-parti », article : *Annales E. S. C.*, 1951, n° 2.

(51) J. Carreyre : *Le jansénisme durant la Régence*, Louvain, 1929-1933, 3 vol.

(52) Pierre Chaunu : *La civilisation de l'Europe Classique*, in-8°, Paris (Arthaud : « Les grandes civilisations »), 1966.

(53) L. Cognet : *Le Jansénisme*, Paris, (P. U. F. « Que sais-je »), 1961.

(54) A. Gazier : *Histoire générale du mouvement janséniste*, Paris, 1922.

(55) Pierre Goubert : *L'Ancien Régime*, t. I., in-8°, Paris (A. Colin, Coll. « U »), 1968.

(56) J. M. Jette : *La France religieuse du XVIIIᵉ siècle*, in-8°, Paris, 1956.

(57) A. Latreille : *L'Église catholique et la Révolution française*, Paris (Hachette), 1946.

(58) A. Latreille, J. R. Palanque, E. Delaruelle : *Histoire du Catholicisme en France*, t. II : *Sous les rois très chrétiens*, Paris (S. P. E. S.), 1960.

(59) J. Leflon : *La crise révolutionnaire ; 1789-1846*, t. XX de *L'Histoire de l'Église* (Collection Fliche et Martin), Paris, 1949.

(60) E. G. Léonard : *Histoire générale du protestantisme* : notamment, t. II : *L'Établissement* (Paris, P. U. F. 1961) et t. III : *Déclin et renouveau, XVIIIᵉ-XXᵉ siècle.*

(61) E. G. Léonard : « Le Protestantisme français au xviiiᵉ siècle », article : *Information Historique*, 1950.

(62) J. Lestocquoy : *La vie religieuse en France du VIIᵉ au XXᵉ siècle*, in-8°, Paris, 1964.

(63) D. Ligou : *Le Protestantisme en France de 1598 à 1715*, in-8°, Paris (SEDES : *Regards sur l'histoire*, t. IV), 1968.

(64) R. Mandrou : *La France au XVIIIᵉ siècle*, in-8°, Paris (P. U. F., Coll. « Nouvelle Clio »), 1967.

(65) *Nouvelle histoire de l'Église* : t. III : *Réforme et Contre-Réforme* par H. Tüchle, C. A. Bouman, J. Lebrun, t. IV : *Siècle des Lumières, Révolutions, Restaurations*, par L. J. Rogier, G. de Bertier et J. Hajjar, in-8°, Paris, 1966-1968.

(66) E. Preclin et E. Jarry : *Les luttes politiques et doctrinales aux XVIIᵉ et XVIIIᵉ siècles*, 2 vol. t. XIX de l'*Histoire de l'Église* (Collection Fliche et Martin), in-8°, Paris, 1955-1956.

(67) E. Preclin : *Les Jansénistes du XVIIIᵉ siècle et la Constitution Civile du Clergé*, thèse Lettres, in-8°, Paris, 1929.

(68) Daniel-Rops : *L'Église des Révolutions*, t. IX de l'*Histoire de l'Église du Christ*, Paris, 1960.

b) *Sociologie et pratique religieuse (XVIIe-XVIIIe siècles).*

Ouvrages généraux :

(69) C. BERTHELOT DU CHESNAY : « Le clergé séculier français du second ordre d'après les insinuations ecclésiastiques », *Bulletin
de la Société d'Histoire Moderne,* 1963, n° 2.

(70) C. BERTHELOT DU CHESNAY : « Le clergé diocésain français et
les registres d'insinuations ecclésiastiques », article : *R. H. M. C.*
1963, IV, p. 241.

(71) M. DE CERTEAU : L'histoire religieuse du xviie siècle, Problèmes
de méthode, *Recherches de Science Religieuse,* t. 57, 1969.

(72) P. CHAUNU : « Une histoire religieuse sérielle », article :
R. H. M. C., XII, janvier 1965.

(73) P. CHAUNU : « Jansénisme et frontière de catholicité », article :
R. H. M. C., 1962, p. 115.

(74) F. de DAINVILLE : « Problèmes de cartographie historique des
Églises », *Cahiers d'Histoire,* t. IX, 1964, p. 23-47.

(75) J. EHRARD : « Histoire des idées et histoire sociale en France au
xviiie siècle » dans *Niveaux de Culture et groupes sociaux,*
Paris, 1967.

(76) D. JULIA : « Problèmes d'Histoire religieuse. Regards nouveaux
sur la période moderne », article : *Recherches de Science Religieuse,* octobre 1970, t. 58, n° 4.

(77) D. JULIA : « La crise des vocations : essai d'analyse historique »,
article : *Les Études,* février 1967, p. 238-251.

(78) D. JULIA : « Le Prêtre au xviiie siècle », article : *Recherches de
Science religieuse,* octobre 1970, t. 58, n° 4.

(79) G. LEBRAS et J. LEFLON : « Note d'orientation de recherches sur
l'histoire d'un diocèse, d'un épiscopat, d'un chapitre, d'une
abbaye », *Bull. Section d'Histoire Moderne et Contemporaine
depuis 1610,* fasc. III, p. 29-33.

(80) J. LEFLON : « Notice d'orientation de recherches sur la pratique
et la vie religieuse aux xvie et xviie siècles. » *Bull. Section d'Histoire Moderne et Contemporaine depuis 1610,* fasc. IV, 1962,
p. 41-42.

(81) D. LIGOU : « Le Protestantisme français dans la seconde moitié
du xviiie siècle », article : *Information historique,* 1963, n° 1.

(82) R. MANDROU : « Spiritualité et pratique catholique... » Compte
rendu (thèse de SCHMIDT et divers) dans *Annales E. S. C.,*
1961, n° 1, p. 136-146.

(83) J. ORCIBAL : *État présent des recherches sur la répartition géographique des Nouveaux Convertis à la fin du XVIIe siècle,*
in-8°, Paris, 1948.

(84) L. PEROUAS : *Le nombre des vocations sacerdotales est-il un cri-
tère valable en sociologie religieuse historique aux XVIIe et
XVIIIe siècles?,* Actes du 87e congrès des Sociétés savantes,
Section Histoire Moderne, Poitiers, 1962.

(85) L. Perouas : « France au xvii⁰ siècle, pays de mission » article dans *Mission et Charité* (revue des P. P. Lazaristes), t. 6, 1966, p. 36-42.

(86) Michel Richard : *La vie quotidienne des protestants français sous l'Ancien Régime*, in-8°, Paris (Hachette), 1966.

(87) « Travaux et enquêtes pour un répertoire des visites pastorales ». Note établie par Julia, Venard, Perouas, dans *R. H. E. F.*, février 1968.

(88) L. Trenard et Y. M. Hilaire : « Idées, croyances et sensibilité religieuses du xviii⁰ au xix⁰ siècle », article : « Comité des travaux historiques et scientifiques », *Bulletin de la section d'Histoire Moderne et Contemporaine*, fasc. V., Paris, 1964.

(89) M. Venard : « Une histoire religieuse dans une histoire totale », compte rendu de la thèse sur *Les Paysans du Languedoc* de E. Leroy-Ladurie, *R. H. E. F.*, n° 150, janvier 1967.

(90) André Viala : *Suggestions nouvelles pour une histoire sociale du clergé aux temps modernes*, Études d'histoire du droit canonique dédiées à G. le Bras, in-8°, Paris, 1965.

(91) M. Vovelle : « Vue nouvelle sur l'histoire des mentalités », compte rendu de la thèse de M. Agulhon, *R. H. E. F.*, n° 150, janvier 1967.

c) *Sociologie religieuse sous l'Ancien Régime. Confrontations et suggestions géographiques :*

(92) E. Appolis : *Les non-pascalisants dans l'ancien diocèse de Lodève aux XVII⁰ et XVIII⁰ siècles*, actes du 76⁰ Congrès des Sociétés Savantes, Rennes, 1951.

(93) E. Appolis : *Le Jansénisme dans le diocèse de Lodève au XVIII⁰ siècle*, Albi, 1952.

(94) Barrauguet Loustalot : « La pratique et le sentiment religieux dans le diocèse de Toulouse au milieu et à la fin du xviii⁰ siècle », *A. H. R. F.*, 1955.

(95) G. Baccrabere : « La pratique religieuse dans le diocèse de Toulouse aux xvi⁰ et xvii⁰ siècles », article : *Annales du Midi*, juillet 1962, p. 287-314.

(96) Jeanne Ferte : *La vie religieuse dans les campagnes parisiennes 1622-1695*, Thèse Lettres, in-8°, Paris (Vrin), 1962.

(97) M. L. Fracart : *La fin de l'Ancien Régime à Niort*, in-8°, Paris, 1956.

(98) P. Guillaume : *Essai sur la vie religieuse dans l'Orléanais de 1600 à 1789*, 3 vol. ronéotypés, Orléans, 1957.

(99) M. Join-Lambert : « La pratique religieuse dans le diocèse de Rouen, 1707-1789 », article : *Annales de Normandie*, janvier 1955, t. III, n° 1, p. 36 et 199.

(100) D. Julia : « Le clergé paroissial dans le diocèse de Reims à la

fin du XVIIIe siècle », article : *R. H. M. C.*, juillet-septembre 1966, p. 195-216.

(101) G. LEBRAS : « État religieux et moral du diocèse de Châlons au dernier siècle de l'Ancien Régime », article : *Nouvelle revue de Champagne et de Brie*, juillet 1935, p. 162-180.

(102) E. G. LÉONARD : *Un village d'opiniâtres. Les Protestants d'Aubais (Gard) de la destruction à la reconstruction de leur temple (1685-1838)*, Musée du Désert, 1938.

(103) E. LEROY-LADURIE : *Les paysans de Languedoc*, 3 vol., thèse lettres, Paris (Sevpen), 1966.

(104) John MAC MANNERS : *French ecclesiastical society under the Ancien Regime. A study of Angers in the XVIIIth century*, in-8°, Manchester, 1960.

(105) Y. NEDELEC : « Aperçus de sociologie religieuse du XVIIIe siècle » (Coutances), *Revue historique de Droit français*, 1962, p. 500.

(106) L. PEROUAS : « Contrastes régionaux dans le diocèse de la Rochelle », article *A. S. R.*, n° 15-1963, p. 113-121.

(107) L. PEROUAS : *Le diocèse de la Rochelle de 1648 à 1724 — Sociologie et pastorale*, thèse lettres, in-8°, Paris, 1964.

(108) J. C. PERROT : « La vie religieuse en Normandie sous l'Ancien Régime et l'époque révolutionnaire », article : *Annales de Normandie*, 1960, p. 403-414.

(109) T. J. SCHMITT : *L'organisation ecclésiastique et la pratique religieuse dans l'archidiaconé d'Autun de 1650 à 1750*, thèse lettres, in-8°, Autun, 1957, 372 p.

(110) René TAVENAUX : *Le jansénisme en Lorraine de 1640 à 1789*, thèse lettres, in-8°, Paris 1960, 759 p.

(111) J. TOUSSAERT : *Le sentiment religieux en Flandre à la fin du Moyen Age*, Paris, 1963.

(112) L. WELTER : *La réforme ecclésiastique du diocèse de Clermont au XVIIe siècle*, in-8°, Paris, 1956, 283 p. (Mémoires de l'Académie des Sciences, Belles Lettres et Arts de Clermont-Ferrand).

d) *Spiritualité à l'âge classique :*

(113) Henri BRÉMOND : *Histoire littéraire du sentiment religieux en France depuis la fin des guerres de Religion*, 10 tomes, Paris, 1920-1936.

(114) L. COGNET : *De la dévotion moderne à la spiritualité française*, in-8°, Paris (Coll. « Je sais, je crois » n° 41), 1958.

(115) L. COGNET : *Histoire de la spiritualité chrétienne*, t. I : *La spiritualité moderne*, in-8°, Paris (Aubier), 1966.

(116) (Divers) : *Histoire spirituelle de la France*, in-8°, Paris, (Beauchesne, Bibliothèque de spiritualité), 1964.

(117) L. GOLDMANN : *Le dieu caché. Étude sur la vision tragique dans les pensées de Pascal et dans le théâtre de Racine*. Paris, 1955.

(118) M. MOLLAT : *La vie et la pratique religieuse du XIVe siècle et dans*

la première partie du XVᵉ, principalement en France, in-4°,
Paris (C. D. U. Cours de Sorbonne), 1966.

(119) P. POURRAT : *La spiritualité chrétienne*, vol. 4, Paris, 1951.

e) *Sensibilité collective, attitudes devant la vie :*

(120) Philippe ARIÈS : « Sur les origines de la contraception en France »,
article : *Population*, 1953, t. VIII, p. 465-472.

(121) Philippe ARIÈS : *Histoire des populations françaises et de leurs
attitudes devant la vie depuis le XVIIIᵉ siècle*, in-8°, Paris, 1948.

(122) Philippe ARIÈS : *L'enfant et la vie familiale sous l'Ancien Régime*,
in-8°, Paris, 1960.

(123) T. B. BOTTOMORE : *Élites et société*, Paris, 1967.

(124) Jean EHRARD : *L'idée de Nature en France dans la première moitié
du XVIIIᵉ siècle*, 2 vol., Paris, 1963.

(125) Michel FOUCAULT : *Histoire de la Folie à l'âge classique*, in-8°,
Paris (Plon), 1961.

(126) E. LEROY-LADURIE : « Démographie et funestes secrets : le Languedoc, fin xviiiᵉ-début xixᵉ siècle », article *A. H. R. F.*, octobre 1965.

(127) R. MANDROU : *Introduction à la France moderne. Essai de psy-
chologie historique, 1500-1640*, in-8°, Paris (Albin Michel), 1961.

(128) Robert MAUZI : *L'idée du bonheur dans la littérature et la pensée
française au XVIIIᵉ siècle*, thèse lettres, Paris, 1960.

f) *Le Baroque :*

(129) A. CHASTEL : « Le baroque et la mort », communication « Atti
del II Congresso Internazionale di Studi Umanistici », Venise,
1954; Rome, 1955.

(130) A. CHASTEL : « L'art et le sentiment de la mort au xviiᵉ siècle »,
article : revue *XVIIᵉ siècle*, n° 36-37, 1957.

(131) Émile MALE : *L'art religieux après le concile de Trente*, in-4°,
Paris, 1932.

(132) Jean ROUSSET : *La littérature à l'âge baroque en France, Circé
et le Paon*, in-8°, Paris, 1954.

(133) Victor L. TAPIÉ : *Baroque et classicisme*, in-8°, Paris (Plon), 1957.

(134) Victor L. TAPIÉ : *Le Baroque*, Paris (P. U. F. coll. « Que sais-je »),
1961.

(135) J. TRUCHET : *La prédication de Bossuet, études des thèmes*, thèse
lettres, 2 vol., in-8°, Paris, 1960.

g) *Les « Lumières » :*

(136) Antoine ADAM : *Les libertins au XVIIᵉ siècle*, in-8°, Paris (Buchet-
Chastel : « Le vrai savoir »), 1964.

(137) A. BURGUIÈRE : « Société et culture à Reims à la fin du XVIIIᵉ siècle : la diffusion des Lumières analysée à travers les cahiers de Doléances », article : *Annales E. S. C.*, mars-avril 1967, p. 303-333.

(138) R. DESNÉ : *Les matérialistes français de 1750 à 1800*, in-8ᵉ, Paris (Buchet-Chastel : « Le vrai savoir »), 1965.

(139) A. DUPRONT : *Les lettres, les sciences, la religion et les arts dans la société française de la seconde moitié du XVIIIᵉ siècle*, in-4ᵒ, Paris (cours C. D. U.), 1963.

(140) A. DUPRONT et G. BOLLÈME, J. EHRARD, D. ROCHE, J. ROGER, F. FURET : *Livre et Société dans la France du XVIIIᵉ siècle*, Paris, 1965.

(141) F. FURET (sous la direction de...), *Livre et Société dans la France du XVIIIᵉ siècle*, t. II, Paris, 1970.

(142) L. GOLDMANN : « La philosophie des Lumières », in *Structures mentales et création culturelle*, Paris, 1970.

(143) B. GROETHUYSEN : *Les origines de la bourgeoisie*, t. I : *L'Église et la bourgeoisie*, Paris, 1927.

(144) P. HAZARD : *La crise de la conscience européenne, 1680-1715* in-8ᵒ, Paris (Boivin), 1935.

(145) R. MANDROU : *De la culture populaire aux XVIIᵉ et XVIIIᵉ siècles; la bibliothèque bleue de Troyes*, Paris, 1965.

(146) D. MORNET : *Les origines intellectuelles de la Révolution française*, Paris (A. Colin), 1938.

(147) R. R. PALMER : *Catholics and unbelievers in XVIIIth century France*, Princeton, 1940.

(148) J. S. SPINK : *La libre pensée française de Gassendi à Voltaire*, trad. frse., Paris (Éditions sociales), 1966.

h) *Charité et bienfaisance au XVIIIᵉ siècle :*

(149) D. d'AUSSY : « L'assistance publique dans les campagnes avant la Révolution », article : *Revue des Questions historiques*, 1888, p. 540.

(150) C. BLOCH : *L'assistance et l'État en France à la veille de la Révolution*, thèse lettres, Paris, 1908.

(151) M. d'ESCOLA : *Misère et charité au grand siècle*, Paris, 1941.

(152) W. JORDAN : *Philantropy in England*, in-8ᵒ, Londres, 1959.

(153) A. LOTH : *La charité catholique en France avant la Révolution française*, Paris, 1930.

(154) Léon LALLEMAND : *Histoire de la charité*, Paris, 1902 et années suivantes (notamment t. IV, 1 et 2, 1910-1912).

(155) M. de WITT : *La charité en France à travers les siècles*, Paris, 1892.

III. — LE TESTAMENT
COMME SOURCE D'HISTOIRE DES MENTALITÉS
(Provence exclue)

(156) C. ABOUCAYA : *Le testament lyonnais, de la fin du XVe siècle au milieu du XVIIIe siècle*, in-8°, thèse droit Lyon, Paris 1961, *Annales de l'Université de Lyon*, 3e série, fasc. 21.

(157) AUFFROY : *L'Évolution du testament en France*, thèse droit, Paris, 1899.

(158) E. BONDURAND : « Deux testaments du xve siècle en langue d'Oc », article : *Mémoires de l'Académie de Nîmes*, 1906.

(159) Louis BOUGON : *Le testament en Auvergne du XIIIe siècle à la rédaction de la coutume (1510)*, in-8°, thèse droit, Paris, 1911.

(160) Jean BOURDEL : *Étude sur les formes du testament dans l'ancien droit français*, in-8°, thèse droit, Paris, 1913.

(161) Pierre BRETAGNE : *Le testament en Lorraine des origines au XVIIIe siècle*, in-8°, Nancy, 1906.

(162) CHAVERODIER : *Inventaire de la série B des Archives du département de la Loire*, Saint-Étienne, 1880.

(163) A. COMBIER : *Les testaments du XVIIIe siècle dans le bailliage du Vermandois*, in-8°, Abbeville, 1886.

(164) COSTECALDE : « Mentalité Gévaudanaise au Moyen Age d'après divers testaments des XIIIe, XIVe et XVe siècles », article : *Bulletin trimestriel de la Société des Lettres, Sciences et Arts de la Lozère*, 1925.

(165) Jean ENGELMANN : *Les testaments coutumiers au XVe siècle*, in-4°, thèse droit, Paris, 1903.

(166) FABRE : *Les successions testamentaires en pays de droit écrit*, Toulouse, 1930.

(167) M. FALCO : *Le disposizioni pro anima*, Torino, 1911.

(168) M. A. FLEURY : *Les testaments dans la coutume de Paris de la fin du XIIIe au début du XVIIIe siècle*, position des thèses de l'École nationale des Chartes, 1942.

(169) FOUGÈRES : *Les droits des familles et les successions en Pays Basque et en Béarn*, thèse droit, Paris, Bergerac, 1938.

(170) GALABERT : « Les mœurs chrétiennes au xve siècle », *Bulletin archéologique et historique de la Société Archéologique du Tarn et Garonne*, 1884.

(171) M. GONON : *La vie quotidienne en Lyonnais d'après les testaments XIVe-XVIe siècles*, gr. in-8°, Mâcon, 1969.

(172) M. GONON : *Testaments foréziens, 1305-1316*, Mâcon, 1951.

(173) F. GUIGNARD : *Étude sur le testament au Comté de Bourgogne d'après les testaments de l'officialité de Besançon, 1265-1500*, in-8°, thèse droit, Paris, 1907.

(174) Louis GUIBERT : *La famille limousine d'autrefois d'après les testaments et la coutume*, Paris, 1883.

(175) M. S. de NÚCE de LAMOTHE : « Piété et charité publique à Toulouse de la fin du xiiie au milieu du xve, d'après les testaments », article : *Annales du Midi*, 1964, n° 1.

(176) Paul PELLOT : *Étude sur le testament dans l'ancienne coutume de Reims*, in-8°, thèse droit, Paris, 1916.

(177) Guy PENOT : *Des clauses restrictives, extensives et religieuses contenues dans les testaments aux XVIIe et XVIIIe siècles à Montpellier*, in-4° ronéotypé, thèse droit Montpellier, 1952.

(178) André PERRAUD : *Étude sur le testament d'après la coutume de Bretagne*, in-8°, thèse droit, Rennes, 1921.

(179) Chanoine PEYRON : *Testaments et fondations anciennes d'un caractère original propre à jeter du jour sur les mœurs et coutumes du temps passé*, Saint-Brieuc, 1896.

(180) Henri REGNAULT : *Les ordonnances civiles du chancelier d'Aguesseau*, in-8°, Paris, 1936 (2e partie : *Les testaments et l'ordonnance de 1735*).

(181) Ulysse ROBERT : *Testaments de l'officialité de Besançon*, Collection des documents inédits de l'Histoire de France, Paris, 1902.

(182) P. TIMBAL : « La succession testamentaire dans la coutume de Toulouse », article : *Annales Faculté de Droit d'Aix-en-Provence*, 1950.

(183) P. TUETEY : *Testaments enregistrés au Parlement de Paris sous le règne de Charles VI*, collection des documents inédits sur l'Histoire de France, mélanges historiques, t. III, Paris, 1880.

(184) Michel VOVELLE : « Problèmes méthodologiques posés par l'utilisation des sources de l'enregistrement dans une étude de structure sociale », *Bulletin de la Section d'Histoire Moderne et Contemporaine*, 1961.

IV. — HISTOIRE DE PROVENCE

a) *Manuels généraux :*

(185) « Atlas historique : Provence, Comtat, Principauté de Monaco, Principauté d'Orange, Comté de Nice... » sous la direction de E. BARATIER, G. DUBY, E. HILDESHEIMER, Paris (A. Colin), 1969.

(186) R. BAEHREL : *Une croissance : la basse Provence rurale, de la fin du XVIe siècle à 1789*, in-8°, Paris (Sevpen), 1961.

(187) E. BARATIER et divers : *Histoire de la Provence*, in-8°, Toulouse (E. Privat), 1969.

(188) E. BARATIER : *La démographie provençale du XIIIe au XVIe siècle*, in-8°, Paris (Sevpen.), 1961.

(189) R. BUSQUET : *Histoire de Provence*, in-8°, Monaco, 1954.

(190) R. Busquet : *Histoire des institutions de la Provence de 1482 à 1797*, 3 vol.

(191) R. Busquet, V. L. Bourilly et M. Agulhon : *Histoire de la Provence*, (coll. « Que sais-je? »), in-8°, Paris (P. U. F.), 1966.

(192) (sous la direction de Paul Masson) : *Les Bouches-du-Rhône, encyclopédie départementale*, 16 volumes, gr. in-8°, Marseille; notamment : vol. III : *Les temps modernes, 1487-1789;* vol. VI : *La vie intellectuelle ;* vol. XIV : *Monographies communales.*

(193) Paul Masson : *La Provence au XVIIIᵉ siècle*, 3 volumes, in-8°, Aix, Annales de la Faculté des Lettres, 1936.

b) *Histoire religieuse provençale à l'époque classique :*

(194) Abbé Paul Ardoin : *Le jansénisme en basse Provence au XVIIIᵉ siècle : la Bulle Unigenitus dans les diocèses d'Aix, Arles, Marseille, Fréjus, Toulon (1713-1778)*, 2 vol., in-8°, Marseille, 1936.

(195) E. Arnaud : *Histoire des protestants de Provence...*, 2 vol., in-8°, Paris, 1884.

(196) F. Bellue : *Les archevêques d'Aix de 1626 à 1708*, D. E. S. dactylographié, Aix-en-Provence, 1966.

(197) V. L. Bourrilly : *Les Protestants de Provence aux XVIIᵉ et XVIIIᵉ siècles*, in-8°, Aix, 1956.

(198) J. F. Fermaud : *Le Protestantisme dans l'arrondissement de Draguignan de 1540 à 1715*, Draguignan, (C. R. in *Provence historique*, 1965).

(199) Abbé Jauffret : *Monseigneur de Belsunce, évêque de Marseille, et le Jansénisme*, in 8°, Marseille 1881.

(200) (sous la direction de...) : J. R. Palanque : *Le diocèse de Marseille*, in-16, Paris, 1968.

(201) Viviane Santini : *Le clergé et la vie religieuse à Marseille pendant la Révolution de 1789 à 1795*, D. E. S. ronéotypé, Aix, 1965.

c) *Confrontations : sociologie religieuse en Provence — XIXᵉ-XXᵉ siècles :*

(202) P. Balique : « Soubassements sociologiques d'un diocèse (Aix) », *Masses Ouvrières*, février 1951.

(203) F. Bellon : « Attitude religieuse et option politique à Mazan et Velleron entre 1871 et 1893 », article : *Provence Historique*, janvier-mars 1963, t. XIII, fasc. 51, p. 57-90.

(204) Fernand Charpin : *Pratique religieuse et formation d'une grande ville : le geste du baptême et sa signification en sociologie religieuse, Marseille, 1806-1958*, in-8°, Paris (Centurion), 1964, 332 p.

(205) Claude Mesliand : « Contribution à l'étude de l'anticléricalisme à Pertuis de 1871 à 1914 », article : *A. S. R.*, n° 10, juillet 1960, p. 49-62.

d) *Spiritualité à l'âge classique.*

(206) Henri Brémond : *La Provence mystique au XVIIe siècle : Antoine Yvan et Madeleine Martin*, in-8°, Paris (Plon), 1908.

(207) J. Brémond : *Le courant mystique au XVIIIe siècle : l'abandon dans les lettres du P. Milley*, in-8°, Paris, 1943.

(208) J. Brémond : *L'ascension mystique d'un curé provençal*, 2 vol. in-8°, Saint-Wandrille, 1951.

(209) Van Den Berghe : *A. M. de Remuzat*, in-8°, Paris, 1877.

(210) Gaby et Michel Vovelle : « La mort et l'au-delà en Provence d'après les autels des âmes du Purgatoire », article : *Annales E. S. C.*, 1969 (n° spécial *Histoire et Biologie*), publication intégrale de l'étude en *Cahier des Annales*, n° 29, Paris, 1970.

(211) Michel Vovelle : *Entre baroque et jansénisme : mentalités collectives dans la Provence du temps de la Peste*, communication au colloque sur la Régence, Paris (Armand Colin), 1970.

e) *Sociologie religieuse en Provence aux XVIIe-XVIIIe siècles :*

(212) C. Famechon : *Mentalités collectives au XVIIIe dans une petite ville de haute Provence : Manosque, d'après les testaments*, mémoire de Maîtrise dactylographié, Aix, 1970.

(213) Françoise Hardy : *Aspects de la vie religieuse et recrutement ecclésiastique dans le diocèse d'Avignon de 1706 à 1789*, D. E. S. dactylographié, Aix, S. D.

(214) Hélène Lezaud : *Structures agraires, société rurale et attitudes collectives dans une communauté provençale au XVIIIe, La Tour d'Aigues*, D. E. S. dactylographié, Aix, 1967.

(215) Christiane Richier : *Étude des mentalités collectives d'une communauté janséniste de haute Provence au XVIIIe siècle d'après les testaments : Castellane*, mémoire de Maîtrise dactylographié, Aix, 1969.

(216) Michel Sani : *Étude des mentalités collectives d'une communauté janséniste de Provence au XVIIIe siècle, d'après les testaments : Pignans (Var)*, mémoire de Maîtrise dactylographié, Aix, 1969.

(217) Abbé H. Roure : « Le clergé du Sud-Est de la France au XVIIe siècle », article : *Revue d'Histoire de l'Église de France*, 1951.

(218) André Viala : *Suggestions nouvelles...*, voir n° 90.

f) *Ethnographie, culture et traditions provençales :*

(219) Maurice Agulhon : *La Sociabilité méridionale. Confréries et associations dans la vie collective en Provence orientale à la fin du XVIIIe siècle*, 2 vol. Publication des annales de la Faculté des Lettres, Aix-en-Provence. Série « Travaux et Mémoires », n° 36, 1966. Réédition sous le titre : *Pénitents et Francs-Maçons de l'ancienne Provence*, in-8°, Paris, (Fayard, « l'Histoire sans frontières »), 1968.

(220) R. AUBENAS : « La famille dans l'ancienne Provence », article :
      Annales E. S. C., 1936.

(221) Fernand BENOIT : *La Provence et le Comtat Venaissin*, in-8°,
      Paris (Gallimard, Collection les Provinces françaises), 1949.

(222) Régis BERTRAND : *Une contribution à l'histoire du sentiment :
      cimetières et pratiques funéraires à Marseille du milieu du
      XVIIIᵉ à la fin du XIXᵉ*. Conférences de l'Institut d'Histoire
      de Provence, janvier 1970.

(223) Jacques BILLIOUD : *Le livre en Provence du XVIᵉ au XVIIIᵉ siècle*,
      in-8°, thèse lettres d'Aix, Marseille, 1961.

(224) Joseph BILLIOUD : « De la confrérie à la corporation : les classes
      industrielles en Provence aux XIVᵉ, XVᵉ et XVIᵉ siècles. » *Mémoires
      de l'Institut Historique de Provence*, t. IV, Marseille, 1929.

(225) A. BRUN : « En Provence de l'Encyclopédie au Romantisme »,
      Publications des annales de la Faculté des Lettres, Aix-en-Pro-
      vence, nouvelle série, n° 8, Gap, 1955.

(226) S. DUCAY : *Les Pénitents d'Aix au XVIIIᵉ siècle*, thèse droit,
      Aix, 110 p. ronéotypé.

(227) J. A. DURBEC : « Notes historiques sur quelques pèlerinages,
      processions, fêtes et jeux de Provence », actes du 77ᵉ Congrès
      des Sociétés savantes, in-8°, Paris, 1952, p. 247-286.

(228) Paul-Albert FÉVRIER : « Les fêtes religieuses dans l'ancien diocèse
      de Fréjus », article : *Provence historique*, avril-juin 1961, p. 174
      et sqq.

(229) S. GAGNIÈRE : *L'imagerie populaire avignonnaise*, in-8°, Avignon,
      1943.

(230) M. PELLECHET : *Notes sur les imprimeurs du Comtat Venaissin
      et catalogue des livres imprimés par eux qui se trouvent à la
      bibliothèque de Carpentras*, in-8°, Paris, 1887.

(231) Charles de RIBBE : *Les corporations ouvrières de l'Ancien Régime
      en Provence*, in-8°, Aix, 1865.

(232) Charles de RIBBE : *Les familles et la Société en France avant la
      Révolution française*, 2 vol. in-8°, Paris, 1874; Tours, 1878.

(233) Charles de RIBBE : *La Société provençale à la fin du Moyen Age
      d'après des documents inédits*, in-8°, Paris, 1898.

(234) Claude SEIGNOLLE : *Le folklore de la Provence*, tome VII de *Con-
      tributions au folklore des Provinces de France*, Paris, 1963,
      réédité Paris, 1967.

g) *Ordres religieux en Provence à l'âge classique :*

(235) Conrad M. BORNTRÄGER : *The suppression of the Servite order
      in France. The first phase 1740-1752*, in-4°, thèse Louvain, 1965.

(236) Conrad M. BORNTRÄGER : « Provincial chapters and Priors
      provincial in the Province of Provence : XVIth to the XVIIIth
      century », *Rivista Studi Storici O. S. M.*, 1966, p. 197-209.

(237) Conrad M. BORNTRÄGER : « Les Servites de Marie en Provence

au temps de la Peste de Marseille, 1720-1721 », article : *Provence historique*, juillet-septembre 1969, t. XIX, p. 236-265.

(238) Pierre DUBOIS : *Les Capucins varois*, in-12, Toulon, 1966, 205 p.

(239) Pierre DUBOIS : « Les Capucins dans le Midi. Les Capucins des Alpes-Maritimes, Cannes (1716-1790) », article : *Recherches régionales* (*Côte d'Azur et contrées limitrophes*), Nice, octobre 1969, p. 1 à 38.

(240) E. MÉCHIN : *Annales du Collège Royal Bourbon d'Aix*, 4 vol., Marseille, 1890.

(241) M. ROURE : « Dom Balthasar de Cabannes, moine réformateur des dépendances de Saint-Victor de Marseille à la fin du XVIIIᵉ siècle », article : *Provence historique*, 1952.

h) *Assistance et charité en Provence à l'âge classique :*

(242) R. ALLIER : *La Compagnie du Très Saint Sacrement de l'Autel à Marseille*, Paris (Champion), 1909.

(243) François BLANC : « Les enfants abandonnés à l'Hôtel-Dieu de Marseille pendant la première moitié du XVIIIᵉ siècle », D. E. S. de droit dactylographié, Aix, 1965 C. R. in *Provence historique*, octobre 1965.

(244) M. ETCHEPARRE : *L'Hôpital de la Charité de Marseille*, thèse droit ronéotypée, Aix, 1962.

(245) A. FABRE : *Histoire des hôpitaux et des institutions de bienfaisance*, 2 vol., Marseille, 1854-1856.

(246) Jean POURRIÈRE : *Les hôpitaux d'Aix-en-Provence au Moyen Age, XIIIᵉ, XIVᵉ, XVᵉ siècles*, in-8°, Aix, 1969.

(247) Y. POUTET : « La Compagnie du Saint-Sacrement et les Écoles populaires de Marseille au XVIIᵉ siècle », article : *Provence historique*, 1963.

(248) M. RAIMBAULT : « Les œuvres d'assistance en Provence de 1453 à 1789 », in-4°, Marseille, 1920 (extrait du t. III de *Les Bouches-du-Rhône, Encyclopédie départementale*).

(249) N. SABATIER : *L'hôpital Saint-Jacques d'Aix-en-Provence, 1619-1789*, thèse droit, Aix, 1964, 4 vol. ronéotypés (C. R. in *Provence historique*, oct.-déc. 1965).

(250) G. VALRAN : *Misère et charité en Provence au XVIIIᵉ siècle. Essai d'Histoire sociale*, thèse lettres, Paris, 1899.

(251) G. VALRAN : *Assistance et éducation en Provence aux XVIIIᵉ et XIXᵉ siècles*, in-8°, Paris, 1900.

1) Le testament en Provence :

(252) Roger AUBENAS : *Cours d'histoire du Droit privé*, 7 vol. multigraphiés, in-4°, Aix, 1952. Notamment le tome III : *Testaments et successions dans les anciens pays de droit écrit au Moyen Age et sous l'Ancien Régime.*

(253) Roger AUBENAS : *Le testament en Provence*, thèse droit in-8°,
      Aix, 1927.

(254) Roger AUBENAS : *Étude sur le notariat en Provence au Moyen Age
      et sous l'Ancien Régime*, in-8°, Aix-en-Provence, 1936.

(255) Roger AUBENAS : « Autour du testament loco defuncti », article :
      Annales de la Faculté de Droit d'Aix, nouvelle série n° 33, Aix,
      1941.

(256) Roger AUBENAS : *Documents notariés provençaux au XIII° siècle*,
      in-8°, Aix, 1935.

(257) Roger AUBENAS : « Note sur quelques formulaires notariaux et
      styles de procédure (1294-1539) », article : *Le Moyen Age*,
      Paris, 1931.

(258) Roger AUBENAS : « L'histoire de Provence à travers les dernières
      thèses soutenues devant la Faculté de Droit d'Aix », article dans
      Provence historique, juillet 1962 (cite 2 D. E. S. de droit dacty-
      lographiés :
      — M. A. CERATI : *Testaments d'Aix*, 1638-1641;
      — M. A. BLANC : *Testaments d'Aix*, 1676-1685.

(259) G. BRES : *Da un archivio notarile di Grassa*, Nizza, 1907.

(260) Joseph CURTI : *Le testament dans les Vigueries de Grasse et de
      Saint Paul à la fin de l'Ancien Régime et sous la Révolution*,
      thèse droit dactylographiée, Aix, 1949.

(261) A. M. DREVET : *Les successions testamentaires dans la viguerie
      et le district de Draguignan de 1785 à 1815*, thèse droit dactylo-
      graphiée, Nice, 1964.

(262) M. J. GOLÉ : *Le testament à Nice au XVIII° siècle*, thèse droit
      dactylographiée, Nice.

Table

Nouveau bilan
en termes d'interprétation

IMPRIMERIE HÉRISSEY A ÉVREUX
D.L. 2ᵉ TRIM. 1978. Nᵒ 4885 (21409)

Collection Points

SÉRIE HISTOIRE

dirigée par Michel Winock

Collection Points

SÉRIE HISTOIRE

dirigée par Michel Winock

Nouvelle histoire de la France contemporaine